中国钱币丛书甲种本之二十

# 清代地方私帖图录

石长有 编

中华书局

**图书在版编目（CIP）数据**

清代地方私帖图录/石长有编. —北京：中华书局，2006
（中国钱币丛书，20. 甲种本）
ISBN 7 - 101 - 04965 - 6

Ⅰ. 清⋯　　Ⅱ. 石⋯　　Ⅲ. 纸币 - 货币史 - 中国 - 清代 - 图录
Ⅳ. F822. 9 - 64

中国版本图书馆 CIP 数据核字（2005）第 147950 号


责任编辑：方　颐


中国钱币丛书甲种本之二十

**清代地方私帖图录**

石 长 有 编

＊

中 华 书 局 出 版 发 行
（北京市丰台区太平桥西里 38 号　100073）
http://www.zhbc.com.cn
E - mail：zhbc@zhbc.com.cn

北京精彩雅恒印刷有限公司印刷

＊

787×1092 毫米 1/16・51 印张
2006 年 1 月第 1 版　2006 年 1 月北京第 1 次印刷
印数 1 - 1000 册　定价：600.00 元

ISBN 7 - 101 - 04965 - 6/K・2160

# 《中国钱币丛书》编辑缘起

　　近年来，随着我国钱币收藏、研究活动的日趋繁荣活跃，广大读者对钱币学著作的需要也日益提高。读者既需要高水平的研究著作，也需要深入浅出的普及性读物。为了适应这种形势，中国钱币学会准备编辑一套反映当代钱币学水平的《中国钱币丛书》，中华书局也拟出版面向广大读者的《钱币丛书》。在这个基础上，双方协议合作，并邀请有关专家组成编辑委员会，共同编辑出版《中国钱币丛书》，以飨读者。

　　《中国钱币丛书》分甲种本和乙种本两种：甲种本为高水平的研究著作，力争反映当代钱币学的研究成果。乙种本为高质量的普及性读物，力争融学术性、知识性于一体，深入浅出，雅俗共赏。

　　《中国钱币丛书》的编辑，尚无经验，在构思选题以及其它方面，必然还会有这样或那样的不足之处。我们诚恳地期望泉界同仁和广大读者的合作与支持，以便能把它办得更好，更能反映当代的学术水平，更能适合广大读者的需要。

《中国钱币丛书》编辑委员会

1993 年 4 月

# 序

## 戴志强

中国是世界上发行纸币最早的国家，已经有近千年的历史。中国纸币的诞生，源于民间富商发行的"私交子"，也就是说，私钞的诞生要更早于政府发行的纸币。中国的私钞从诞生以后，生生息息，一直伴随着中国货币发展的历程，客观上成为民间流通货币的一种补充。特别在战乱时期，经济萧条，地方的货币供应量严重不足，尤其是小面额的辅币短缺，私钞便应运而生，在民间流通使用，拾遗补缺。

随着我国钱币事业的发展，专题性的钱币集藏和研究成为一种趋势。在这样的大环境中，长期遭受冷遇的民间私钞、票帖，也逐步受到有关人士的关注和重视，下功夫进行了实物资料和文献资料的收集、整理、研究。正是有了这样的基础，中国钱币丛书甲种本才有可能编辑出版了戴建兵的《中国钱票》，王雪农、刘建民的《中国山西民间票帖》和石长有的《民国地方钱票图录》。现在又要出版的石长有的《清代地方私帖图录》，是《民国地方钱票图录》的姐妹篇，两者配套成龙，可以让读者看到清乾嘉以后中国民间私钞、票帖的概貌。所以，当长有先生来电告诉我这本书稿落定的消息，不禁由衷高兴，因为有了这本书，这组课题才算有了一个完整的交待。

我在《中国钱票》一书的序文中，曾经用四个字来概括民间钱票，即：小、散、繁、难。"所谓小，是每种钱票多为小范围、短时期发行，且多数充当辅币，面额小，制作粗糙，发行量也少；所谓散，是每种钱票多为各自为政，分散发行，甚至一个店铺、一家商号都可以印发，没有计划性，没有统一规范；所谓繁，是各类钱票，名目繁杂，制作不一，版式纷乱，流通使用的规定也不一致；所谓难，是资料分散难寻，收集和研究者，往往投入的精力很多，但得到的收益甚微，甚至劳而无功。"长有先生为了收集私钞票帖，不惜提前离职，把它作为一个专门的事业，全身心地投入，跋山涉水，登门造访，才有今天的成果。其间付出的甘苦，不身临其境者，是不可能体会到的。为了更好地收集资料，推进研究，从2004年以来，长有先生还创办了《民间私钞》杂志，按季发刊。在这里我不仅要感谢他付出的辛苦和已经取得的硕果，更希望在此基础上有更多的人来关心中国私钞票帖的研究，有更多的人来重视、来实践，把这个领域的集藏和研究工作再推向前进，再引向深入。

二〇〇五年八月三十日于北京

# 目　录

## 五、同治年私帖（1862—1874）…………………………………………（148）

## 六、光绪年私帖（1875—1908）

## 七、宣统年私帖（1909—1911） ·········（676）

# 前　言

　　私钞是指由县以下各种民间机构发行的，仅能在一定地区和范围内流通的信用货币。如：当铺、钱庄、票号、银号、商会、商号、厂矿、公司及个人发行的凭帖、兑票、执照、会券、钱条、兑换券、金融券、代价券、工资券等等。它在中国封建社会、半殖民地半封建社会里存在了几百年。北宋大中祥符年间（1008—1016），四川地区大量铸造贱金属货币——铁钱，商人在进行大宗交易时不便携带笨重的铁钱，就出具"收据"形式的私帖，以暂时代替铁钱进行大额交易支付。这种私帖有出票人印记，有密码划押、手书填写面额。由于信誉极佳，后由16户富商联合组成交子铺，发行统一印制，统一纸张，有图案、花纹，有铺户印记的交子。它是中国纸币产生之始，也是中国私钞发展之源。

　　私钞的萌芽从北宋年间（1008）产生后一直到1935年民国政府实行法币政策止尽900多年时间里，在民间虽然是断断续续地流通、但一直没有真正停止过。但发行量最大、流通最盛行的还是清代中后期。据上海城皇庙钱业公所内园碑所载：乾隆41年（1776）至嘉庆二年（1797）上海钱庄庄号就达106家（还不算未入会的小庄号）。据济南福德会馆"公立石碑"记载，道光元年（1821）济南有银钱号163家。山西日升昌颜料店于道光三年（1823）改为票号后，以诚信享誉中外。到1860年山西票号已发展到14家，在全国27个城市设分号达数百家。在票号的高利润的影响下，有的商号也看中此道，将商号改为票号、钱铺、银号等，以办理贷款及汇兑业务，并发行私帖。咸丰三年（1859）北京受太平天国战争的影响，一日内倒闭了200多家钱铺，到咸丰九年（1859）又恢复到511家。

　　清代末期的光绪十一年（1885）中法战争后，不到9年时间就爆发了中日甲午战争（1894—1895）。战败后清政府被迫签订了《马关条约》，允许帝国主义在华自由投资设厂，使外国资本大量输入，工商业有了新的发展，中国半殖地半封建社会程度大大加深。一方面不断扩大的市场需求增加了货币的流通量，另一方面割地赔款数额之巨达两亿两白银，使政府财政状况极端恶化，无力控制全国金融。这一时期全国各省纷纷设立官钱局发行纸币。各地方票号、钱庄、银号也都很活跃。据统计这一时期山西票号在全国95个城市设立分号达475处，上海加入钱业商会的有166家，北京加入钱商会的庄号达383家。外商银行势力更加发展壮大，光绪25年（1899）在华洋行已达100多家（支行）。这一时期是官商民间金融机构最为兴盛时期，也是货币制度最为混乱时期。

　　民国初年至1935年法币政策前是私钞发展的第三个阶段。辛亥革命、国内军阀混战，地方政权不稳，今天张大帅做主，明天李督军为王，各路军阀为筹措军饷在没有任何资金保证的情况下乱发军票（流通券），战事一紧或战败后一跑了之，所发的军票成了一堆废

1

纸，因此人们对国家及军阀的信任程度远不如当地有实力的钱庄、银号。这样就使地方私钞在民间广泛流通。

综上所述不难看出，每次私钞发行的兴盛时期，都是战后经济拮据之时，也正是国家财政危机之日。如，第一次兴盛时期正是鸦片战争失败后，签订《南京条约》割让香港岛，赔款2100万银元之时。第二次兴盛时期正是中日甲午战争失败，签订《马关条约》割地赔款2亿两之时。第三次兴盛正是辛亥革命、国内军阀混战、群龙无首之时。战争的失败使大量金银被掠夺一空，国家只有靠发纸币维持生机，因国家纸币发的太滥而失去信誉使地方私钞得以发展。

本书收录从乾隆元年（1736）到宣统三年（1911），历经 7 朝 175 年间发行的部分民间私帖 800 余种。应该说是目前国内收录清私钞最多的书籍，涉及 20 多个省（市）及 200 多个县（乡、村），为研究中国清代货币史、钱币学的专家学者、收藏家提供实物资料，望读者指正。

# 一、乾隆年私帖(1736—1795)

　　清高宗乾隆皇帝,全名爱新觉罗·弘历,是雍正的第四子。年幼时聪明好学,为其祖父康熙所宠爱,养育宫中。雍正元年,雍正就立下密旨,立弘历为继承人,藏于锦盒,放在"正大光明"匾后。雍正帝于十三年(1735)八月二十三日凌晨去世,内侍取出密旨,弘历宣读即位,改明年(1736)为乾隆元年。

　　乾隆帝才识过人,即位时正血气方刚。他朝纲独断,以宽严互济的政策治理国家,在康熙、雍正创建的业绩基础上更上一层楼,使清朝的经济、文化事业都获得极大的繁荣。他大力开疆拓边,使疆土到乾隆二十四年(1759)达到最大,在康熙到乾隆中期形成著名的康乾盛世。但是到了晚年,乾隆帝骄奢淫逸,吏治败坏,使清朝走向衰落。

　　乾隆帝是中国皇帝中寿命最长的,享年89岁。当了60年皇帝后,禅位于嘉庆帝,因为他祖父在位61年,崇拜祖父的乾隆帝有意少当政1年。此后他当太上皇,仍然管事。嘉庆四年(1799)正月初三乾隆帝去世。庙号高宗,葬于河北遵化马兰峪裕陵。

庄号：日新钱铺

地址：山西

面值：空白

颜色：蓝色

印制：乾隆年印制未发

票幅：217×100mm

正面：无图

背面：单面

级别：★★★★★*

说明：该票为目前私
　　钞发现最早的实物

王玉根　藏

---

*星号越多，级别越高，越稀缺。

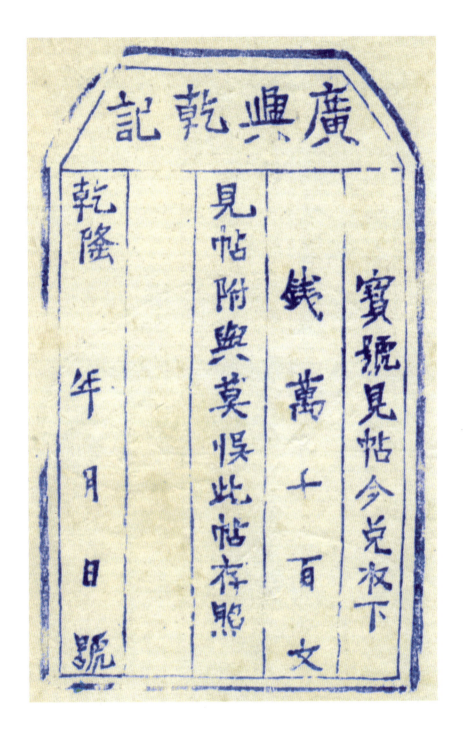

刘建民　藏

庄号:广兴乾记　　　印制:乾隆年钞版　　　背面:单面

地址:山西　　　　　票幅:176×106mm　　级别:★★★★★

面值:空白　　　　　正面:无图

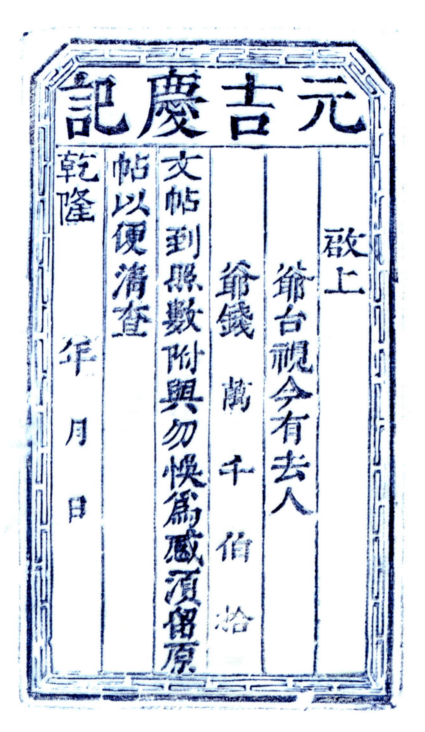

石长有 藏

庄号：元吉庆记　　　印制：乾隆年印钞版　　　背面：单面
地址：山西　　　　　票幅：180×102mm　　　级别：★★★★★
面值：空白　　　　　正面：回形纹

# 二、嘉庆年私帖(1796—1820)

　　嘉庆帝全名爱新觉罗·颙琰，乾隆帝第十五子，生于乾隆二十五年(1760)。五十四年封嘉亲王，六十年九月册立为皇太子，第二年(1796)为嘉庆元年。这一年乾隆帝内禅，嘉庆帝即位。乾隆帝以太上皇训政，嘉庆四年，乾隆帝去世，嘉庆才开始亲政。嘉庆是守成皇帝。他恪守祖制，为维护清朝统治，镇压了两次农民起义；为了国家领土主权完整，他坚决赶走入侵澳门的英国兵船。他像先王那样注意治河，赈济灾民，继续以往的闭关自守政策。他不事奢华，严惩贪污，重奖清廉，告诫大臣不要因循怠玩。然而，清朝的颓势已成，腐败的吏治依然故我，财政状况没有改善，他亦无可挽回。总结他的一生，可以概括为：谨勤守成，竭尽心力，狂澜既倒，无可奈何。

　　嘉庆帝在位 25 年，于嘉庆二十五年(1820)七月二十五日病逝，终年 61 岁。庙号仁宗，葬河北易县永宁山昌陵。

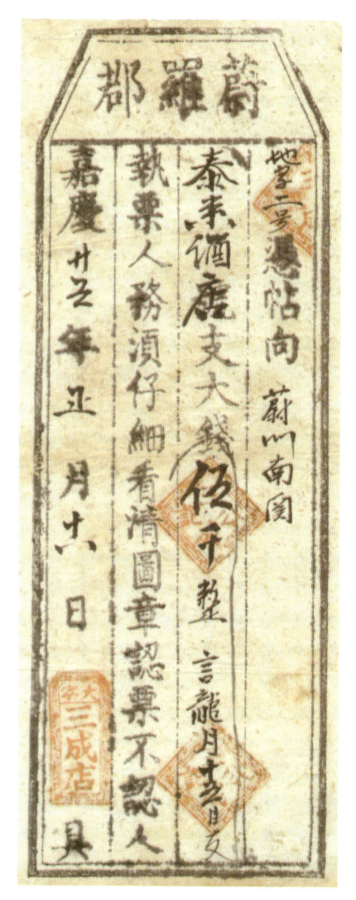

庄号：三成店

地址：山西大宁

面值：大钱五千

票幅：230×88mm

正面：无图

背面：单面

级别：★★★★★

说明：郡是春秋至隋唐时的地方
行政区划单位。蔚罗郡是否
是地址还没有查到，待考

石长有 藏

6

广成德记

寶局爵台視令有兑去
爵錢
文

帖到如数付與勿悮爲感顏留原
帖以便清查

嘉慶 年 月 日

庄号：广成德记
地址：山西
面值：空白
颜色：蓝色
票幅：222×112mm
正面：无图
背面：单面
级别：★★★
说明：该票为未流通票，在嘉庆年月日下边有中文草书套字签名"唐余武"

石长有 藏

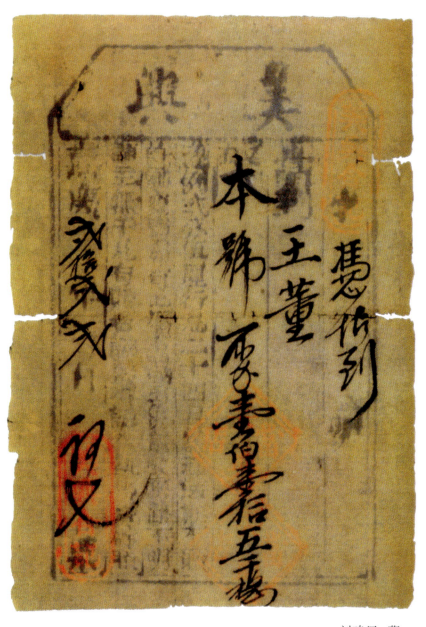

刘建民 藏

庄号：美兴　　　　　印制：嘉庆二十二年（1817）　　背面：单面
地址：山西长治　　　　　　二月七日发　　　　　　级别：★★★★★
面值：壹佰壹拾伍千文　　票幅：156×108mm　　　说明：该票为当铺发的取钱
颜色：蓝色　　　　　　　正面：无图　　　　　　　　　凭帖

『复盛兴』钱帖面文

钱帖往来诚为两便，但使行日久，奸弊频生，近有奸诈之徒专一假刻各钱铺印票图书，或在本铺朦胧或在别铺影混，稍不加意即被欺骗，是以本铺印票字迹俱有，暗记图书均属远方刊刻，伏望四方君子细加辨别免致受欺，且认帖不认人，执帖人自要小心，倘有遗失即如丢钱相同，不与本铺相干，谨此预白，不致贻误。

石长有 藏

| | | |
|---|---|---|
| 庄号：复盛兴 | 票幅：183×110mm | 说明：该票正面有125字的 |
| 地址：山西 | 正面：回纹花边 | 钱帖告白，这在清钱票中 |
| 面值：空白 | 背面：单面 | 是很少见的 |
| 颜色：蓝色 | 级别：★★★ | |

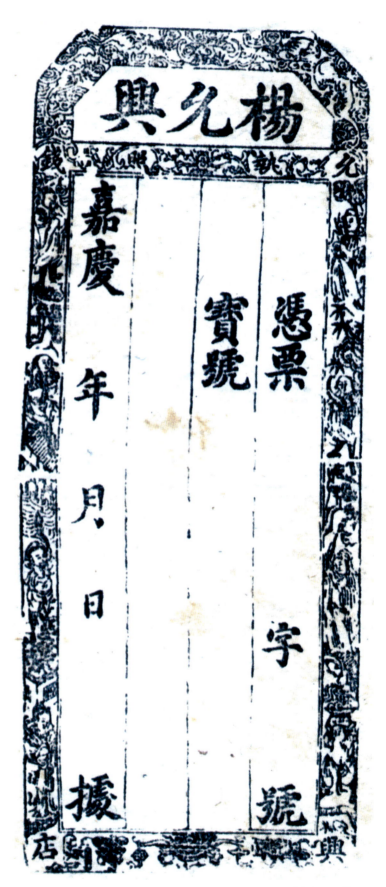

庄号：杨允兴

地址：山西

面值：空白

印制：嘉庆年印钞版

票幅：227×91mm

正面：八仙图

背面：单面

级别：★★★★

刘建民 藏

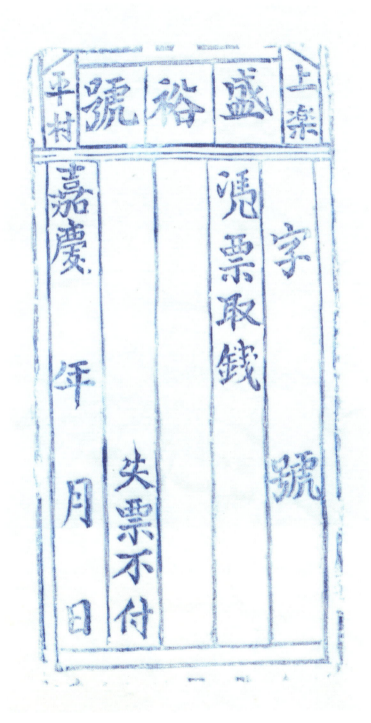

庄号:盛裕号

地址:上乐平村

面值:空白

印制:嘉庆年印钞版

票幅:188×92mm

正面:无图

背面:单面

级别:★★★★

石长有　藏

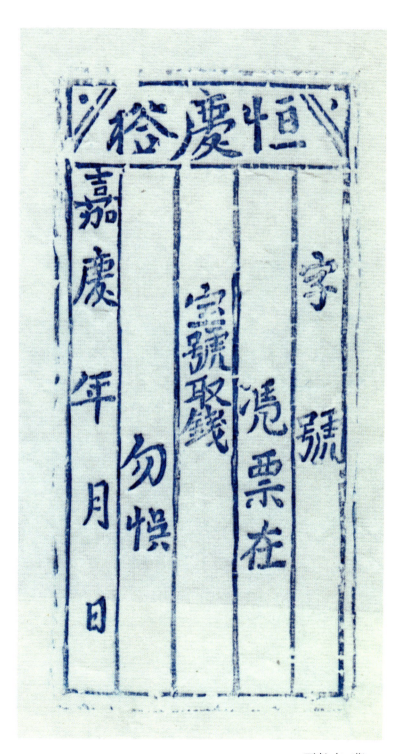

庄号：恒庆裕
地址：无
面值：空白
印制：嘉庆年印钞版
票幅：188×92mm
正面：无图
背面：单面
级别：★★★★

石长有 藏

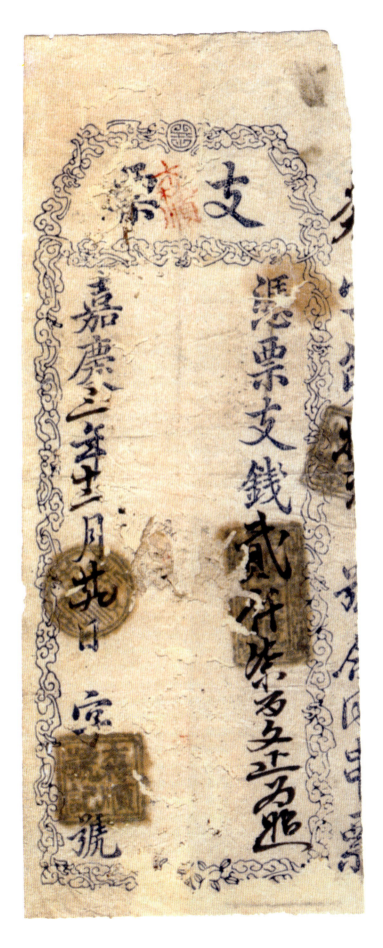

庄号：森顺号

地址：福州

面值：贰千柒百文正

颜色：蓝色

印制：嘉庆三年(1798)

　　十二月二十九日发

票幅：244×93mm

正面：云形花边

背面：单面

级别：★★★★★

陈淑潘 藏

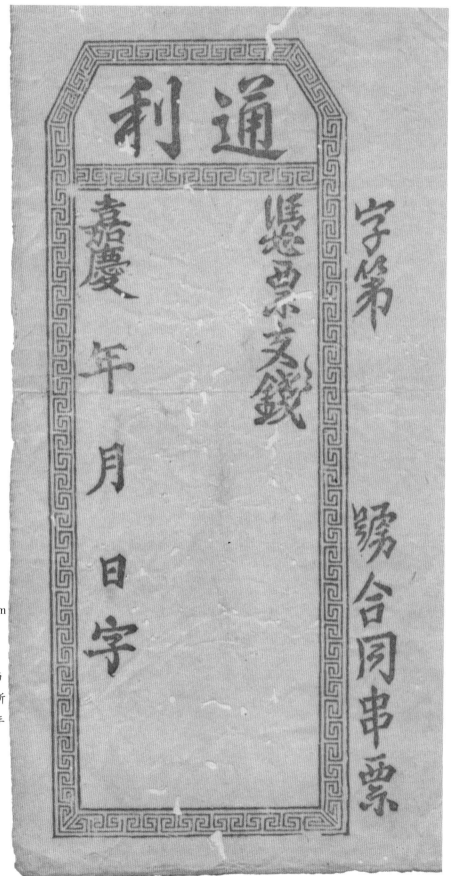

庄号：通利
地址：福建
面值：空白
颜色：蓝色
票幅：250×134mm
正面：回形纹
背面：单面
说明：该票文字与
　　同年份钱票有所
　　不同，疑是当年
　　的赝品，待考

石长有　藏

14

# 三、道光年私帖(1821—1850)

　　宣宗道光帝全名爱新觉罗·旻宁,嘉庆帝次子。嘉庆十四年(1809)嘉庆帝按照家法确定旻宁为嗣君。二十五年嘉庆帝去世,旻宁继位为帝,年号道光。旻宁年幼好学,间习武艺。10岁跟随祖父乾隆打猎获鹿,乾隆大喜,赐其马褂花翎。嘉庆十八年,天理教进攻北京,他又以鸟枪击毙两"贼"。嘉庆帝很高兴,封他为"智亲王",其御枪也赏赐封号"威烈",嘉庆帝称赞他"忠孝兼备"。

　　道光时的清朝,积贫积弱,鸦片泛滥,官员们委靡不振,苟且偷安。州县勒索陋规已到立法都不能禁止的地步,武备不兴,英国等列强虎视眈眈,觊觎扩大中国市场。道光帝像历朝帝王一样,赈济灾民,疏通河道。道光本人生活简朴,像热河避署,木兰秋狝,这些过去帝王耗费巨资的习惯,他都没有。故史家对于道光帝评价是:"恭俭之德,宽仁之量,守成之贤明君主也。"

　　然而道光一生中最大的一桩憾事就是与英军签订了清朝第一个屈辱条约《南京条约》,使中国步入半封建半殖民地社会,中国从此由古代步入近代。

　　道光三十年(1850)道光帝病故,终年69岁,庙号宣宗,葬河北易县永宁山慕陵。

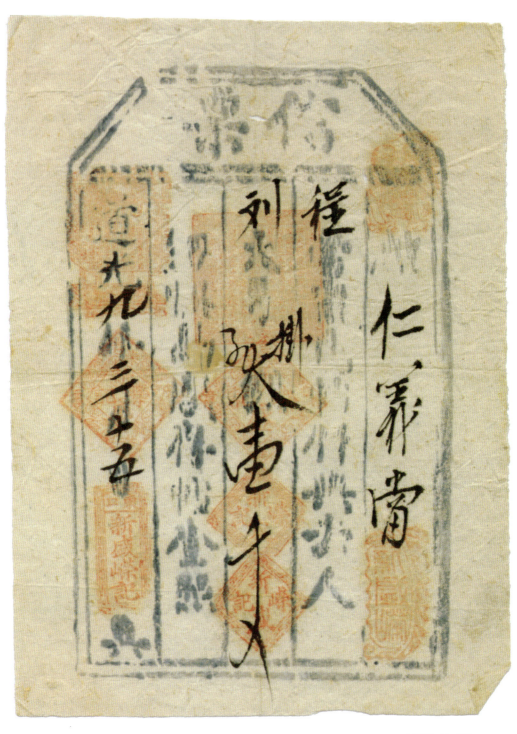

石长有 藏

庄号：新盛嵘记
地址：河北张家口
面值：壹千文
颜色：蓝色

印制：道光九年（1829）三月
　　　十五日发
票幅：185×134mm
正面：无图

背面：单面
级别：★★★★
说明：该票为当铺所发的兑票

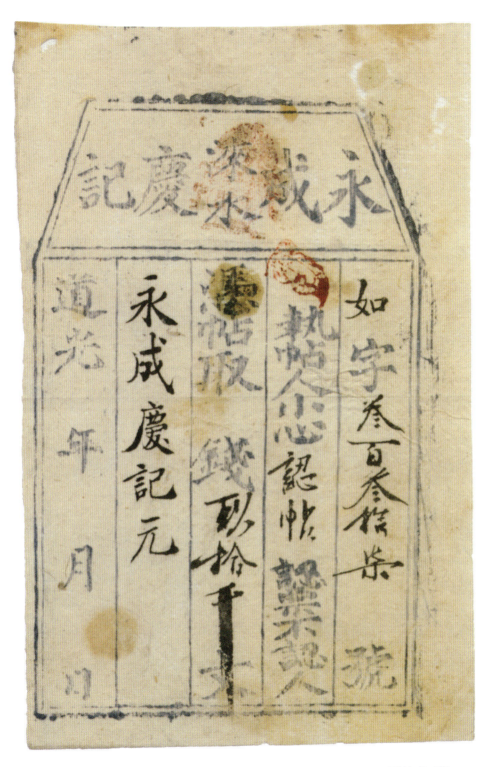

石长有 藏

庄号:永成庆记　　　　颜色:蓝色　　　　　　正面:无图
地址:河北涞水　　　　印制:道光年未流通票　　背面:单面
面值:玖拾千文　　　　票幅:190×120mm

庄号：天盛合
地址：河北行唐
面值：伍千玖佰文
颜色：蓝色
印制：道光八年
　　（1828）十月七
　　日发
票幅：210×95mm
正面：卐字纹
背面：单面
级别：★★★
说明：该票是从墙上
　　揭下，品相较差

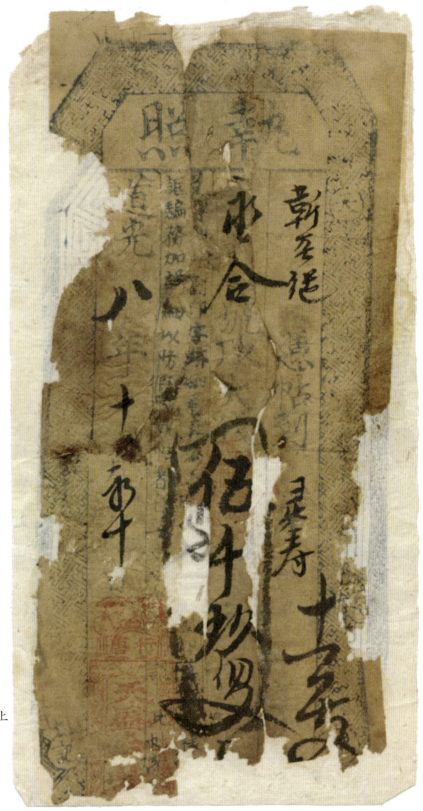

石长有　藏

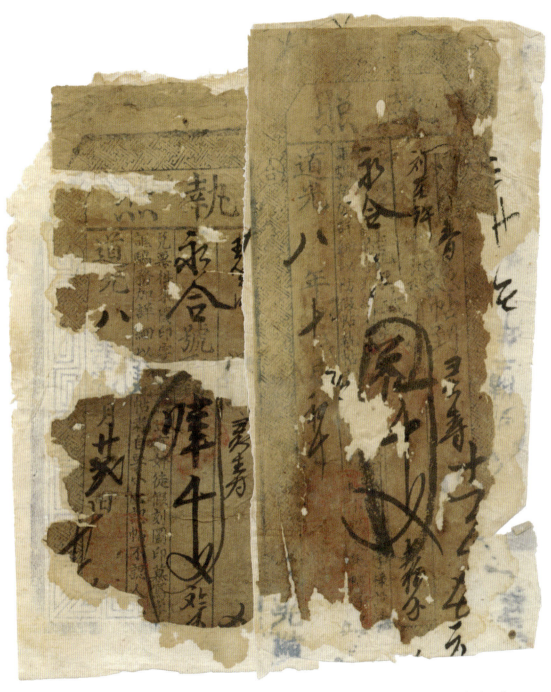

石长有 藏

不同面值的天盛合私帖

庄号：占元魁
地址：山西黎城
面值：贰千文
颜色：蓝色
印制：道光元年(1820)
　　十一月十三日发
票幅：260×111mm
正面：八仙图
背面：流通印记
级别：★★★★★
说明：该票为随时兑现
　　的凭帖

石长有　藏

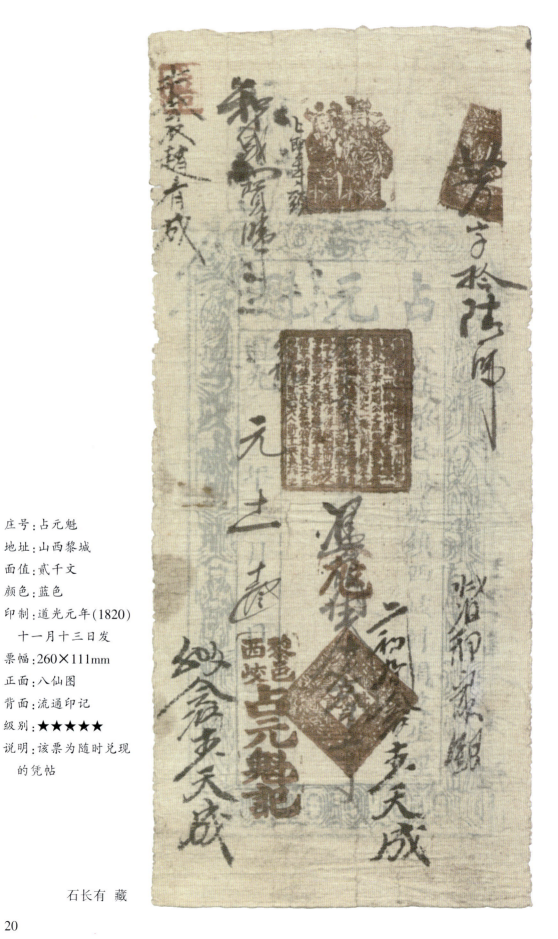

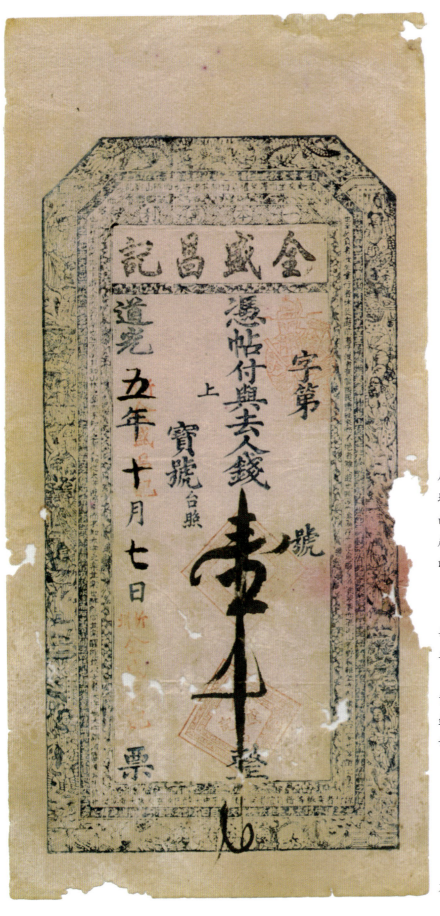

庄号：全盛昌记

地址：山西忻州

面值：壹千文

颜色：蓝色

印制：道光五年
　　　(1825)十月七
　　　日发

票幅：250×120mm

正面：八仙图、
　　　《醉翁亭记》

背面：单面

级别：★★★

说明：该票是随时
　　　取钱的凭帖

石长有 藏

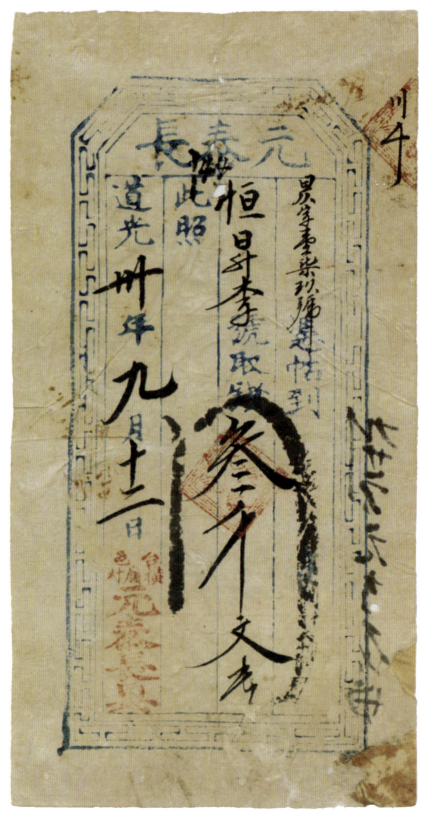

庄号：元泰长具
地址：山西台邑横岭
面值：叁千文
颜色：蓝色
印制：道光三十年
　　（1850）九月十
　　二日发
票幅：210×108mm
正面：回纹花边
背面：流通印记
级别：★★★★
说明：该票为到指定
　　地点随时取钱的
　　凭帖

石长有　藏

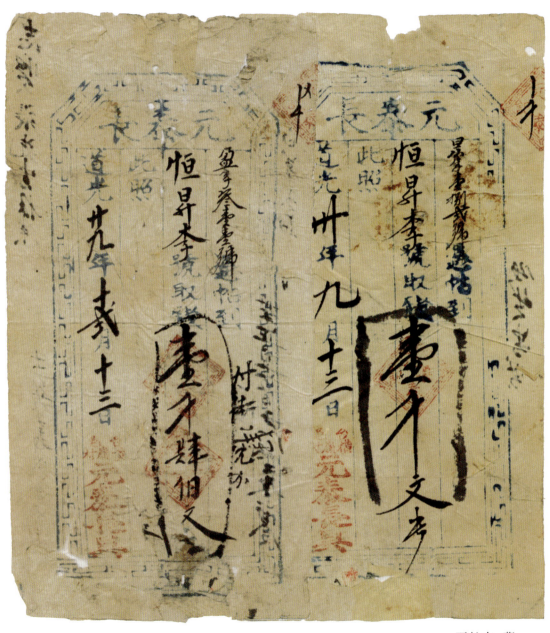

石长有 藏

不同年份不同面值的元泰长私帖

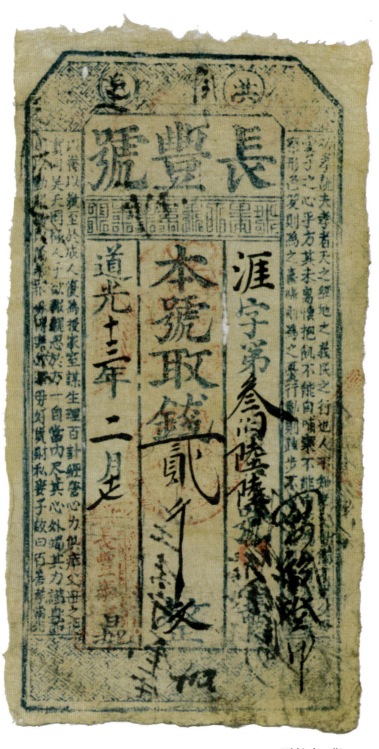

石长有 藏

庄号：长丰号

地址：山西洪邑

面值：壹千文

颜色：蓝色

印制：道光十三年（1833）二

月十七日发

票幅：180×97mm

正面：《劝孝说》

背面：流通印记

级别：★★★

说明：该票是随时取钱的凭帖，还有贰千文及十二年壹千文各一枚

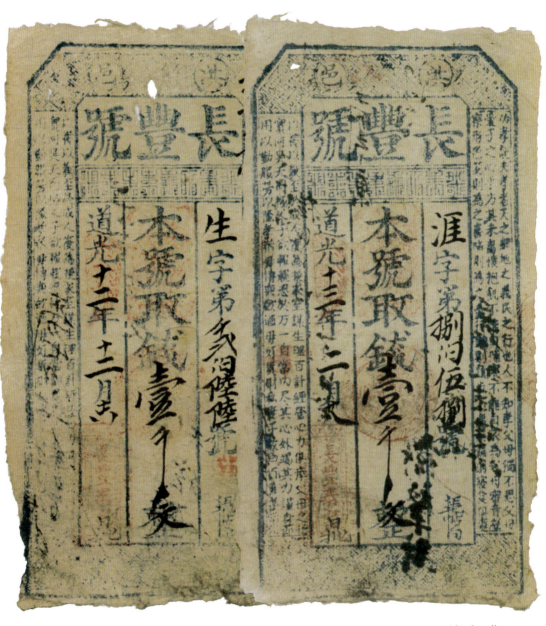

石长有 藏

不同年份不同面值的长丰号私帖

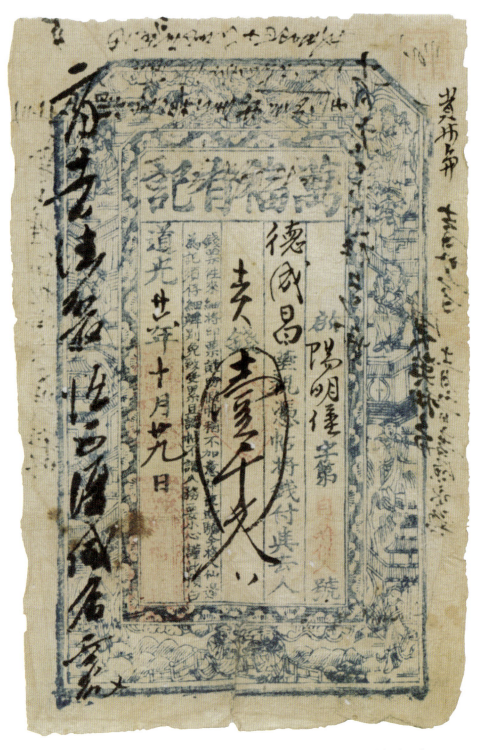

石长有 藏

| 庄号:万福有记 | 印制:道光二十六年(1846) | 背面:流通印记 |
| 地址:山西崞邑 | 　十月二十九日发 | 级别:★★★★ |
| 面值:壹千文 | 票幅:190×122mm | 说明:该票为甲号出帖乙号 |
| 颜色:蓝色 | 正面:八仙图 | 　取钱的兑票 |

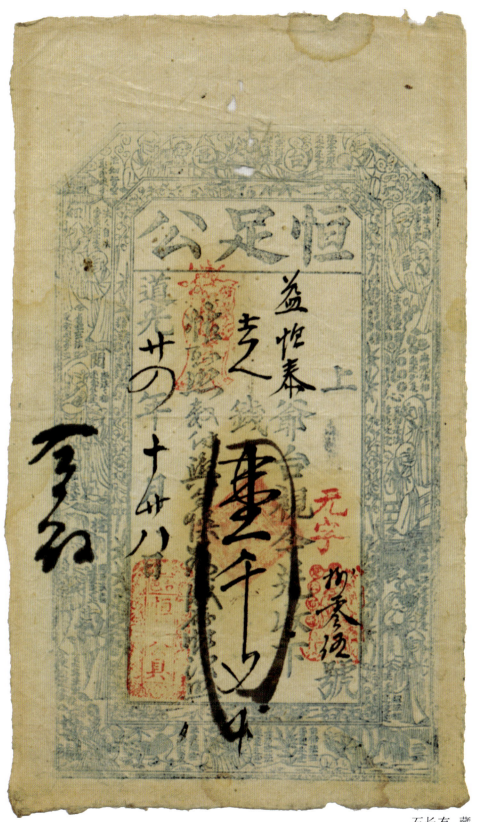

石长有 藏

| 庄号:恒足公 | 印制:道光二十四年(1844) | 背面:单面 |
| 地址:山西台邑 | 十月二十八日发 | 级别:★★★★ |
| 面值:壹千文 | 票幅:210×122mm | 说明:该票为甲号发票乙号 |
| 颜色:蓝色 | 正面:众僧说法 | 兑现的兑票 |

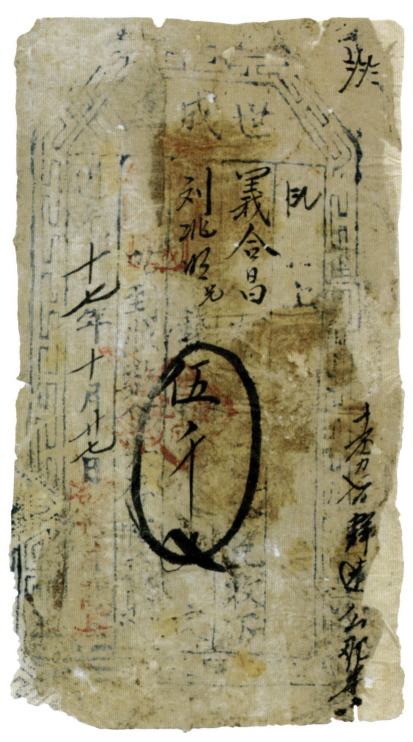

王玉根　藏

庄号：世成万　　　　　印制：道光十七年（1837）十　　正面：回纹
地址：山西台邑东冶　　　　月二十五日发　　　　　背面：单面
面值：伍千文　　　　　票幅：190×104mm　　　级别：★★★★
颜色：蓝色

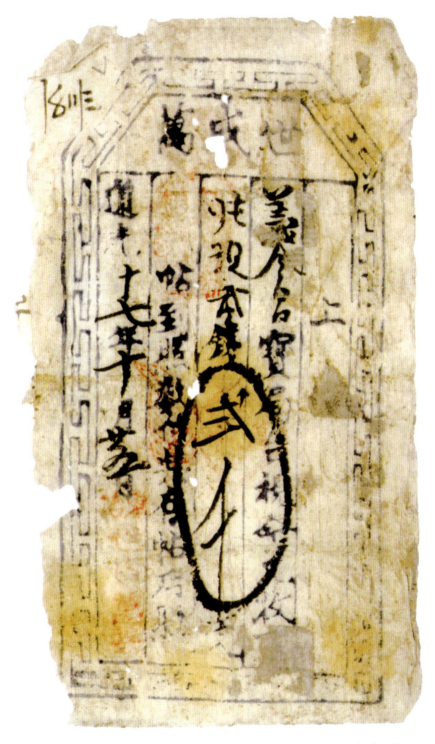

石长有 藏

不同面值的世成万私帖

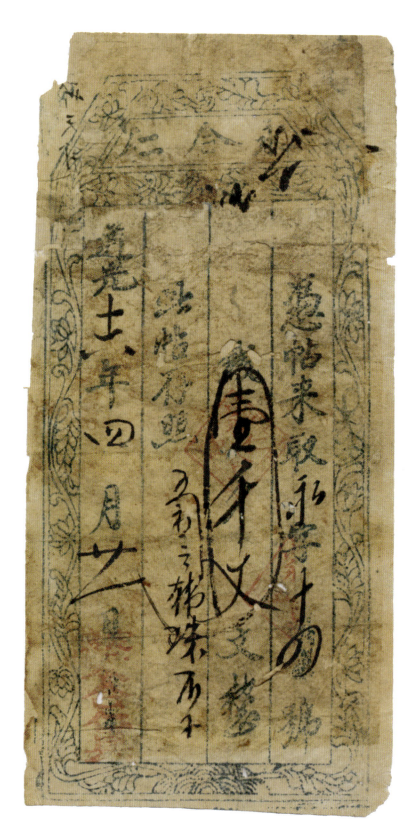

庄号：永合仁具
地址：山西定襄
面值：壹千文
颜色：蓝色
印制：道光十六年
　（1836）四月二
　十一日发
票幅：208×100mm
正面：花边
背面：单面
级别：★★★

石长有　藏

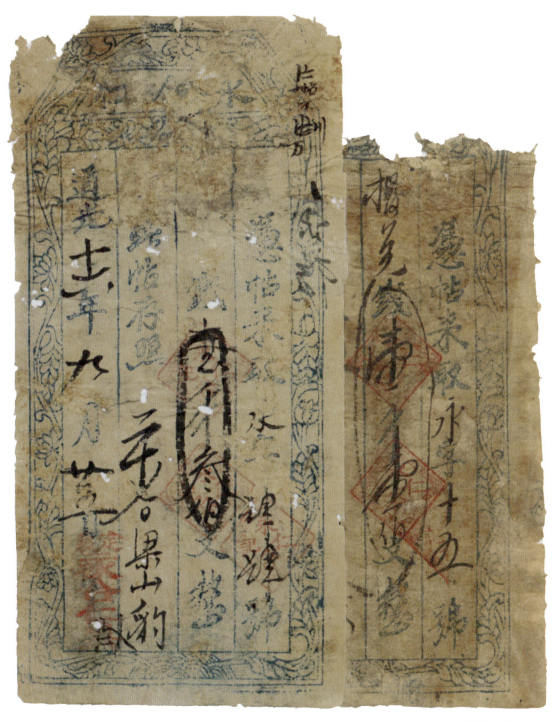

石长有 藏

不同面值的永合仁私帖

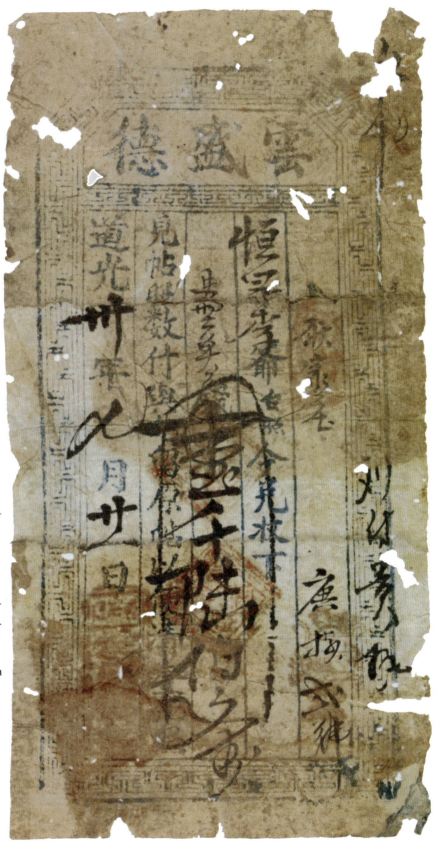

庄号:云盛德

地址:山西台邑松
　　岩口

面值:壹千陆佰文

颜色:蓝色

印制:道光三十年
　　(1850)九月二十
　　一日发

票幅:220×112mm

正面:回纹花边

背面:单面

级别:★★★

石长有 藏

石长有　藏

不同面值的云盛德私帖

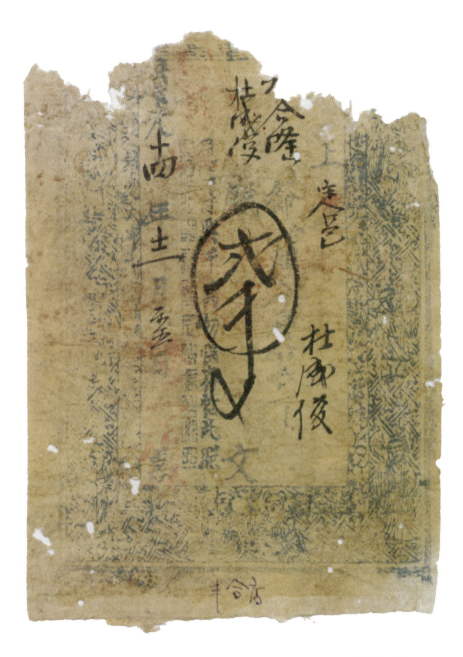

石长有 藏

庄号：丰合店具　　　印制：道光十四年(1834)十　　　正面：八仙回纹
地址：山西台邑东冶　　　　二月二十五日发　　　背面：单面
面值：空白　　　　　　　票幅：194×111mm　　　级别：★★★
颜色：蓝色

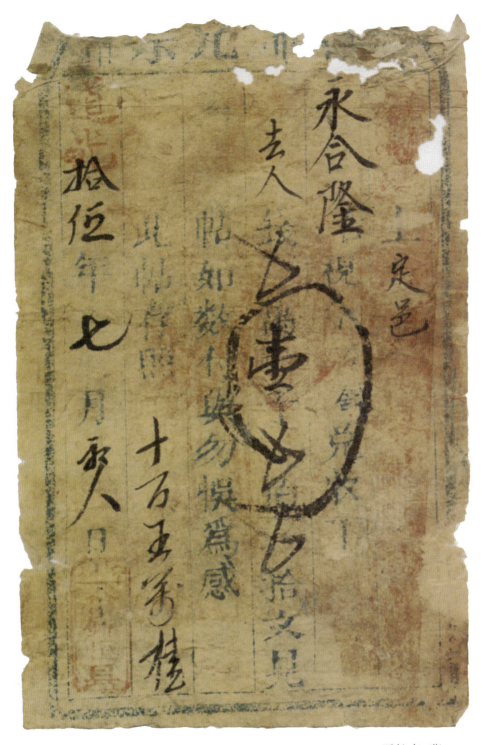

石长有 藏

庄号：合锦恒具　　　印制：道光十五年（1835）七　背面：单面
地址：山西定襄　　　　　　月八日发　　　　　级别：★★★
面值：壹千文　　　　　票幅：190×112mm　　　说明：该票从纸盒上揭下，品
颜色：蓝色　　　　　　正面：无　　　　　　　　相较差

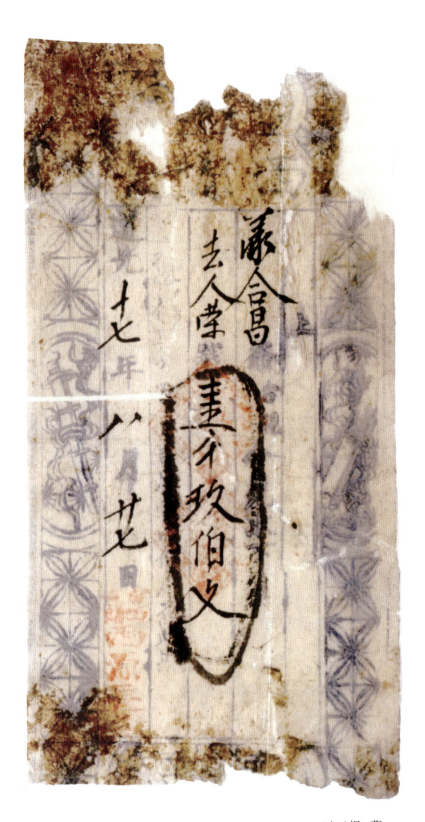

庄号:西源长具

地址:山西台邑

面值:壹千玖百文

颜色:蓝色

印制:道光十七年

　　(1837)八月二十

　　七日发

票幅:196×100mm

正面:书画、花边

背面:单面

级别:★★★

王玉根　藏

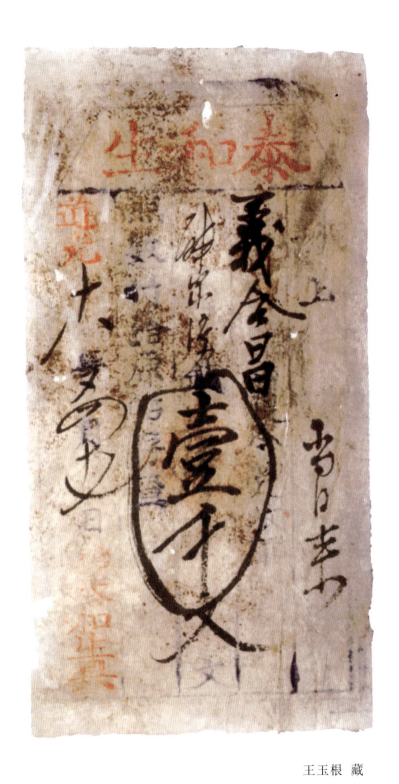

王玉根　藏

| | | |
|---|---|---|
| 庄号:泰和生具 | 印制:道光十八年(1838)四 | 正面:无图 |
| 地址:山西台邑 | 月十七日发 | 背面:单面 |
| 面值:壹千文 | 票幅:182×93mm | 级别:★★★★ |
| 颜色:蓝色 | | |

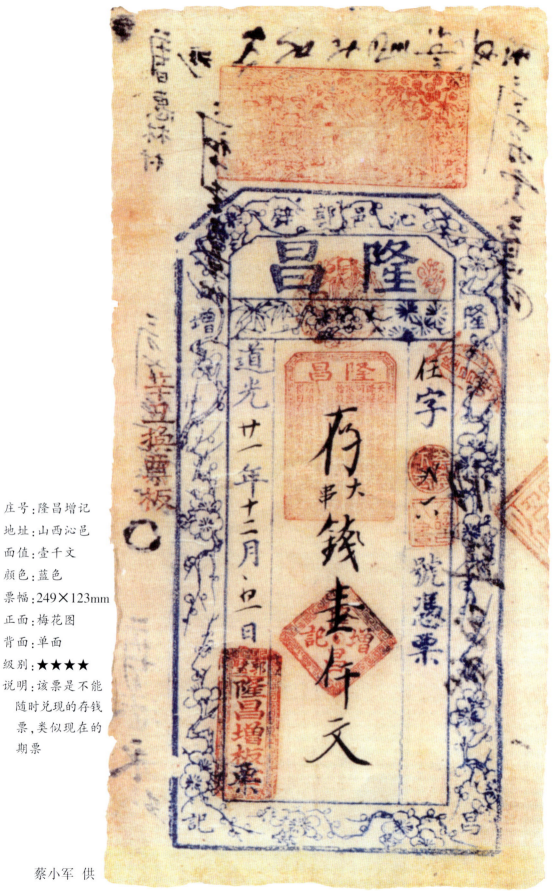

庄号:隆昌增记
地址:山西沁邑
面值:壹千文
颜色:蓝色
票幅:249×123mm
正面:梅花图
背面:单面
级别:★★★★
说明:该票是不能
随时兑现的存钱
票,类似现在的
期票

蔡小军 供

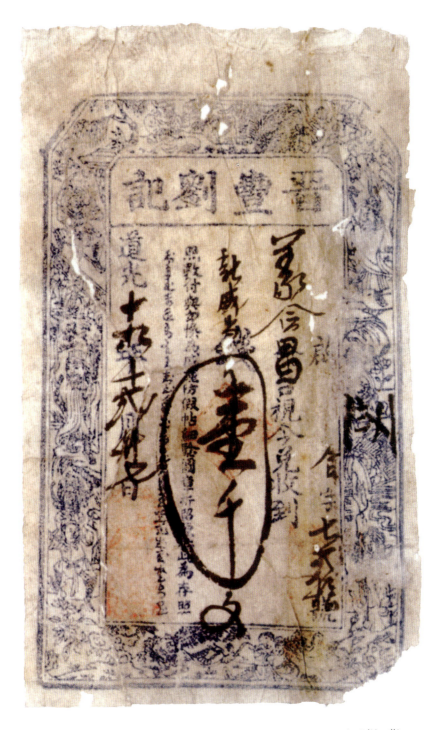

王玉根 藏

庄号:晋丰刘记    印制:道光十九年(1839)十    正面:八仙图

地址:山西台邑       二月二十七日发      背面:单面

面值:壹千文        票幅:180×106mm     级别:★★★★

颜色:蓝色

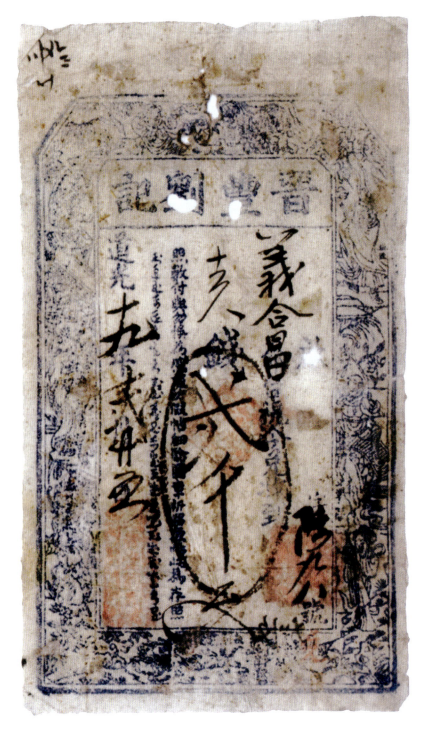

王玉根　藏

不同面值的晋丰刘记私帖

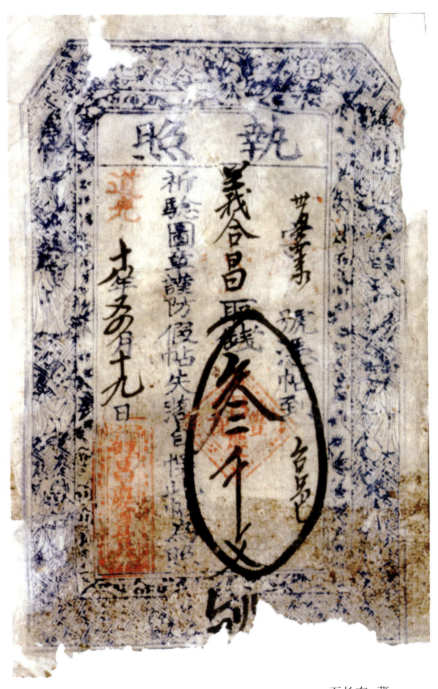

石长有 藏

庄号：昌庆丰具　　　印制：道光十八年（1838）四　　正面：八仙图
地址：山西台邑东冶　　　　　　月十九日发　　　　　背面：单面
面值：叁千文　　　　　票幅：176×105mm　　　级别：★★★★
颜色：蓝色

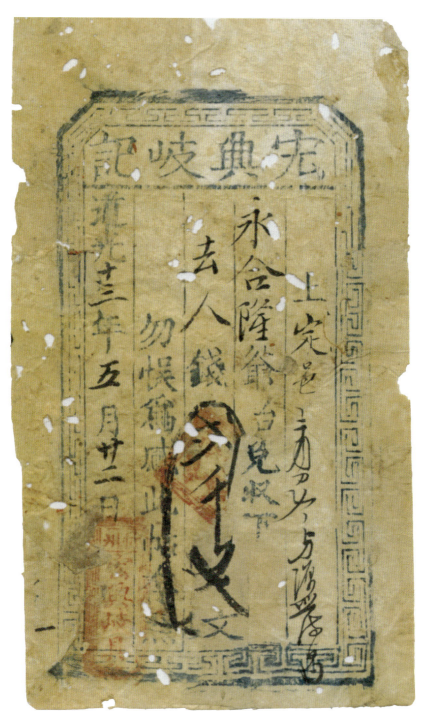

石长有　藏

庄号:宏兴岐记　　　印制:道光十三年(1833)五　　背面:单面
地址:山西忻州　　　　　月二十二日发　　　　　级别:★★★★
面值:贰千文　　　　　票幅:185×107mm　　　说明:该票为甲号发票乙号
颜色:蓝色　　　　　　正面:回纹花边　　　　　　兑付的兑票

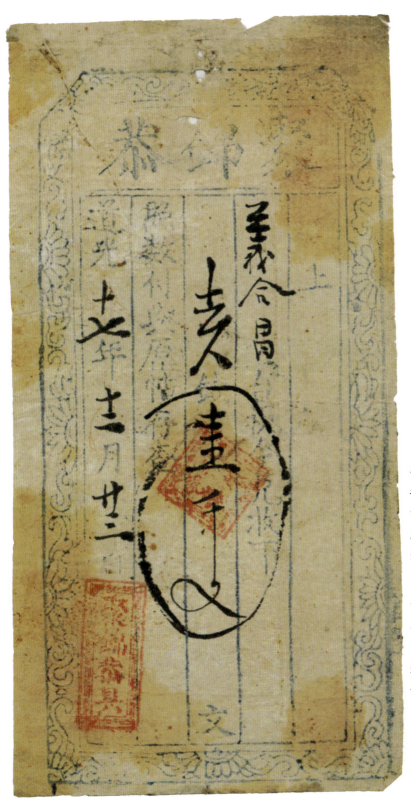

庄号:聚锦恭

地址:山西台邑

面值:壹千文

颜色:蓝色

印制:道光十七年(1837)

十二月二十三日发

票幅:205×104mm

正面:花边

背面:单面

级别:★★★★

说明:该票为甲号发票乙

号兑付的兑票

石长有 藏

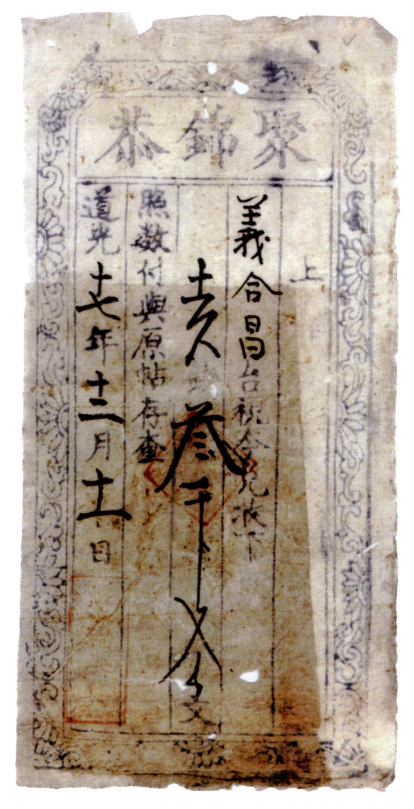

王玉根　藏

不同面值的聚锦恭兑票

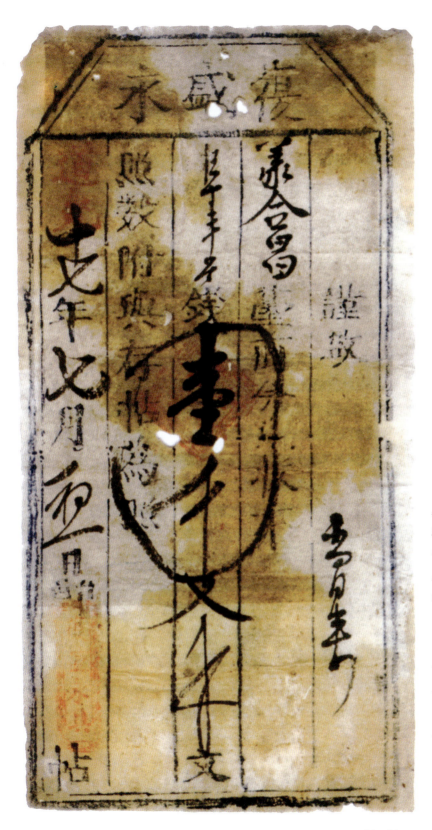

庄号:复盛永

地址:山西台邑东冶

面值:壹千文

颜色:蓝色

印制:道光十七年

　　(1837)七月一日

　　发

票幅:210×106mm

正面:无图

背面:单面

级别:★★★★

王玉根　藏

45

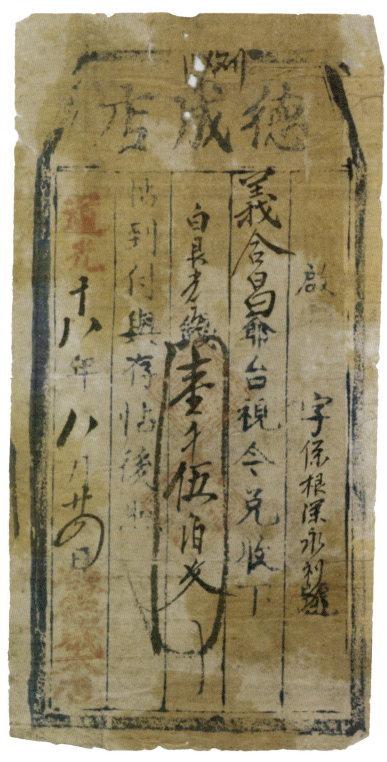

石长有 藏

庄号：德成店

地址：山西台邑东冶

面值：壹千伍佰文

颜色：蓝色

印制：道光十八年（1838）八

　　月二十四日发

票幅：194×100mm

正面：无图

背面：单面

级别：★★★★

说明：该票为甲号发票乙号

　　取钱的兑票

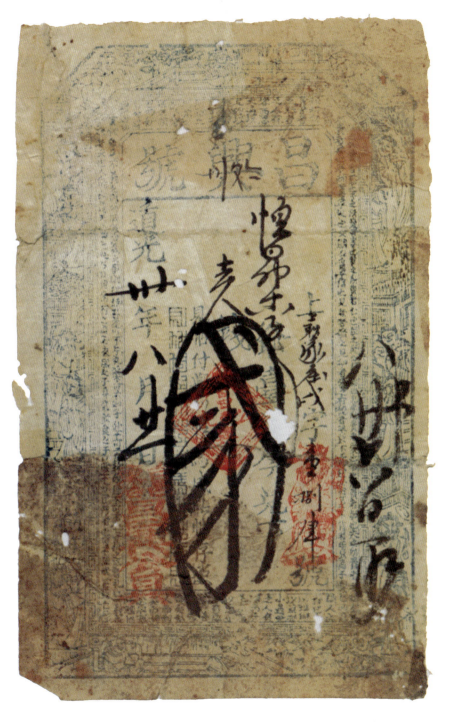

石长有 藏

庄号:昌兴号　　　印制:道光三十年(1850)八　正面:八仙图
地址:山西台邑东冶　　月二十一日发　　　背面:单面
面值:贰千文　　　票幅:180×111mm　　级别:★★★★
颜色:蓝色

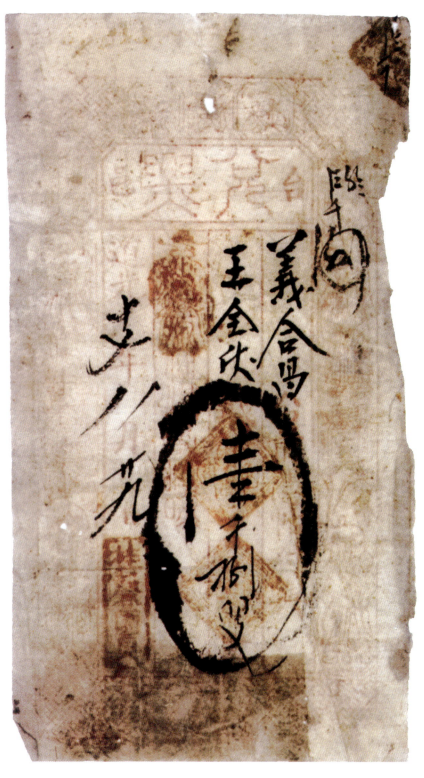

王玉根 藏

庄号：桂馨园具　　　印制：道光十七年（1837）八　　　正面：八仙图
地址：山西台邑　　　　　月二十九日发　　　　　　　背面：单面
面值：壹千捌佰文　　　票幅：200×110mm　　　　级别：★★★★
颜色：红色

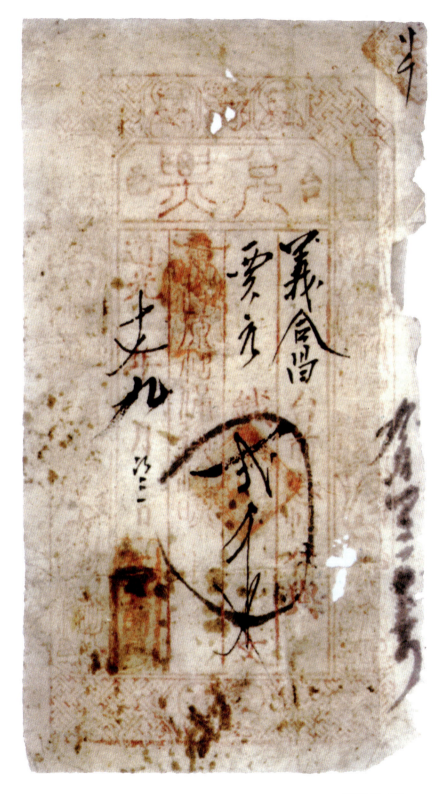

桂馨园具

王玉根　藏

不同面值的桂馨园私帖

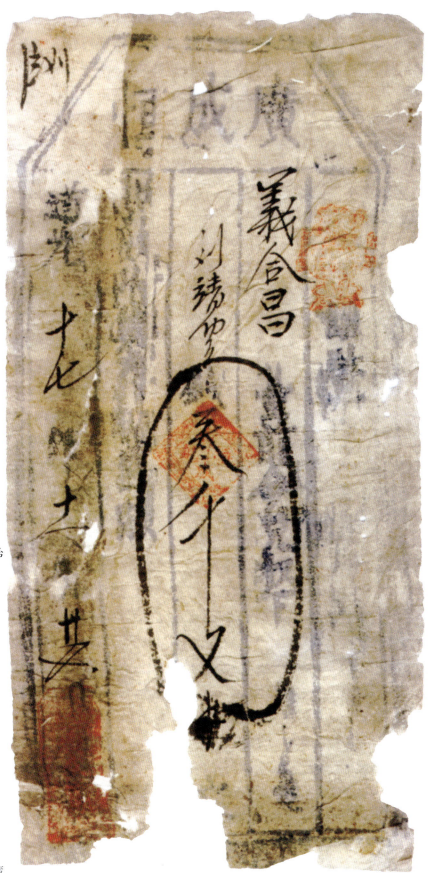

庄号:广成恒

地址:山西台邑东冶

面值:叁千文

颜色:蓝色

印制:道光十七年

　　(1837)十一月

　　二十七日发

票幅:225×112mm

正面:无图

背面:单面

级别:★★★★

王玉根　藏

50

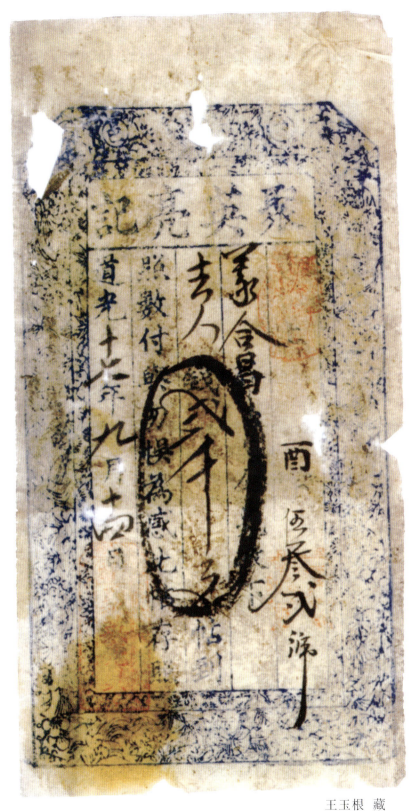

庄号:聚英亮记　　　　印制:道光十七年(1837)九　　　王玉根　藏

地址:山西台邑　　　　　　月十四日发　　　　　　　正面:八仙图

面值:贰千文　　　　　票幅:208×105mm　　　　背面:单面

颜色:蓝色　　　　　　　　　　　　　　　　　　　级别:★★★★

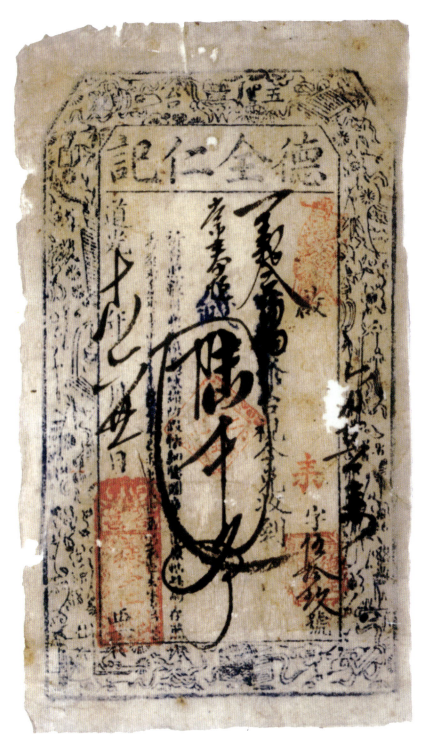

王玉根　藏

庄号：德全仁记　　　印制：道光十八年（1838）六　　正面：暗八仙
地址：山西台邑　　　　　月二十一日发　　　　　　背面：单面
面值：陆千文　　　　　票幅：189×105mm　　　级别：★★★★
颜色：蓝色

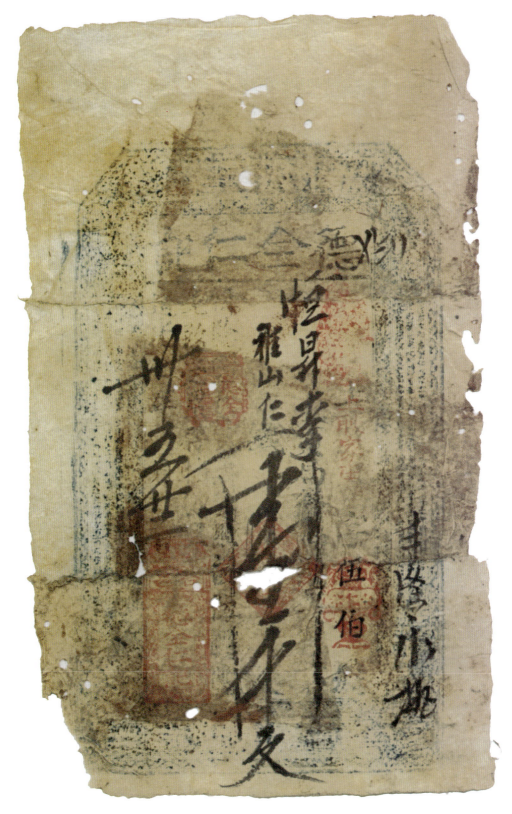

石长有 藏

不同版别不同面值的德全仁记私钞

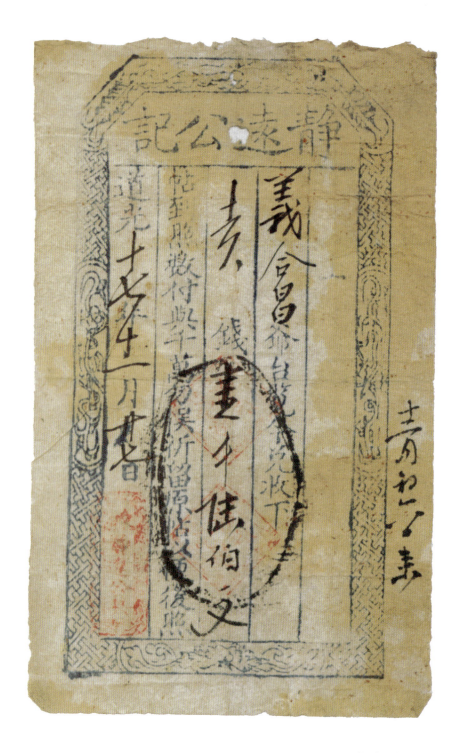

石长有 藏

庄号:静远公记      印制:道光十七年(1837)十      背面:单面

地址:山西台邑东冶        一月二十七日发         级别:★★★★

面值:壹千六佰文        票幅:180×108mm       说明:该票从墙上揭下,品相

颜色:蓝色            正面:花边                差

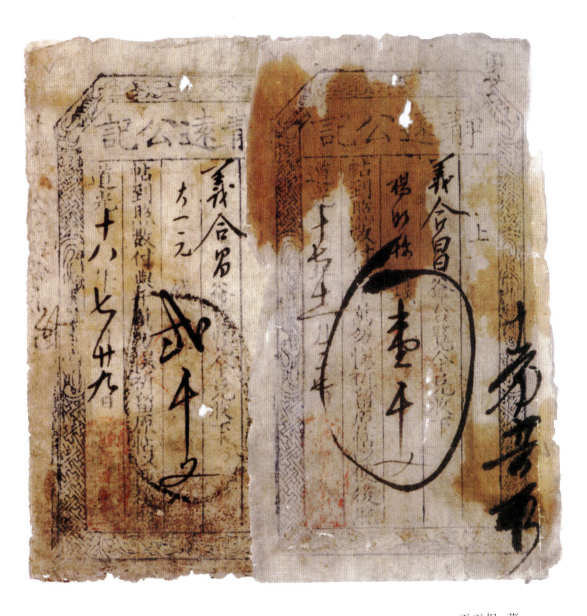

王玉根　藏

不同面值的静远公记私帖

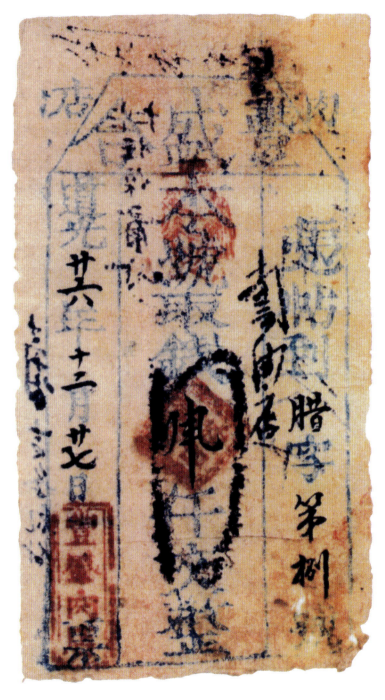

蔡小军 供

庄号：丰盛合肉店　　　印制：道光二十六年（1846）　正面：无图

地址：山西翼城　　　　　十二月二十七日发　　　背面：流通印记

面值：肆千文　　　　　票幅：175×96mm　　　级别：★★★★

颜色：蓝色

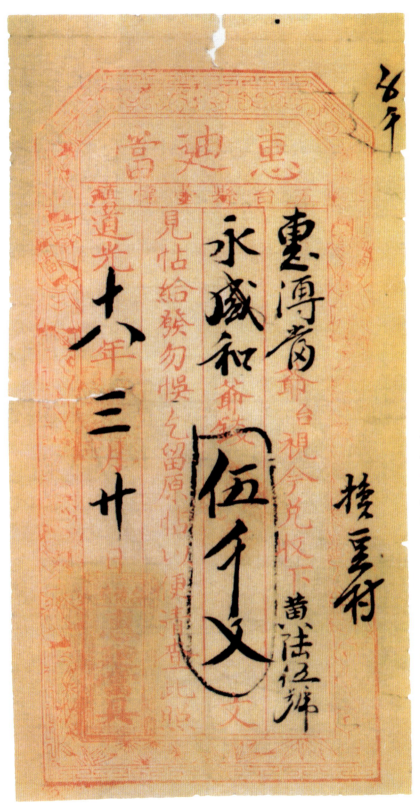

庄号:惠迪当

地址:山西五台台怀

面值:五千文

颜色:红色

印制:道光十八年
　　 (1838)三月二十
　　 日发

票幅:210×105mm

正面:人物、松梅竹

背面:单面

级别:★★★★

说明:该票为当铺发
　　 的到指定店铺才能
　　 兑付的兑帖

刘建民　藏

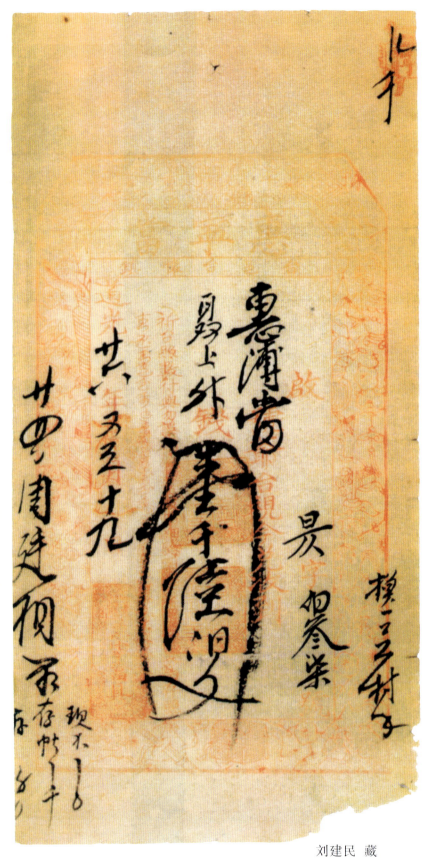

庄号：惠宁当
地址：山西台邑台怀
面值：壹千陆佰文
颜色：红色
印制：道光二十六年
　　（1846）五月十九
　　日发
票幅：220×115mm
正面：琴棋书画、梅
　　花
背面：单面
级别：★★★★

刘建民　藏

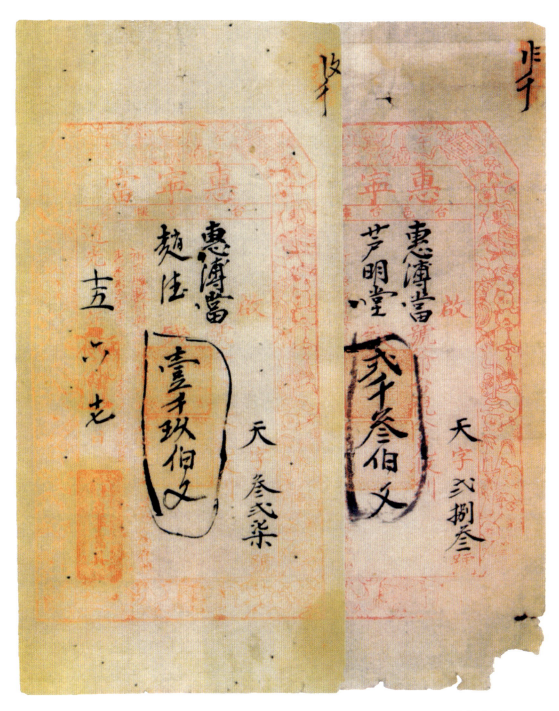

刘建民 藏

不同面值的惠宁当私帖

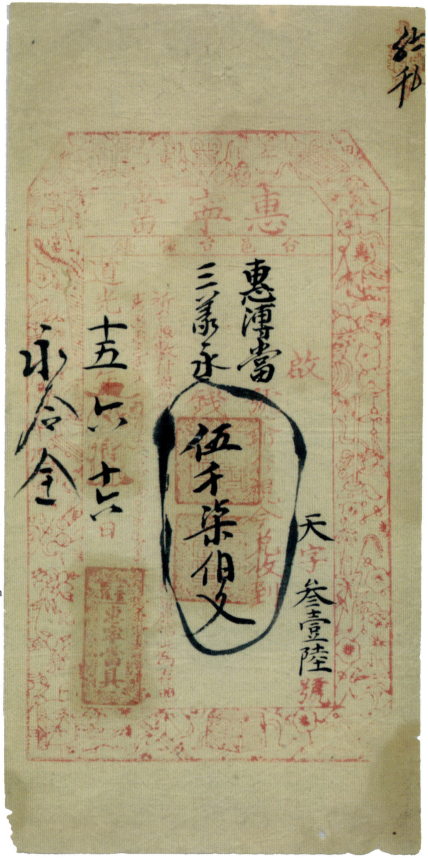

庄号：惠宁当

地址：山西台邑

面值：伍千柒百文

颜色：红色

印制：清道光十五年

　　（1835）六月十六

　　日发

票幅：225×113mm

正面：琴棋书画

级别：★★★★

背面：单面

说明：该票为当铺发

　　的制钱票,是由甲

　　号出票到乙号兑

　　现的兑票

石长有　藏

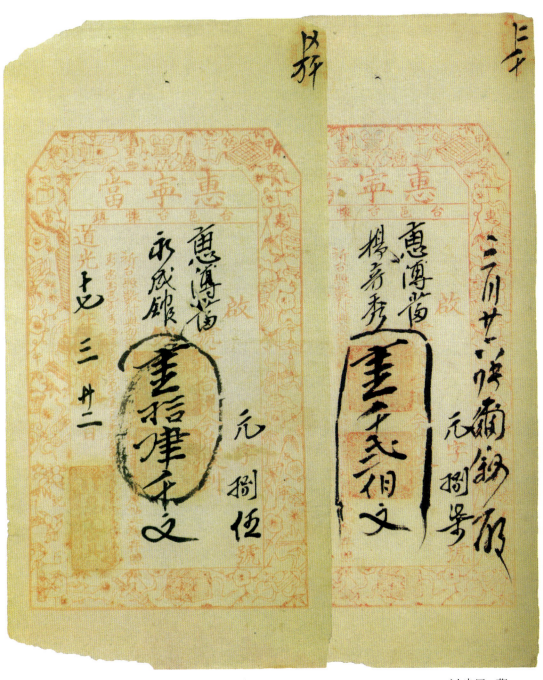

刘建民 藏

不同面值的惠宁当私帖

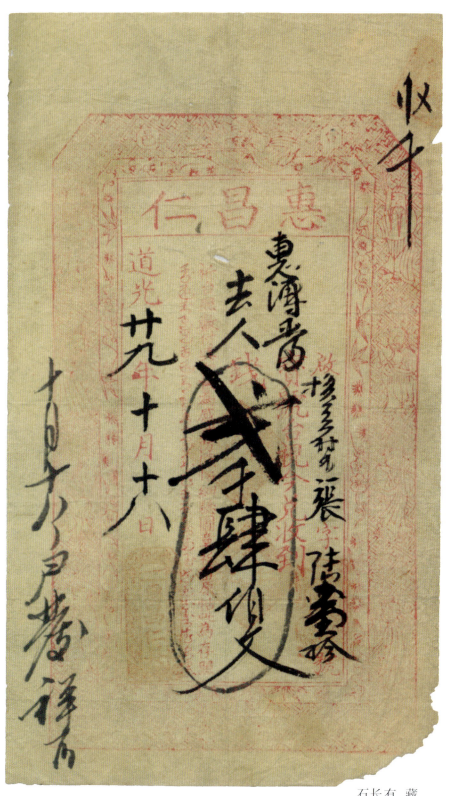

石长有 藏

| | | |
|---|---|---|
| 庄号:惠昌仁 | 印制:道光二十九年(1849) | 背面:单面 |
| 地址:山西台邑 | 　　十月十八日发 | 级别:★★★★ |
| 面值:贰千肆佰文 | 票幅:250×118mm | 说明:该票为甲号出票乙号 |
| 颜色:红色 | 正面:八仙图 | 　　兑现的兑票。 |

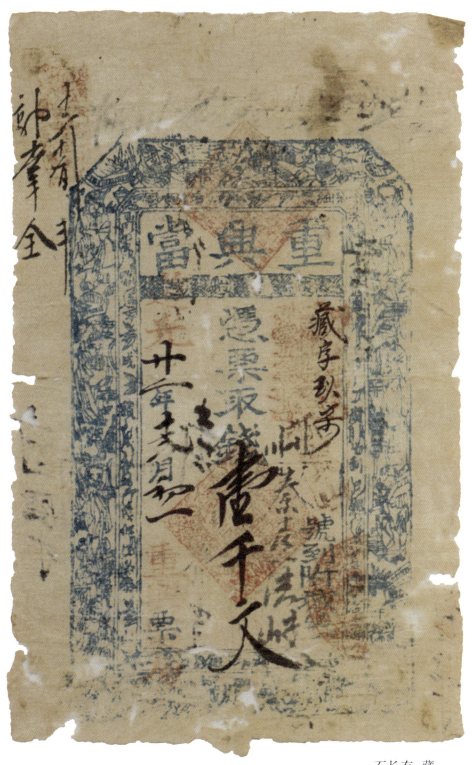

石长有　藏

庄号:重兴当　　　印制:道光二十一年(1841)　　背面:流通印记

地址:山西凌邑附城　　　十二月一日发　　　级别:★★★★★

面值:壹千文　　　票幅:192×122mm　　说明:该票为当铺发的、可随

颜色:蓝色　　　正面:八仙图　　　时取钱的凭帖

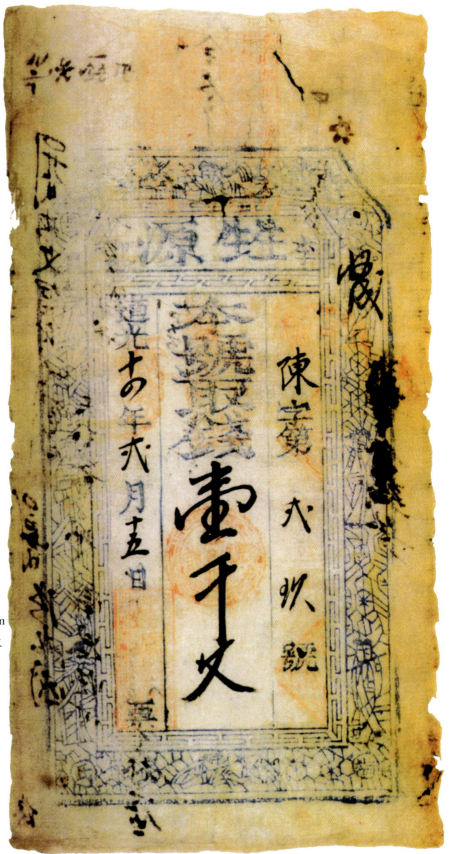

庄号:甡源李记

地址:山西沁邑

面值:壹千文

颜色:蓝色

印制:道光十四年
　　(1834)二月十
　　五日发

票幅:250×130mm

正面:八仙图、回纹

背面:流通印记

级别:★★★★

说明:该票是可随
　　时取钱的凭票

刘建民 藏

64

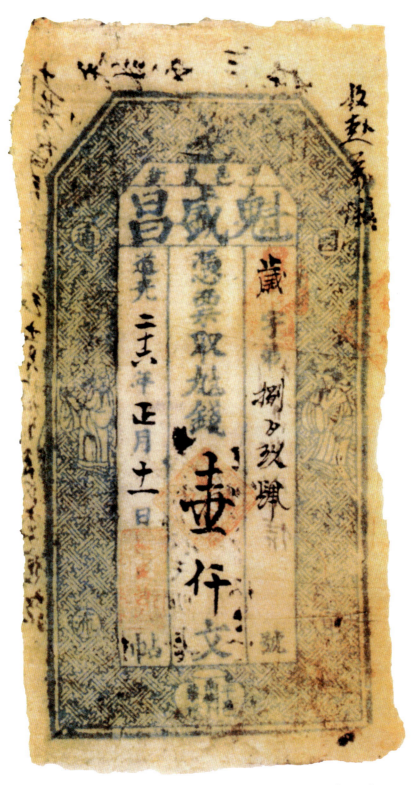

刘建民 藏

庄号:魁盛昌　　　　印制:道光二十六年(1846)　　　正面:八仙图、卍字纹

地址:山西平邑　　　　　　正月十一日发　　　　　　背面:流通印记

面值:壹千文　　　　　票幅:200×100mm　　　　级别:★★★★

颜色:蓝色

庄号：义茂魁店

地址：河南赊旗镇

面值：叁串

颜色：蓝灰

印制：道光二十一年（1841）
四月十日发

票幅：233×90mm

正面：回纹花边

背面：流通印记

级别：★★★★

说明：该票为随时兑现的凭帖

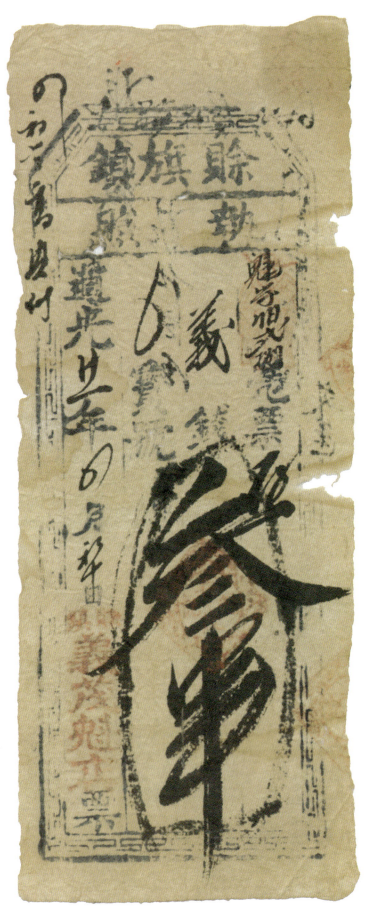

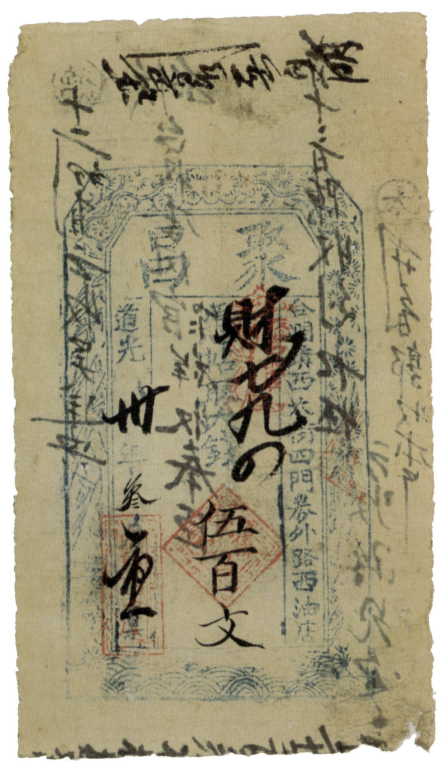

石长有 藏

| | | |
|---|---|---|
| 庄号:聚昌油店 | 印制:道光三十年(1850)三 | 背面:流通印记 |
| 地址:河南林邑合润 | 月一日发 | 级别:★★★★ |
| 面值:伍佰文 | 票幅:195×114mm | 说明:该票为随时兑现的凭 |
| 颜色:蓝色 | 正面:松竹花边 | 帖 |

庄号：集义号
地址：河南确邑
面值：叁串整
颜色：蓝色
印制：道光六年（1826）
　　九月十日发
票幅：216×102mm
正面：八仙图
背面：单面
级别：★★★★
说明：该票为随时兑现
　　的凭帖

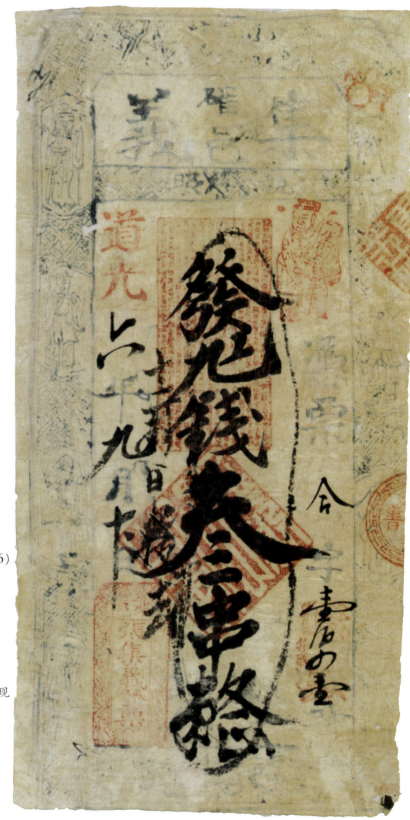

石长有　藏

68

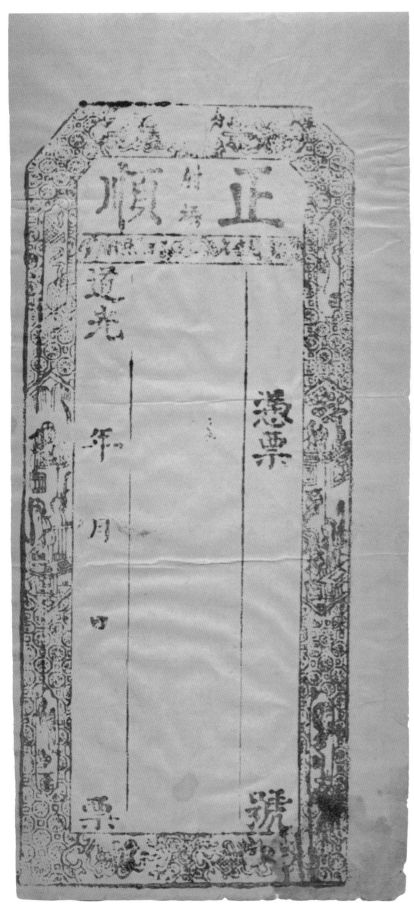

庄号:正顺
地址:河南平舆射桥
面值:空白
颜色:蓝色
印制:道光年未发行票
票幅:285×110mm
正面:花边、人物
背面:单面

石长有 藏

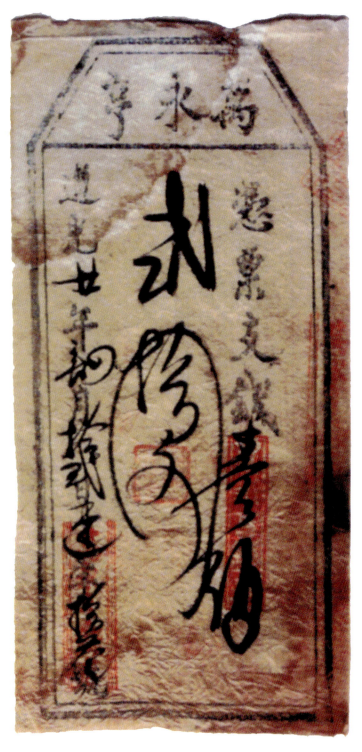

林志平 藏

庄号:万永亨       印制:道光二十年(1840)四       正面:无图

地址:福州            月十二日发            背面:单面

面值:壹佰贰拾文    票幅:218×103mm        说明:此票怀疑是伪造,待考

颜色:蓝色

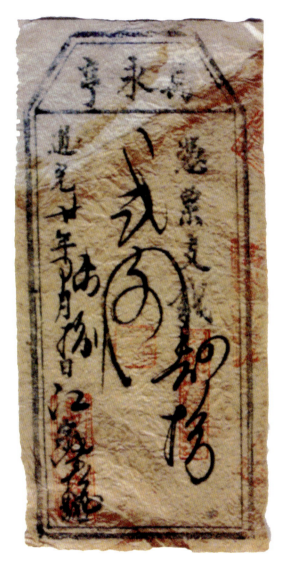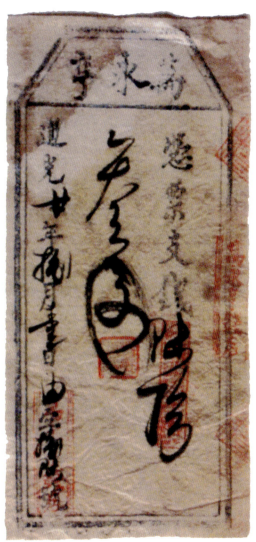

林志平　藏

215×105mm　　　　　　　　　　218×103mm

不同面值的万永亨私帖

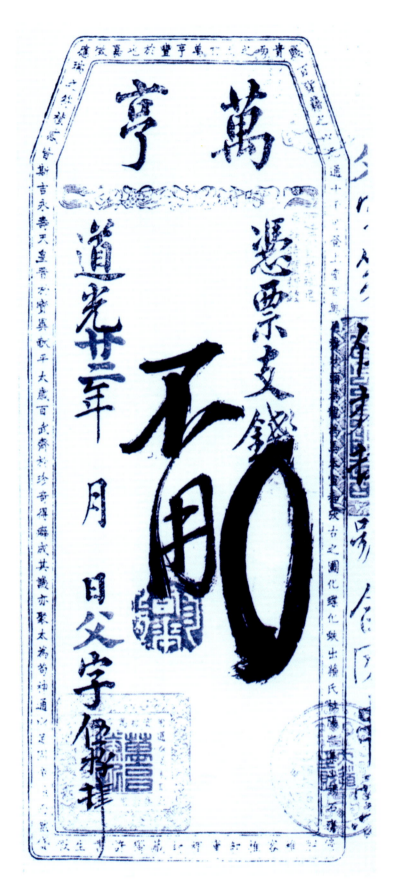

庄号：万亨栋记

地址：福州

面值：空白

颜色：蓝色

印制：道光二十二年
　　（1842）印

票幅：245×94mm

正面：古文框

背面：单面

林志平 藏

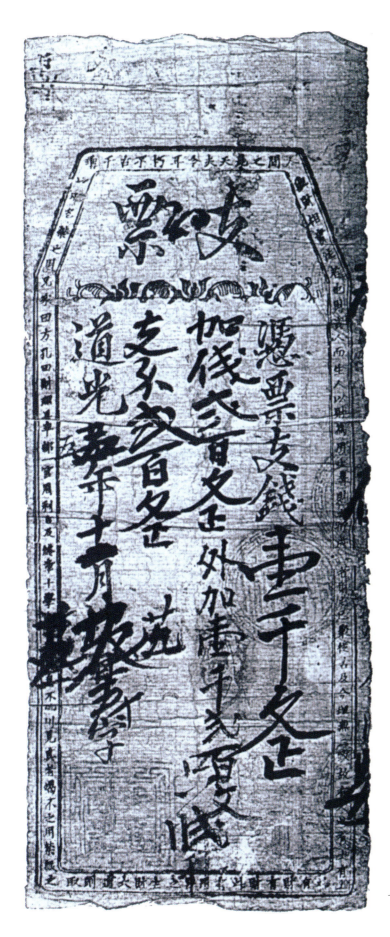

庄号:支票

地址:福建

面值:壹千文

颜色:蓝色

印制:道光五年(1825)

　　　十一月二十九日发

票幅:232×92mm

正面:《钱票论》

背面:单面

级别:★★★

丁建明 藏

庄号:王久杨支票
地址:福州
面值:壹千文
颜色:蓝色
印制:道光二十四年
　　(1844)十月二十九
　　日发
票幅:249×91mm
正面:花边纹
背面:单面
级别:★★★★

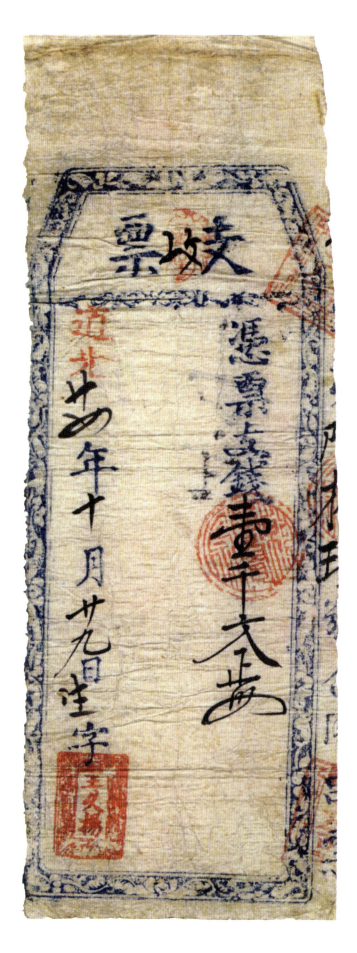

陈淑潘　藏

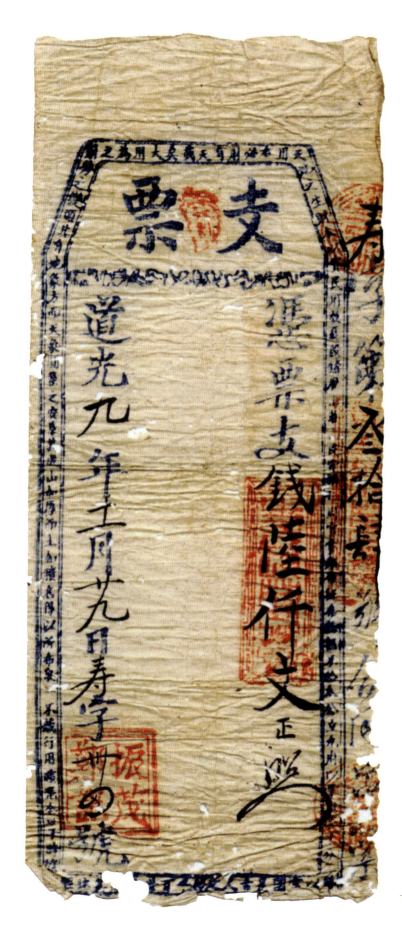

庄号：振茂郑记

地址：福州

面值：陆千文

颜色：蓝色

印制：道光九年 (1829)

　　　十一月二十九日发

票幅：231×95mm

正面：古文边框

背面：单面

级别：★★★★

丁建明　藏

75

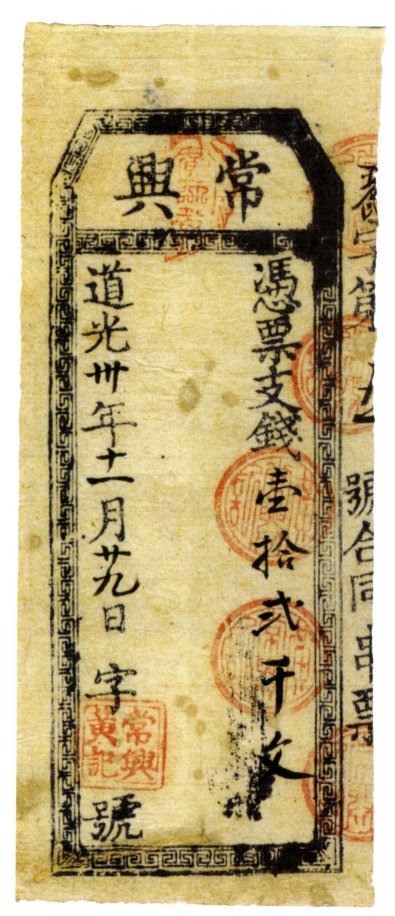

庄号:常兴黄记

地址:福州

面值:壹拾贰千文

颜色:蓝色

印制:道光三十年

　　(1850)十一月二

　　十九日发

票幅:252×104mm

正面:回纹花边

背面:单面

级别:★★★★

陈淑潘 藏

庄号：常顺

地址：福建

面值：空白

印制：道光年未发行票

  （待考）

票幅：232×100mm

正面：回形纹

背面：单面

石长有 藏

庄号：延顺

地址：福州

面值：贰佰文

颜色：蓝色

印制：道光十二年

　　（1832）四月十五

　　日发

票幅：276×150mm

正面：八仙图

背面：单面

说明：该票的印刷文

　　字与同期票有所

　　不同，疑是同期

　　假票

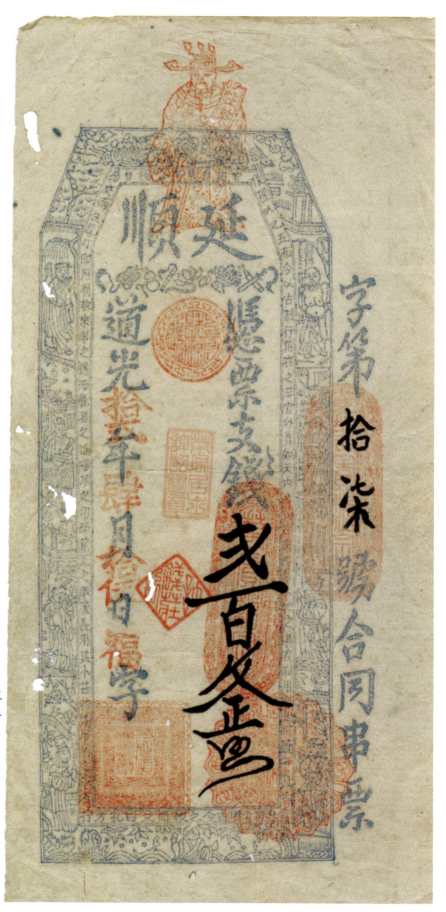

石长有 藏

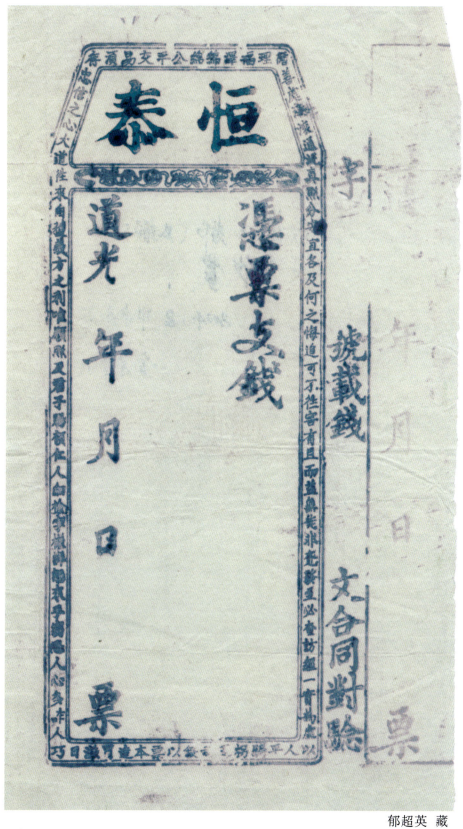

郁超英 藏

庄号：恒泰　　　　印制：道光年印钞版　　　　背面：单面
地址：福建　　　　票幅：233×140mm　　　级别：★★★★
面值：空白　　　　正面：古文

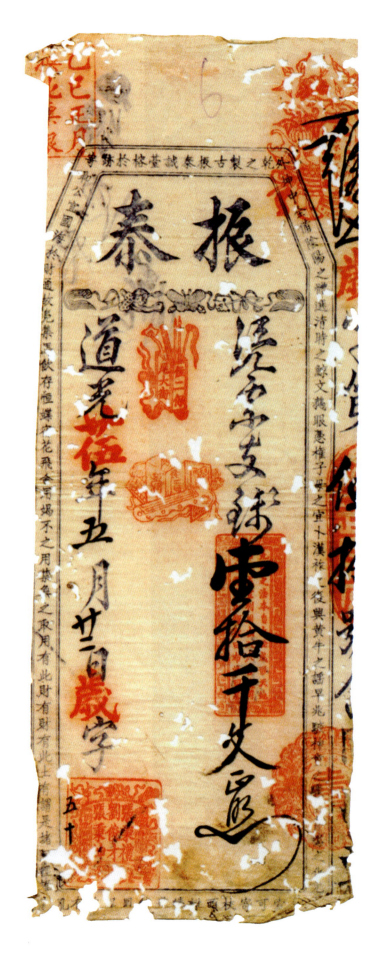

庄号：振泰
地址：福州二保尾
面值：壹拾千文
颜色：蓝色
印制：道光二十五年
　　（1845）五月二十
　　二日发
票幅：245×94mm
正面：古文边框
背面：单面
级别：★★★★

丁建明 藏

庄号：敦源
地址：福州
面值：捌百文
颜色：蓝色
印制：道光三年(1823)
　　　九月二十日发
票幅：245×95mm
正面：花边
背面：单面
级别：★★★★

林志平　藏

庄号:鼎成号

地址:福州

面值:壹拾叁千陆佰文

颜色:蓝色

印制:道光三十年(1850)
　　春月五日发

票幅:242×94mm

正面:荷花纹

背面:单面

级别:★★★★

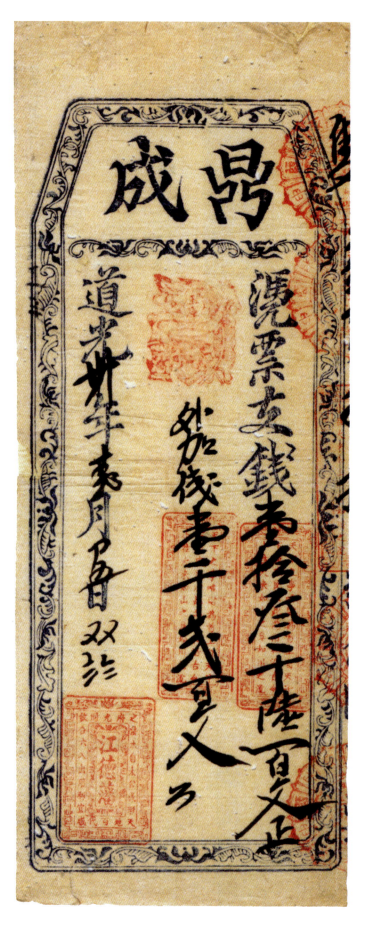

陈淑潘　藏

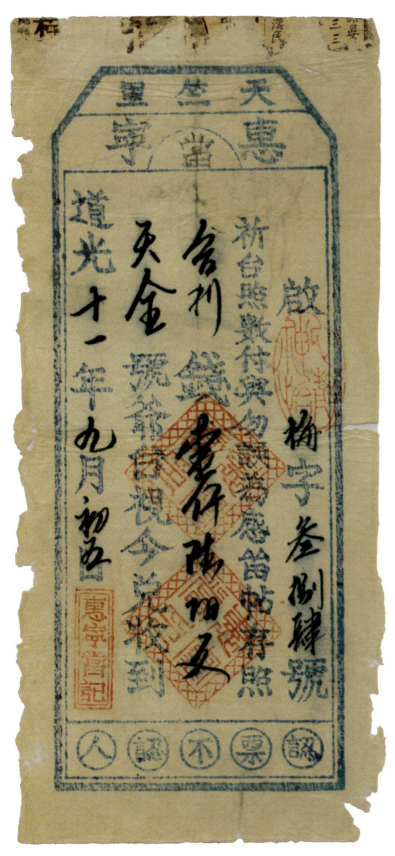

庄号：惠宁当
地址：江西天竺里
面值：壹千陆佰文
颜色：蓝色
印制：道光十一年(1831)
　　九月五日发
票幅：217×97mm
正面：无图
背面：单面
级别：★★★★
说明：该票为当铺所发随
　　时取钱的兑票

石长有　藏

庄号:太元号

地址:陕西固邑

面值:壹千文

颜色:蓝色

印制:道光庚戌年(1850)

　　正月十一日发

票幅:245×90mm

正面:无图

背面:单面

级别:★★★★

说明:该票是以票换票的

　　不兑现钱票

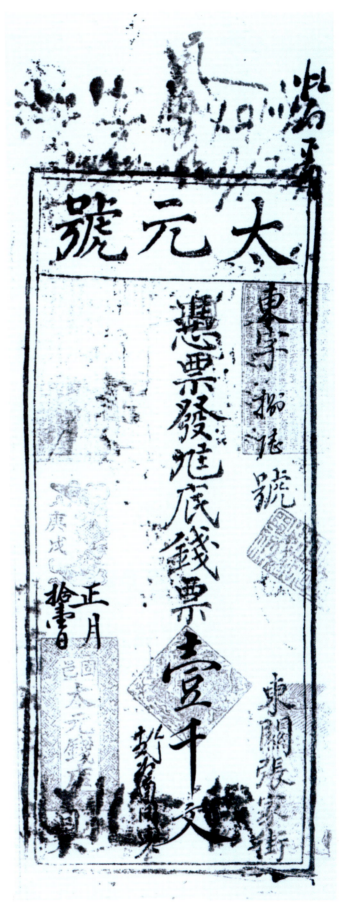

林志平 藏

庄号：涂和泰钱店
地址：陕西商邑
面值：壹千文
颜色：蓝色
印制：道光乙巳年
　　（1845）十月十二
　　日发
票幅：252×93mm
正面：古代人物
背面：单面
级别：★★★★★
说明：该票是凭票随
　　时取钱的凭票

林志平　藏

庄号:涂全泰

地址:陕西商邑

面值:壹千文

颜色:蓝色

印制:道光戊戌年(1838)

三月二十日发

票幅:240×83mm

正面:无图

背面:单面

级别:★★★★★

说明:该票是随时取钱的

凭票

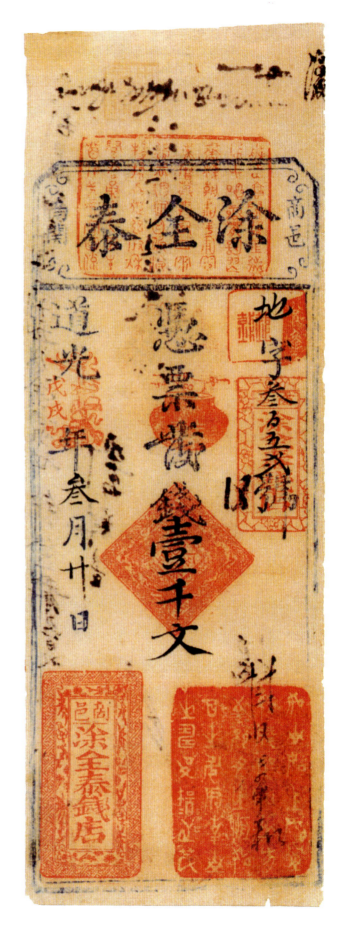

林志平 藏

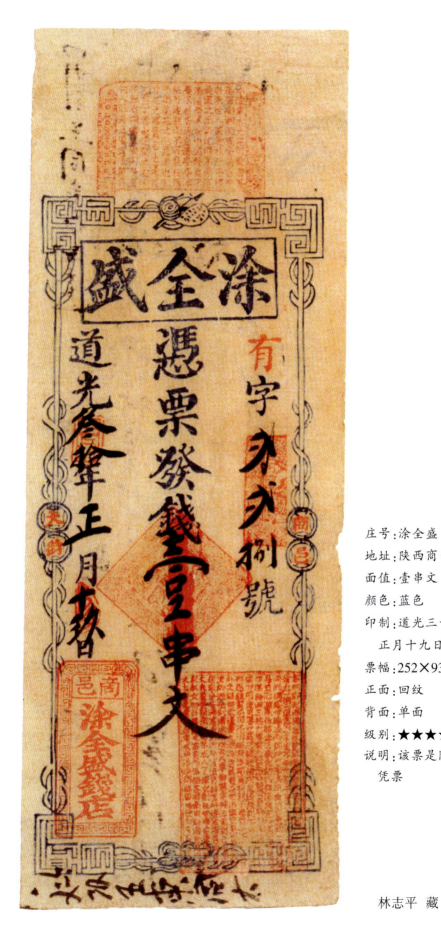

庄号:涂全盛

地址:陕西商邑

面值:壹串文

颜色:蓝色

印制:道光三十年(1850)

正月十九日发

票幅:252×93mm

正面:回纹

背面:单面

级别:★★★★★

说明:该票是随时取钱的

凭票

林志平 藏

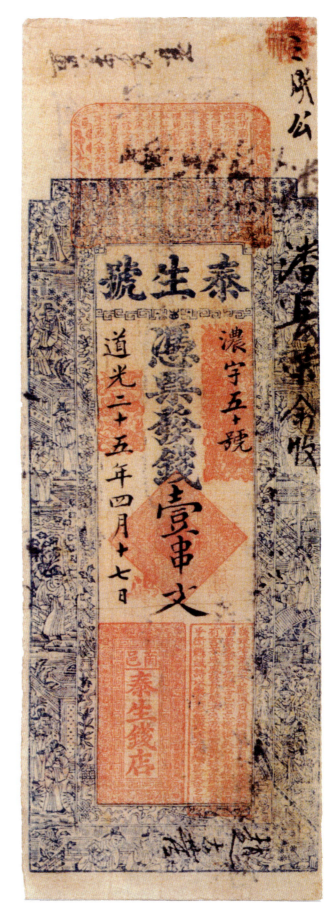

庄号:泰生号

地址:陕西商邑

面值:壹串文

颜色:蓝色

印制:道光二十五年(1845)

　　四月十七日发

票幅:252×87mm

正面:古代官员图

背面:单面

级别:★★★★★

说明:该票是见票取钱的凭
　　帖

林志平　藏

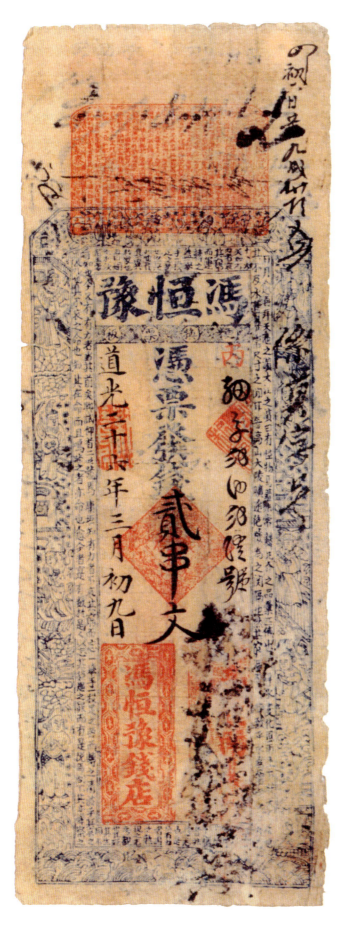

庄号:冯恒豫

地址:陕西商邑

面值:贰串文

颜色:蓝色

印制:道光二十六年(1846)三
月九日发

票幅:255×90mm

正面:八仙图

背面:单面

级别:★★★★★

说明:该票为随时取钱的凭票

林志平 藏

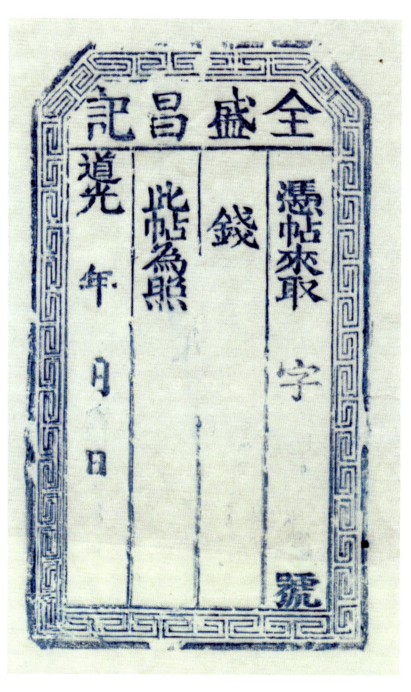

石长有 藏

庄号:全盛昌记       票幅:162×92mm       背面:单面

面值:空白       正面:回形纹       级别:★★★★

印制:道光年印钞版

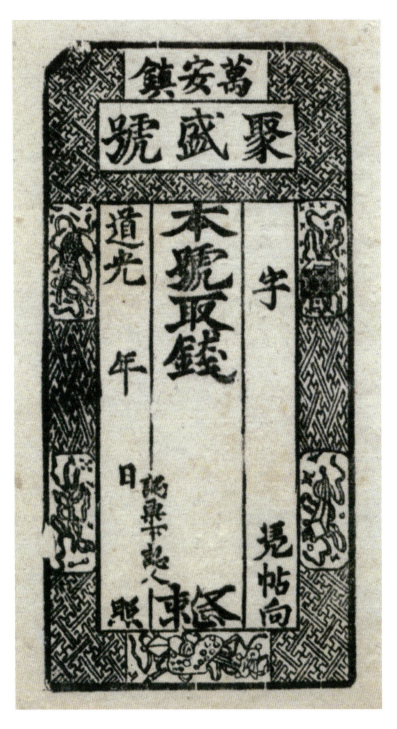

刘建民 藏

庄号：聚盛号　　　　　颜色：灰色　　　　　　　正面：暗八仙
地址：山西洪洞万安镇　印制：道光年印钞版　　背面：单面
面值：空白　　　　　　票幅：175×83mm　　级别：★★★★

石长有 藏

庄号：永顺　　　　　颜色：蓝色　　　　　正面：动物、花边
地址：山西　　　　　印制：道光年未发行票　背面：单面
面值：空白　　　　　票幅：190×122mm

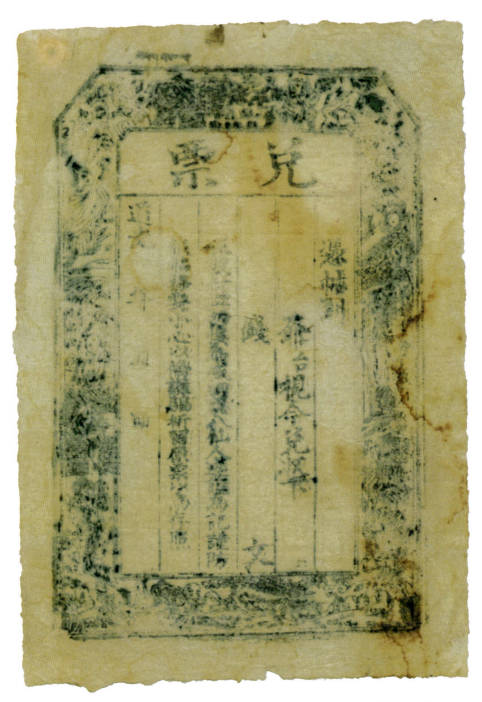

石长有 藏

| 庄号:兑票 | 颜色:蓝色 | 正面:八仙图 |
| 地址:山西 | 印制:道光年未发行票 | 背面:单面 |
| 面值:空白 | 票幅:175×122mm | |

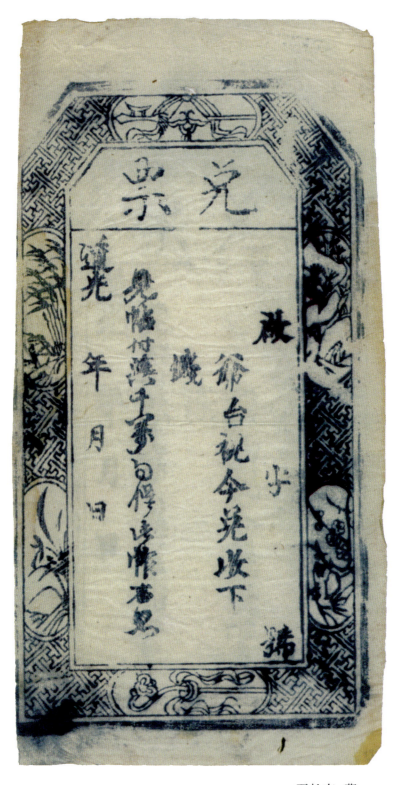

石长有 藏

庄号：兑票　　　　　颜色：红色　　　　　正面：松梅花边

地址：山西　　　　　印制：道光年未发行票　背面：单面

面值：空白　　　　　票幅：186×110mm

兑票

道光　年　月　日

錢

啟

號　台照

憑帖付與丟人　第　號

文勿候此帖存照

票

石长有 藏

庄号:兑票　　　颜色:蓝色　　　正面:松梅竹兰
地址:山西　　　印制:道光年未发行票　背面:单面
面值:空白　　　票幅:198×100mm

刘建民 藏

| | | |
|---|---|---|
| 庄号:信义兑票 | 颜色:灰色 | 正面:无图 |
| 地址:山西 | 印制:道光年印钞版 | 背面:单面 |
| 面值:空白 | 票幅:165×80mm | 级别:★★★★ |

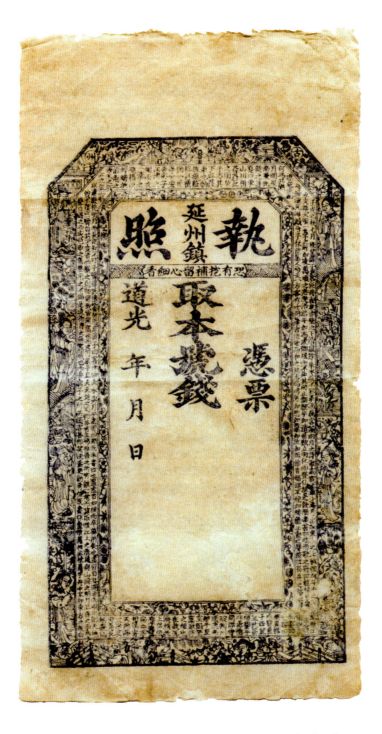

石长有 藏

庄号:执照　　　　　颜色:蓝色　　　　　正面:八仙图
地址:河南古延州镇　　印制:道光年钱票　　背面:《前赤壁赋》
面值:空白　　　　　票幅:178×98mm　　级别:★★★★

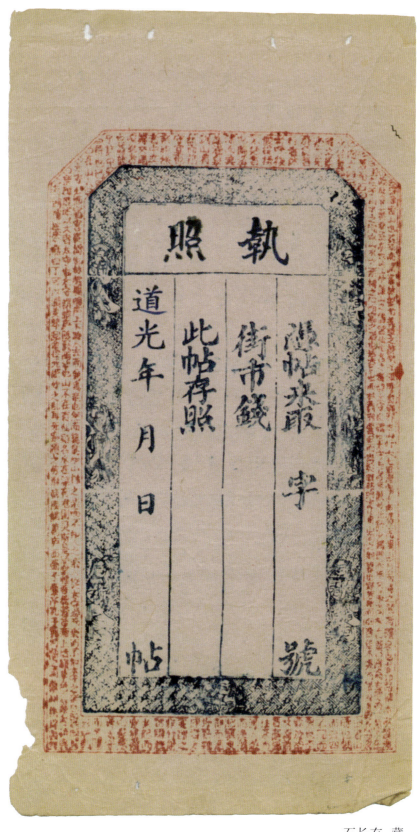

执照

此帖存照

道光年　月　日

帖　　　　　　　　　　号

庄号:执照　　　　颜色:红/蓝　　　　石长有　藏

地址:山西　　　　印制:道光年未发行票　正面:八仙图

面值:空白　　　　票幅:214×110mm　　背面:单面

98

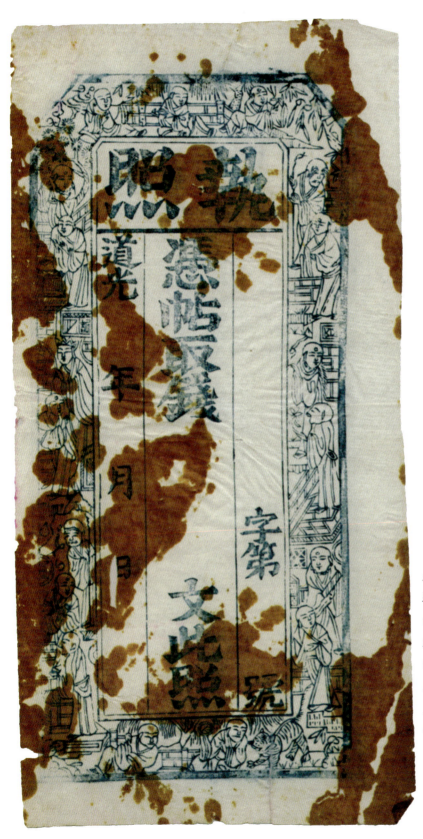

照凭帖收钱

道光　年　月　日

执照

字第　　号

文监照

庄号:执照
地址:山西
面值:空白
颜色:蓝色
印制:道光年未发行票
票幅:212×105mm
正面:十八罗汉
背面:单面

石长有　藏

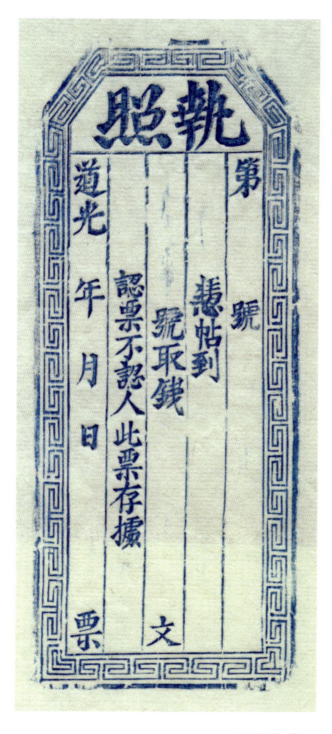

石长有 藏

庄号:执照　　票幅:172×72mm　　背面:单面

面值:空白　　正面:回形纹　　级别:★★★★

印制:道光年印钞版

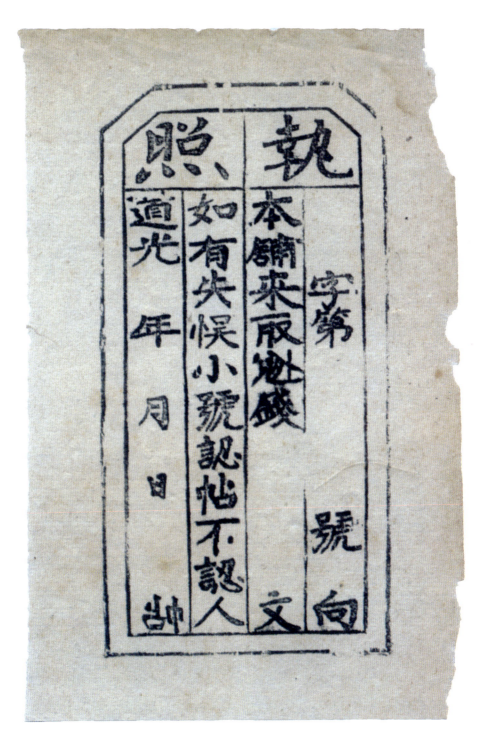

刘建民 藏

庄号：执照　　　　　颜色：灰色　　　　　　正面：无图
地址：山西　　　　　印制：道光年印钞版　　背面：单面
面值：空白　　　　　票幅：183×100mm　　级别：★★★★

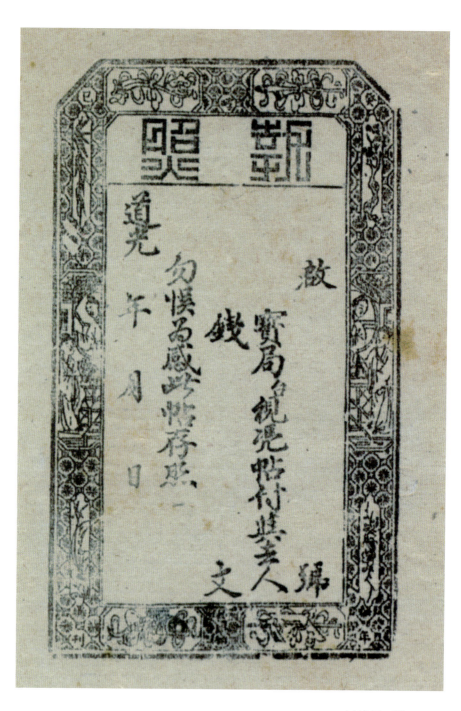

刘建民 藏

| | | |
|---|---|---|
| 庄号:执照 | 颜色:灰色 | 正面:人物、吉庆有余 |
| 地址:山西 | 印制:道光年印钞版 | 背面:单面 |
| 面值:空白 | 票幅:170×100mm | 级别:★★★★ |

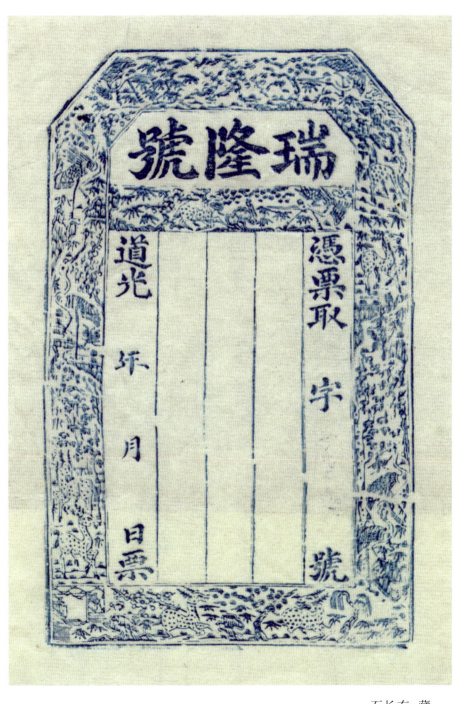

石长有 藏

庄号:瑞隆号　　　票幅:177×111mm　　　背面:单面

面值:空白　　　　正面:松鹤鹿梅　　　级别:★★★★

印制:道光年印钞版

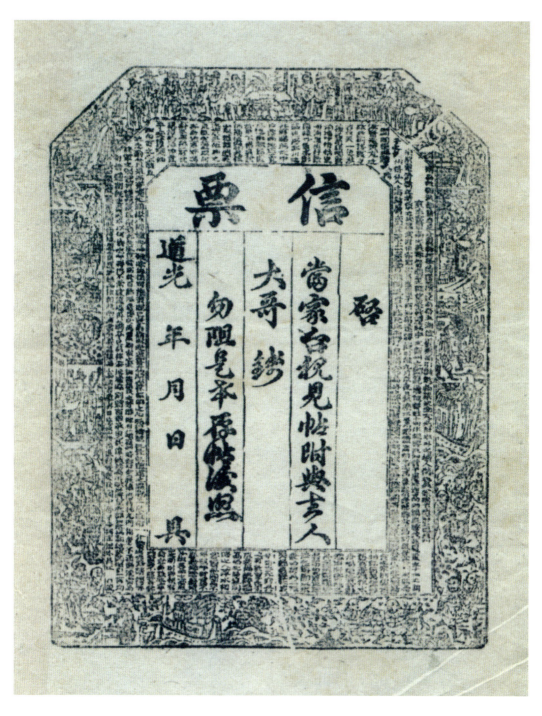

刘建民 藏

庄号：信票 颜色：灰色 正面：神仙人物

地址：山西 印制：道光年印钞版 背面：单面

面值：空白 票幅：178×132mm 级别：★★★★

裕善堂記

改　第　號

勿悮為感存帖為照

爺台視憑帖兑與

道光　年　月　日

錢　　文

石长有　藏

庄号:裕善堂记　　　　票幅:186×98mm　　　　背面:单面

面值:空白　　　　　正面:八仙图　　　　　级别:★★★★

印制:道光年印钞版

庄号:新成号

地址:甘肃古庆阳

面值:空白

印制:道光年印钞
　　版拓片

票幅:210×112mm

正面:八仙图

背面:单面

级别:★★★★

吴筹中　藏

# 四、咸丰年私帖(1851—1861)

咸丰帝爱新觉罗·奕𬣞,道光帝第四子,生于道光十一年(1831)。道光皇帝于三十年(1851)二月二十九日病故,奕𬣞继承皇位,为咸丰帝,人称苦命天子。《清史稿·文宗本纪》说:"文宗遭阳九之运,躬明夷之会。外强要盟,内孽竞作。奄忽一纪,遂无一日之安。"在位期间内外交困,太平天国起义如火如荼,又遭遇英法联军侵略中国,所以没有一天使他安稳的日子。然而他依靠湘军控制住了太平天国起义进一步扩张,对英法联军他也派兵抵抗,但因乏力,最后失败,以签订丧权辱国的《北京条约》告终。

咸丰十一年(1861)八月二十二日病逝,终年31岁,庙号文宗,葬于河北遵化县昌瑞山定陵。

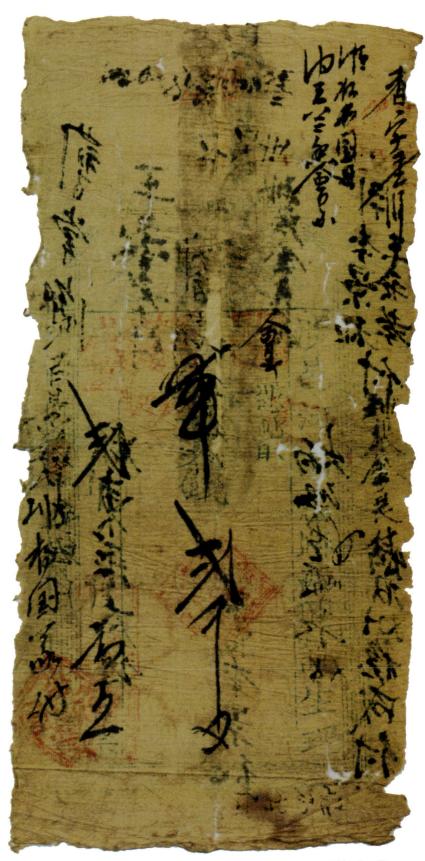

庄号:广茂兴
地址:河北涉邑
面值:贰千文
颜色:蓝色
印制:咸丰二年三
　　月五日发
票幅:220×106mm
正面:回形纹
背面:单面
级别:★★★

石长有　藏

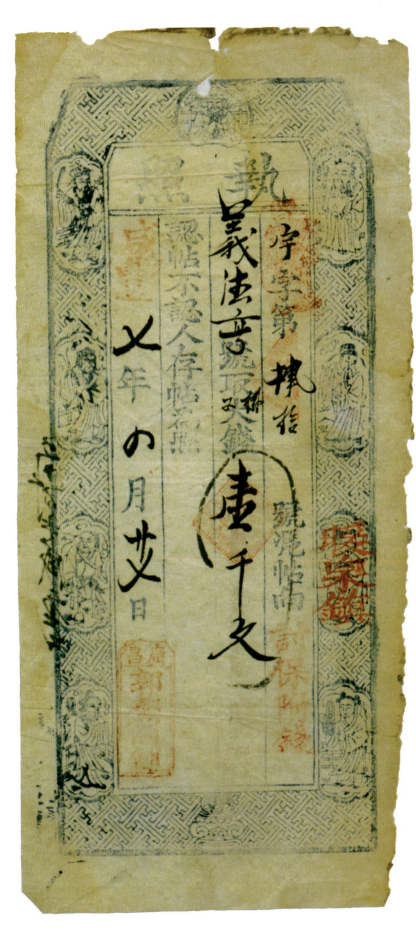

庄号：郭鳌酒铺

地址：河北广昌

面值：壹千文

颜色：蓝色

印制：咸丰七年（1857）

　　四月二十七日发

票幅：252×114mm

正面：八仙图

背面：单面

级别：★★★

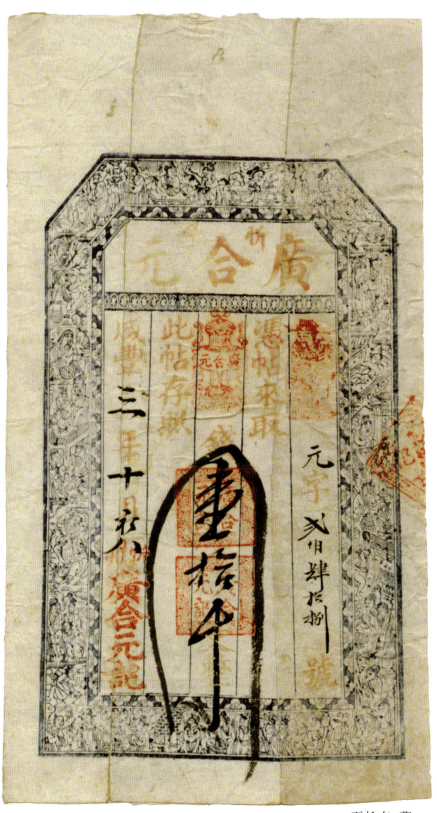

石长有 藏

庄号：广合元　　　印制：咸丰三年(1853)十月　　正面：二十四孝图

地址：山西忻州　　　　　　六日发　　　　　　　背面：单面

面值：壹拾千文　　　票幅：216×117mm　　　级别：★★★

颜色：蓝/红

110

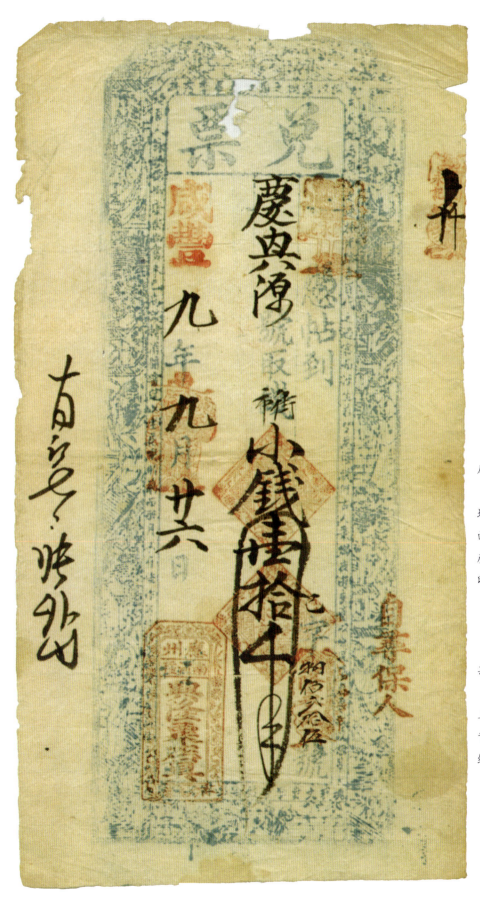

庄号:兴隆粟店
 具

地址:山西应州

面值:壹拾千文

颜色:蓝色

印制:咸丰九
 年(1859)九
 月二十六日
 发

票幅:234×
 124mm

正面:八仙图

背面:流通印记

级别:★★★

石长有 藏

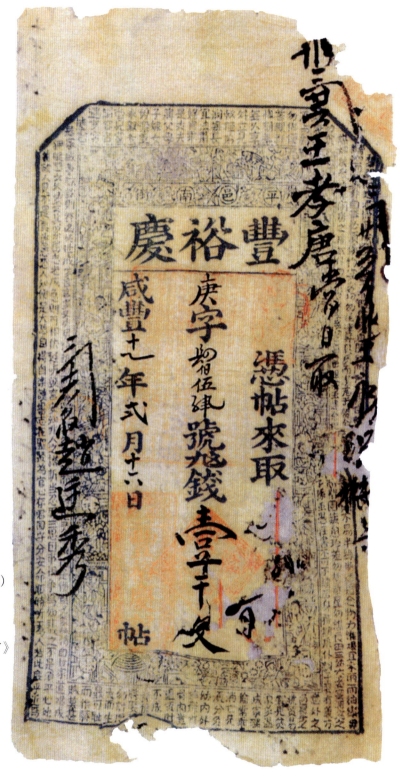

庄号：丰裕庆
地址：山西平邑
面值：壹千文
颜色：蓝色
印制：咸丰十一年（1861）
　　　二月十六日发
票幅：200×100mm
正面：神仙图、《治家格言》
背面：流通印记
级别：★★★

刘建民　藏

112

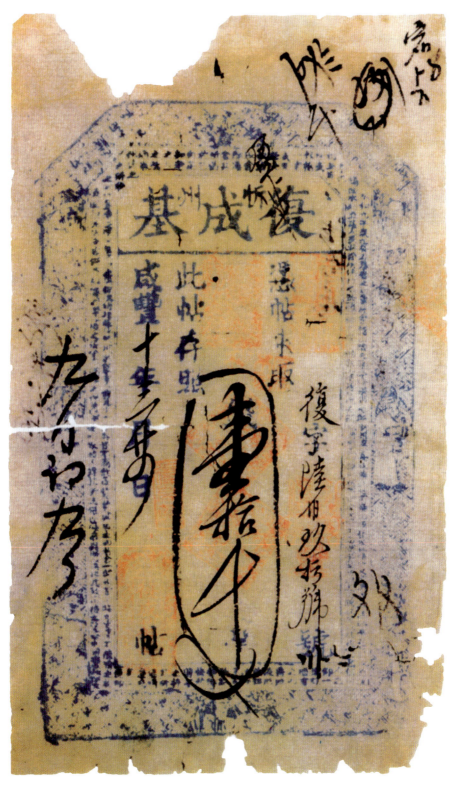

刘建民 藏

庄号:复成基　　　印制:咸丰十年(1860)二月　　正面:八仙图、《兰亭序》
地址:山西忻州　　　　二十四日发　　　　　背面:流通印记
面值:壹拾千文　　　票幅:203×118mm　　　级别:★★★
颜色:蓝色

113

庄号:庆兴昌

地址:山西东冶

面值:壹千文

颜色:蓝色

印制:咸丰八年

(1858)七月二

十八日发

票幅:192×106mm

正面:古代人物

背面:单面

级别:★★★

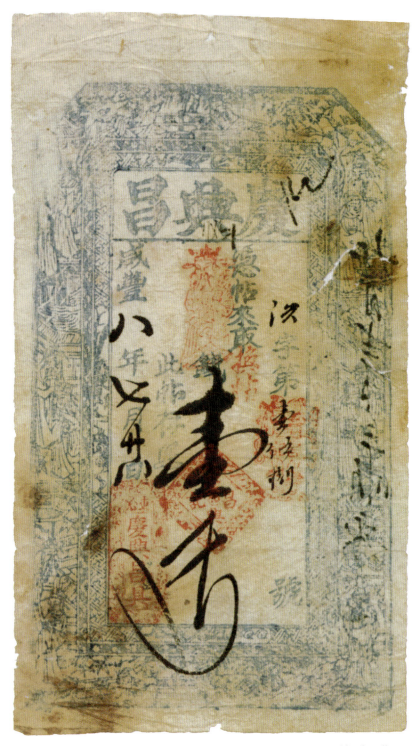

石长有 藏

石长有　藏

不同面值的庆兴昌私帖

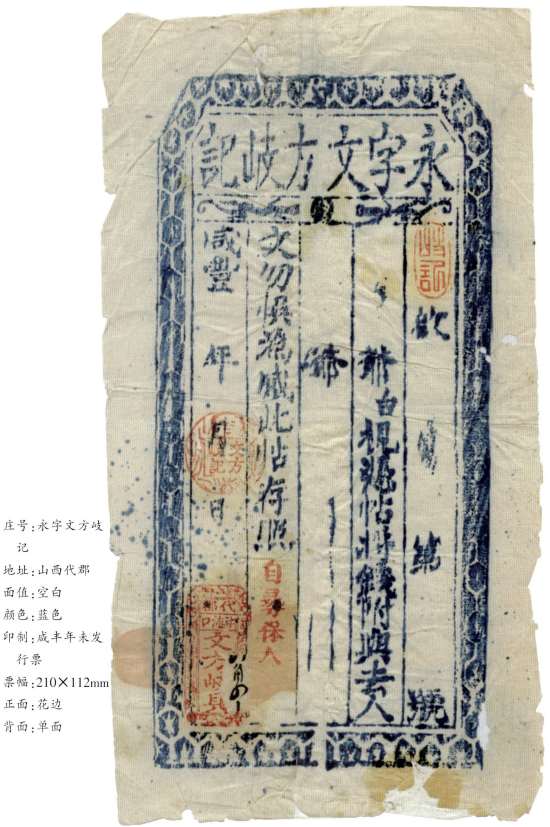

庄号：永字文方岐
　　记
地址：山西代郡
面值：空白
颜色：蓝色
印制：咸丰年未发
　　行票
票幅：210×112mm
正面：花边
背面：单面

石长有　藏

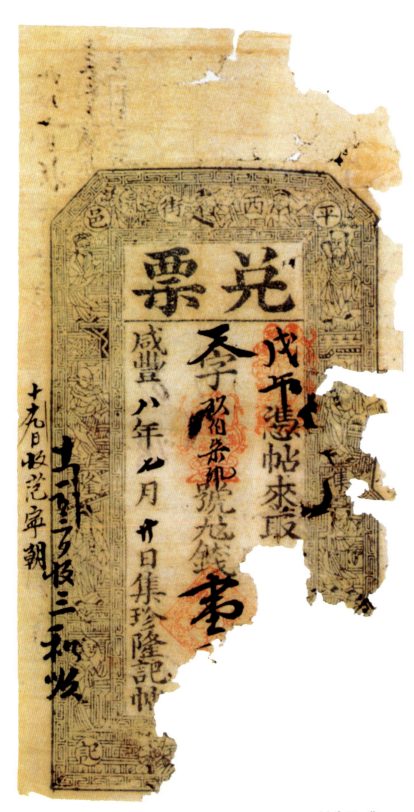

庄号：集珍隆记
地址：山西平邑
面值：壹千文
颜色：蓝色
印制：咸丰八年（1858）
　　　七月二十日发
票幅：210×105mm
正面：八仙图、回纹
背面：单面
级别：★★★

刘建民　藏

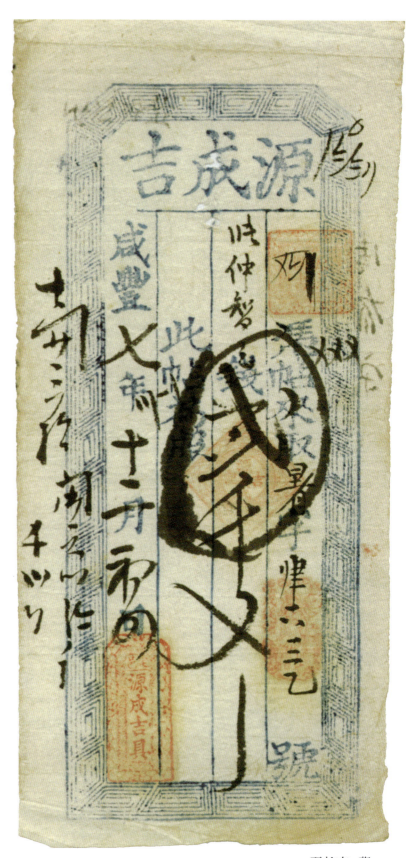

庄号：源成吉
地址：山西定邑
面值：贰千文
颜色：蓝色
印制：咸丰七年
　　（1857）十二月
　　四日发
票幅：220×100mm
正面：回形纹
背面：单面
级别：★★★

石长有　藏

不同面值的源成吉私帖

石长有 藏

119

石长有 藏

庄号：爱鹅堂记      颜色：红色      正面：《红楼梦》人物

地址：山西榆次      印制：咸丰年私帖样票      背面：《前赤壁赋》

面值：空白      票幅：210×120mm

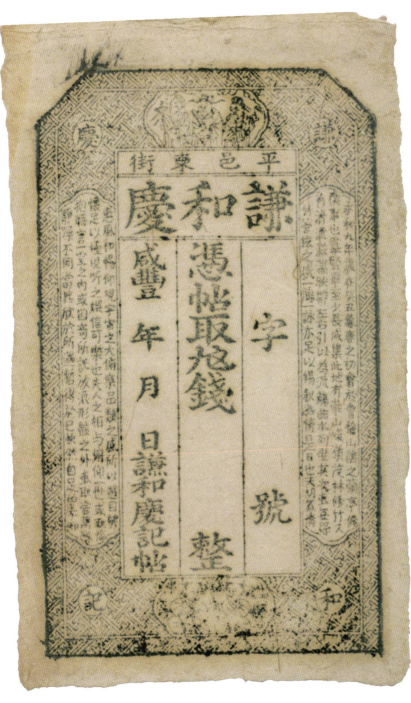

庄号：谦和庆
地址：山西平邑
面值：空白
颜色：蓝色
印制：咸丰年未发
　行票
票幅：175×106mm
正面：福禄寿三
　星、《兰亭序》
背面：单面

石长有　藏

121

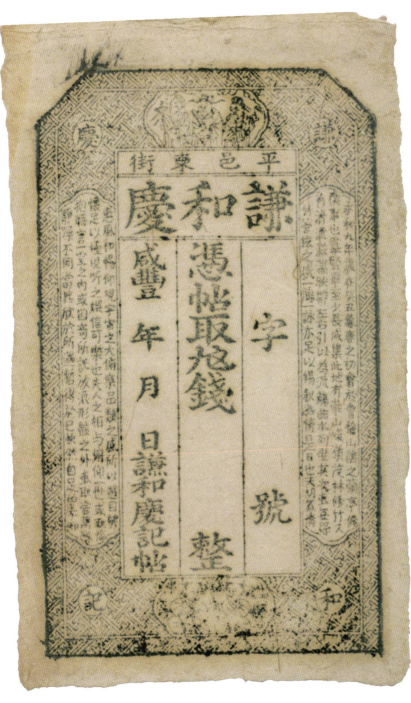

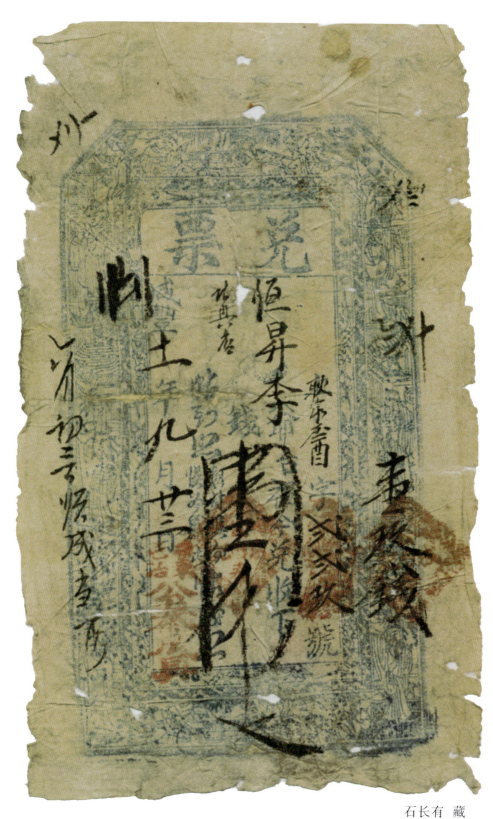

石长有 藏

庄号：公泰成具　　　　印制：咸丰十一年（1861）九　　正面：古代人物
地址：山西台邑　　　　　月二十三日发　　　　　　背面：单面
面值：壹千文　　　　　　票幅：207×123mm　　　级别：★★★
颜色：蓝色

122

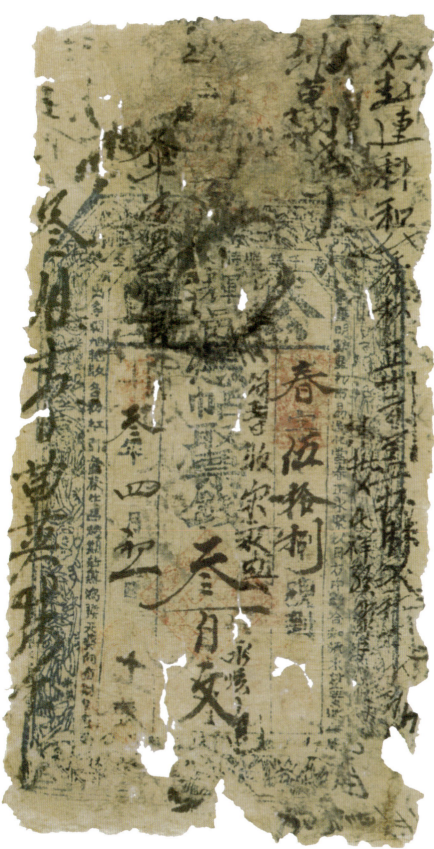

庄号:公兴
地址:河南辉邑
面值:叁百文
颜色:蓝色
印制:咸丰三年
　　(1853)四月一
　　日发
票幅:218×112mm
正面:八仙图
背面:单页
级别:★★★

石长有　藏

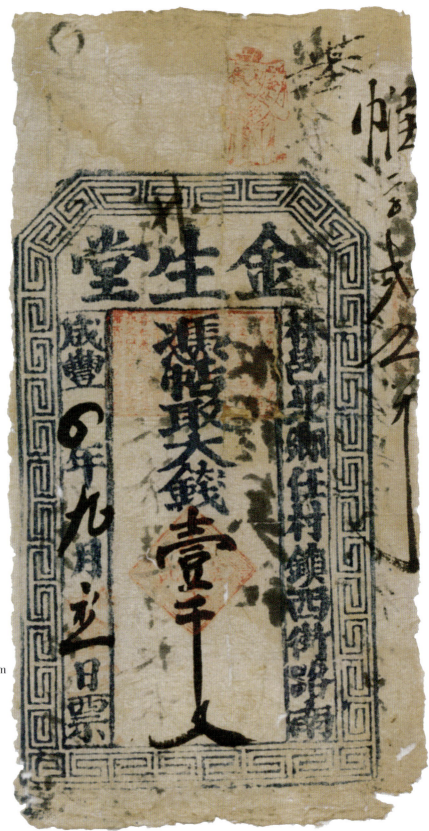

庄号:金生堂
地址:河南林邑
面值:壹千文
颜色:蓝色
印制:咸丰四年
　　(1854)九月一
　　日发
票幅:220×105mm
正面:回形纹
背面:单面
级别:★★★

石长有　藏

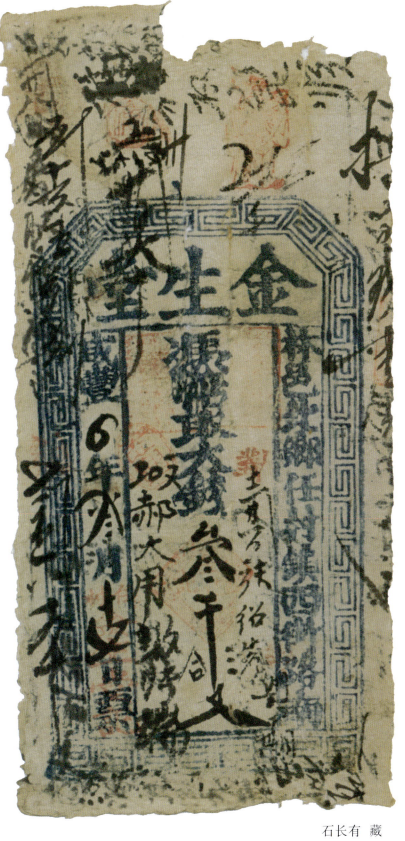

不同面值的金生堂私帖

石长有 藏

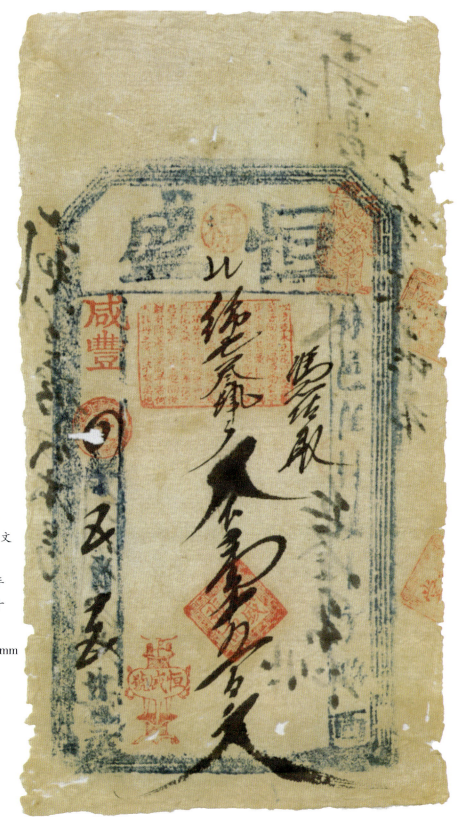

庄号：恒盛
地址：河南林邑
面值：壹千五百文
颜色：蓝色
印制：咸丰四年
　（1854）五月十
　五日发
票幅：210×114mm
正面：回形纹
背面：流通印记
级别：★★★

石长有　藏

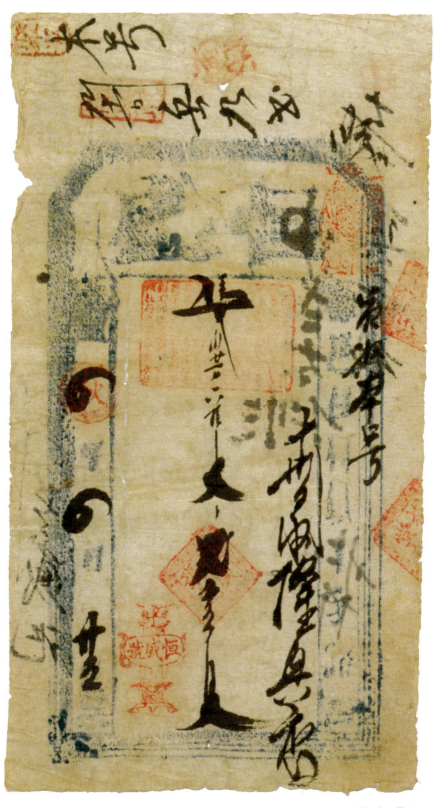

不同面值的恒盛私帖

石长有 藏

庄号：义和周记
地址：福州府
面值：壹千文
颜色：蓝色
印制：咸丰十一年（1861）
　　十二月二十四日发
票幅：250×99mm
正面：《大学》
背面：流通印记
级别：★★★

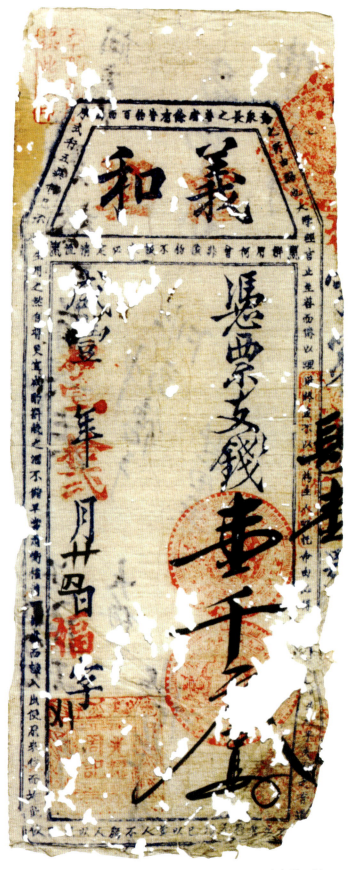

丁建明　藏

不同面值的义和私帖

丁建明　藏

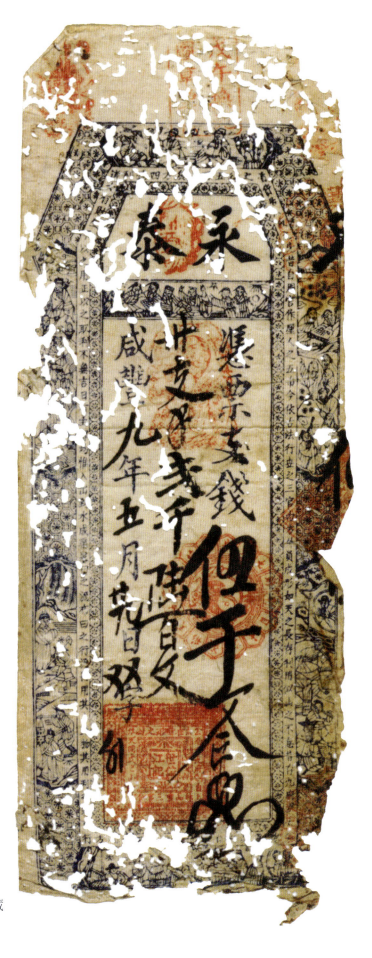

庄号：永泰
地址：福州府
面值：伍千文
颜色：蓝色
印制：咸丰九年(1859)
　　　五月二十九日发
票幅：252×93mm
正面：众仙图
背面：流通印记
级别：★★★

丁建明　藏

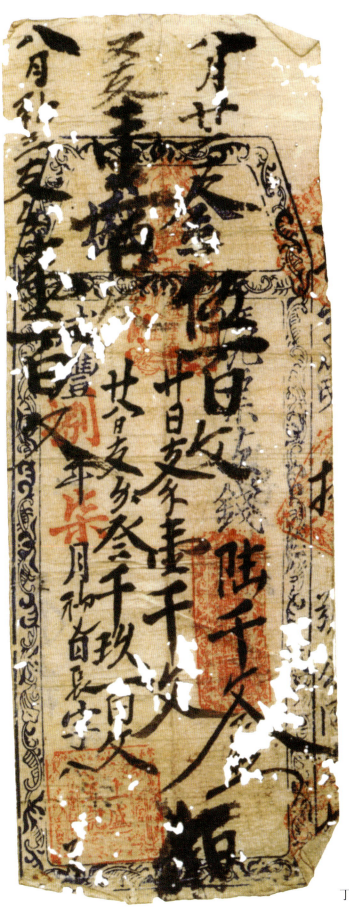

庄号：合盛

地址：福州府

面值：陆千文

颜色：蓝色

印制：咸丰八年（1858）

　　　七月七日发

票幅：250×94mm

正面：花边

背面：流通印记

级别：★★★

丁建明　藏

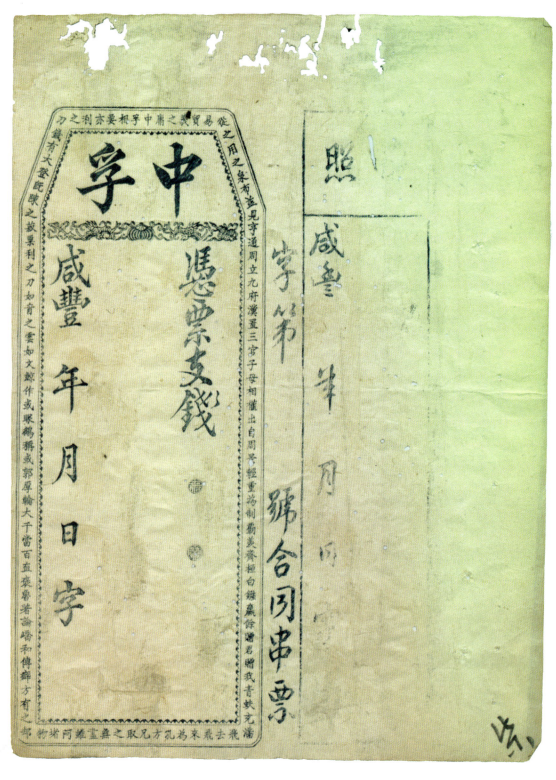

石长有 藏

| 庄号:中孚 | 颜色:蓝色 | 正面:《钱票论》 |
| 地址:福州府 | 印制:咸丰年未发行票 | 背面:单面 |
| 面值:空白 | 票幅:256×188mm | |

孚泰

孚泰票支钱

字第　號儀錢

咸豐　年　月　日字

文合同串票

照　存

咸豐　年　月　同字

石长有　藏

庄号:孚泰　　　　　颜色:蓝色　　　　　正面:八仙图

地址:福州府　　　　印制:咸丰年未发行票　　背面:单面

面值:空白　　　　　票幅:250×150mm

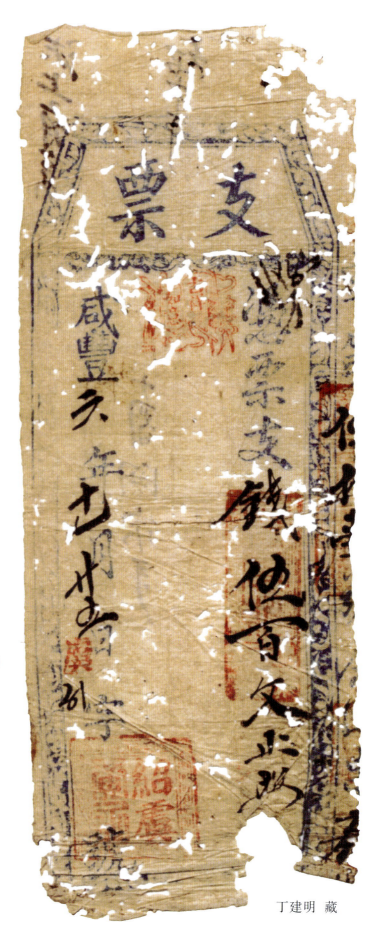

庄号:绍虞当铺
地址:福州府
面值:伍百文
颜色:蓝色
印制:咸丰六年(1856)
　　十一月二十五日发
票幅:235×90mm
正面:花边
背面:单面
级别:★★★

丁建明　藏

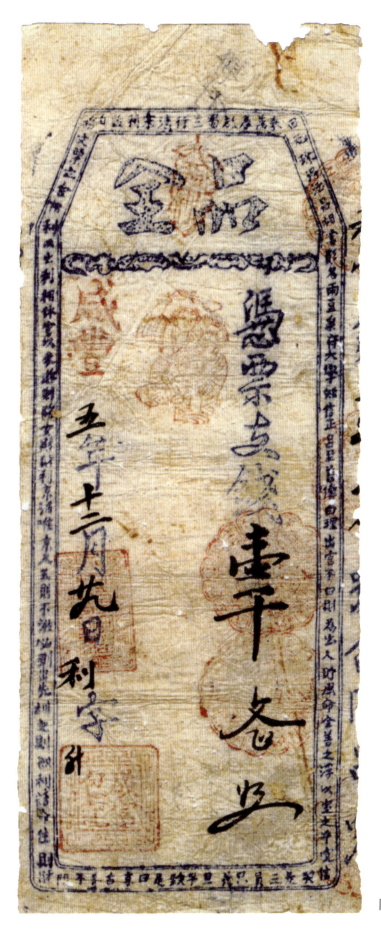

庄号：品全
地址：福州府
面值：壹千文
颜色：蓝色
印制：咸丰五年（1855）
　十二月二十九日发
票幅：240×95mm
正面：《大学》
背面：单面
级别：★★★

陈淑潘 藏

135

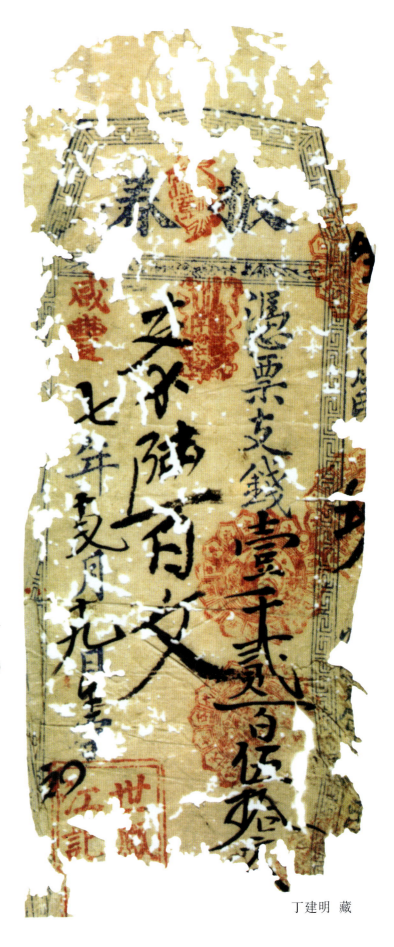

庄号：振春

地址：福州古田平湖

面值：壹千贰百伍拾文

颜色：蓝色

印制：咸丰七年(1857)

　　十二月十九日发

票幅：250×92mm

正面：回形纹

背面：单面

级别：★★★

丁建明　藏

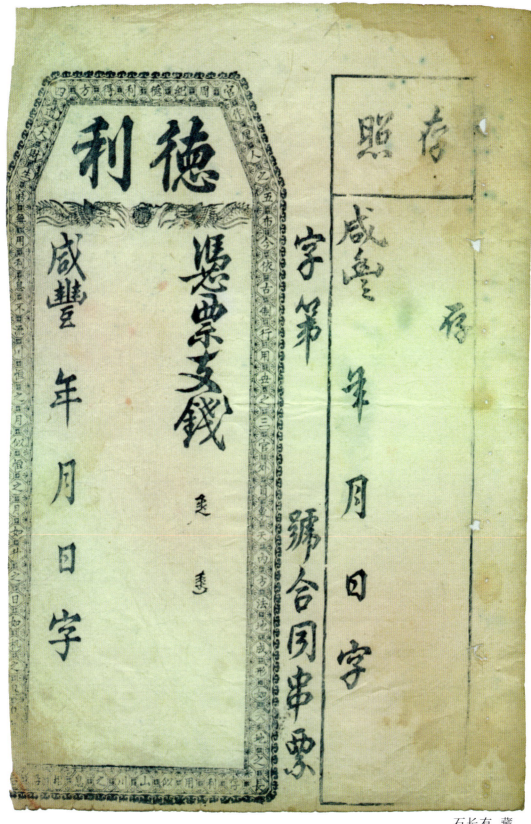

石长有 藏

| | | |
|---|---|---|
| 庄号：德利 | 颜色：蓝色 | 正面：《钱铭志》 |
| 地址：福州府 | 印制：咸丰年未发行票 | 背面：单面 |
| 面值：空白 | 票幅：245×160mm | |

庄号：锦城

地址：福建高铺

面值：伍千文

颜色：蓝色

印制：咸丰七年(1857)
　　　五月二十九日发

票幅：251×91mm

正面：芭蕉纹

背面：单面

级别：★★★

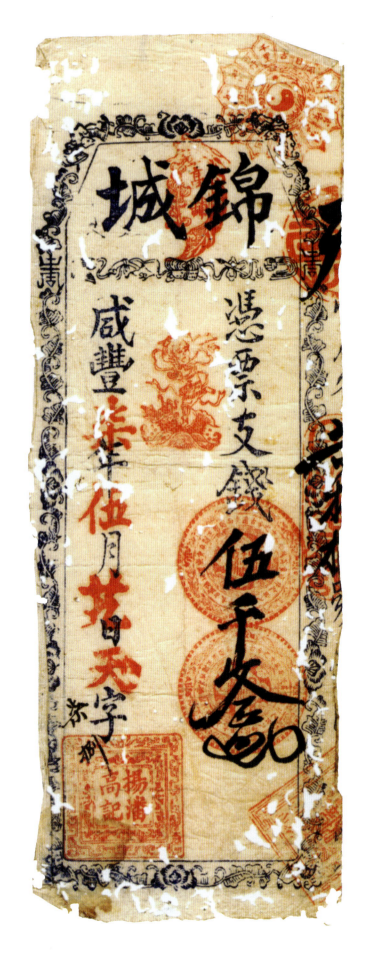

丁建明　藏

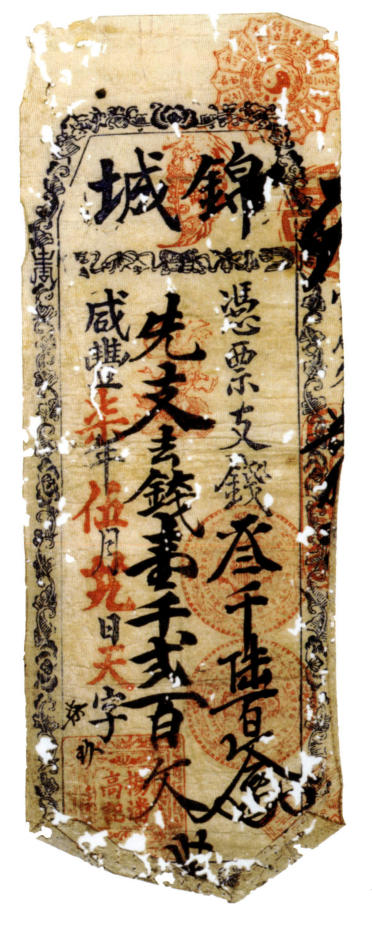

不同面值的锦城私帖

丁建明 藏

庄号：禧泉
地址：福州府
面值：贰千文
颜色：蓝色
印制：咸丰七年(1857)
　　　十二月二十日发
票幅：246×94mm
正面：古文
背面：单面
级别：★★★

陈淑潘 藏

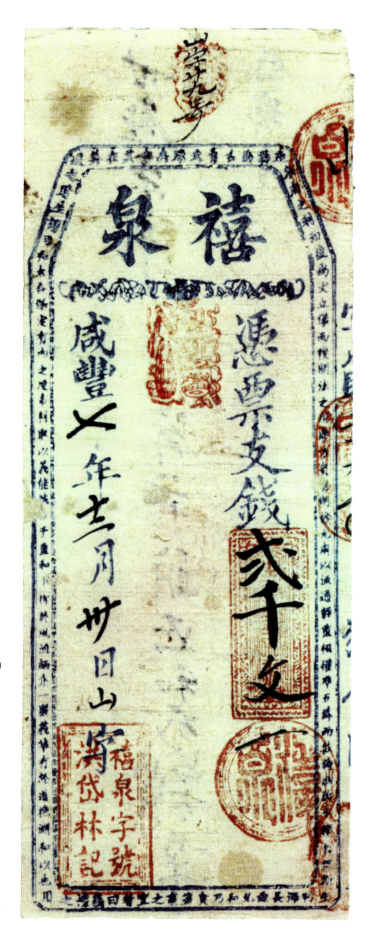

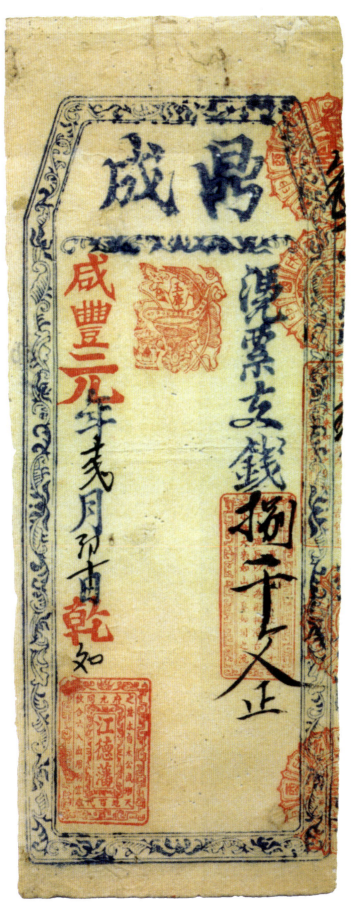

庄号：鼎成

地址：福建玉库

面值：捌千文

颜色：蓝色

印制：咸丰元年（1851）

　　十二月一日发

票幅：244×95mm

正面：花纹

背面：单面

级别：★★★

陈淑潘 藏

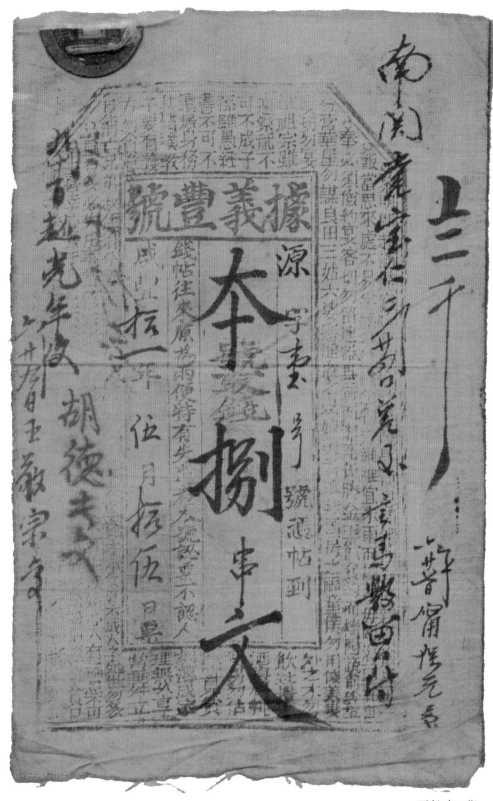

石长有　藏

庄号:据义丰号　　　印制:咸丰十一年(1861)五　　正面:《治家格言》

地址:陕西乾州　　　　月十五日发　　　　　　　背面:流通印记

面值:捌串　　　　　票幅:209×127mm　　　级别:★★★★

颜色:灰色

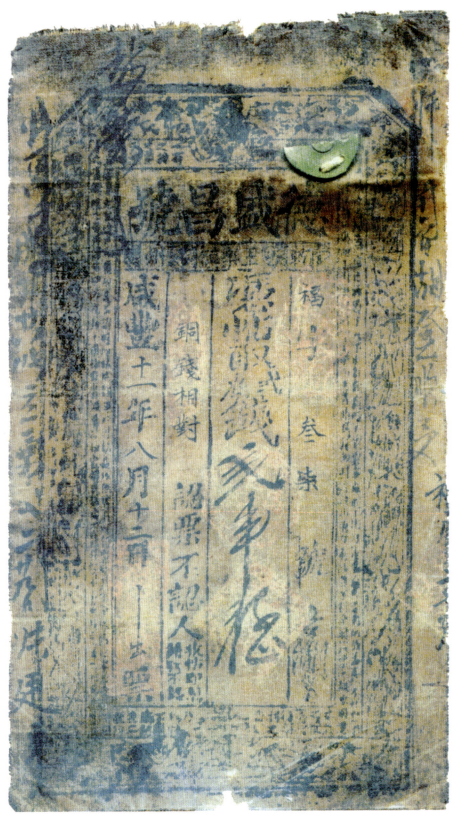

庄号：德盛昌号

地址：陕西乾州

面值：贰串

颜色：蓝色

印制：咸丰十一
年(1861)八
月十二日发

票幅：210×130
mm

正面：八仙图

背面：单面

级别：★★★★

邵民藏 藏

石长有 藏

庄号：丰盛魁号　　　印制：咸丰年印钞版　　　背面：单面
地址：陕西宜君　　　票幅：158×95mm　　　级别：★★★
面值：空白　　　正面：回形纹

庄号:永记
面值:空白
印制:咸丰年印钞版
票幅:185×80mm
正面:回形纹
背面:单面
级别:★★★

石长有 藏

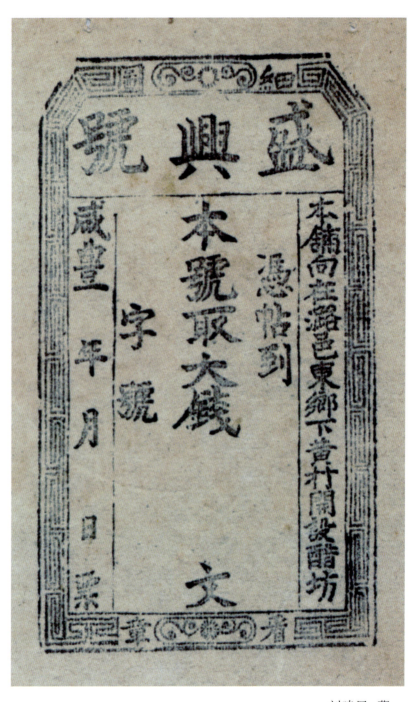

刘建民 藏

庄号：盛兴号　　　　　印制：咸丰年印钞版　　　背面：单面
地址：山西潞邑　　　　票幅：160×90mm　　　级别：★★★
面值：空白　　　　　　正面：回形纹

石长有 藏

庄号：兑票　　　　　印制：咸丰年印钞版(待考)　　背面：单面

地址：山西五台　　　票幅：179×108mm　　　　级别：★★★

面值：空白　　　　　正面：琴棋书画

# 五、同治年私帖(1862—1874)

清同治帝爱新觉罗·载淳,咸丰帝长子,生于咸丰六年(1856),是清朝第十个皇帝。为人任性,刚愎自用,受制于慈禧太后,是没有作为的傀儡皇帝。

咸丰十一年(1861)八月二十一日,咸丰帝病危,召御前大臣怡亲王载垣、郑亲王端华、协办大学士户部尚书肃顺及军机大臣穆荫、匡源、杜翰、焦祐瀛代写珠谕,立载淳为皇太子,并命上述大臣赞襄政务。载淳生母那拉氏和钮祜禄氏尊为皇太后。第二天咸丰帝去世,6岁的载淳即位,年号祺祥。

咸丰死后,慈禧太后勾结奕䜣发动北京政变,捕杀肃顺、端华和载垣,斥革其他5人,两太后垂帘听政,改年号为同治。同治帝在位13年,前12年是在两太后垂帘的情况下虚坐龙椅的傀儡皇帝,最后只亲政了1年。

同治十三年(1874)一月十二日,同治帝病逝,终年19岁,其寿命是清朝十二帝中最短的。死后葬河北遵化昌瑞山惠陵,庙号穆宗。

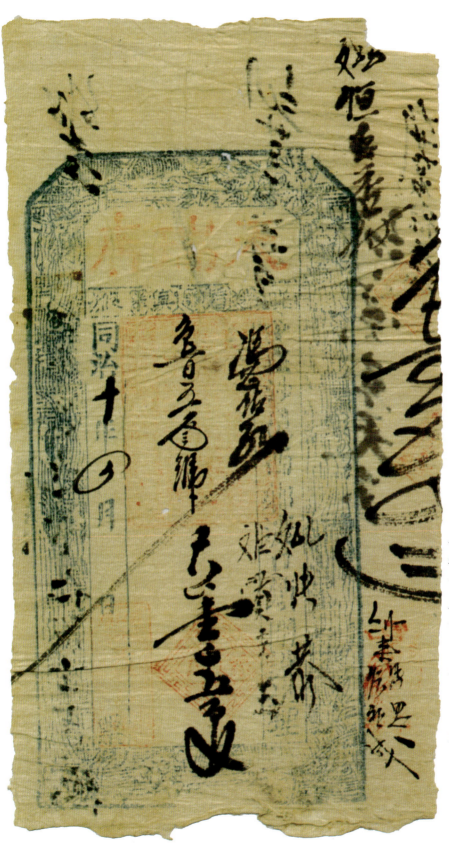

庄号:天瑞店
地址:河北涉邑
面值:壹千五百文
颜色:蓝色
印制:同治十年
　　(1871)四月发
票幅:222×120mm
正面:八仙图
背面:流通印记
级别:★★★

石长有 藏

149

庄号:明兴永
地址:河北涉邑
面值:叁千文
颜色:蓝色
印制:同治十四年
  (文字疑是后填)
票幅:260×111mm
正面:回形纹
背面:单面

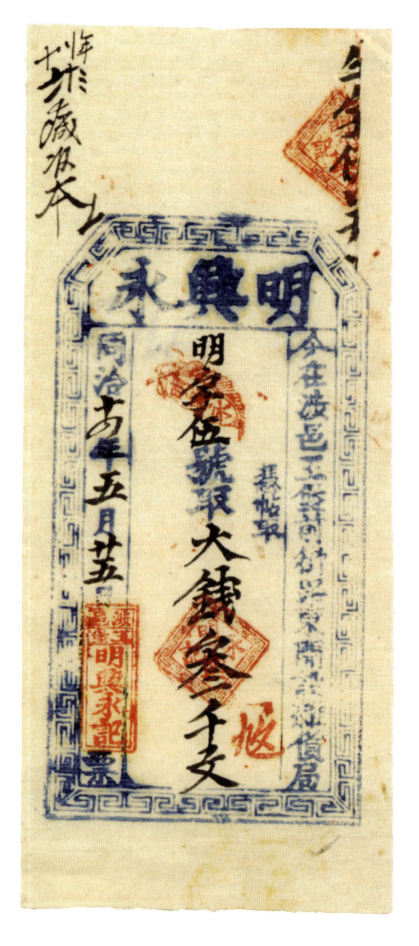

贡颜宏 藏

150

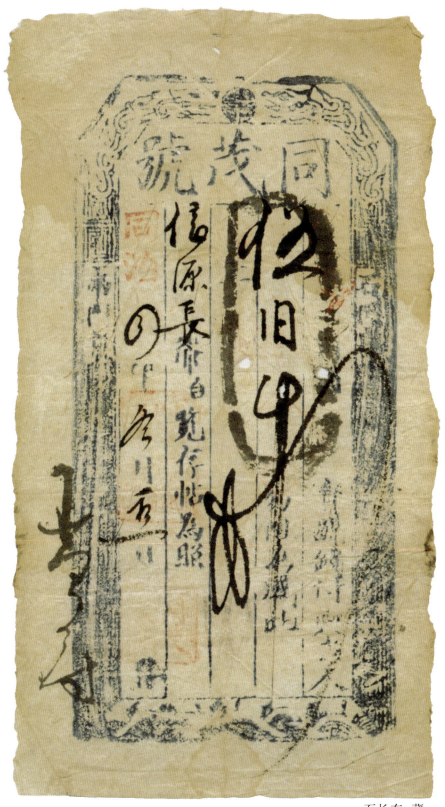

石长有 藏

庄号:同茂号　　　　印制:同治四年（1865）冬月　　正面:海水云纹

地址:河北石门寨　　　　　　一日发　　　　　　背面:流通印记

面值:伍百文　　　　　　票幅:245×130mm　　　级别:★★★

颜色:蓝色

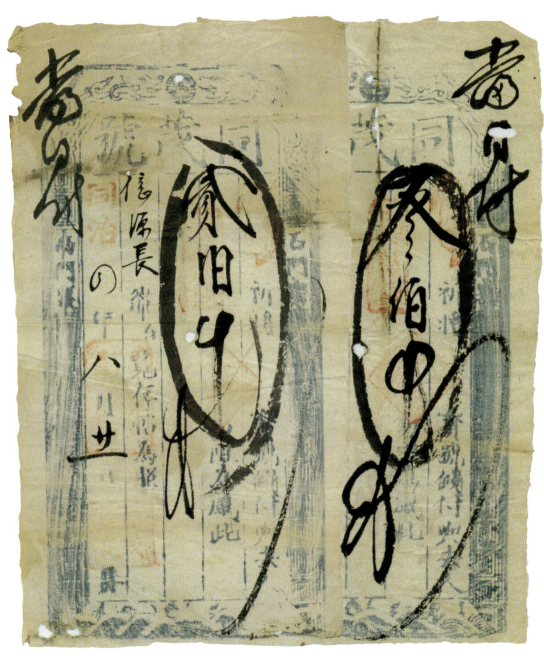

石长有 藏

不同面值的同茂号私帖

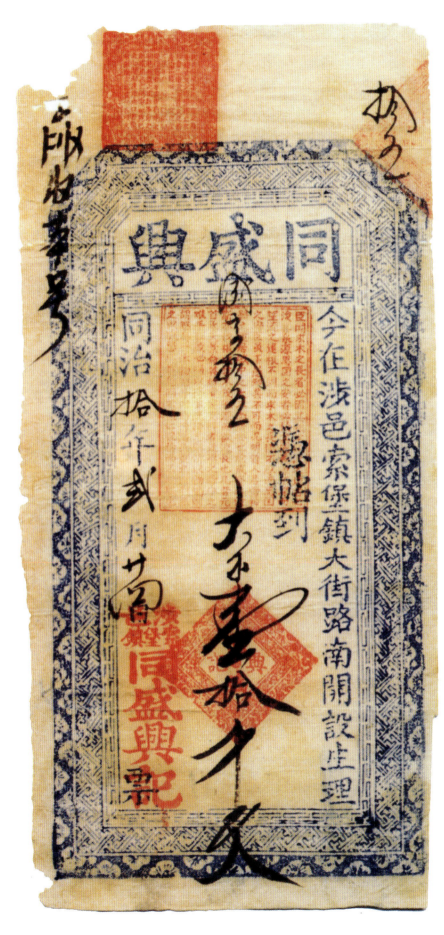

庄号：同盛兴

地址：河北涉邑

面值：壹拾千文

颜色：蓝色

印制：同治十年
   （1871）二月二
   十四日发

票幅：230×111mm

正面："卍"字纹

背面：单面

级别：★★★

贡颜宏　藏

153

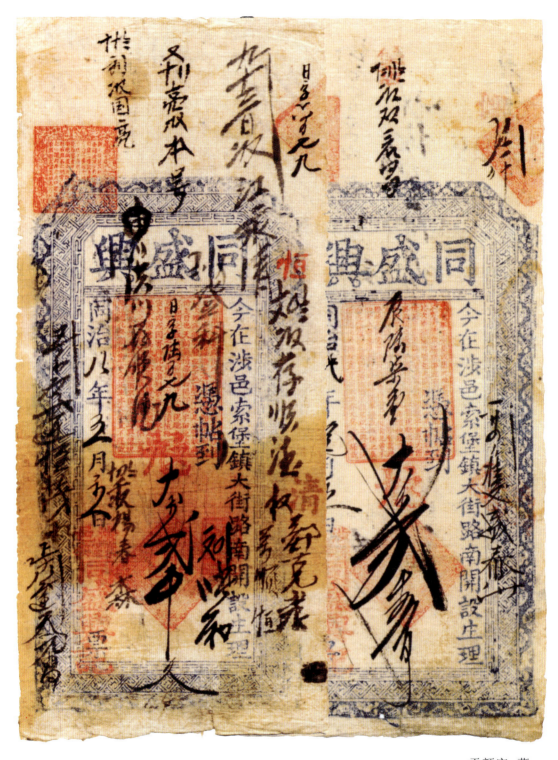

贡颜宏 藏

不同面值的同盛兴私帖

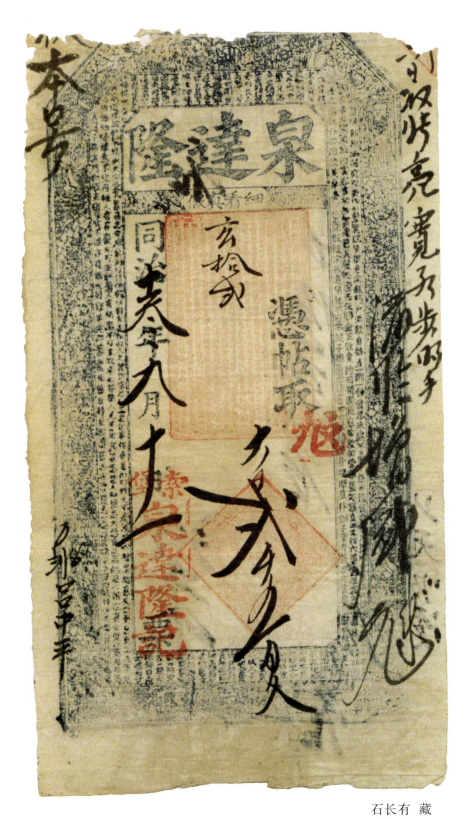

石长有 藏

庄号:泉达隆　　印制:同治十三年(1874)九　　正面:八仙图、《治家格言》
地址:河北涉邑　　　月十一日发　　　　　　背面:单面
面值:贰千五百文　　票幅:250×110mm　　级别:★★★
颜色:蓝色

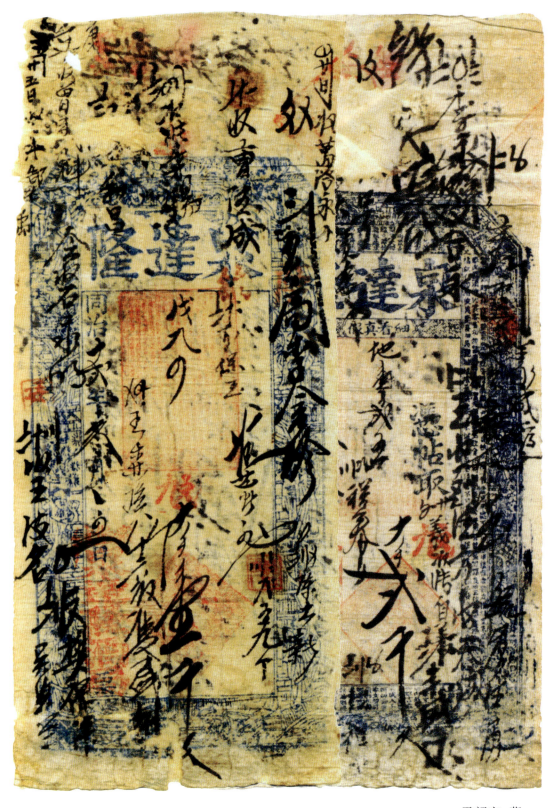

贡颜宏　藏

不同面值的泉达隆私帖

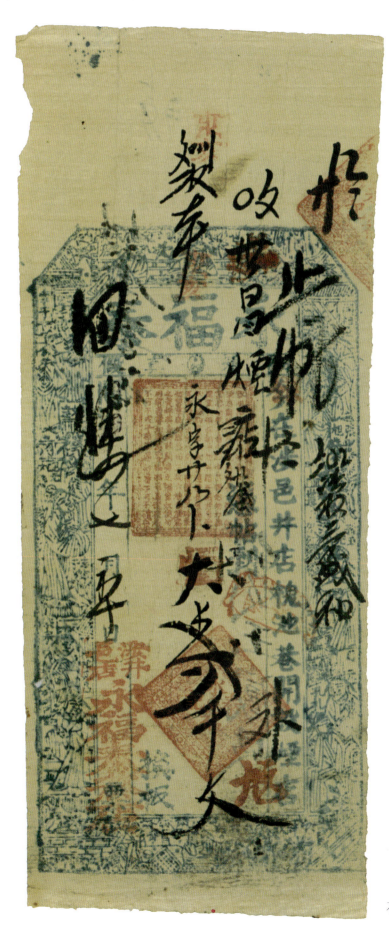

庄号：永福泰
地址：河北涉邑
面值：贰千文
颜色：蓝色
印制：同治四年（1865）
　　　七月一日发
票幅：260×104mm
正面：八仙图
背面：单面
级别：★★★

石长有　藏

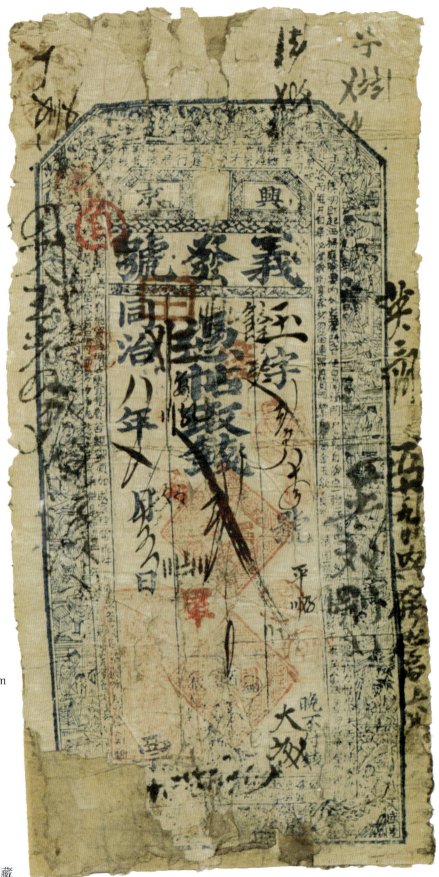

庄号：义发号
地址：奉天兴京
面值：贰吊
颜色：蓝色
印制：同治八年
　　（1869）七月十
　　五日发
票幅：235×115mm
正面：二十四孝图
背面：《治家格言》
级别：★★★★

石长有 藏

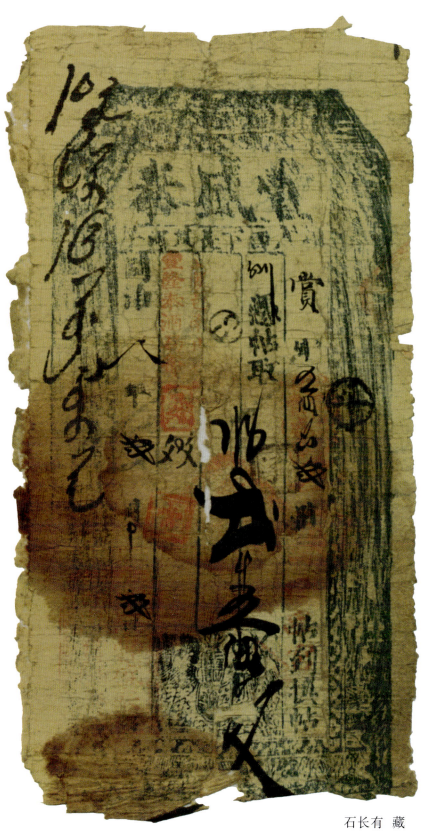

庄号:丰盛泰

地址:直隶朝邑

面值:贰千五百文

颜色:蓝色

印制:同治八年
(1869)二月发

票幅:210×108mm

正面:二十四孝图

背面:流通印记

级别:★★

石长有 藏

石长有 藏

不同面值的丰盛泰私帖

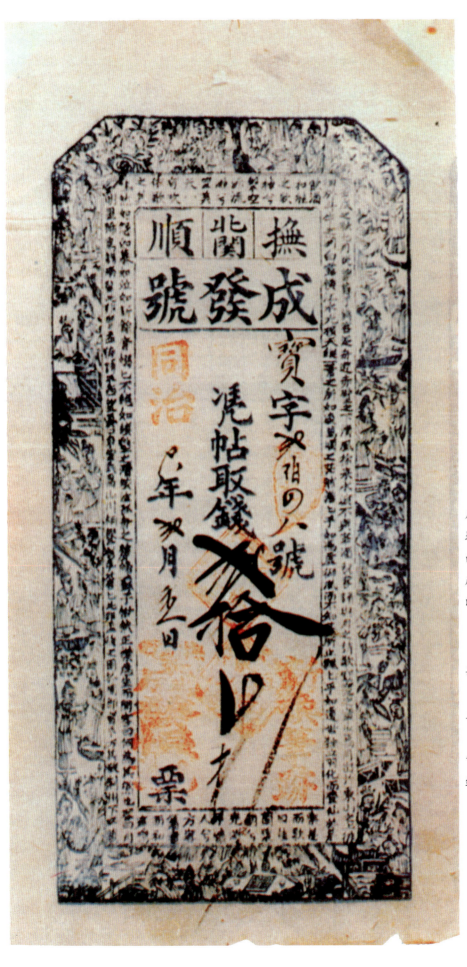

庄号：成发号

地址：辽宁抚顺

面值：贰拾吊

颜色：蓝色

印制：同治六年
（1867）二月
一日发

票幅：246×125
mm

正面：《红楼梦》
人物

背面：单面

级别：★★★

中国东北地
区货币

161

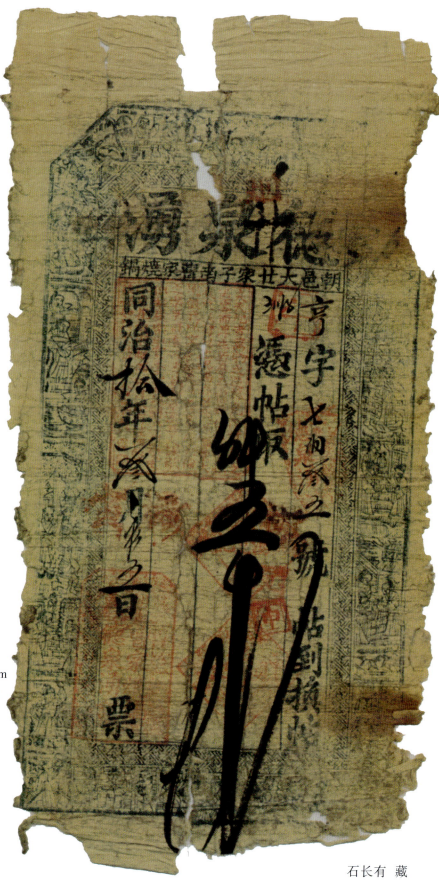

庄号：德泉湧

地址：直隶朝邑

面值：五吊

颜色：蓝色

印制：同治十年
　　（1871）三月五
　　日发

票幅：220×112mm

正面：二十四孝图

背面：单面

级别：★★★

石长有　藏

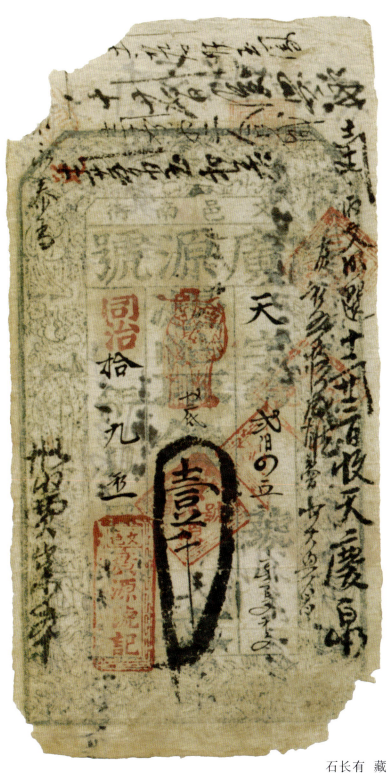

庄号：广源号

地址：山西文邑

面值：壹千文

颜色：蓝色

印制：同治十年(1871)

　九月一日发

票幅：195×100mm

正面：八仙图

背面：流通印记

级别：★★★

石长有　藏

庄号:广元魁
地址:山西文邑
面值:壹千文
颜色:蓝色
印制:同治八年(1869)
　　四月一日发
票幅:195×105mm
正面:八仙图
背面:单面
级别:★★★

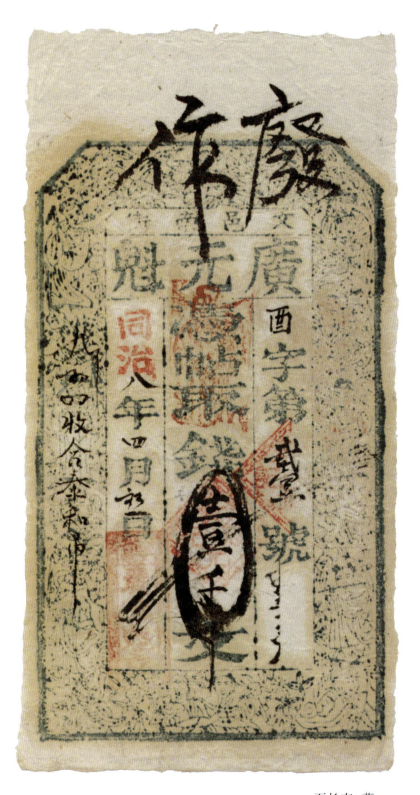

石长有　藏

164

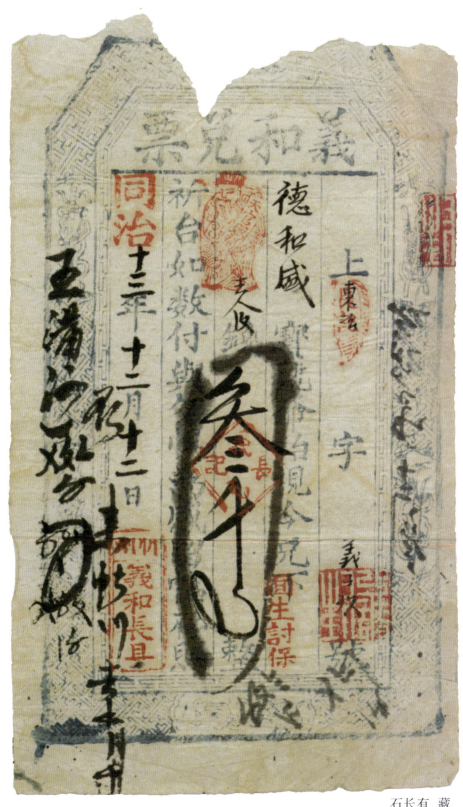

石长有 藏

| | | |
|---|---|---|
| 庄号：义和兑票 | 印制：同治十三年（1874）十 | 正面：暗八仙 |
| 地址：山西忻州 | 二月十二日发 | 背面：流通印记 |
| 面值：叁千文 | 票幅：200×120mm | 级别：★★★ |
| 颜色：蓝色 | | |

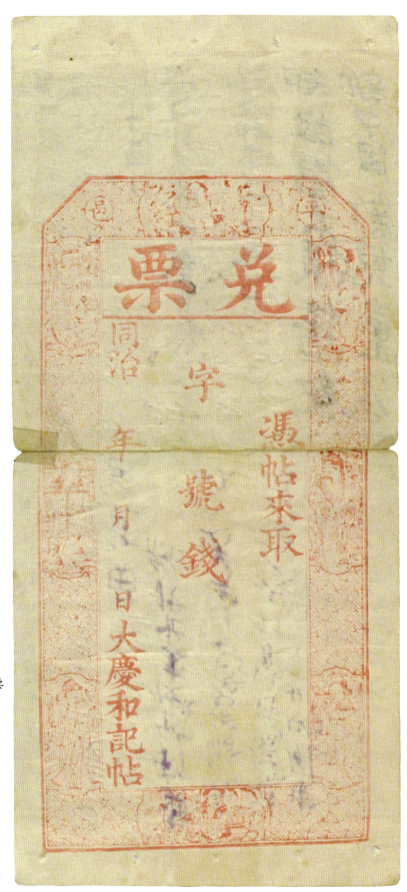

庄号：大庆和记
地址：山西平邑
面值：空白
颜色：红色
印制：同治年未发行票
票幅：232×104mm
正面：八仙图
背面：单面

石长有 藏

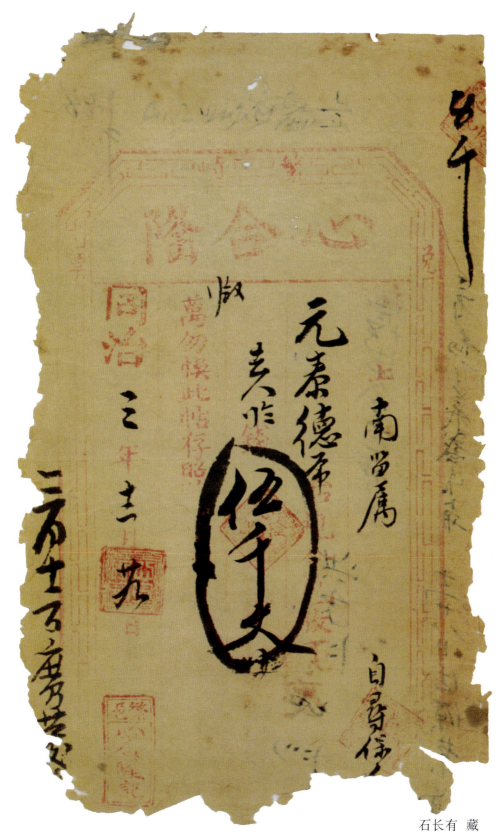

石长有 藏

庄号:心合隆  印制:同治三年(1864)十二  正面:回形纹
地址:山西繁邑  月二十九日发  背面:流通印记
面值:伍千文  票幅:210×125mm  级别:★★★
颜色:红色

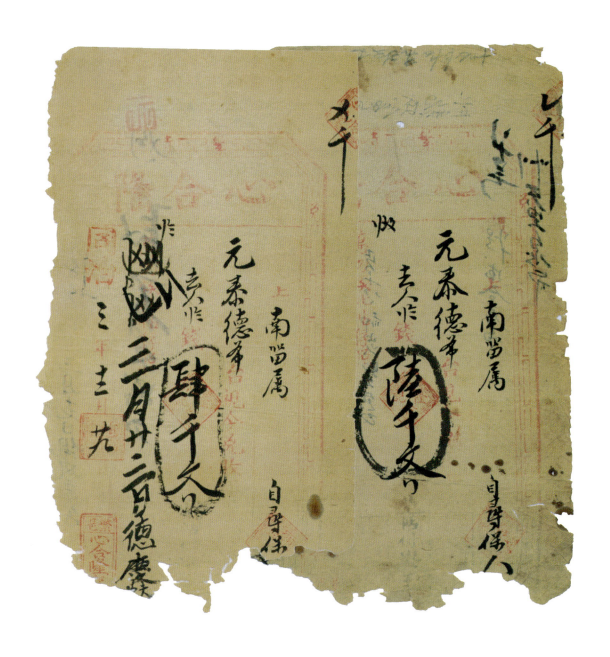

石长有 藏

不同面值的心合隆私帖

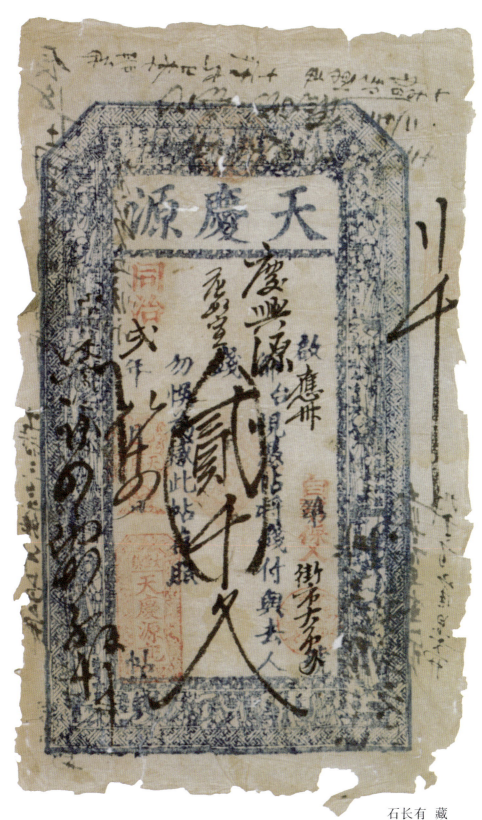

石长有 藏

| 庄号:天庆源 | 印制:同治二年(1863)八月 | 正面:十八罗汉 |
| 地址:山西应州 | 十四日发 | 背面:流通印记 |
| 面值:贰千文 | 票幅:205×122mm | 级别:★★★ |
| 颜色:蓝色 | | |

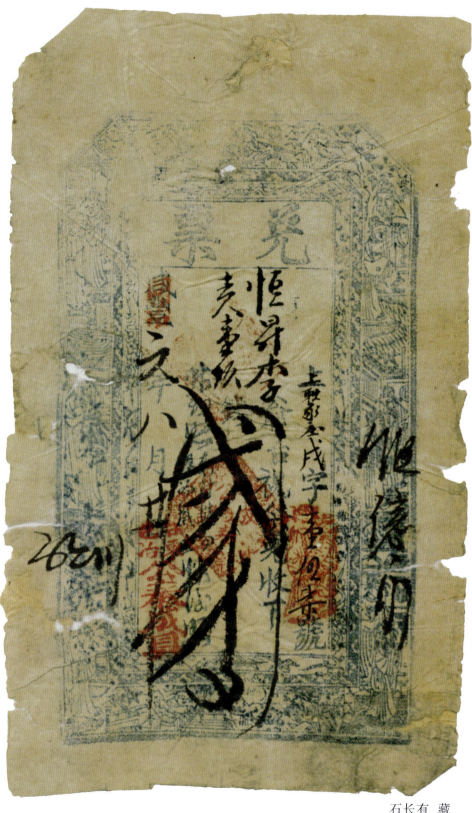

石长有 藏

庄号：公泰成具　　印制：咸丰改同治六年(1867)　　正面：人物

地址：山西台邑　　　八月二十一日发　　　背面：流通印记

面值：贰千文　　　票幅：210×126mm　　　级别：★★★

颜色：蓝色

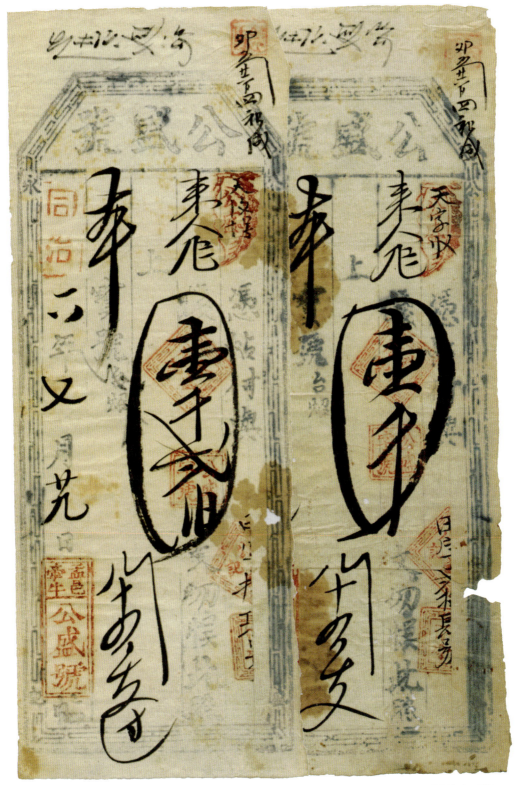

石长有 藏

庄号:公盛号　　　　　印制:同治六年(1867)七月　　正面:回形纹
地址:山西孟邑　　　　　　二十九日发　　　　　　背面:流通印记
面值:壹千文 / 壹千贰百文　票幅:244×92mm　　　级别:★★★
颜色:蓝色

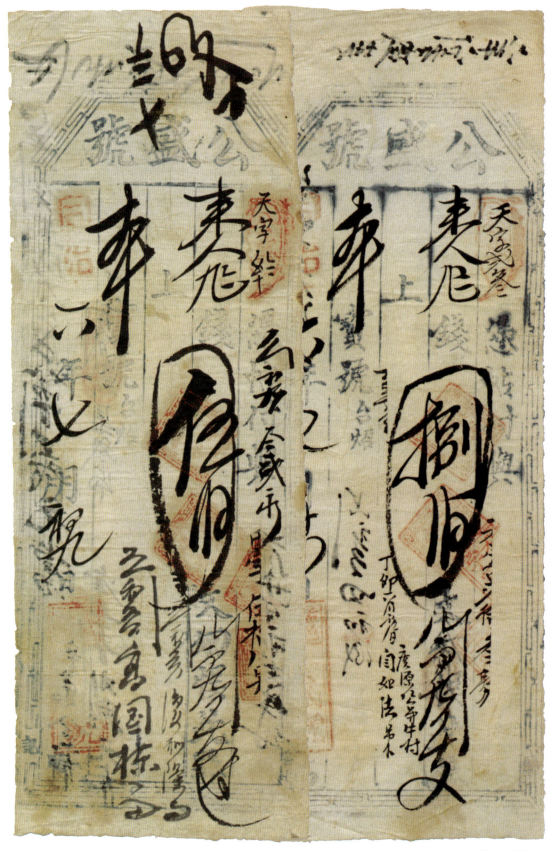

石长有　藏

不同面值的公盛号私帖

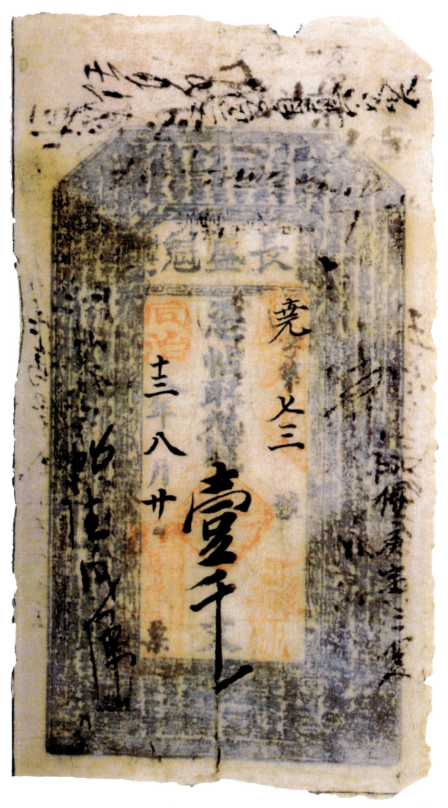

刘建民 藏

庄号：长盛魁　　　　印制：同治十三年（1874）十　　　正面：《百家姓》
地址：山西三泉镇　　　　　　月一日发　　　　　　　　背面：流通印记
面值：壹千文　　　　　　票幅：210×120mm　　　　级别：★★★
颜色：蓝色

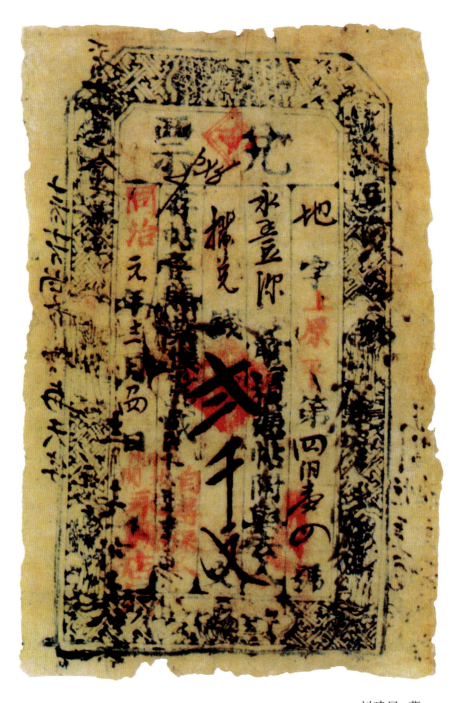

刘建民 藏

庄号:永兴店　　　印制:同治元年(1862)十二　　正面:八仙图
地址:山西忻州　　　　月四日发　　　　　　背面:单面
面值:贰千文　　　票幅:175×113mm　　级别:★★★
颜色:蓝色

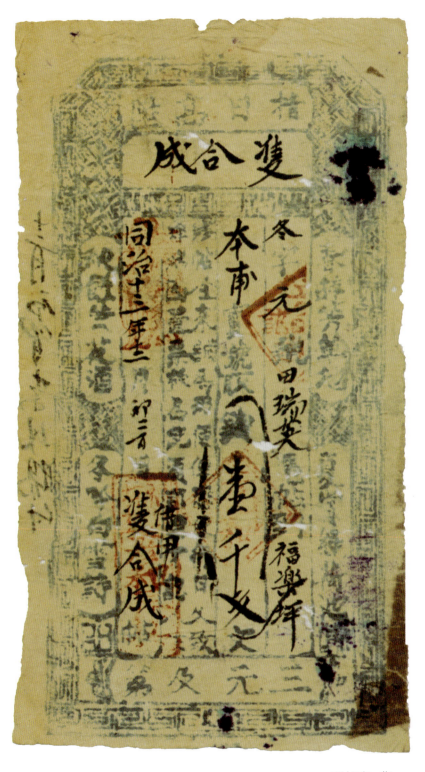

石长有 藏

庄号:双合成 　　印制:同治十三年(1874)十 　　正面:吉语铭文
地址:福乐坪 　　　　二月三日发 　　　　　背面:流通印记
面值:壹千文 　　　票幅:193×103mm 　　级别:★★
颜色:蓝色

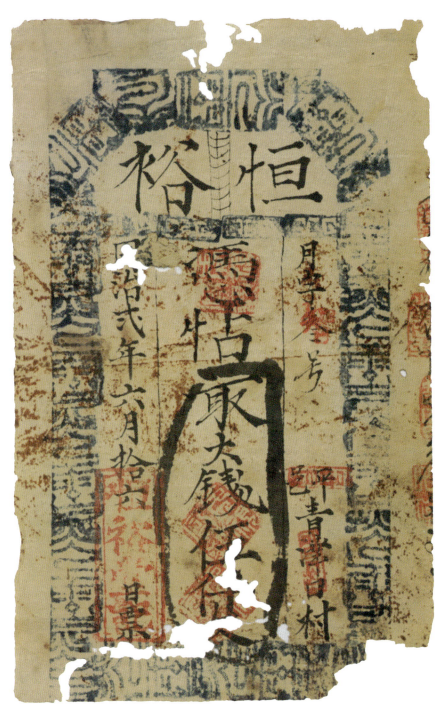

石长有 藏

庄号：恒裕　　　　　印制：同治二年（1863）六月　　正面：篆书边框
地址：山西平邑　　　　　十六日发　　　　　　　　背面：流通印记
面值：伍百文　　　　　票幅：180×113mm　　　级别：★★★
颜色：蓝色

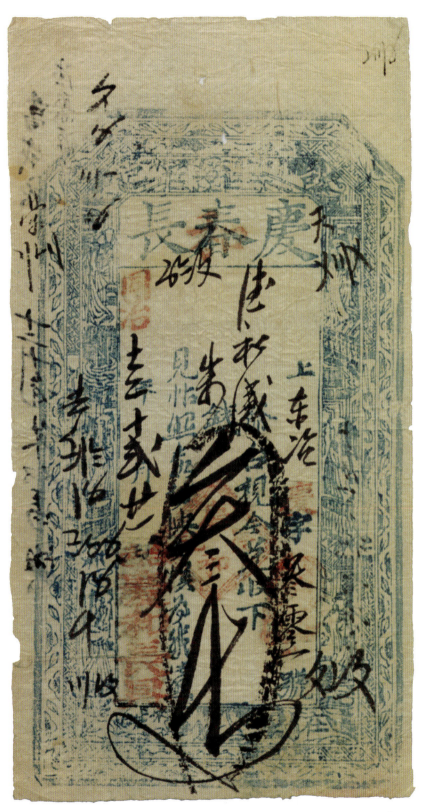

庄号:庆春长

地址:山西台邑

面值:叁千文

颜色:蓝色

印制:同治十三年
　　(1874)十二月二
　　十一日发

票幅:208×109mm

正面:八仙图

背面:流通印记

级别:★★★

石长有　藏

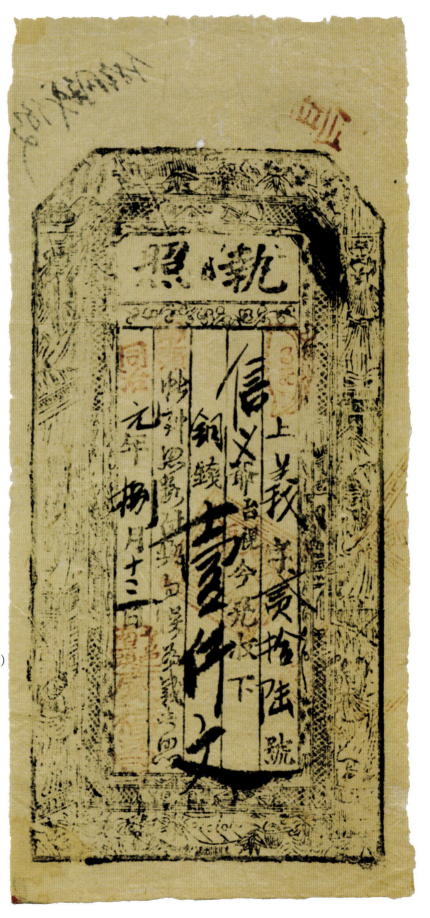

庄号：庆福昌
地址：山西平邑
面值：壹千文
印制：同治元年（1862）
　　八月十三日发
票幅：234×108mm
正面：八仙图
背面：流通印记
级别：★★

石长有　藏

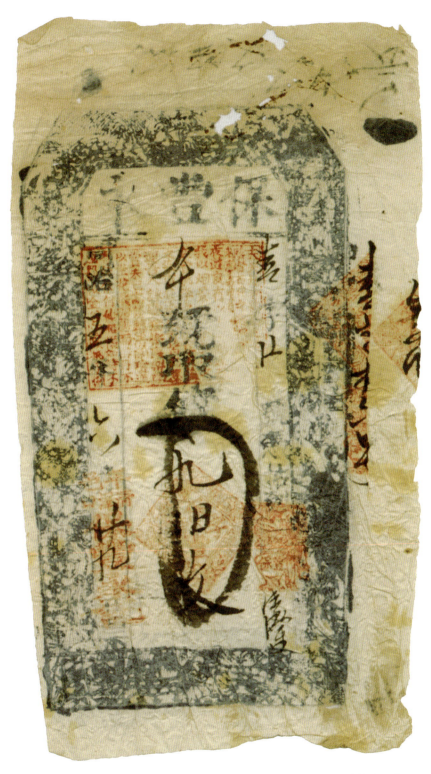

石长有　藏

庄号：保丰永　　　印制：同治五年（1866）六月　　正面：八仙图
地址：山西平邑　　　　　二十九日发　　　　　　背面：流通印记
面值：九百文　　　　票幅：195×110mm　　　　级别：★★★
颜色：蓝色

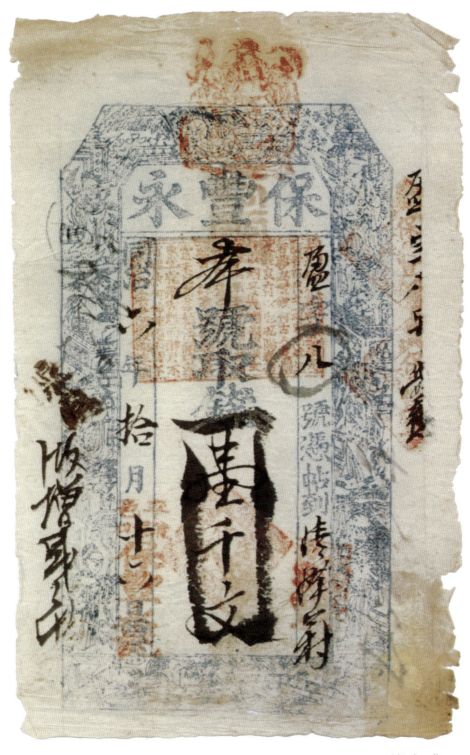

石长有 藏

不同面值的保丰永私帖

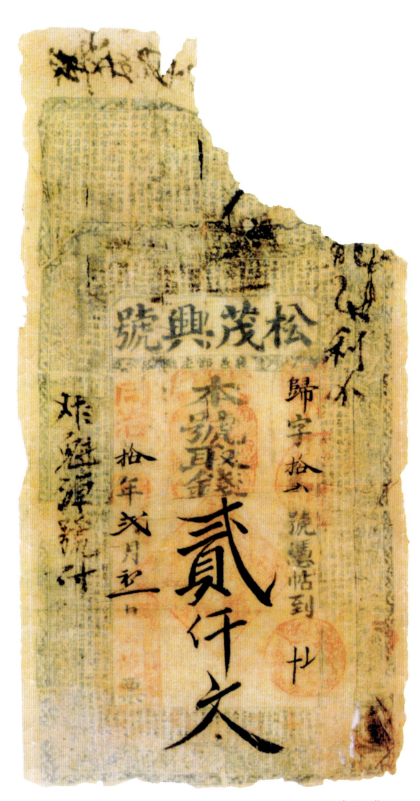

庄号：松茂兴号
地址：山西襄邑
面值：贰千文
颜色：蓝色
印制：同治十年
　　（1871）二月一
　　日发
票幅：200×105mm
正面：二十四孝图
背面：《进学解》
级别：★★★

刘建民　藏

181

石长有　藏

庄号：复源昌记　　　印制：同治十三年（1874）十　　正面：《西厢记》人物
地址：山西　　　　　　　　月二十八日发　　　背面：单面
面值：伍千文　　　　　票幅：195×115mm　　级别：★★★
颜色：蓝色

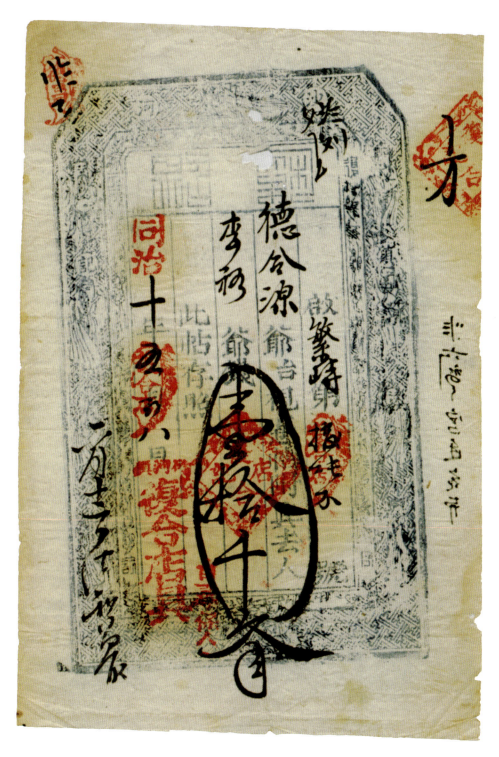

石长有　藏

庄号：复合店具　　　印制：同治十年（1871）五月　　正面：八仙图

地址：山西沙河镇　　　　　　八日发　　　　　　　背面：流通印记

面值：壹拾千文　　　　票幅：188×125mm　　　　级别：★★★

颜色：蓝色

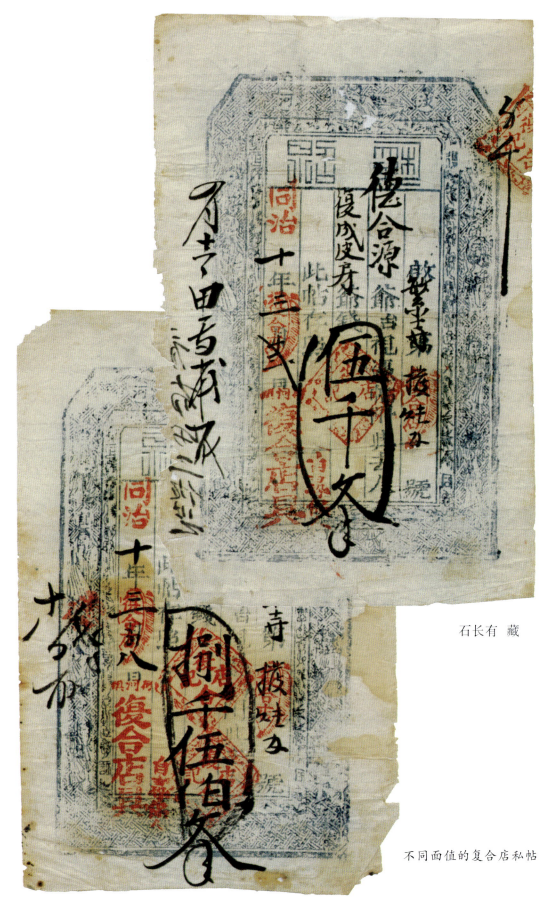

石长有 藏

不同面值的复合店私帖

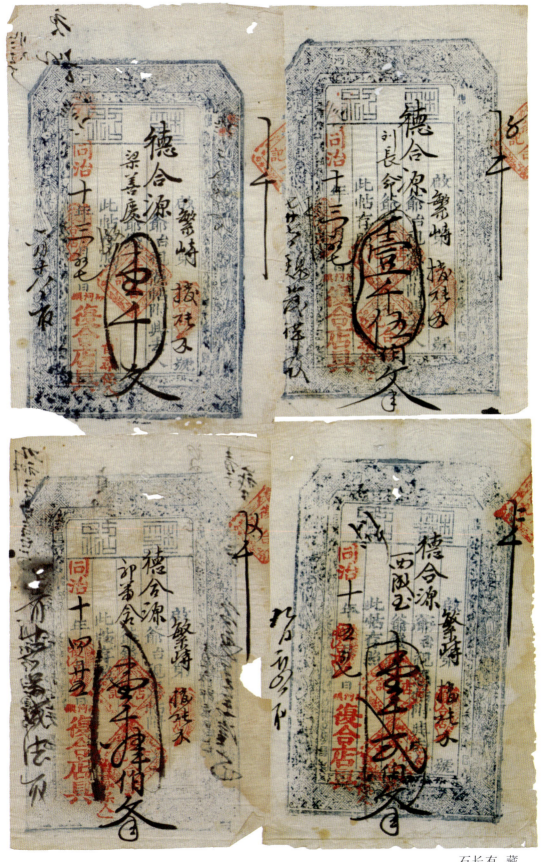

不同面值的复合店私帖

石长有 藏

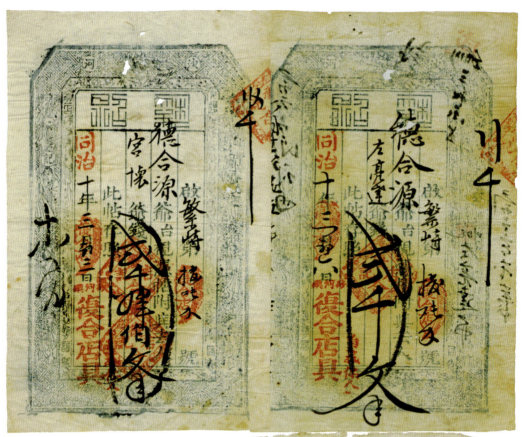

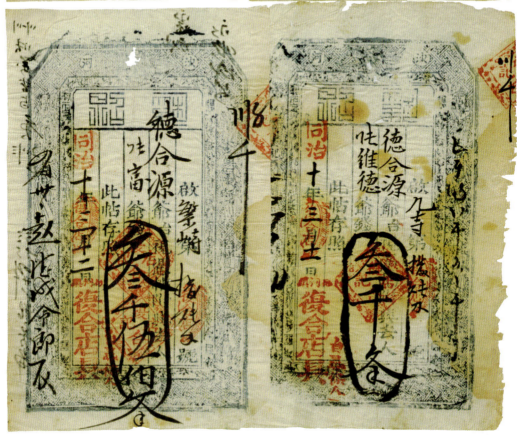

不同面值的复合店私帖

石长有 藏

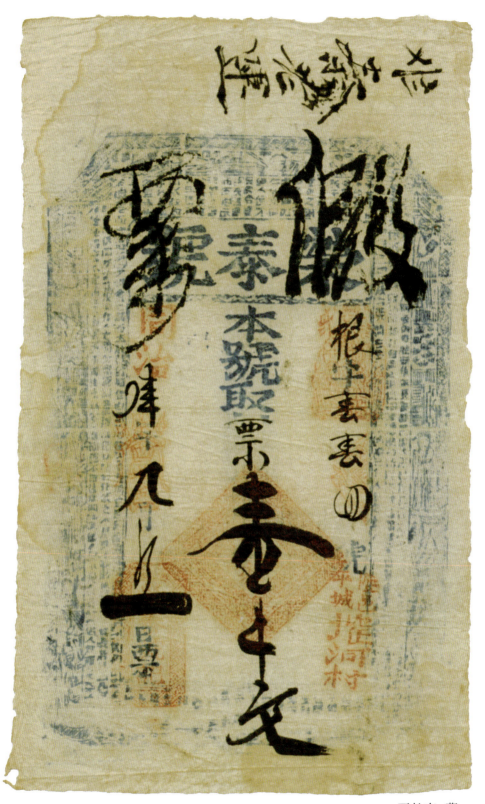

石长有　藏

庄号：荣泰号　　　　印制：同治四年(1865)九月　　背面：流通印记
地址：山西平城镇　　　　　一日发　　　　　　　　级别：★★★
面值：壹千文　　　　　票幅：206×122mm　　　说明："假票"字样疑为后人
颜色：蓝色　　　　　　正面：八仙图　　　　　　　　所加

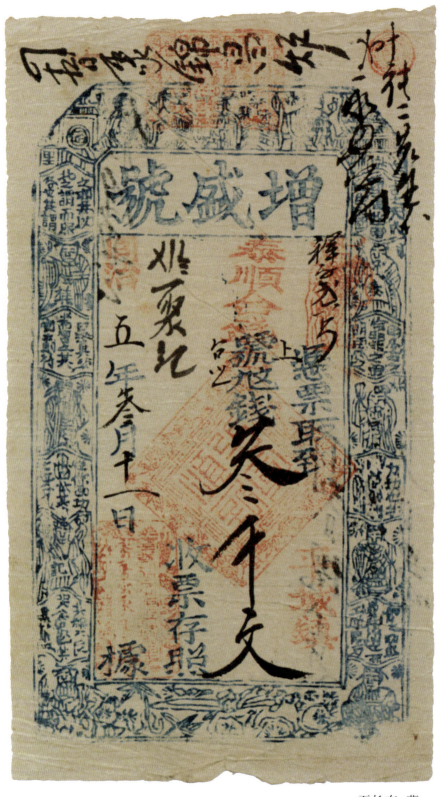

石长有 藏

庄号：增盛号　　　　印制：同治五年(1866)三月　　　正面：八仙图
地址：山西平城镇　　　　　　十一日发　　　　　　　　背面：流通印记
面值：叁千文　　　　　　票幅：204×115mm　　　　　级别：★★★
颜色：蓝色

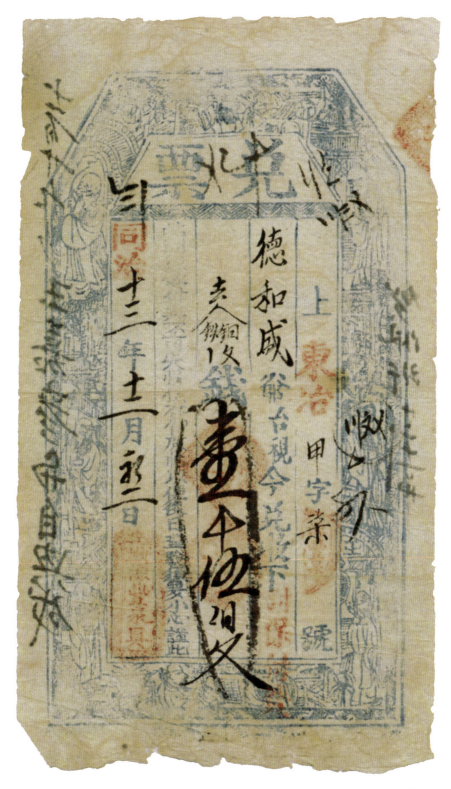

石长有 藏

庄号：源丰泉具　　　印制：同治十三年（1874）十　　正面：寿星图
地址：山西忻州　　　　二月二日发　　　　　背面：流通印记
面值：壹千伍百文　　　票幅：200×112mm　　级别：★★★
颜色：蓝色

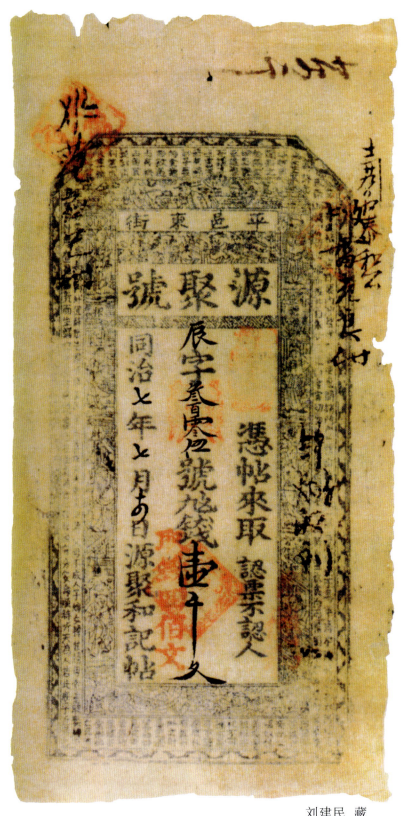

刘建民　藏

庄号：源聚号　　　印制：同治七年（1868）七月　　正面：八仙图、《治家格言》
地址：山西平邑　　　　　十四日发　　　　　　　背面：单面
面值：壹千文　　　　票幅：220×110mm　　　级别：★★★
颜色：蓝色

190

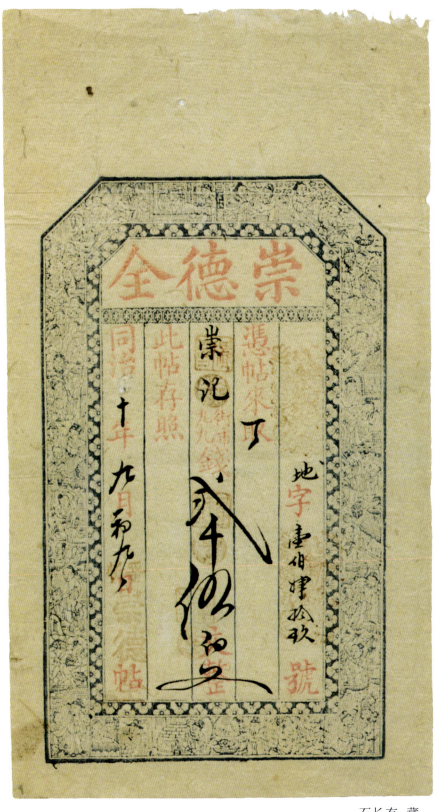

崇德全

地字　壹佰肆拾玖　號

憑帖來了

崇記　街市錢

此帖存照

同治十年九月初九日發

錢貳千伍佰文　崇德帖

庄号：崇德全　　　印制：同治十年（1871）九月　　正面：二十四孝图

地址：山西忻州　　　　　九日发　　　　　　　　背面：单面

面值：贰千五百文　　　票幅：230×124mm　　　　级别：★★★

颜色：蓝色

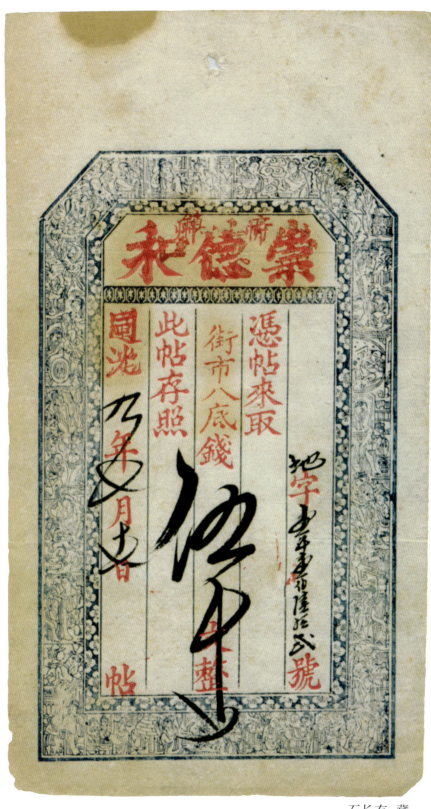

崇德永

凭帖来取
街市八底钱
此帖存照
道光
□年八月十七日
地字□□□□□□号
伍千文整
帖

石长有 藏

庄号:崇德和　　　印制:道光改同治九年(1870)　　正面:二十四孝图

地址:山西奇镇　　　　七月十七日发　　　　　背面:单面

面值:伍千文　　　票幅:215×118mm　　　级别:★★★

颜色:蓝色

192

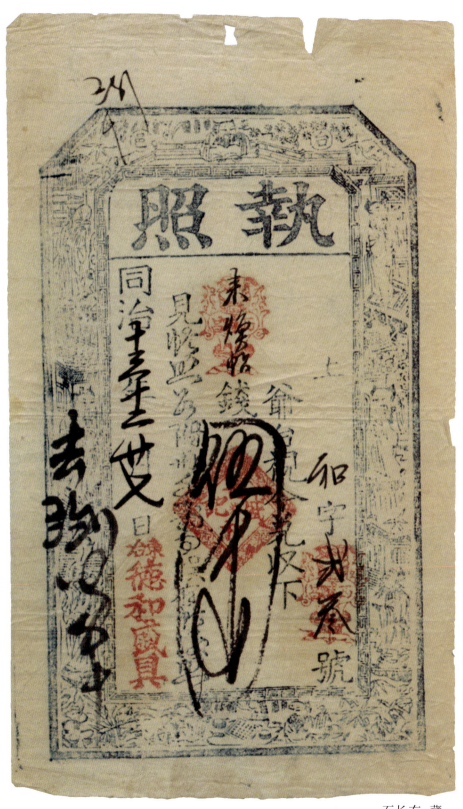

石长有 藏

庄号:德和盛具　　　印制:同治十三年(1874)十　　正面:八仙图
地址:山西东冶　　　　　二月二十七日发　　　　背面:单面
面值:伍千文　　　　　票幅:210×120mm　　　级别:★★★
颜色:蓝色

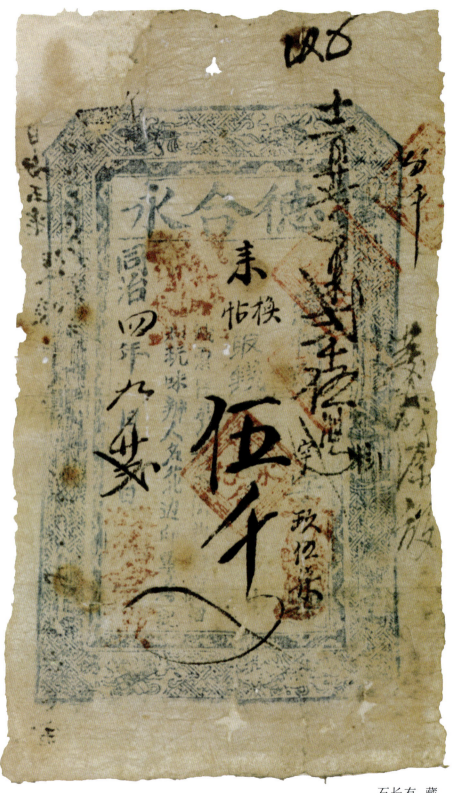

石长有 藏

庄号:德合永　　　　　印制:同治四年(1865)九月　　　正面:暗八仙
地址:山西东冶　　　　　　　二十二日发　　　　　　　背面:流通印记
面值:伍千文　　　　　　票幅:205×115mm　　　　级别:★★★
颜色:蓝色

194

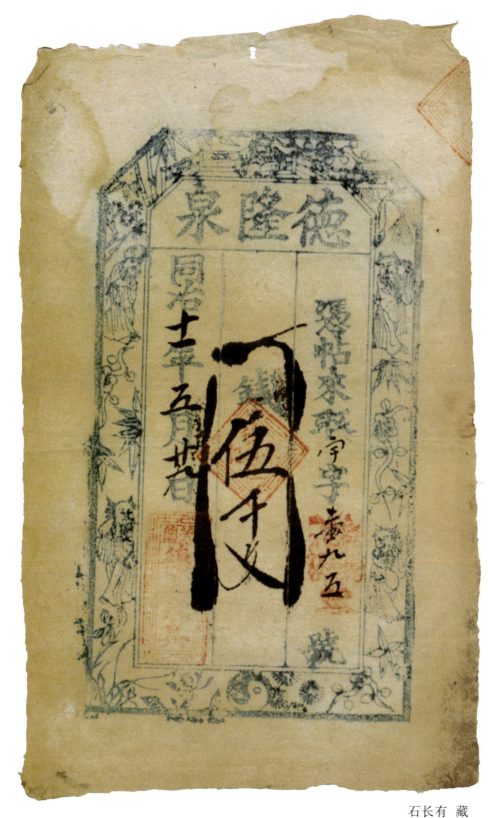

石长有 藏

庄号:德隆泉　　　　印制:同治十一年(1872)五　　正面:道人、梅竹
地址:山西芳兰　　　　　月二十九日发　　　　背面:单面
面值:伍千文　　　　票幅:206×122mm　　级别:★★★
颜色:蓝色

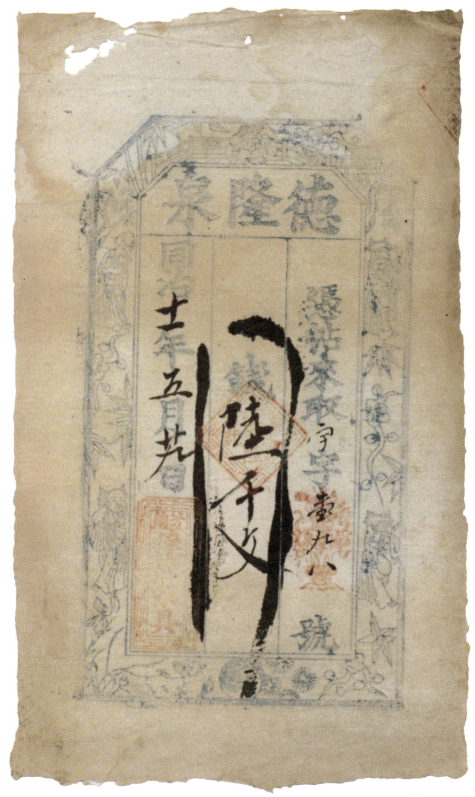

石长有　藏

不同面值的德隆泉私帖

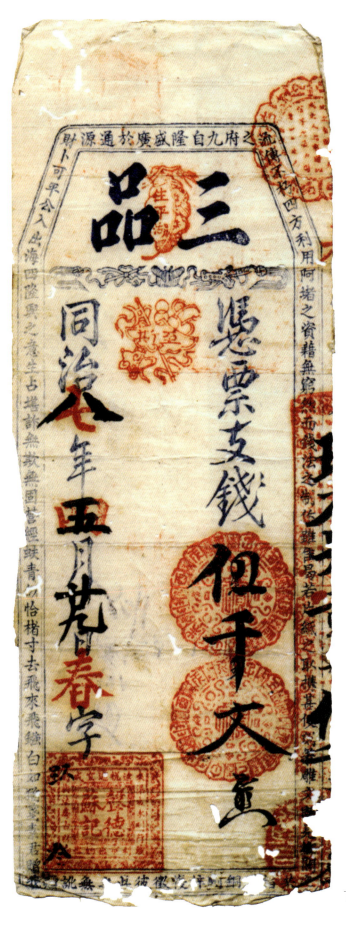

庄号：三品
地址：福建平湖
面值：伍千文
颜色：蓝色
印制：同治八年(1869)
　　五月二十九日发
票幅：250×92mm
正面：《钱票论》
背面：单面
级别：★★★

丁建明　藏

庄号:义慎
地址:福州府
面值:伍拾圆
颜色:蓝色
印制:咸丰改同治九
　　年(1870)二月一日
　　发
票幅:240×93mm
正面:八仙图
背面:流通印记
级别:★★★

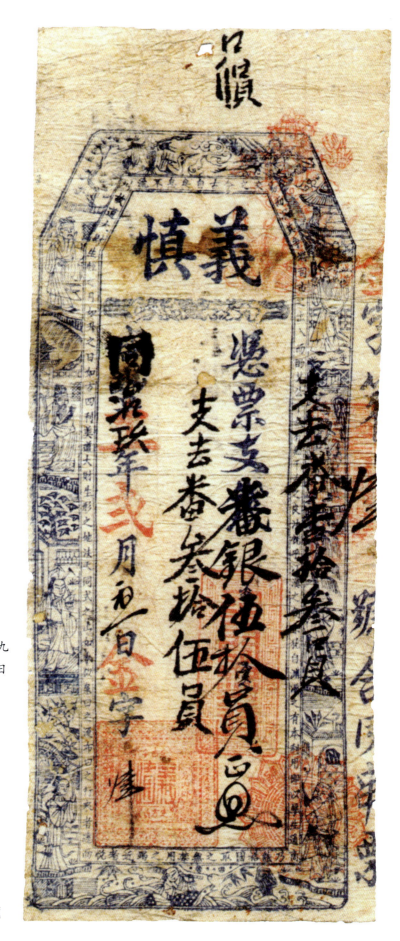

陈淑潘　藏

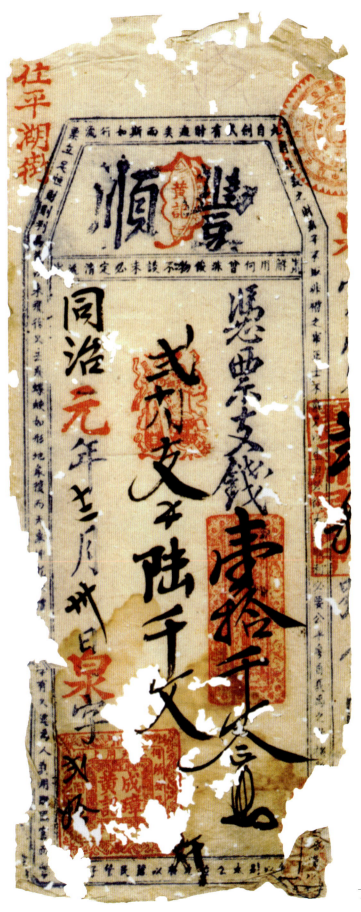

庄号：丰顺

地址：福建平湖

面值：壹拾千文

颜色：蓝色

印制：同治元年(1862)

十二月三十日发

票幅：248×97mm

正面：《钱票论》

背面：单面

级别：★★★

丁建明 藏

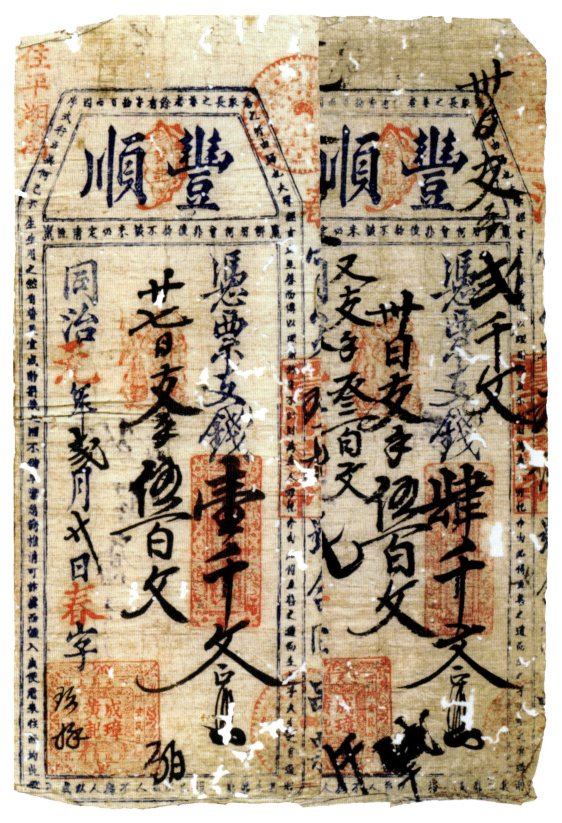

丁建明 藏

不同面值的丰顺私帖

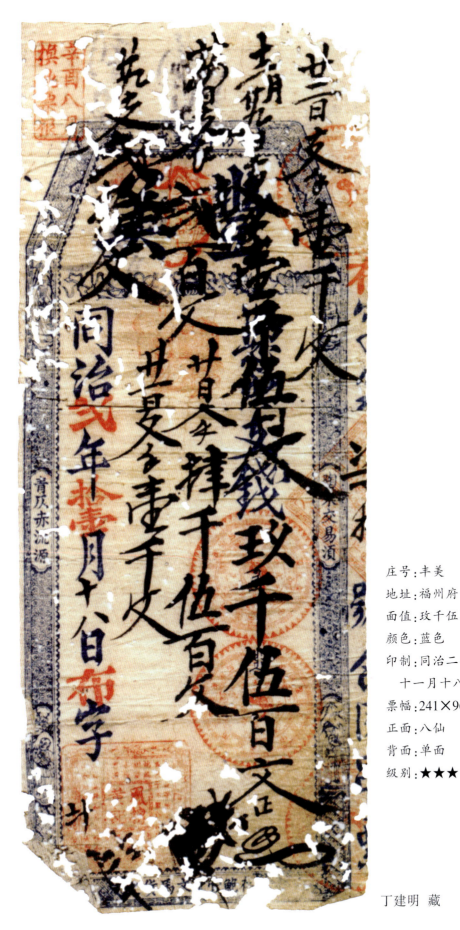

庄号：丰美
地址：福州府
面值：玖千伍百文
颜色：蓝色
印制：同治二年（1863）
　　十一月十八日发
票幅：241×96mm
正面：八仙
背面：单面
级别：★★★

丁建明　藏

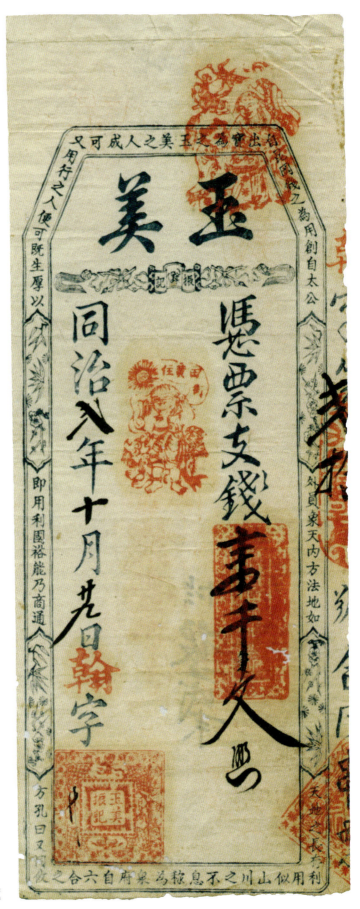

庄号：玉美
地址：福建黄田
面值：壹千文
颜色：蓝色
印制：同治二年（1863）
　　十月二十九日发
票幅：250×98mm
正面：《钱神论》
背面：单面
级别：★★★

石长有 藏

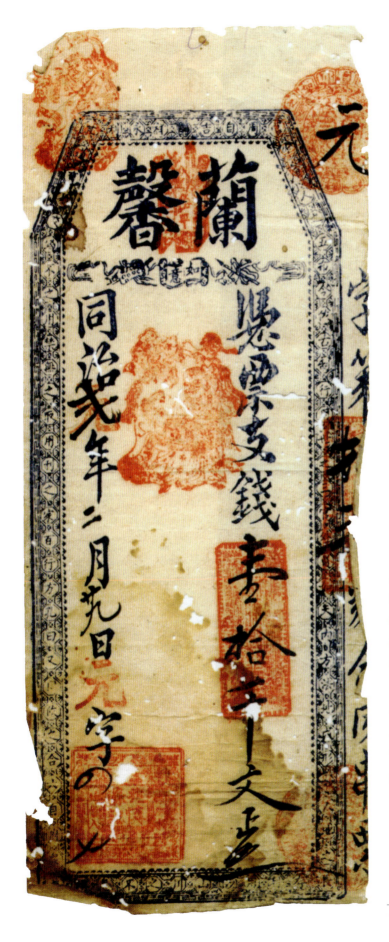

庄号：兰馨

地址：福建平湖

面值：壹拾千文

颜色：蓝色

印制：同治二年（1863）

二月二十九日发

票幅：244×99mm

正面：《钱神论》

背面：单面

级别：★★★

丁建明　藏

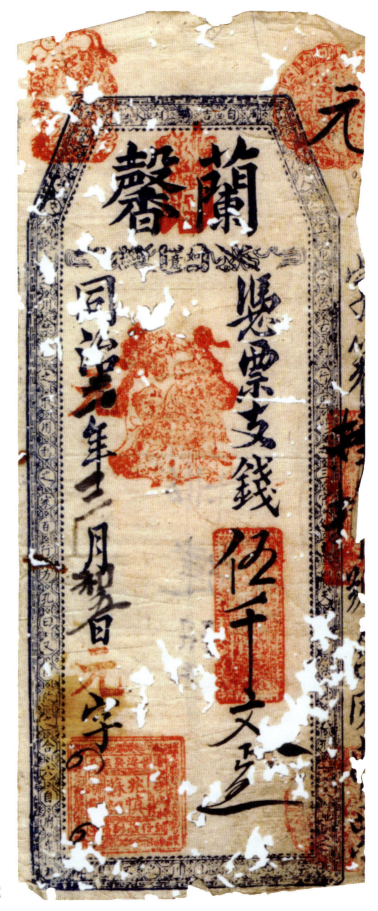

兰馨

凭票支钱

伍千文

同治元年三月

不同面值的兰馨私帖

丁建明 藏

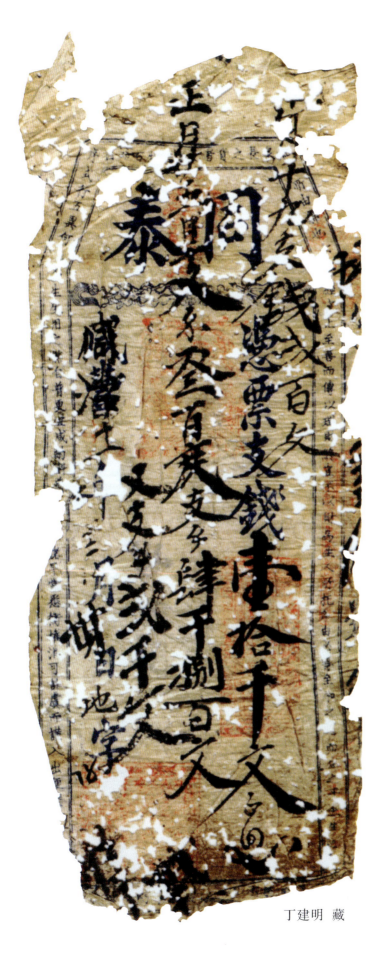

庄号：同泰

地址：福州府

面值：壹拾千文

颜色：蓝色

印制：咸丰改同治十一年
　　（1872）三月三十日发

票幅：240×92mm

正面：《钱财论》

背面：流通印记

级别：★★★

丁建明　藏

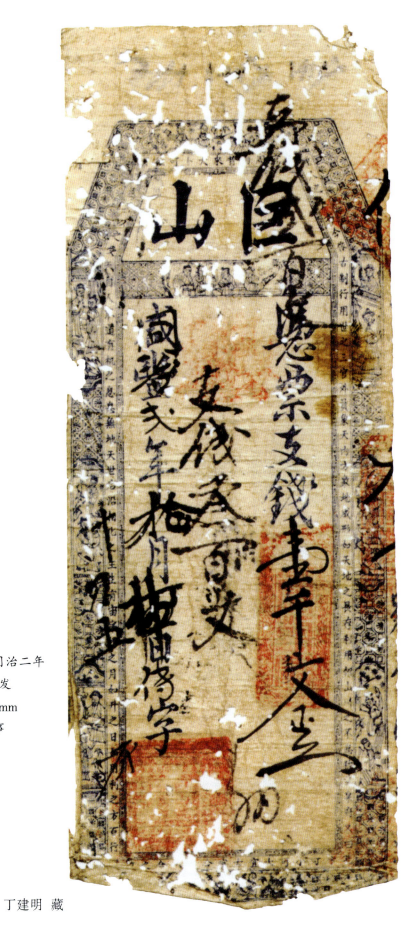

庄号:巨山

地址:福州府

面值:壹千文

颜色:蓝色

印制:咸丰改同治二年

　　(1863)十月发

票幅:246×92mm

正面:民间故事

背面:单面

级别:★★★

丁建明　藏

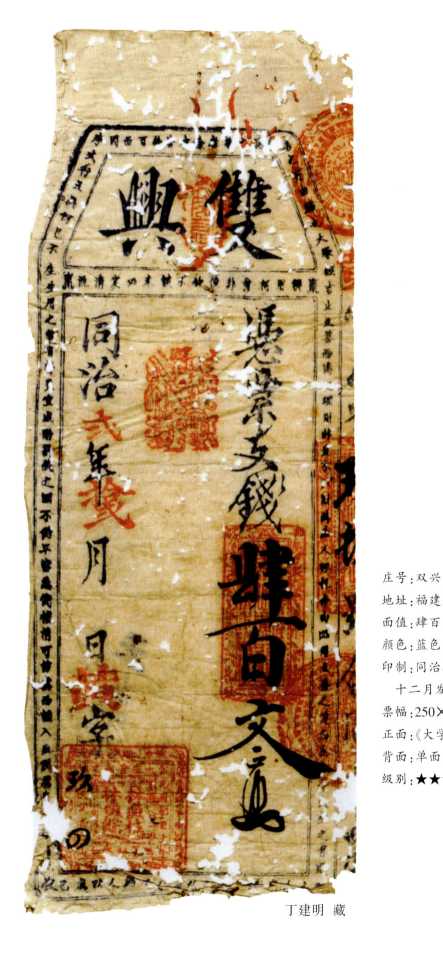

庄号：双兴
地址：福建平湖
面值：肆百文
颜色：蓝色
印制：同治二年（1863）
　　十二月发
票幅：250×94mm
正面：《大学》
背面：单面
级别：★★★

丁建明　藏

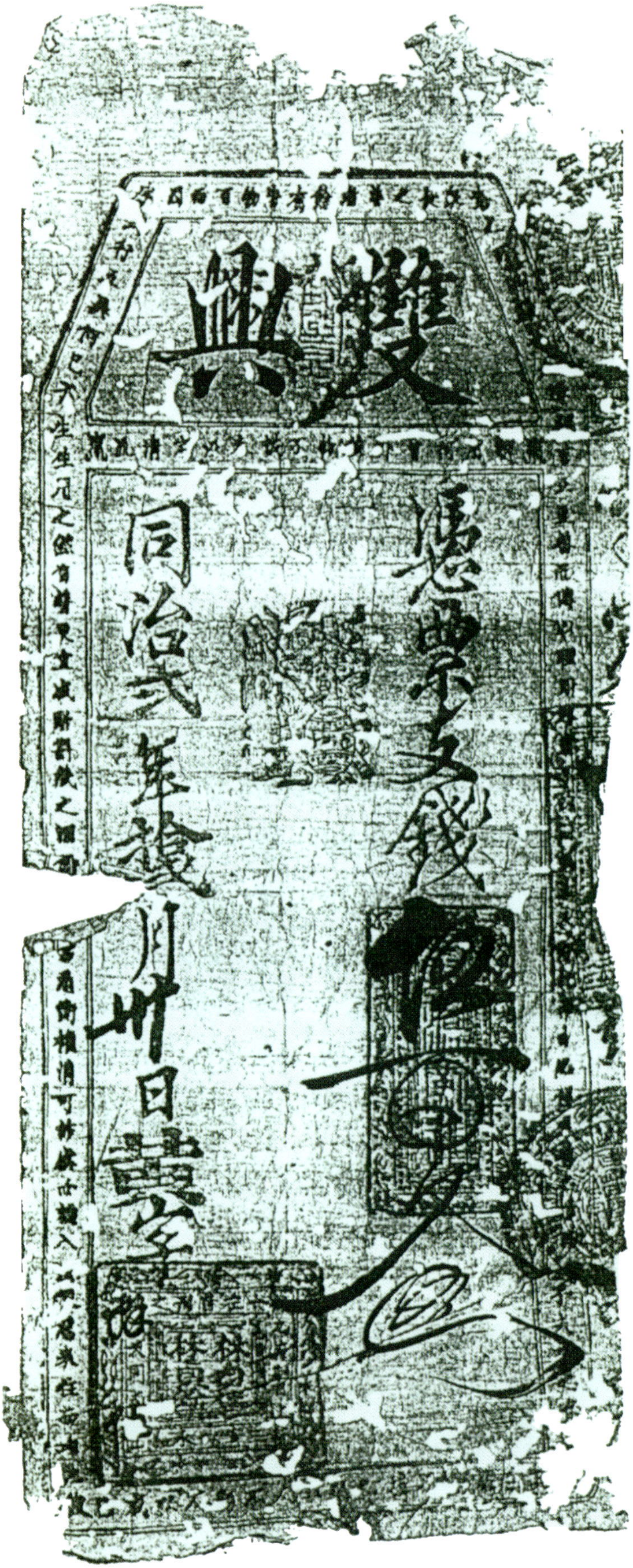

不同面值的双兴私帖

丁建明 藏

208

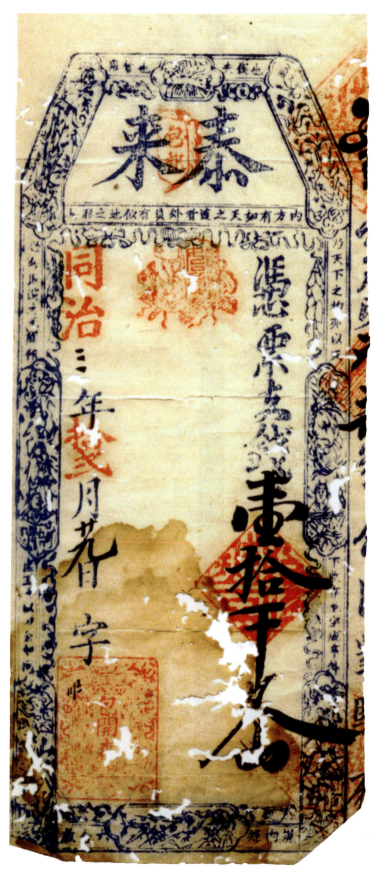

庄号:泰来

地址:福州府

面值:壹拾千文

颜色:蓝色

印制:同治三年(1864)

　　十二月二十九日发

票幅:251×96mm

正面:《金钱歌》

背面:单面

级别:★★★

丁建明　藏

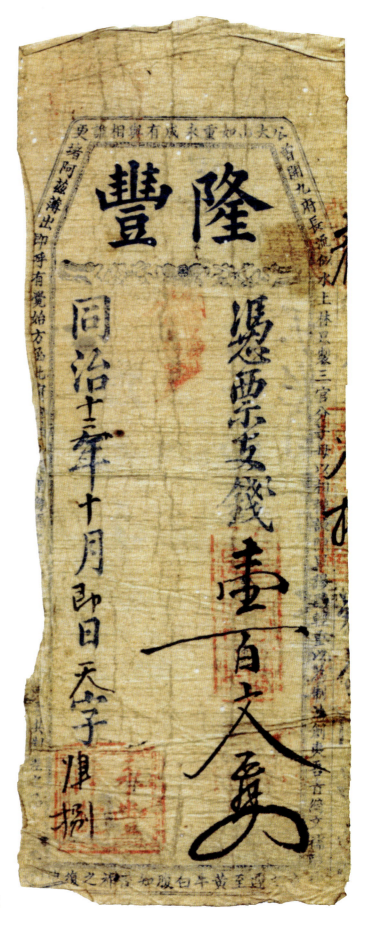

庄号:隆丰
地址:福建大湾
面值:壹佰文
颜色:蓝色
印制:同治十三年(1874)
　　年十月发
票幅:242×91mm
正面:《钱票论》
背面:单面
级别:★★★

丁建明　藏

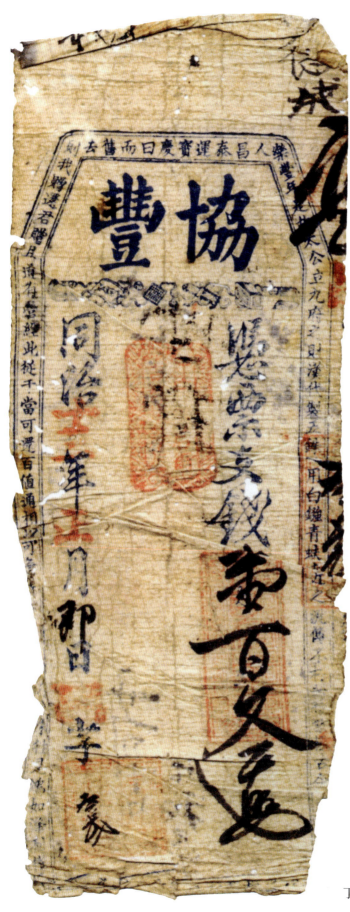

庄号：协丰

地址：福建平湖

面值：壹百文

颜色：蓝色

印制：同治十三年（1874）

　年正月发

票幅：250×90mm

正面：《钱票论》

背面：单面

级别：★★★

丁建明　藏

庄号：和生
地址：福州府
面值：伍千文
颜色：蓝色
印制：同治十一年（1872）
　　　年十二月五日发
票幅：252×95mm
正面：《大学》
背面：单面
级别：★★★

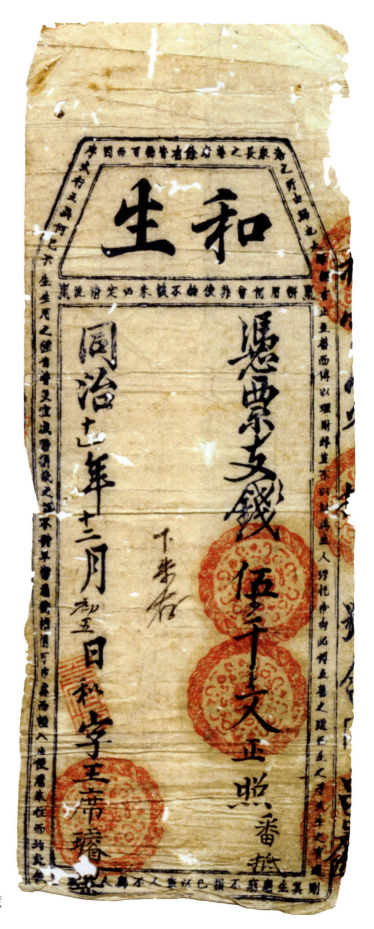

丁建明　藏

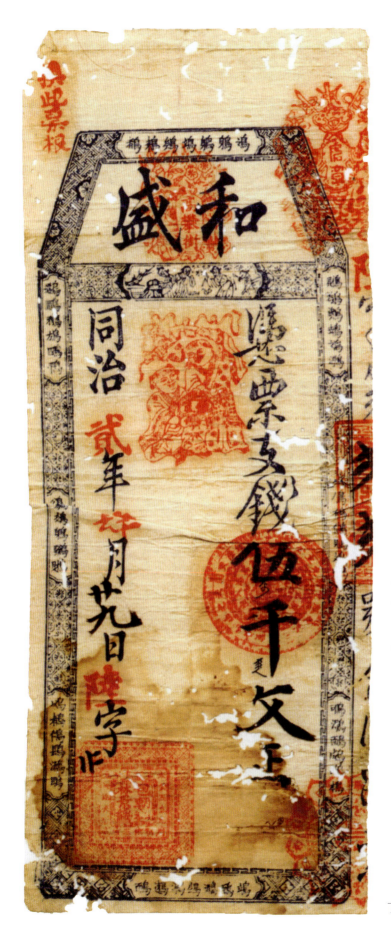

庄号：和盛

地址：福建高攀村

面值：伍千文

颜色：蓝色

印制：同治二年（1863）

四月二十九日发

票幅：243×97mm

正面：松枝纹

背面：造字

级别：★★★

丁建明 藏

213

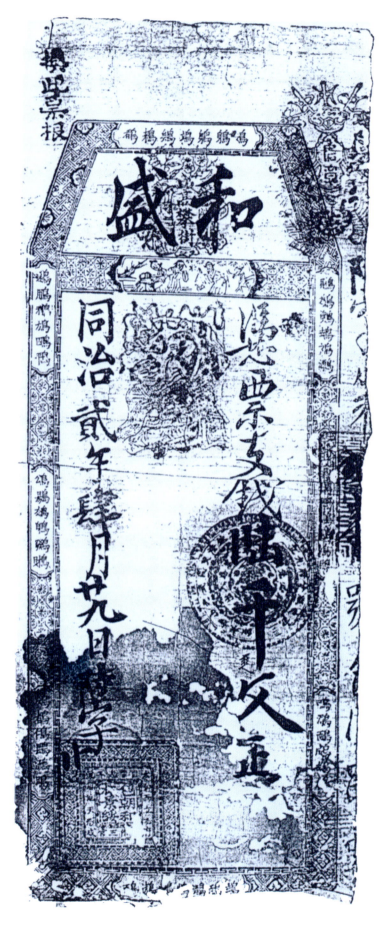

不同面值的和盛私帖

丁建明 藏

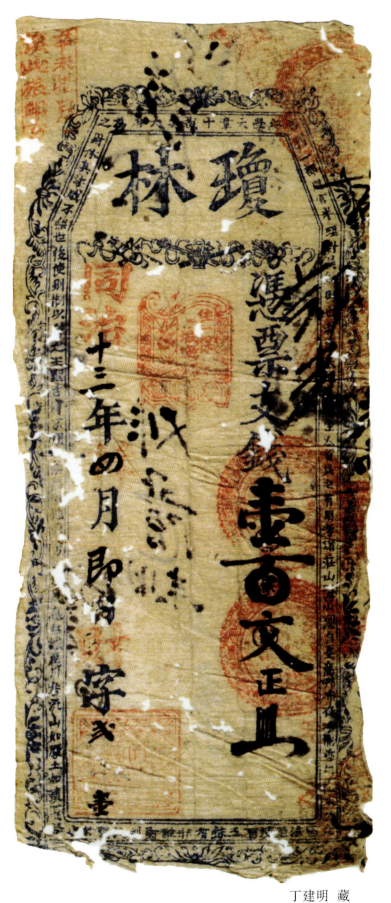

庄号：琼林

地址：福建一保

面值：壹百文

颜色：蓝色

印制：同治十三年(1874)

　四月发

票幅：223×96mm

正面：《大学》

背面：单面

级别：★★★

丁建明　藏

庄号：辉兴
地址：福建长发鸭铺
面值：贰千陆百文
颜色：蓝色
印制：同治九年（1870）
　　　二月十六日发
票幅：240×94mm
正面：《劝善篇》
背面：单面
级别：★★★

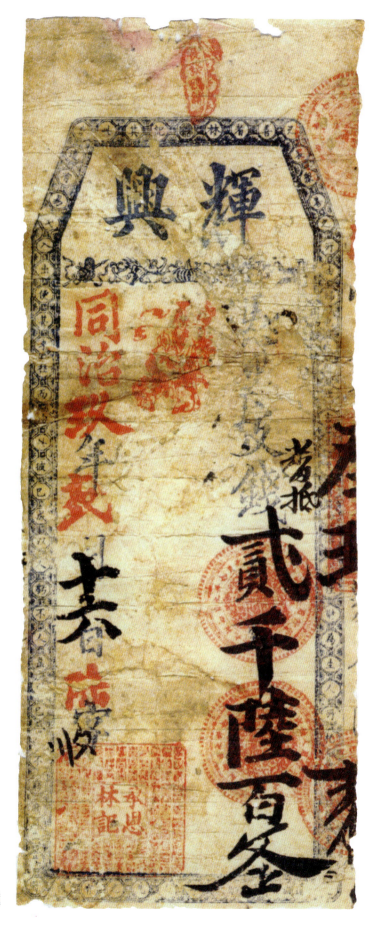

陈淑潘 藏

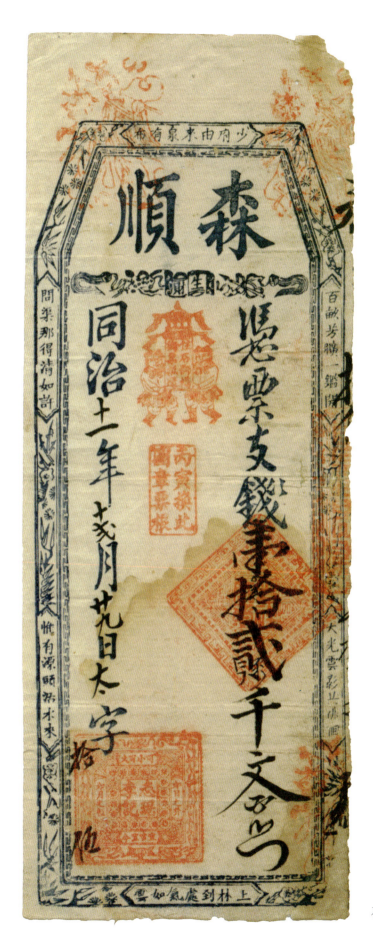

庄号：森顺

地址：福建平湖

面值：壹拾贰千文

颜色：蓝色

印制：同治十一年(1872)

十二月二十九日发

票幅：251×95mm

正面：七言诗

背面：单面

级别：★★★

石长有 藏

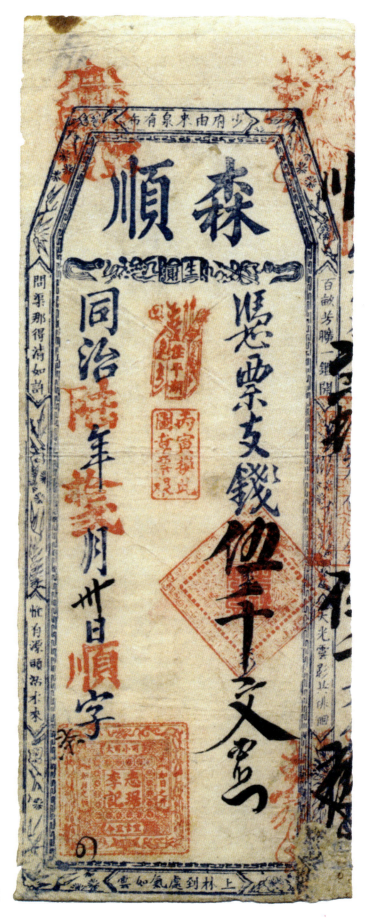

不同面值的森顺私帖

陈淑潘 藏

218

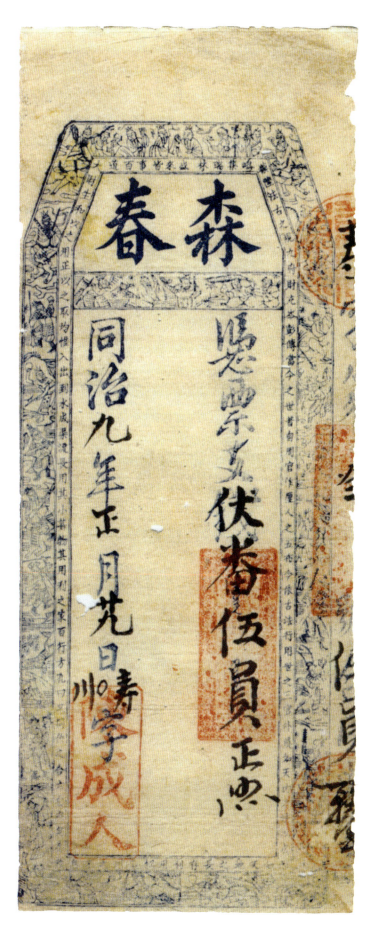

庄号：森春

地址：福州府

面值：伍圆

颜色：蓝色

印制：同治九年（1870）

　　正月二十九日发

票幅：242×95mm

正面：《封神榜》人物

背面：单面

级别：★★★

陈淑潘　藏

219

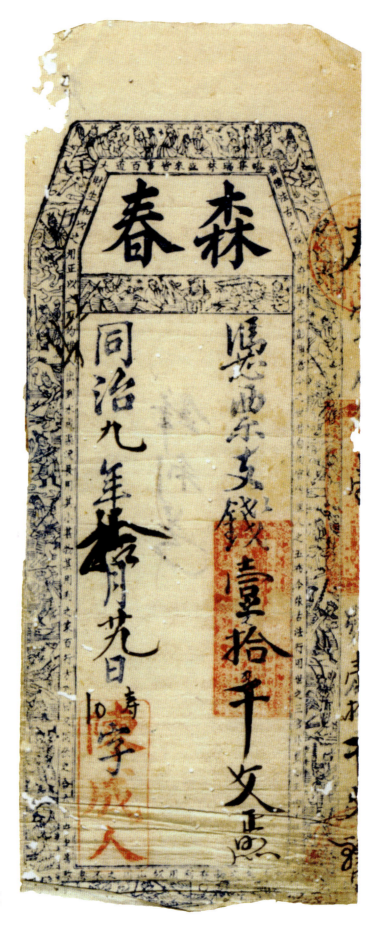

不同面值的森春私帖

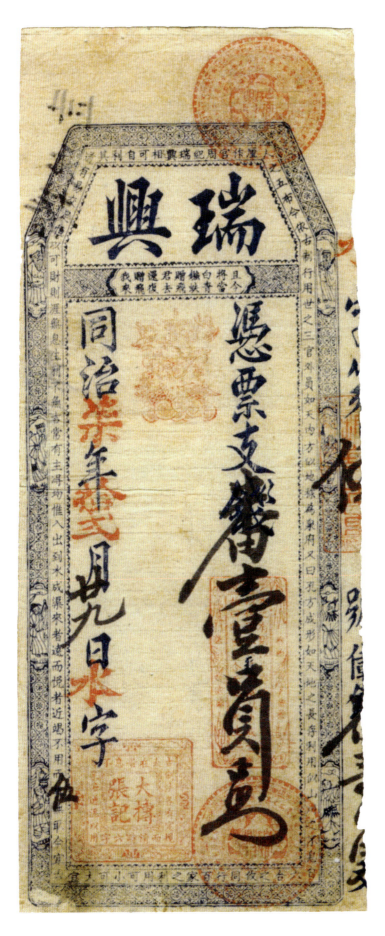

庄号：瑞兴
地址：福州府
面值：壹员
颜色：蓝色
印制：同治七年（1868）
　　　十二月二十九日发
票幅：246×95mm
正面：八仙图
背面：单面
级别：★★★

陈淑潘 藏

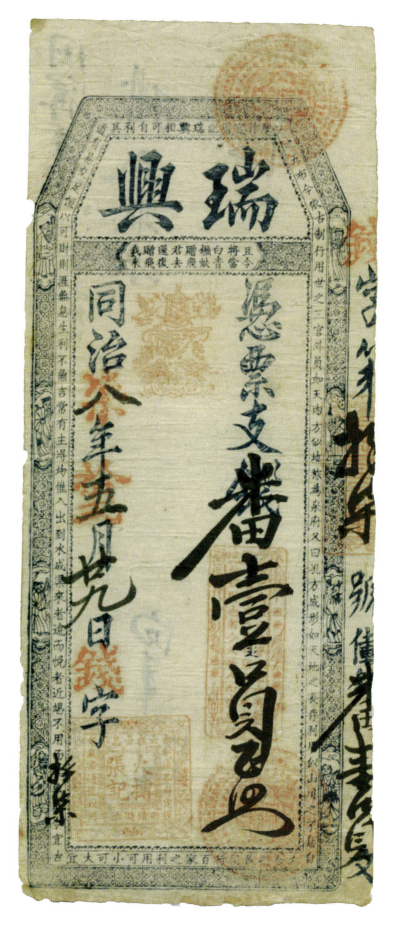

不同年份的瑞兴私帖

石长有 藏

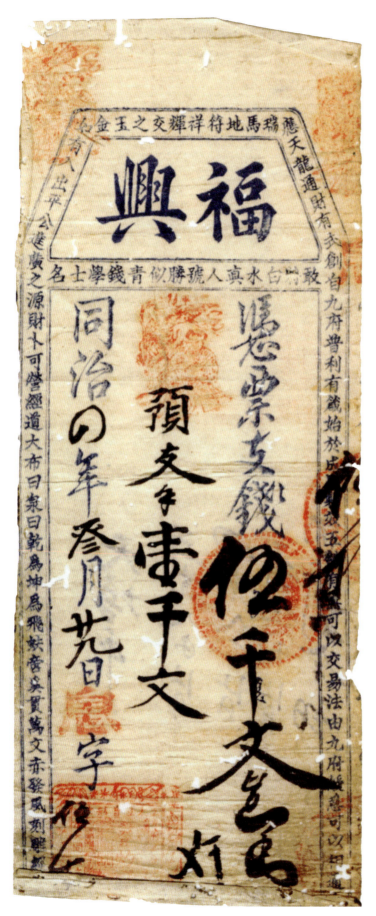

庄号：福兴

地址：福建平湖

面值：伍千文

颜色：蓝色

印制：同治四年（1865）

　　三月二十九日发

票幅：243×93mm

正面：《钱票论》

背面：单面

级别：★★★

丁建明　藏

223

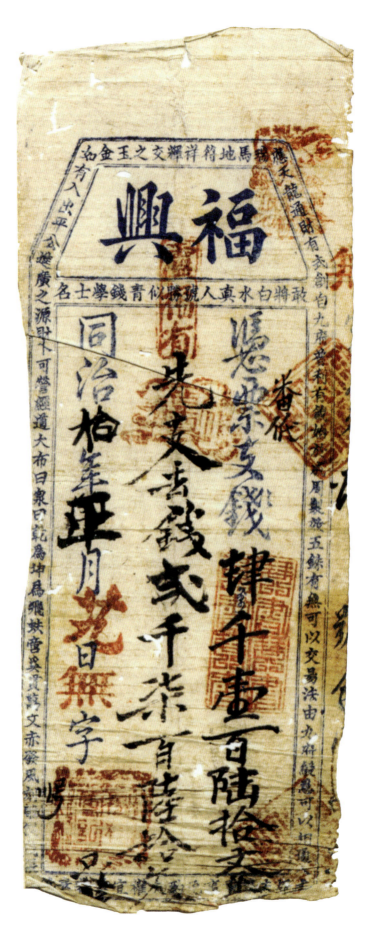

不同年份不同面值的福兴私帖

丁建明 藏

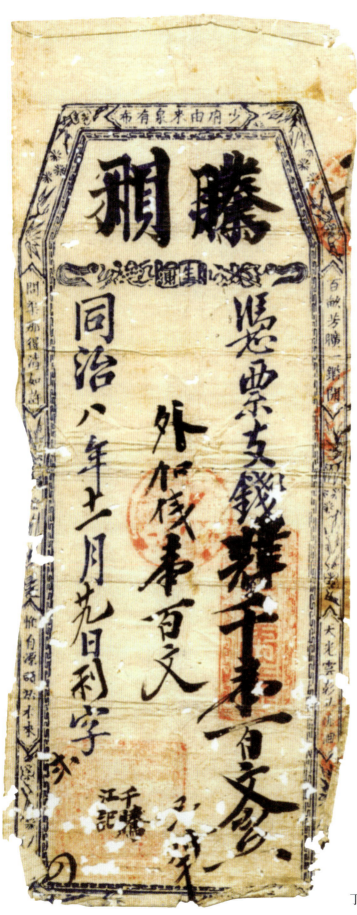

庄号：腾顺

地址：福州府

面值：肆千壹百文

颜色：蓝色

印制：同治八年（1869）

　　十一月二十九日发

票幅：245×93mm

正面：七言诗

背面：单面

级别：★★★

丁建明　藏

不同面值的腾顺私帖

丁建明 藏

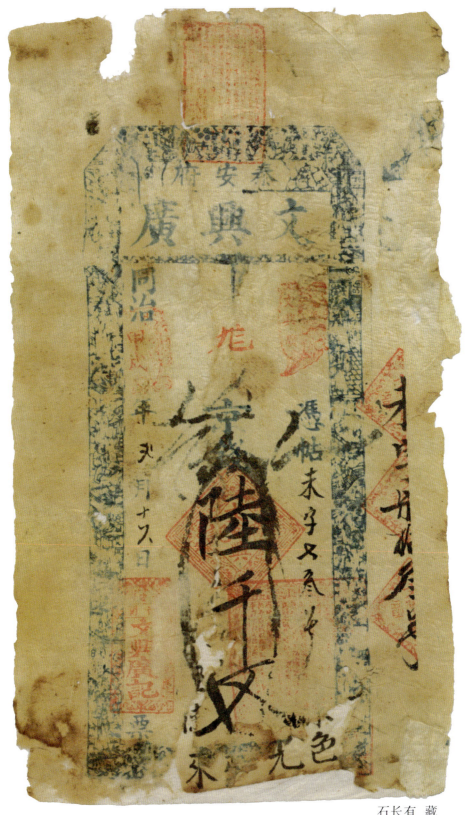

石长有 藏

| 庄号:文兴广 | 印制:同治甲戌年(1874)二 | 正面:民间故事 |
| 地址:山东泰安 | 月十六日发 | 背面:单面 |
| 面值:陆千文 | 票幅:265×140mm | 级别:★★ |
| 颜色:蓝色 | | |

不同面值的文兴广私帖

石长有 藏

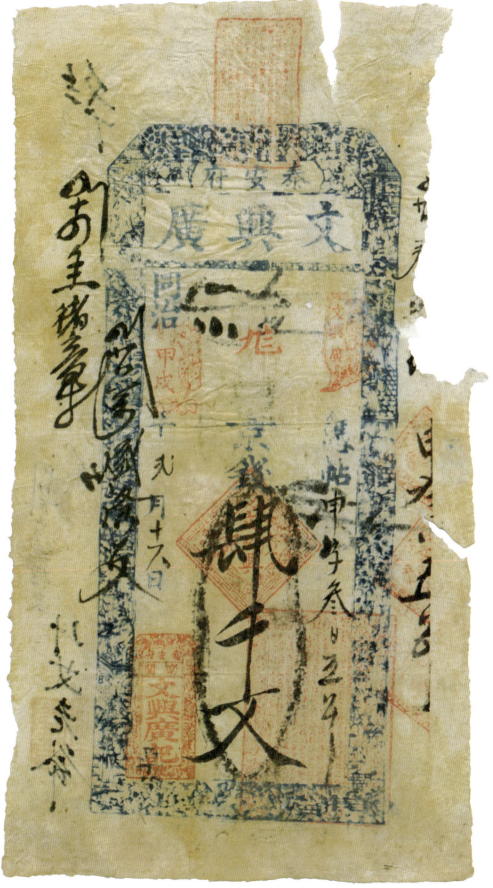

不同面值的文兴广私帖

石长有 藏

石长有 藏

不同面值的文兴广私帖

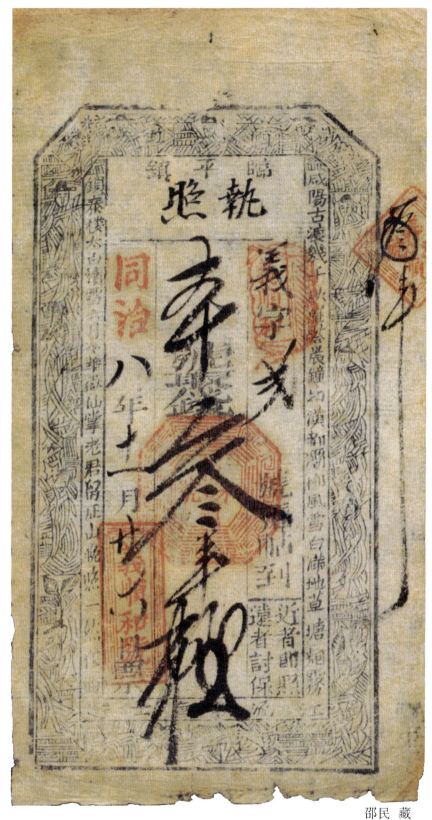

邵民 藏

庄号:义顺和　　　印制:同治八年(1869)十一　　正面:八仙图
地址:陕西临平镇　　　　月二十六日发　　　背面:单面
面值:叁串　　　　票幅:230×125mm　　　级别:★★★
颜色:蓝色

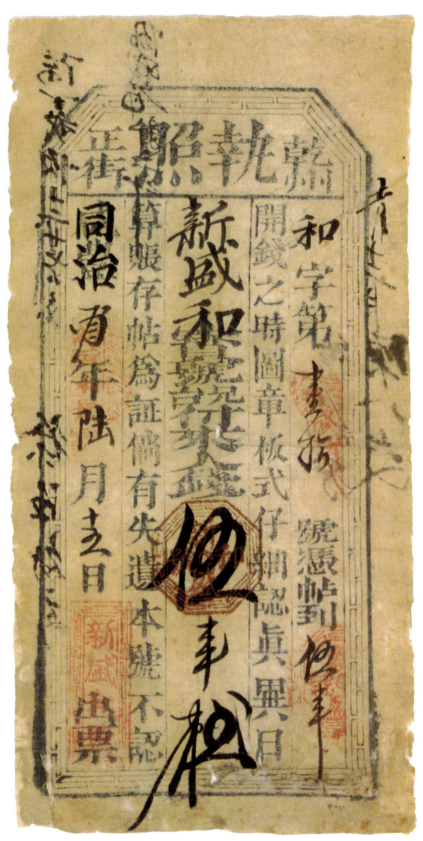

庄号:新盛和
地址:陕西乾州
面值:伍串
颜色:蓝色
印制:同治三年
　　(1864)六月十
　　五日发
票幅:213×108mm
正面:回形纹
背面:单面
级别:★★★

刘文和　藏

232

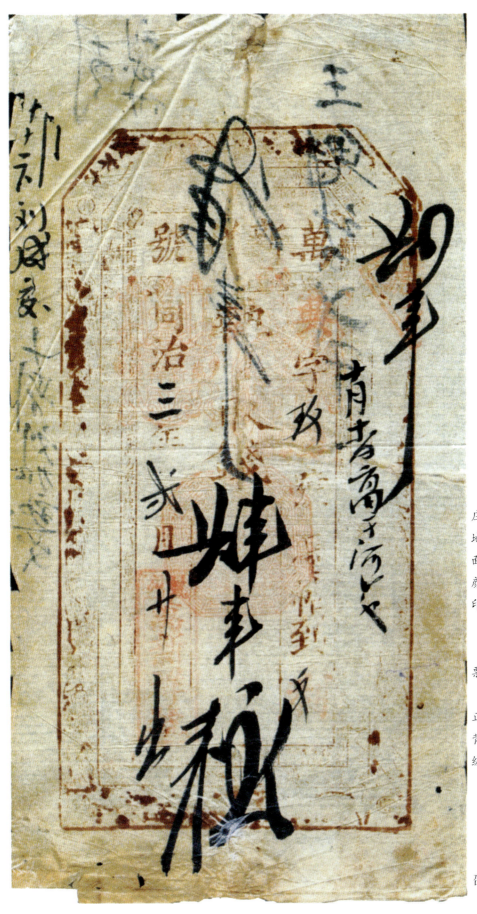

庄号：万新祥号
地址：陕西乾州
面值：肆串
颜色：红色
印制：同治三
　年(1864)二
　月二十日发
票幅：240×128
　mm
正面：八仙图
背面：单面
级别：★★★

邵民　藏

233

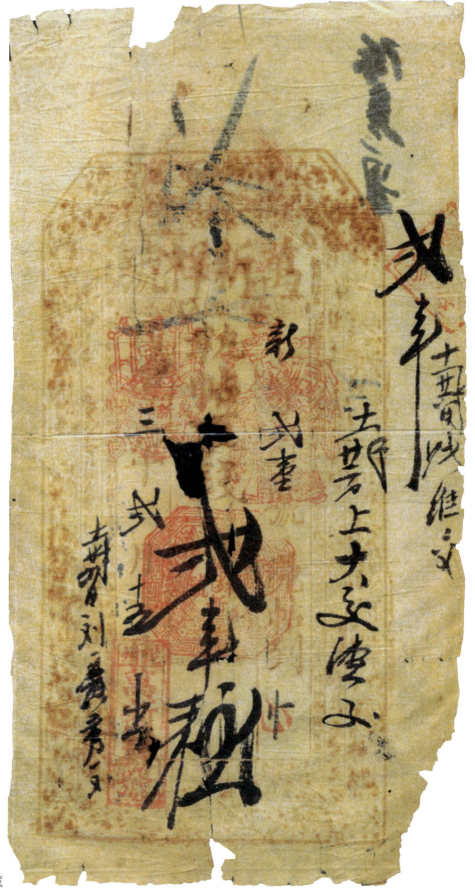

不同面值的万新祥号私帖

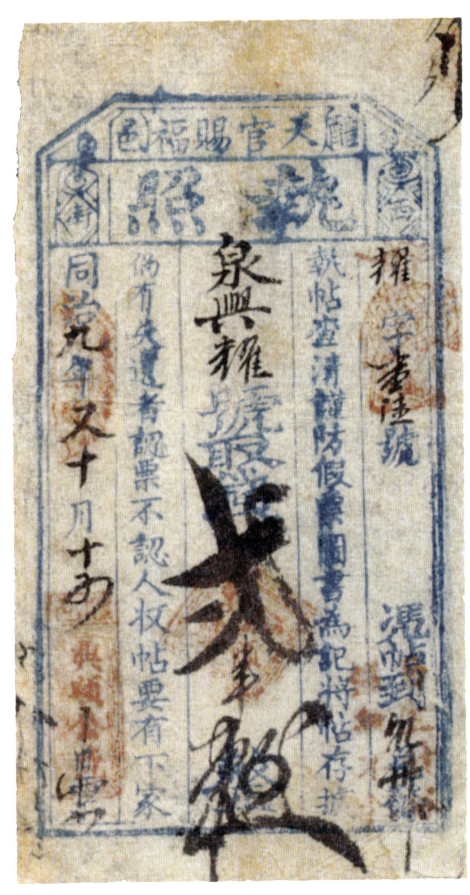

庄号:兴顺公

地址:陕西醴
　　邑

面值:贰串

颜色:蓝色

印制:同治九
　　年(1870)十
　　月十四日发

票幅:230×
　　120mm

正面:无图

背面:单面

级别:★★★

邵民　藏

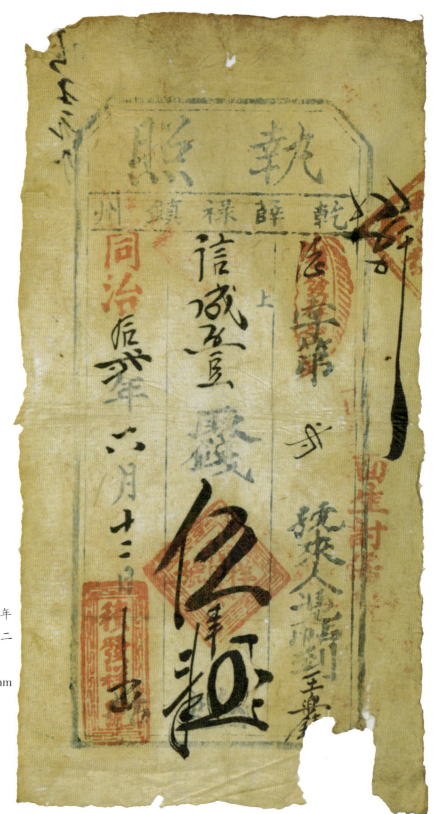

庄号：积发祥号

地址：陕西乾州

面值：伍串

颜色：蓝色

印制：同治十二年
　　（1873）六月十二
　　日发

票幅：210×108mm

正面：无图

背面：单面

级别：★★★

石长有 藏

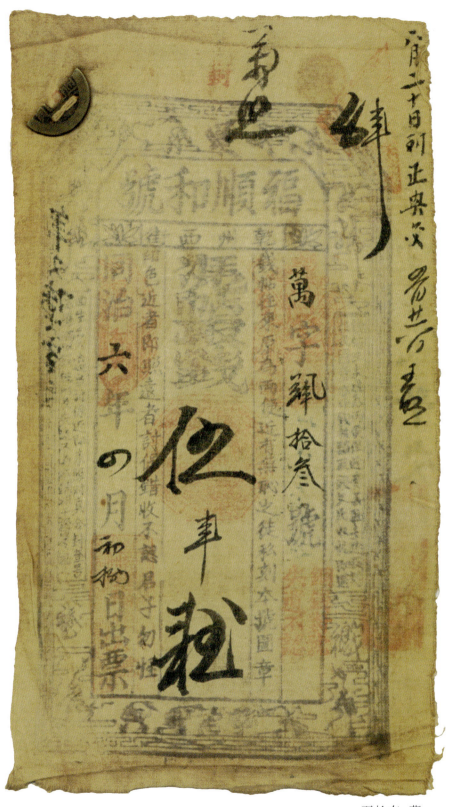

石长有 藏

庄号:福顺和号　　印制:同治六年(1867)四月　　正面:回纹、告示
地址:陕西乾州　　　　　八日发　　　　　　　　背面:流通印记
面值:伍串　　　　　　票幅:232×129mm　　　级别:★★★★
颜色:蓝色

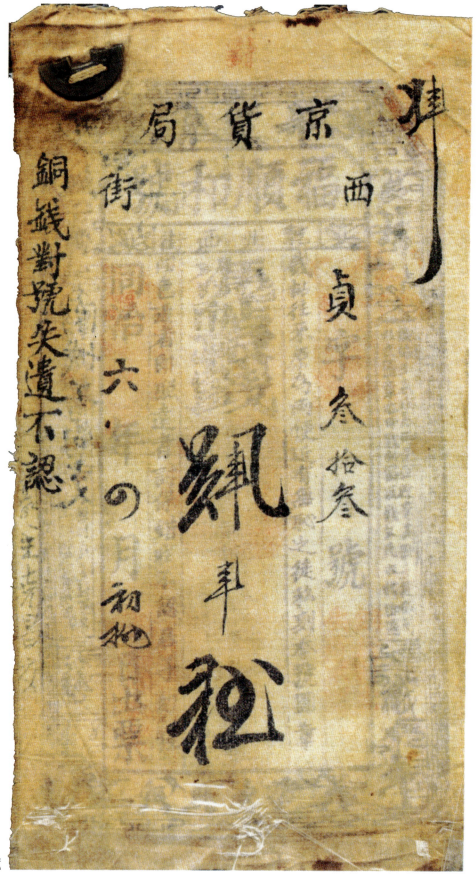

不同面值的福顺和布币

京西货局

街

铜钱对号失遗不认

贞 叁拾叁 号

六 〇

邵民 藏

238

不同面值的福顺和号油布帖

石长有 藏

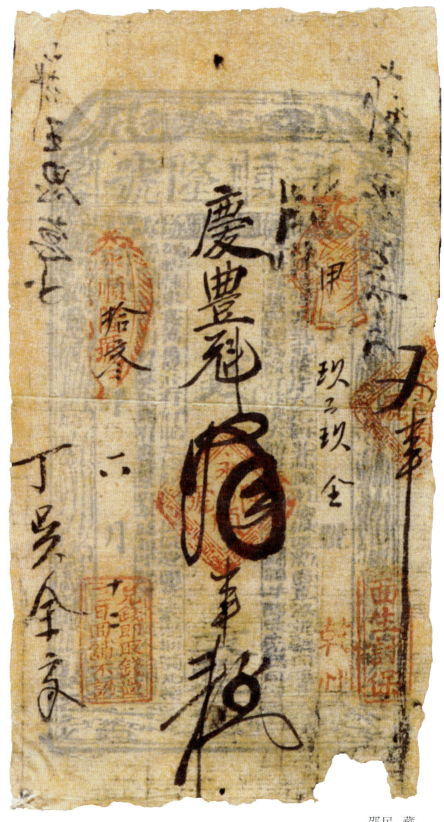

不同年份不同面值的布帖

邵民 藏

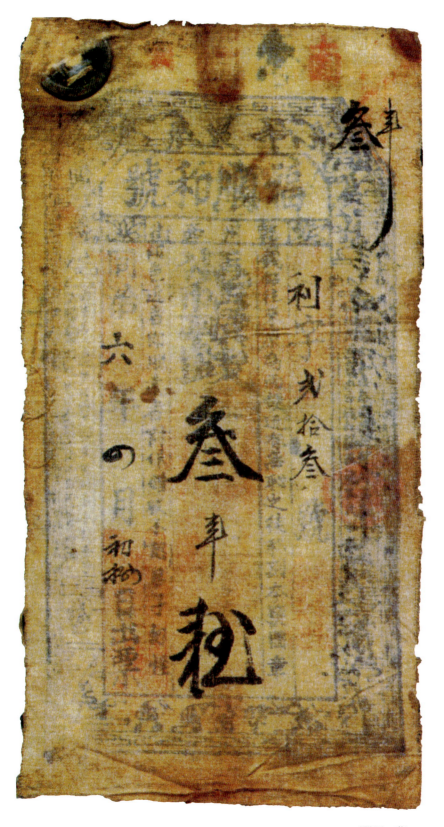

庄号：永春和
地址：山西定邑
面值：空白
印制：同治年印钞版
票幅：202×98mm
正面：八仙图
背面：单面
级别：★★★

石长有 藏

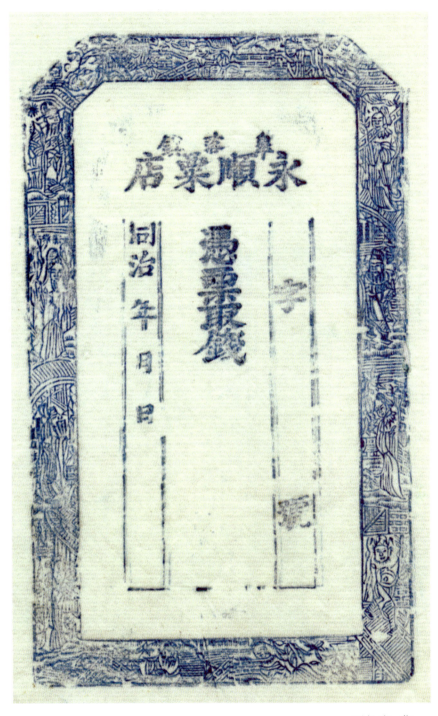

石长有 藏

庄号:永顺粟店　　　印制:同治年印钞版　　背面:单面

地址:皋落镇　　　　票幅:172×102mm　　级别:★★★

面值:空白　　　　　正面:八仙图

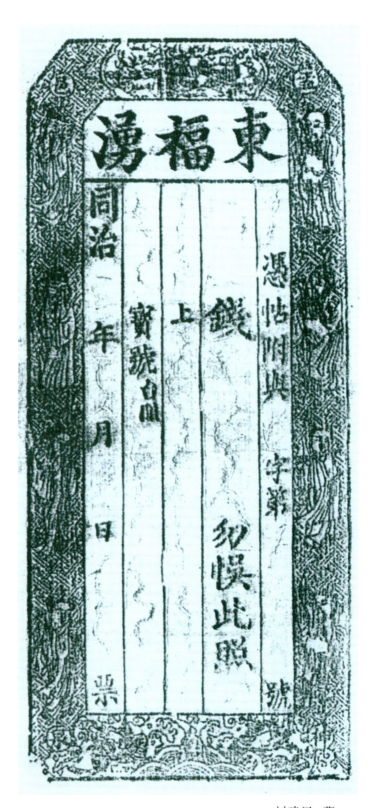

庄号：东福湧
地址：山西盂邑
面值：空白
印制：同治年印钞版
票幅：197×87mm
正面：八仙图
背面：单面
级别：★★★

刘建民 藏

244

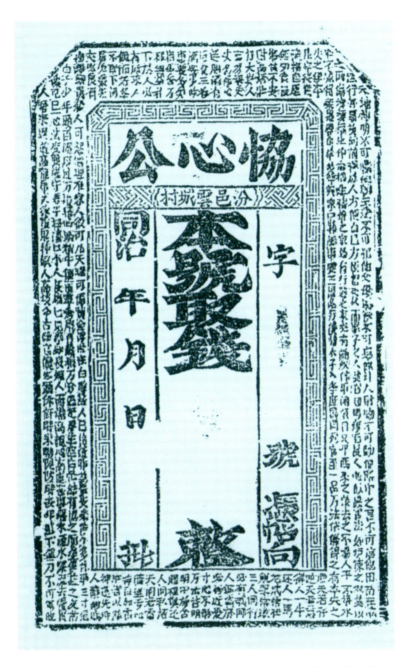

刘建民 藏

庄号：协心公　　　　　印制：同治年印钞版　　　　背面：单面

地址：山西汾邑　　　　票幅：155×95mm　　　　级别：★★★

面值：空白　　　　　　正面：《劝世歌》

庄号:公益号

地址:山海关

面值:空白

颜色:蓝色

印制:同治年未发行

　　票样

票幅:267×120mm

正面:古代人物

背面:单面

级别:★★★

上海历史博物馆 藏

庄号:德春号

地址:吉林

面值:空白

颜色:蓝色

印制:同治年未发行
　　票样

票幅:250×120mm

正面:二十四孝图、
　　《前赤壁赋》

背面:单面

级别:★★★

上海历史博物馆 藏

庄号:德盛号
面值:空白
颜色:蓝色
印制:同治年未发行票样
票幅:180×94mm
正面:二十四孝图
背面:单面
级别:★★★

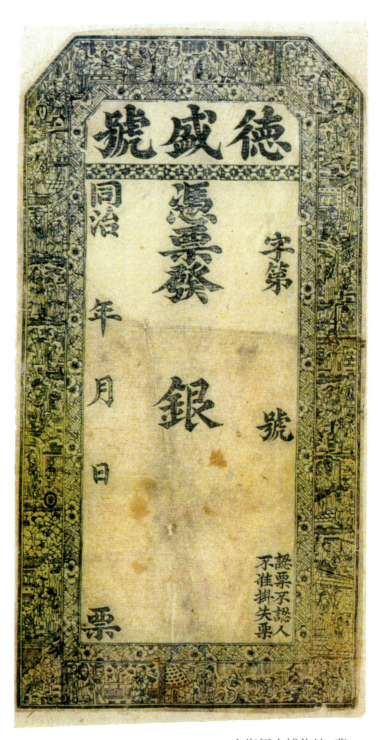

上海历史博物馆 藏

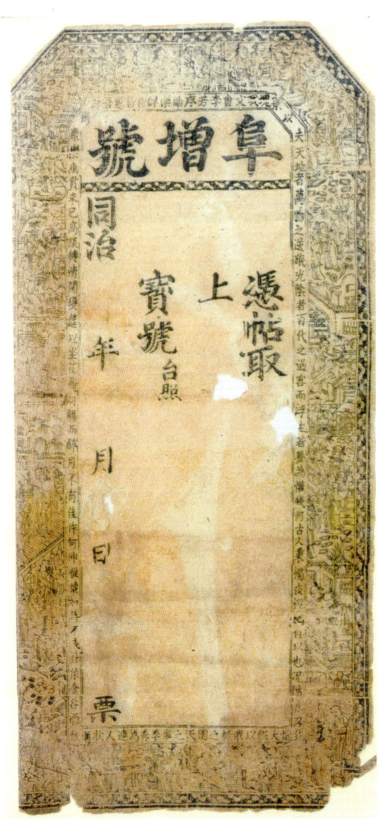

庄号：阜增号
面值：空白
颜色：蓝色
印制：同治年未发行票样
票幅：210×105mm
正面：《西厢记》人物
背面：单面
级别：★★★

上海历史博物馆 藏

249

庄号：聚馨
地址：福州府
面值：壹拾千文
颜色：蓝色
印制：同治二年（1863）
　　二月三十日发
票幅：240×98mm
正面：《大学》
背面：单面
级别：★★★

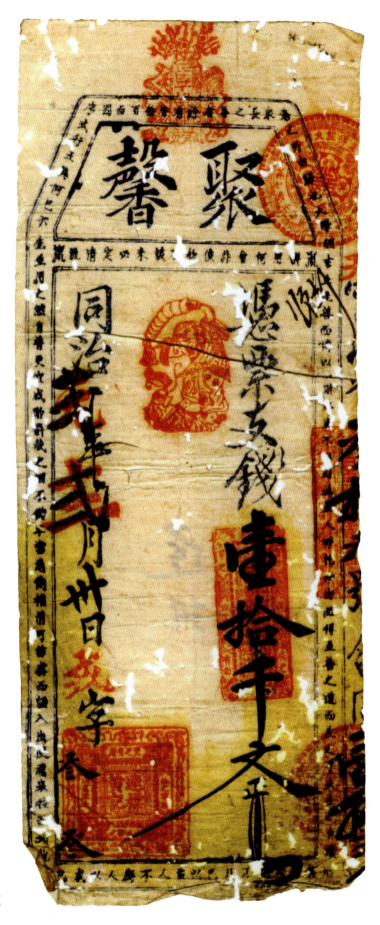

丁建明　藏

# 六、光绪年私帖(1875—1908)

清德宗光绪帝,全名爱新觉罗·载湉。他4岁时同治帝死了,因同治帝没有子女,被慈禧太后选为皇帝继承人,成为清朝第十一任皇帝。这时载湉才4岁,入宫时还在熟睡之中。光绪帝的父亲奕譞,乃道光帝第七子,咸丰的弟弟醇亲王,光绪的母亲是慈禧太后的妹妹。慈禧太后是从容易控制光绪帝,从而控制大清政权的角度选中载湉嗣位的。

光绪帝在位34年。这34年可分为3个阶段。第一阶段是光绪元年至十四年(1875—1888),是他读书阶段;第二阶段是十五年至二十四年(1889—1898),是他亲政、支持维新变革阶段;第三阶段是二十五年至三十四年(1899—1908)是他被囚禁阶段。

光绪三十四年十月二十一日,光绪帝病故,终年37岁,葬河北易县永宁山崇陵,庙号德宗。

庄号:万义川记
地址:北京施家胡同
面值:叁两
颜色:红色
印制:光绪三十四年
　(1908)十二月发
票幅:225×112mm
正面:暗八仙
背面:单面
级别:★★★

刘文和 藏

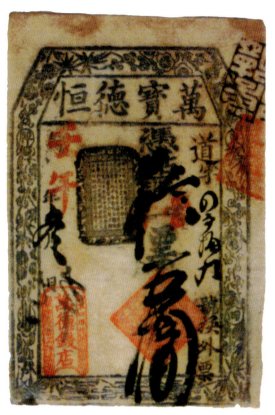

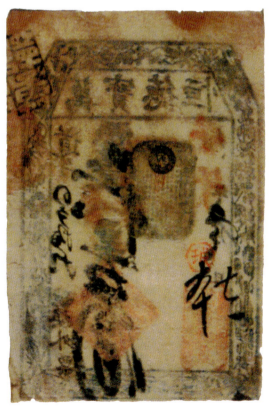

庄号：万宝德恒

地址：北京东四牌楼

面值：五十吊

颜色：蓝色

印制：光绪壬午年(1882)冬月发

票幅：178×120mm

正面：梅竹纹

背面：单面

级别：★★★

林志平 藏

庄号：天义银号

地址：北京苏州胡同

面值：拾两

颜色：红色

印制：北京林屋洋行印
刷部印

票幅：200×99mm

正面：双龙戏珠

背面：单面

级别：★★★

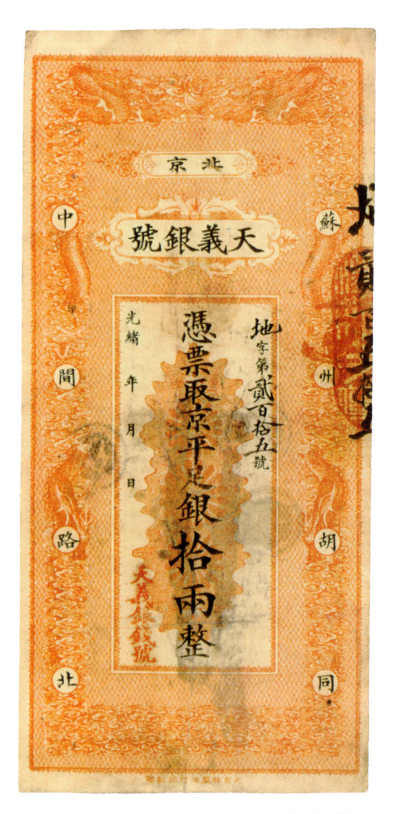

刘文和 藏

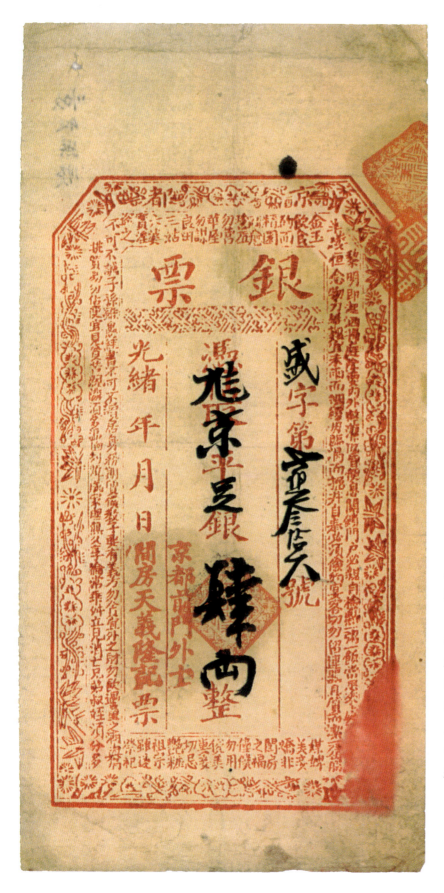

庄号：天义隆记

地址：北京前外十
　　间房

面值：肆两

颜色：红色

印制：光绪年发

票幅：220×110mm

正面：《治家格言》

背面：单面

级别：★★★

刘文和　藏

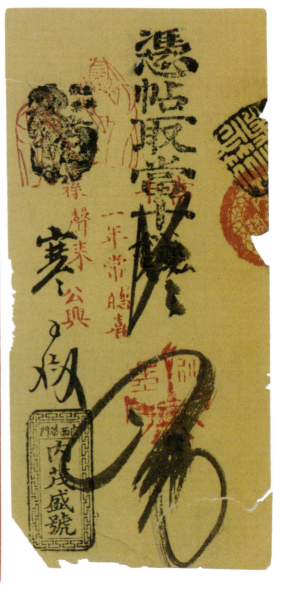

石长有 藏

| | | |
|---|---|---|
| 庄号:内茂盛号 | 颜色:红／黄 | 正面:手写帖 |
| 地址:北京西华门 | 印制:光绪年钱帖 | 背面:单面 |
| 面值:肆吊 | 票幅:167×80mm | 级别:★★★ |

不同面值的内茂盛号钱帖

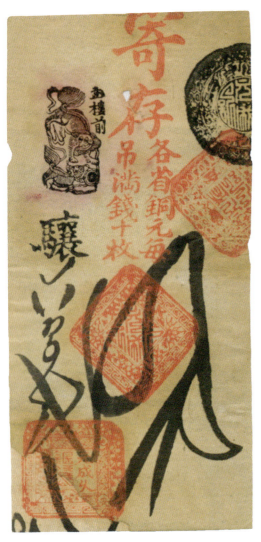

石长有 藏

庄号：元成久银钱店　　票幅：144×70mm
地址：北京地安门　　　　正面：手书帖
面值：四吊　　　　　　　背面：单面
印制：光绪年手写钱帖　　级别：★★★

石长有 藏

庄号：茂盛号记　　　　　票幅：185×87mm
地址：北京东安门内　　　正面：回形纹
面值：十三吊　　　　　　背面：单面
颜色：蓝色　　　　　　　级别：★★★
印制：光绪年手写钱帖

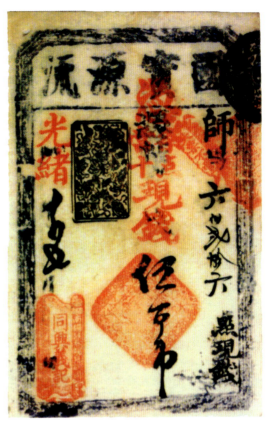

吴筹中 藏

石长有 藏

庄号:同兴义记　　　　　七月发
地址:北京帽儿胡同　　票幅:174×110mm
面值:伍百吊　　　　　正面:回形纹
颜色:蓝色　　　　　　背面:单面
印制:光绪十四年(1888)　级别:★★★

庄号:同丰钱店　　　　票幅:153×75mm
地址:北京　　　　　　正面:手书条
面值:四吊　　　　　　背面:单面
印制:光绪年手书钱条　　级别:★★★

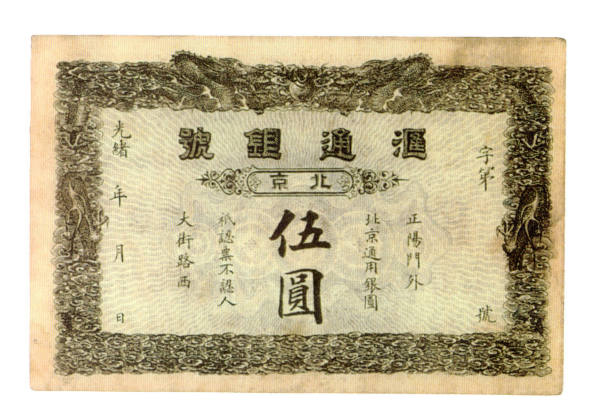

刘文和 藏

庄号:汇通银号　　　　印制:光绪年未流通票,由北　　正面:双龙戏珠

地址:北京正阳门外　　　京林屋洋行印刷部印　　背面:英文

面值:伍圆　　　　　　票幅:145×95mm　　　级别:★★★

颜色:绿色

260

刘文和 藏

| | | |
|---|---|---|
| 庄号：晋益升 | 颜色：棕／绿 | 正面：花边 |
| 地址：北京 | 印制：上海商务印书馆印 | 背面：英文 |
| 面值：壹圆 | 票幅：133×82mm | 级别：★★★ |

庄号:阜兴成记
地址:北京花儿市
面值:壹两
颜色:红色
印制:光绪丁亥年
  (1887)七月二十
  日发
票幅:220×110mm
正面:八仙图
背面:单面
级别:★★★

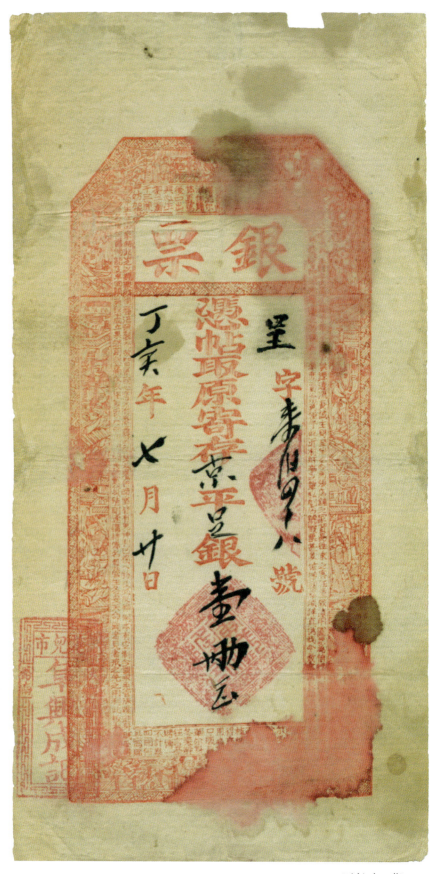

石长有 藏

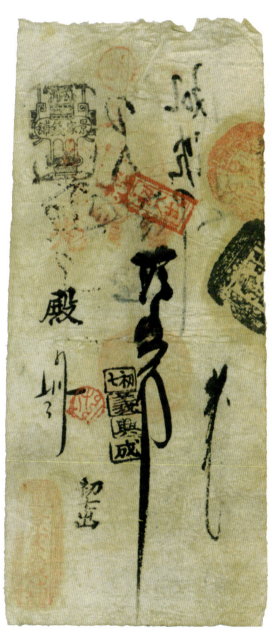

石长有 藏

庄号:景家钱铺　　　　印制:光绪年手书钱帖　　　背面:单面
地址:北京东华门　　　　票幅:185×80mm　　　　级别:★★★
面值:拾吊　　　　　　　正面:手书条

石长有　藏

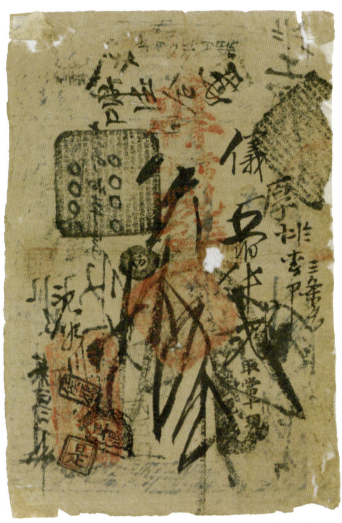

石长有　藏

庄号：和丰钱店　　　票幅：158×65mm　　庄号：恒聚钱店　　　票幅：170×110mm

地址：北京西四牌楼　正面：手写条　　　　地址：北京东四牌楼　正面：手写条

面值：肆拾枚　　　　背面：单面　　　　　面值：拾吊　　　　　背面：单面

印制：光绪年手书钱帖　级别：★★★　　　印制：光绪年手书钱帖　级别：★★★

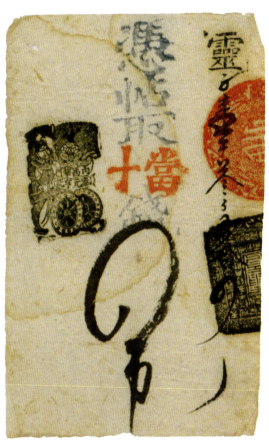

石长有 藏

庄号:泰元亨记　　　印制:光绪年手书钱帖　　　背面:单面
地址:北京西华门　　　票幅:133×85mm　　　级别:★★★
面值:八吊/四吊　　　正面:手写条

石长有 藏

石长有 藏

庄号:泰兴钱铺　　　　票幅:160×78mm　　庄号:复兴隆记　　　　票幅:172×75mm

地址:北京延寿寺　　　　正面:手书条　　　　地址:北京旧鼓楼大街　正面:手书条

面值:壹两　　　　　　　背面:单面　　　　　面值:拾贰吊　　　　　背面:单面

印制:光绪年手书钱帖　　级别:★★★　　　　印制:光绪年手书钱帖　　级别:★★★

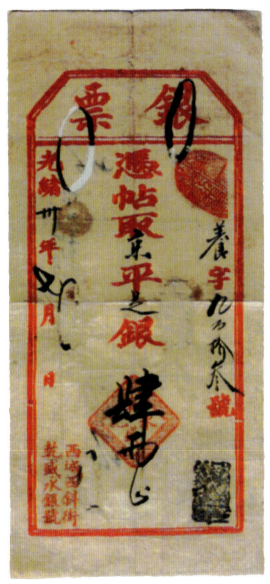

林志平 藏

庄号:乾盛永银号　　印制:光绪三十年(1904)七　正面:无图
地址:北京西斜街　　　月发　　　　　　　　　背面:单面
面值:肆两　　　　　票幅:218×100mm　　　　级别:★★★
颜色:红色

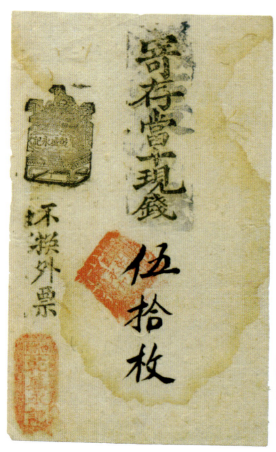
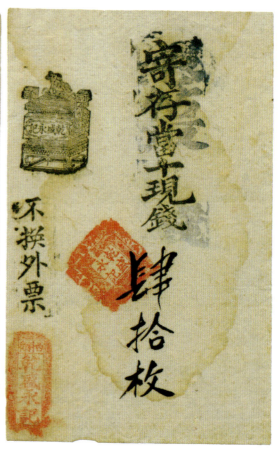

石长有 藏

庄号:乾盛永记　　　　印制:光绪年手写钱帖　　　背面:单面

地址:北京西斜街　　　　票幅:175×110mm　　　级别:★★

面值:肆拾枚/伍拾枚　　　正面:手写条

石长有 藏　　　　　　　　　　　　　　　　蔡小军 藏

庄号:聚元钱店　　票幅:158×68mm　　　庄号:志诚银号　　票幅:175×86mm
地址:北京地安门外　正面:手写条　　　　地址:北京大齐家胡同　正面:手写条
面值:六吊　　　　　背面:单面　　　　　面值:壹万两　　　　背面:单面
印制:光绪年手写钱帖　级别:★★★　　　印制:光绪手写钱帖　级别:★★★★

庄号:源顺合

地址:北京厂西门内

面值:贰两

颜色:红色

印制:光绪十五年(1889)艾
　　月发

票幅:226×106mm

正面:回形纹

背面:单面

级别:★★★

林志平　藏

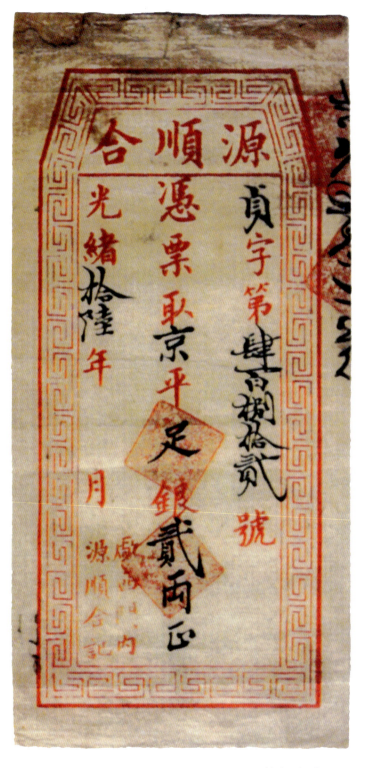

林志平 藏

不同年份的源顺合私帖

庄号：银票
面值：空白
颜色：红色
印制：光绪年未
　　发行票样
票幅：238×112
　　mm
正面：圣人图
背面：单面

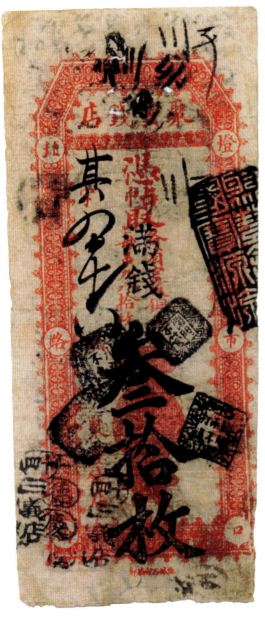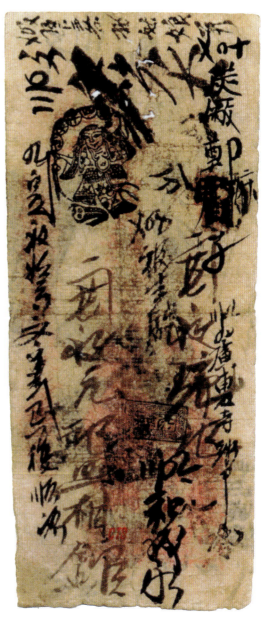

朱德水 藏

庄号:聚丰钱店　　　　颜色:红色　　　　　　正面:花边

地址:北京灯市口　　　印制:北洋石印局印　　背面:单面

面值:叁拾枚　　　　　票幅:159×69mm　　　级别:★★★

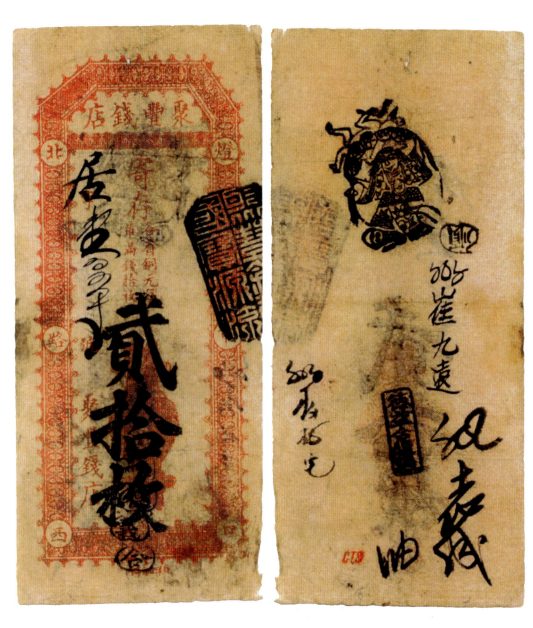

朱德水　藏

不同面值的聚丰钱店钱帖

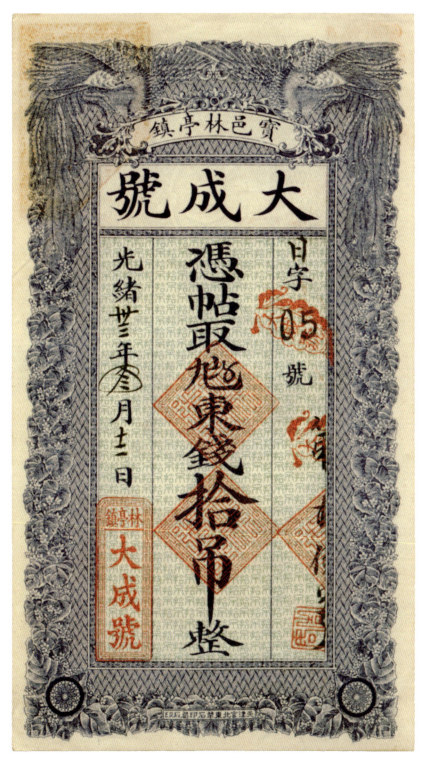

石长有 藏

庄号:大成号　　　　印制:光绪三十三年(1907)　　正面:双凤图

地址:天津宝邑　　　　　三月十二日发　　　　　背面:双凤花边

面值:拾吊　　　　　票幅:195×110mm　　　　级别:★★★

颜色:蓝/棕

大成号钱票背面

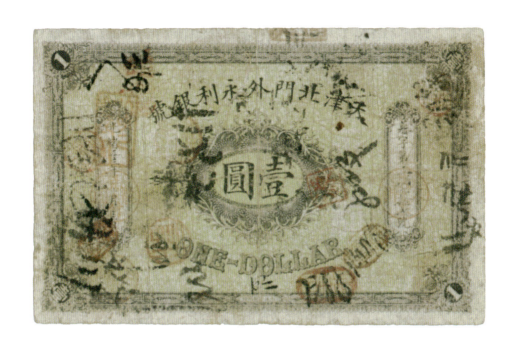

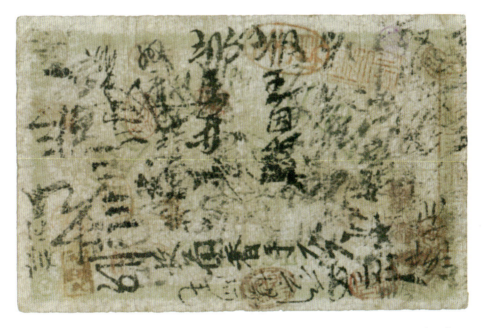

石长有 藏

庄号:永利银号      颜色:灰绿      正面:花边

地址:天津北门外      印制:北洋官报局印      背面:英文

面值:壹圆      票幅:123×79mm      级别:★★★

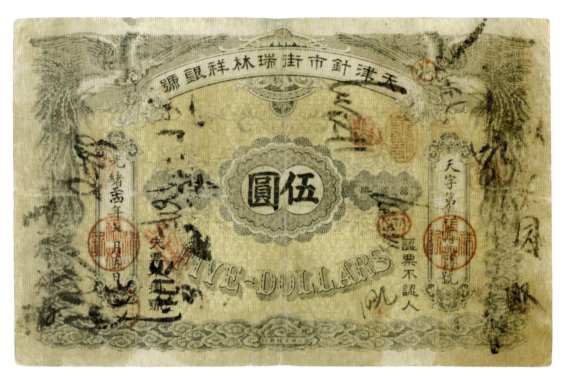

石长有 藏

| 庄号：瑞林祥银号 | 颜色：灰黄 | 正面：双凤图 |
| 地址：天津针市街 | 印制：北洋官报局印 | 背面：英文 |
| 面值：伍圆 | 票幅：165×104mm | 级别：★★★ |

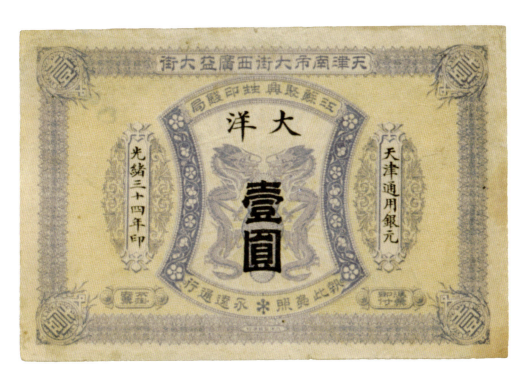

石长有 藏

| 庄号:聚兴蚨印钱局 | 颜色:蓝／紫 | 正面:双龙图 |
| --- | --- | --- |
| 地址:天津南市大街 | 印制:北洋官报局印 | 背面:英文、花边 |
| 面值:壹圆 | 票幅:132×88mm | 级别:★★★ |

石长有 藏

不同面值的聚兴蚨银票

石长有 藏

庄号：德胜源银号　　印制：光绪三十二年(1906)发　级别：★★
地址：天津西门牛市口　　票幅：186×89mm　　说明：该币从颜色、纸张看疑
面值：伍圆　　　　　　　正面：双龙戏珠　　　　　　是当年假票
颜色：红／棕　　　　　　背面：牌坊、银元

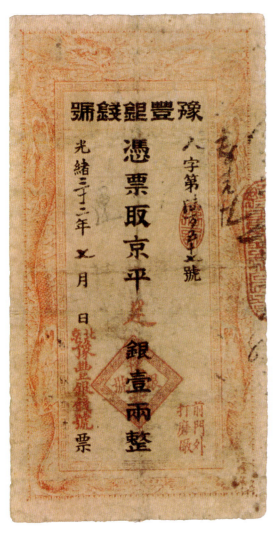

刘文和 藏

庄号：豫丰银钱号　　　　颜色：桔／绿　　　　　　正面：双龙戏珠
地址：北京前门打磨厂　　印制：天津中华石印局石印　背面：光芒纹
面值：壹两　　　　　　　票幅：168×88mm　　　　级别：★★★

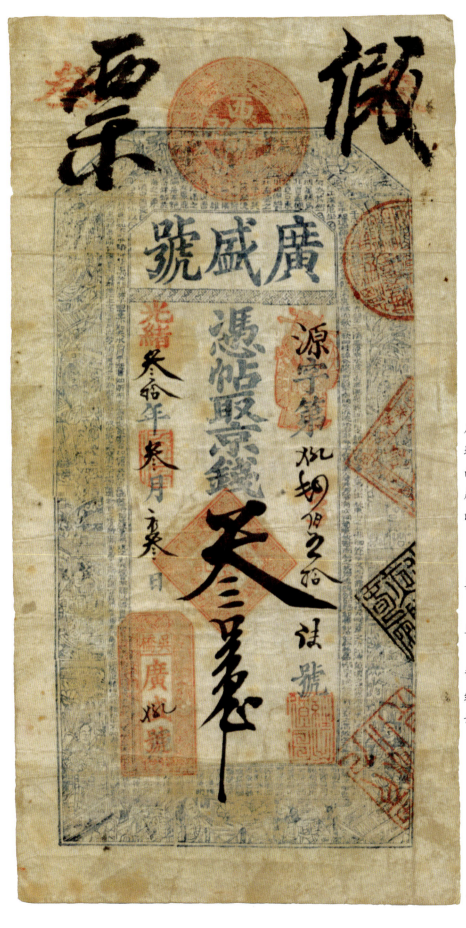

庄号：广盛号
地址：河北吴桥
面值：叁吊
颜色：蓝色
印制：光绪三十
　　年(1904)三月
　　三日发
票幅：236×122
　　mm
正面：八仙图、
　　《前赤壁赋》
背面：单面
级别：★★★
说明："假票"字
　　样疑为后人
　　所加

石长有 藏

283

庄号：大盛魁

地址：河北涉邑索堡

面值：五百文

颜色：蓝色

印制：光绪二十八年（1902）

　　　四月二十日发

票幅：246×107mm

正面：暗八仙

背面：流通印记

级别：★★★

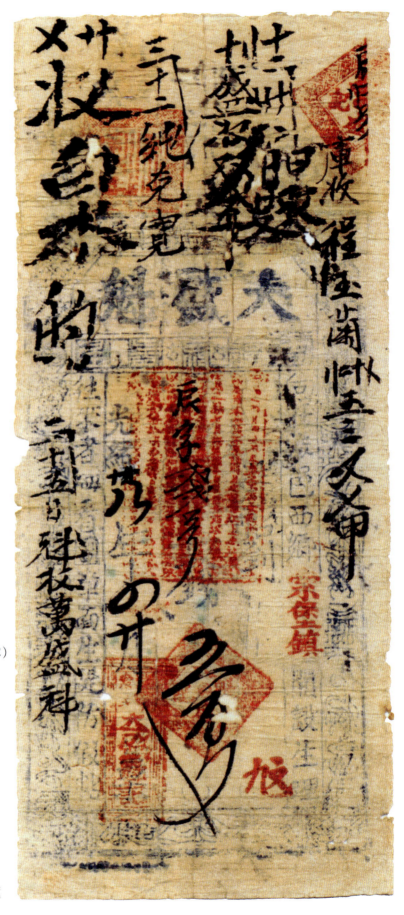

贡颜宏 藏

284

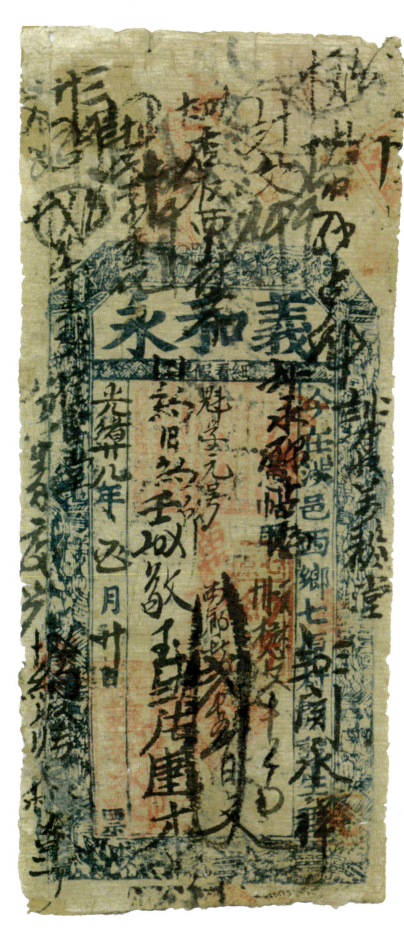

庄号：义和永

地址：河北涉邑西乡

面值：贰千五百文

颜色：蓝色

印制：光绪二十八年
（1902）正月二十日
发

票幅：253×110mm

正面：八仙图

背面：流通印记

级别：★★

石长有　藏

285

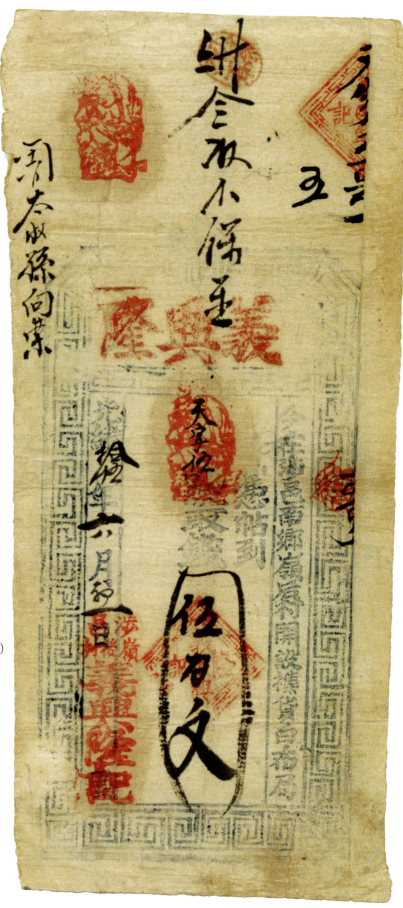

庄号:义兴隆
地址:河北涉邑南乡
面值:伍百文
颜色:蓝色
印制:光绪十五年(1889)
　　六月一日发
票幅:260×115mm
正面:回形纹
背面:单面
级别:★★

石长有　藏

286

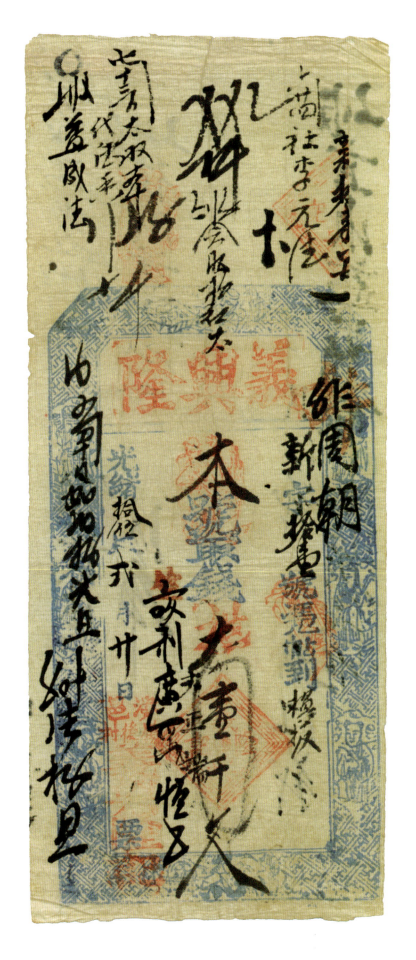

不同版式不同面值的义兴隆私帖

石长有 藏

287

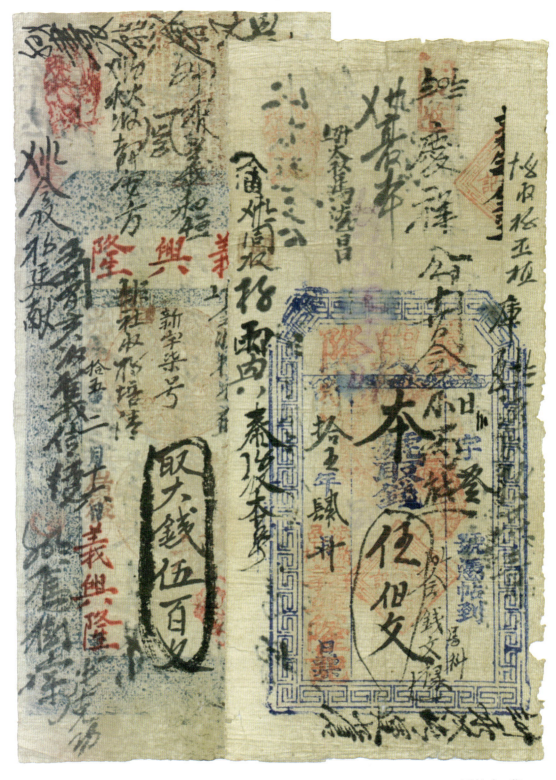

石长有 藏

不同面值的义兴隆私帖

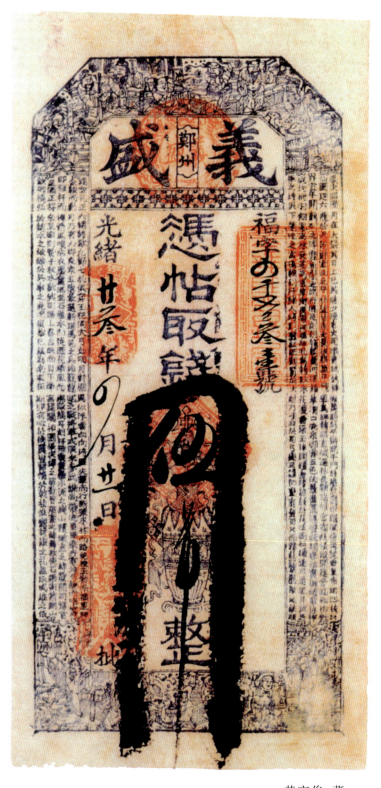

黄亨俊 藏

庄号：义盛　　　　　印制：光绪二十三年（1897）　　正面：八仙图、古文

地址：河北郾州　　　　　四月二十一日发　　　　　背面：单面

面值：伍吊　　　　　票幅：218×96mm　　　级别：★★★

颜色：蓝色

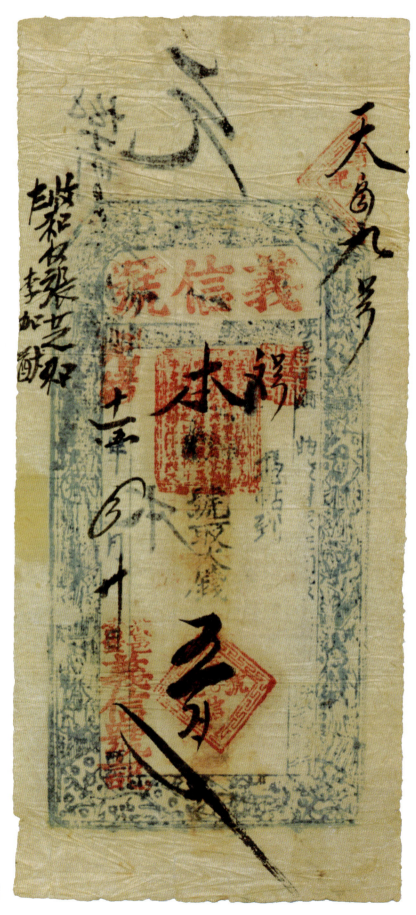

庄号：义信号
地址：河北涉邑索堡
面值：五百文
颜色：蓝色
印制：光绪十一年
　（1885）四月二十
　日发
票幅：240×109mm
正面：八仙图
背面：流通印记
级别：★★

石长有　藏

290

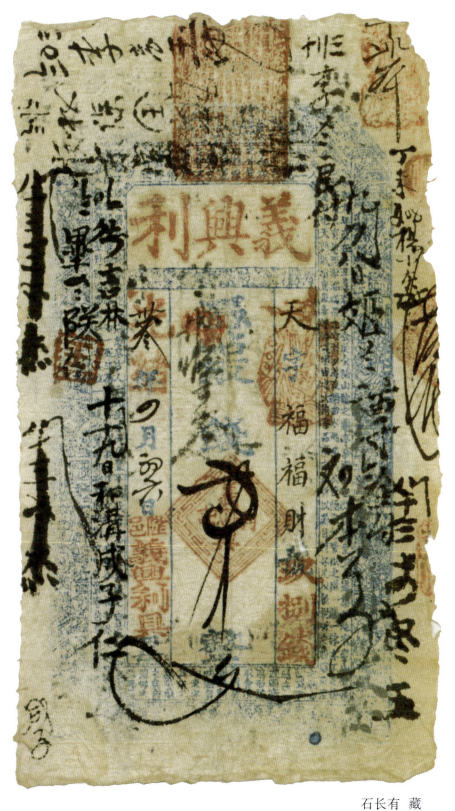

石长有 藏

庄号:义兴利　　　　印制:光绪三十三年(1906)　　正面:八仙图、《兰亭序》

地址:河北隆邑　　　　　四月六日发　　　　　　　背面:单面

面值:贰千文　　　　　票幅:230×114mm　　　级别:★★★

颜色:蓝色

庄号：义成源
地址：河北涉邑西涧
面值：贰千五百文
颜色：蓝色
印制：光绪三十一年
（1905）八月十一
日发
票幅：250×112mm
正面：八仙图、《兰亭
序》
背面：单面
级别：★★

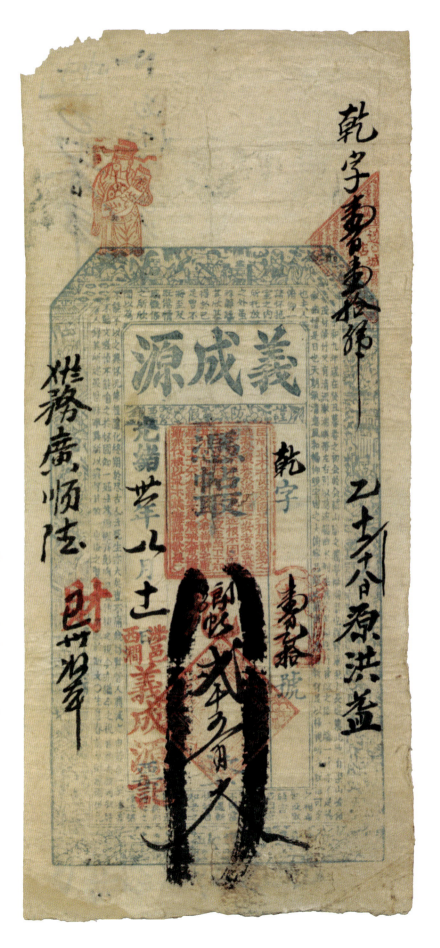

庄号：义聚兴
地址：河北涉邑南关
面值：伍千文
颜色：蓝色
印制：光绪十年(1884)
　　　十月二十七日发
票幅：205×112mm
正面：回纹
背面：流通印记
级别：★★★

贡颜宏　藏

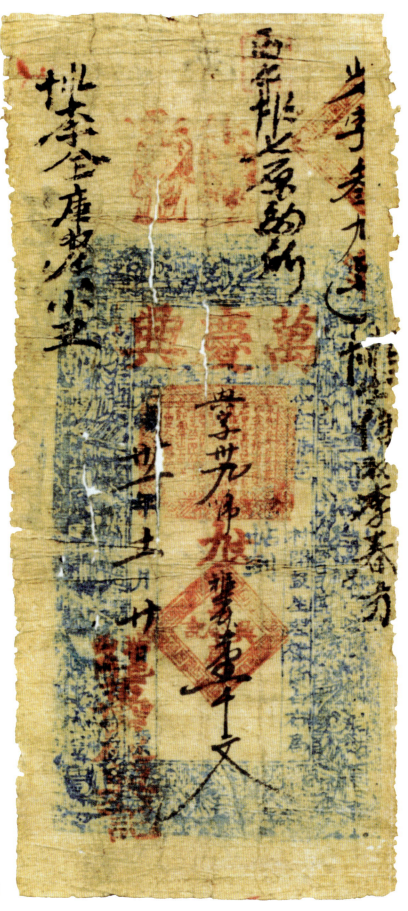

庄号：万庆兴

地址：河北涉邑西涧

面值：壹千文

颜色：蓝色

印制：光绪三十一年
　　（1905）十一月二十
　　日发

票幅：245×110mm

正面：八仙图

背面：流通印记

级别：★★

贡颜宏　藏

294

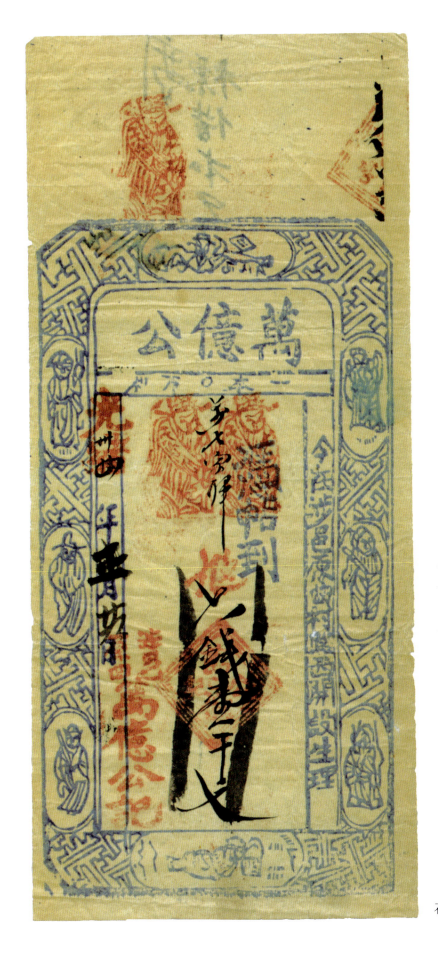

庄号:万亿公
地址:河北涉邑原曲
面值:壹千文
颜色:蓝色
印制:光绪三十四年
　(1908)正月二十九
　日发
票幅:240×105mm
正面:八仙图
背面:单面
级别:★★

石长有 藏

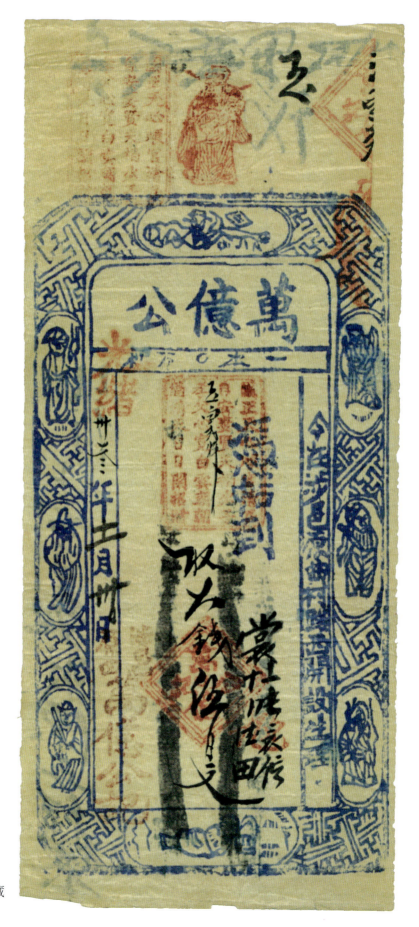

不同面值的万亿公私钞

石长有 藏

296

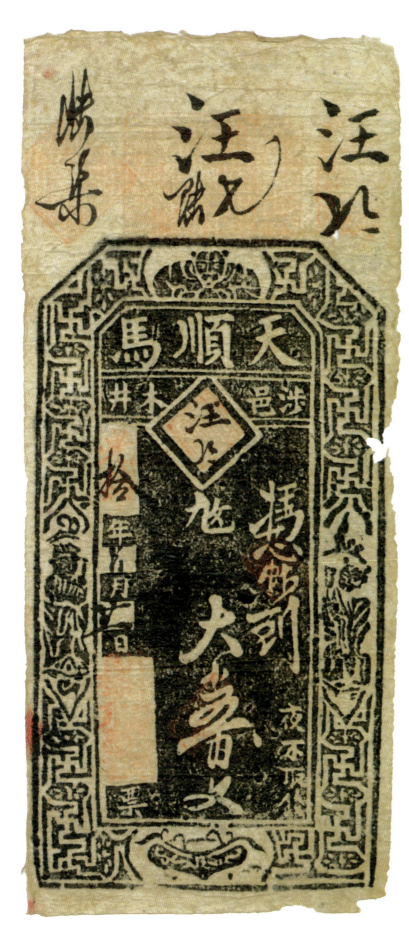

庄号：天顺马

地址：河北涉邑木井

面值：五百文

颜色：黑色

印制：光绪十年(1884)发

票幅：265×115mm

正面：八仙图

背面：流通印记

级别：★★★★

石长有 藏

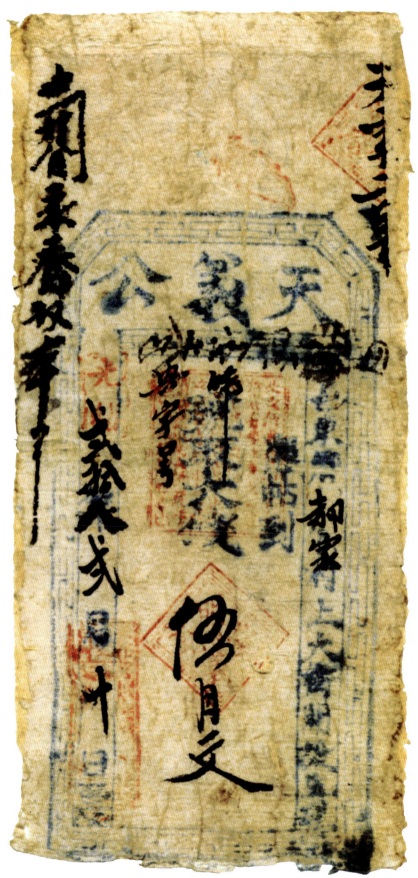

庄号:天义公

地址:河北涉邑东乡

面值:伍百文

颜色:蓝色

印制:光绪二十八年

　　(1902)二月十日发

票幅:228×106mm

正面:回纹

背面:单面

级别:★★

贡颜宏 藏

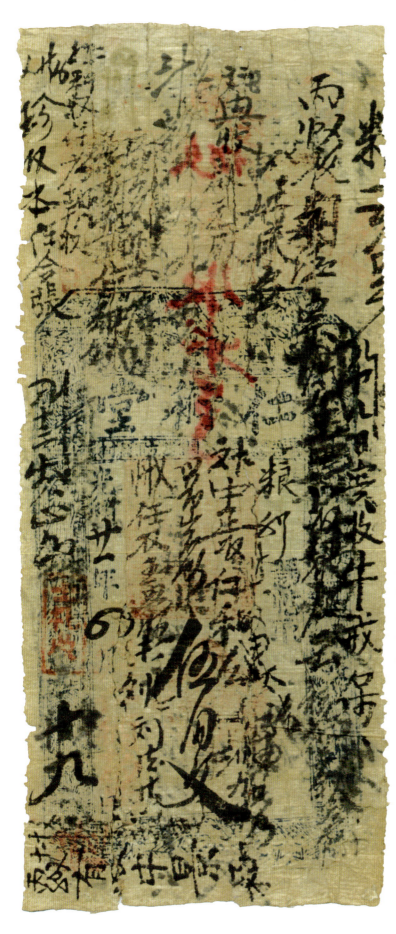

庄号：仁术堂

地址：河北涉邑关防

面值：伍百文

颜色：蓝色

印制：光绪二十一年(1895)

　　　四月二十九日发

票幅：255×110mm

正面：八仙图

背面：流通印记

级别：★★

石长有　藏

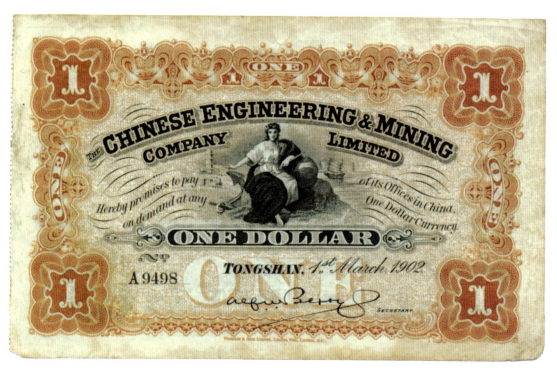

石长有 藏

| | | |
|---|---|---|
| 庄号:开平矿务公司 | 印制:光绪二十八年(1902) | 正面:英文、女神像 |
| 地址:河北唐山 | 发 | 背面:花芯 |
| 面值:壹元 | 票幅:166×105mm | 级别:★★★ |
| 颜色:棕/绿 | | |

300

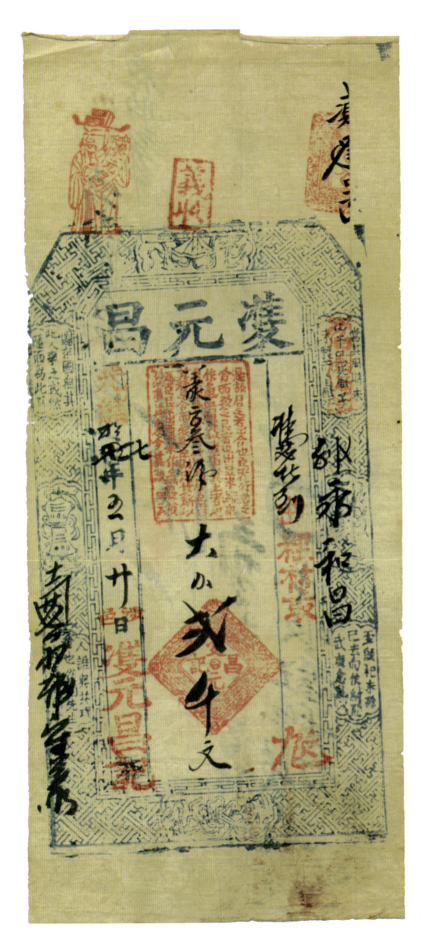

庄号:双元昌

地址:河北涉邑

面值:贰千文

颜色:蓝色

印制:光绪十七年(1891)

　　五月二十日发

票幅:262×112mm

正面:暗八仙

背面:流通印记

级别:★★

石长有 藏

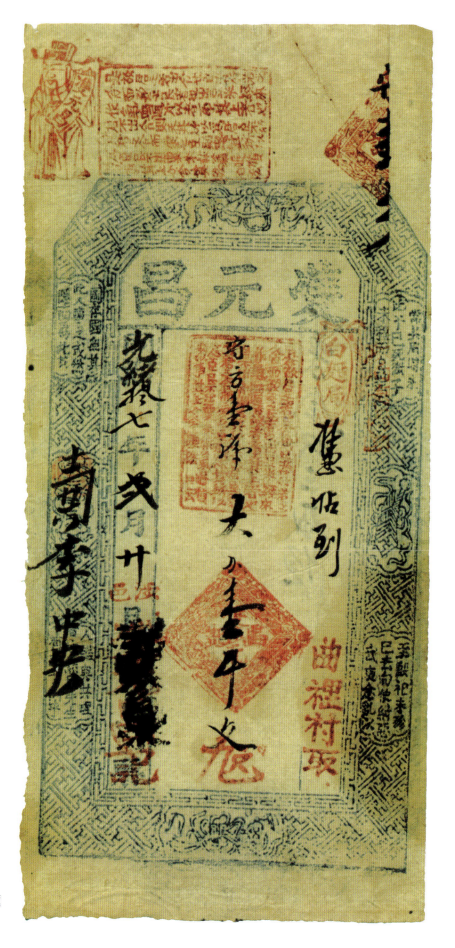

不同面值的双元昌私帖

石长有 藏

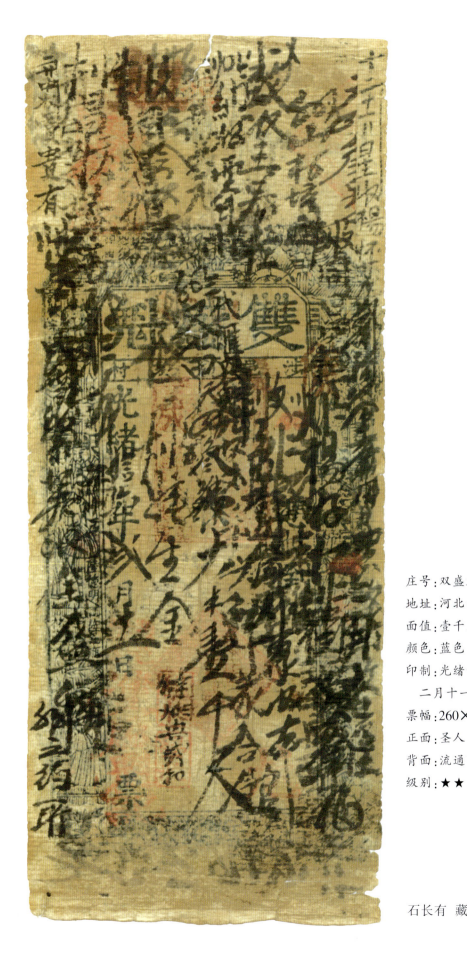

庄号：双盛魁
地址：河北涉邑茨村
面值：壹千文
颜色：蓝色
印制：光绪十六年（1890）
　　二月十一日发
票幅：260×108mm
正面：圣人图
背面：流通印记
级别：★★

石长有 藏

庄号：发盛永

地址：河北涉邑李家河

面值：壹千五百文

颜色：蓝色

票幅：252×107mm

正面：暗八仙

背面：流通印记

级别：★★

贡颜宏 藏

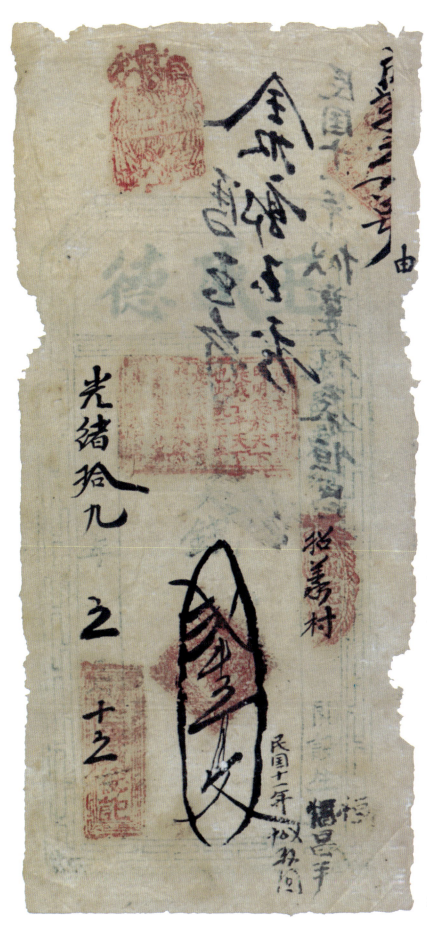

庄号:玉盛德
地址:河北涉邑东乡
面值:贰千五百文
颜色:蓝色
印制:光绪十九年
　　(1893)五月十五
　　日发
票幅:240×107mm
正面:回纹
背面:流通印记
级别:★★

石长有 藏

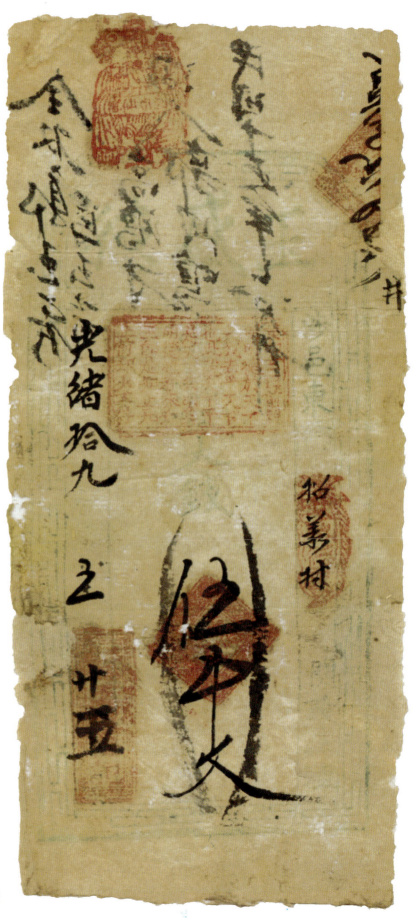

不同面值的玉盛德私帖

石长有 藏

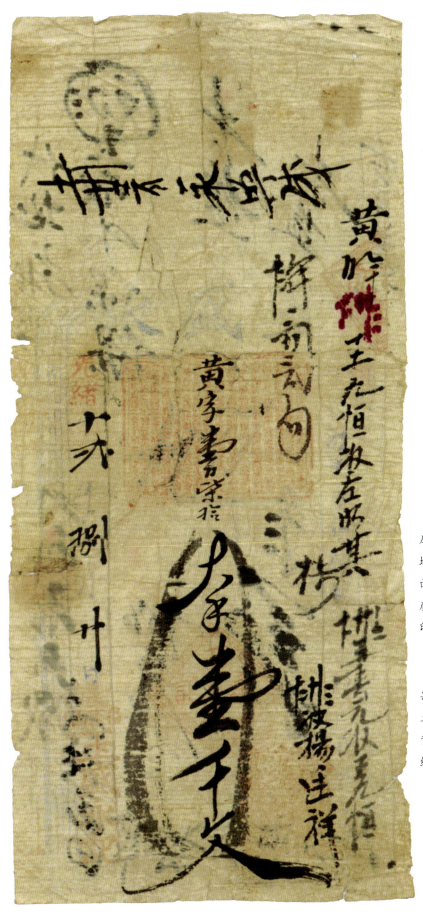

庄号：玉盛永记

地址：河北涉邑杨家山

面值：壹千文

颜色：蓝色

印制：光绪十二年
　　　（1886）八月一日
　　　发

票幅：238×108mm

正面：回纹

背面：流通印记

级别：★★

石长有 藏

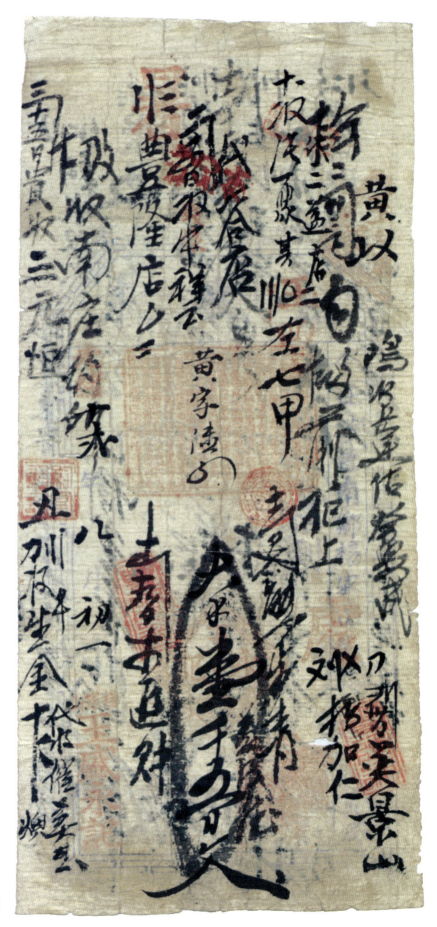

不同面值的玉盛永私帖

石长有 藏

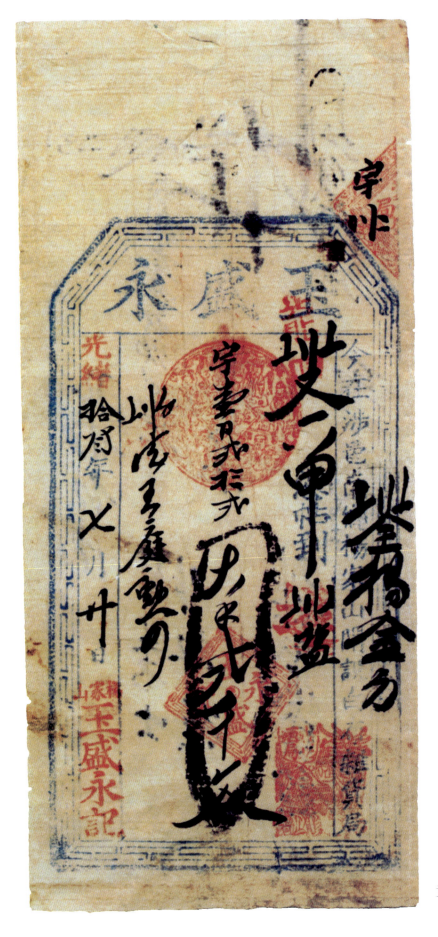

不同年份不同面值的玉盛永私帖

贡颜宏 藏

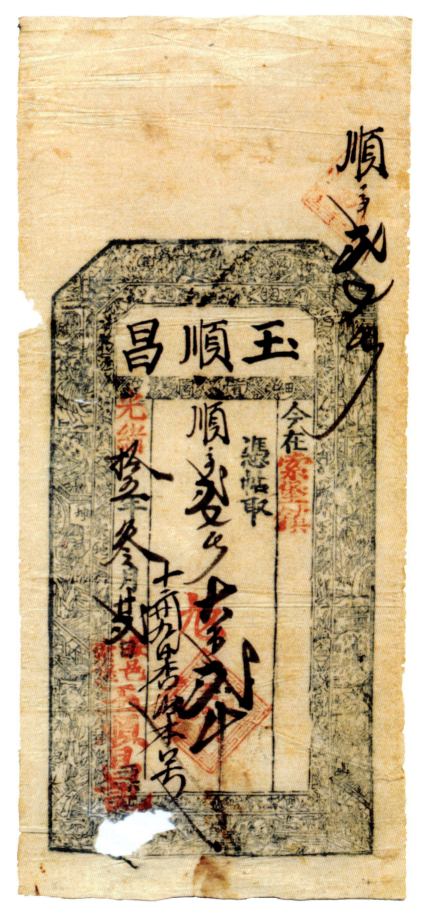

庄号:玉顺昌

地址:河北涉邑索堡

面值:贰千文

颜色:蓝色

印制:光绪十五年
　　(1889)三月二十二
　　日发

票幅:267×120mm

正面:八仙图

背面:单面

级别:★★

蔡小军　藏

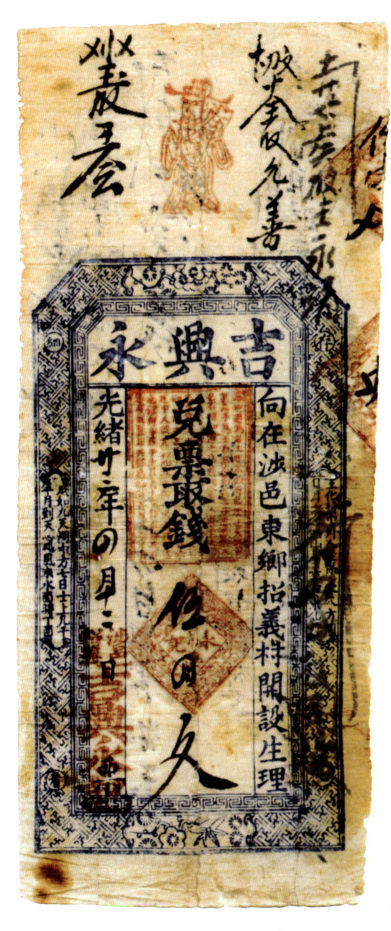

庄号:吉兴永

地址:河北涉邑招义

面值:伍百文

颜色:蓝色

印制:光绪二十三年
　　(1897)四月十二日
　　发

票幅:252×105mm

正面:回纹、花边

背面:流通印记

级别:★★★

贡颜宏 藏

庄号：同盛德

地址：河北涉邑污犊

面值：壹千五百文

颜色：蓝色

印制：光绪三十二年(1906)

　　　四月十五日发

票幅：258×108mm

正面：八仙图、《兰亭序》

背面：单面

级别：★★★

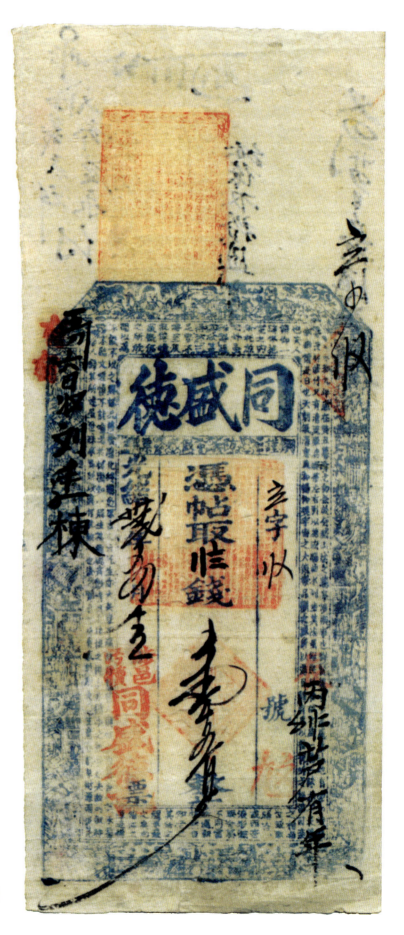

贡颜宏　藏

312

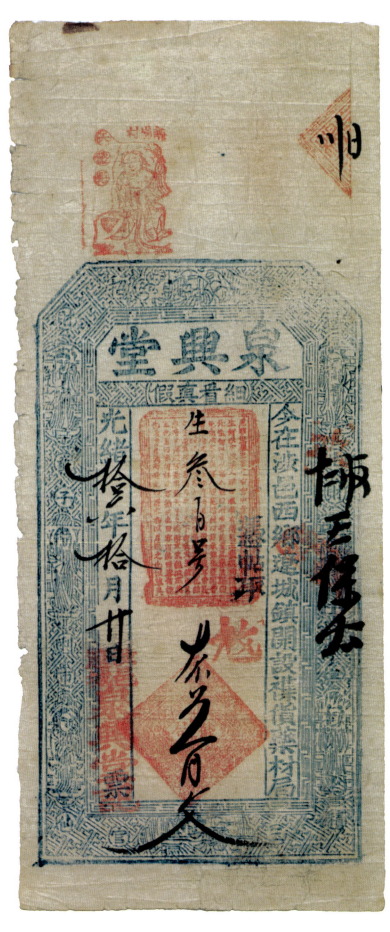

庄号：泉兴堂

地址：河北涉邑辽城

面值：五百文

颜色：蓝色

印制：光绪十六年（1890）
　　　十月二十日发

票幅：258×108mm

正面：八仙图

背面：流通印记

级别：★★★

石长有　藏

313

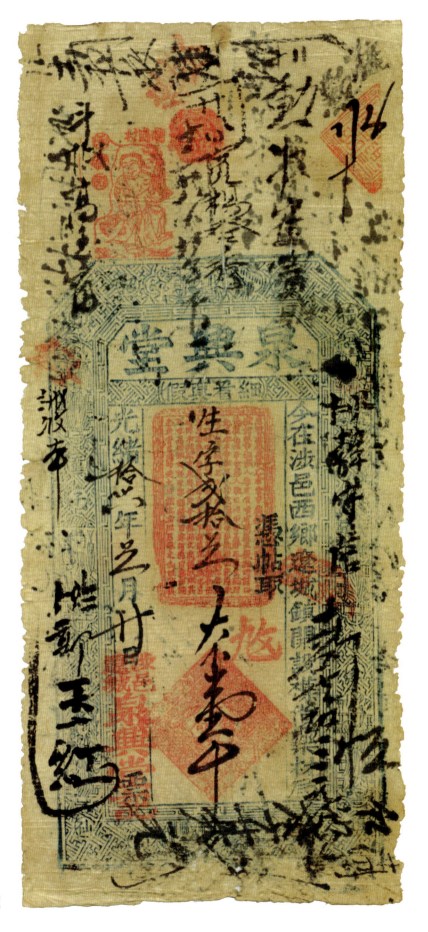

不同面值的泉兴堂私帖

石长有 藏

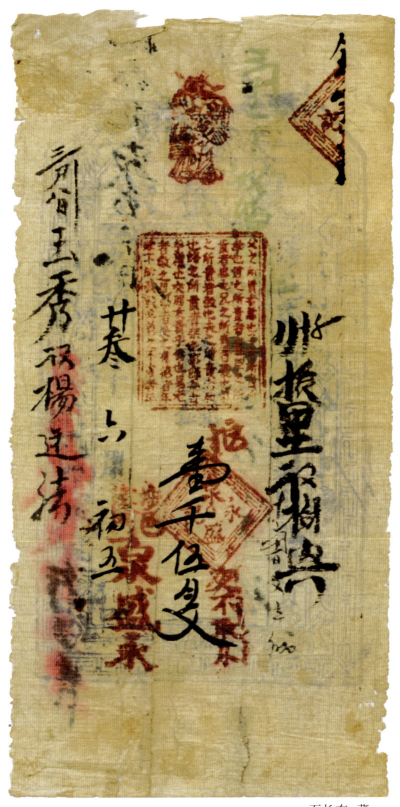

石长有 藏

庄号：泉盛永　　　　印制：光绪二十三年（1897）　　正面：回纹

地址：河北涉邑　　　　　　六月五日发　　　　　　背面：流通印记

面值：壹千五百文　　　票幅：223×105mm　　　级别：★★

颜色：蓝色

庄号:永盛恒

地址:河北涉邑曲里

面值:壹千五百文

颜色:蓝色

印制:光绪十年(1884)

　　十月十一日发

票幅:253×108mm

正面:八仙图

背面:流通印记

级别:★★

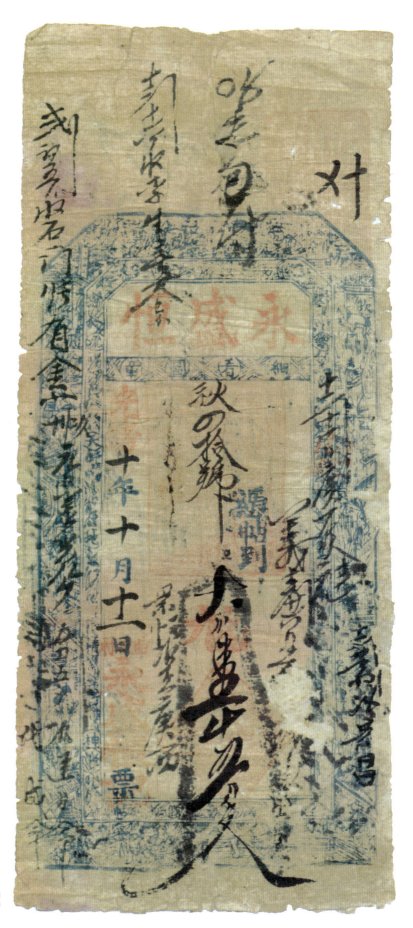

石长有 藏

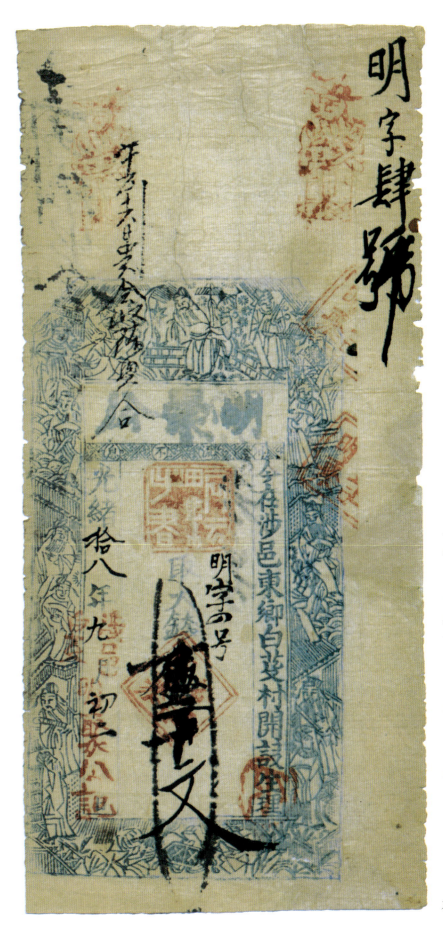

庄号:明聚公
地址:河北涉邑白芟
　　村
面值:壹千文
颜色:蓝色
印制:光绪十八年
　　(1892)九月二日
　　发
票幅:247×110mm
正面:民间故事
背面:流通印记
级别:★★

石长有　藏

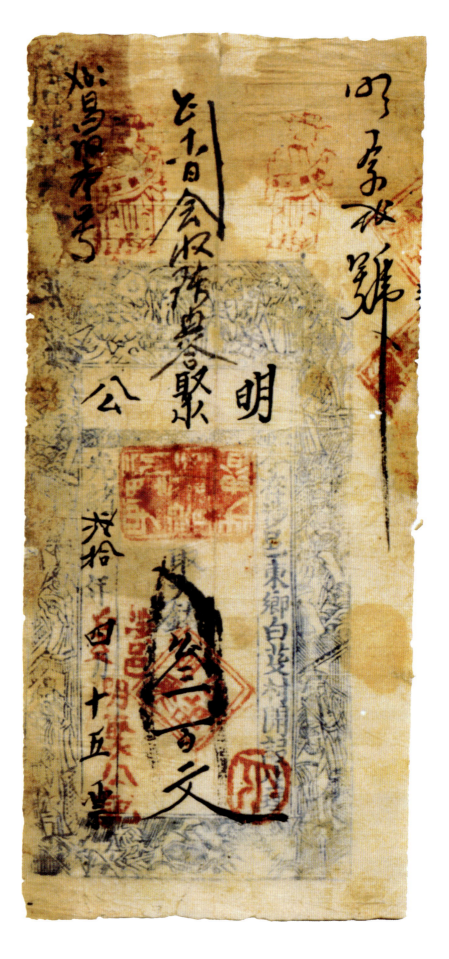

不同面值的明聚公私帖

贡颜宏 藏

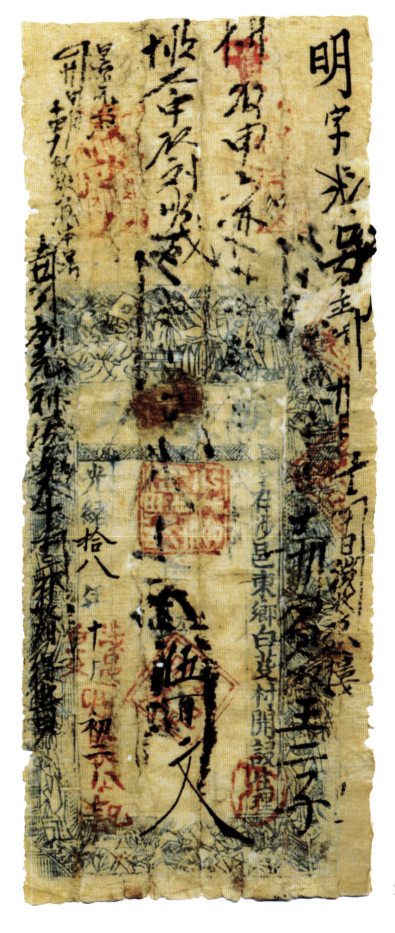

不同面值的明聚公私帖

贡颜宏 藏

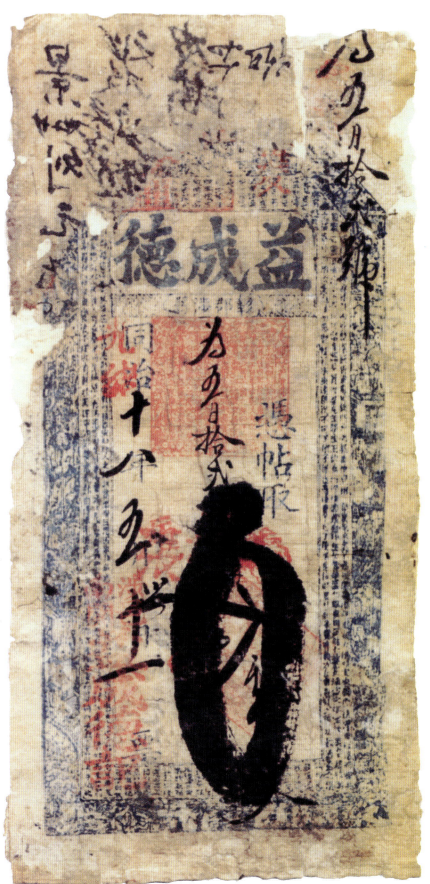

庄号:益成德
地址:河北涉邑南关
面值:贰千五百文
颜色:蓝色
印制:同治改光绪十
　　八年(1892)五月
　　十一日发
票幅:230×110mm
正面:八仙图
背面:流通印记
级别:★★

贡颜宏　藏

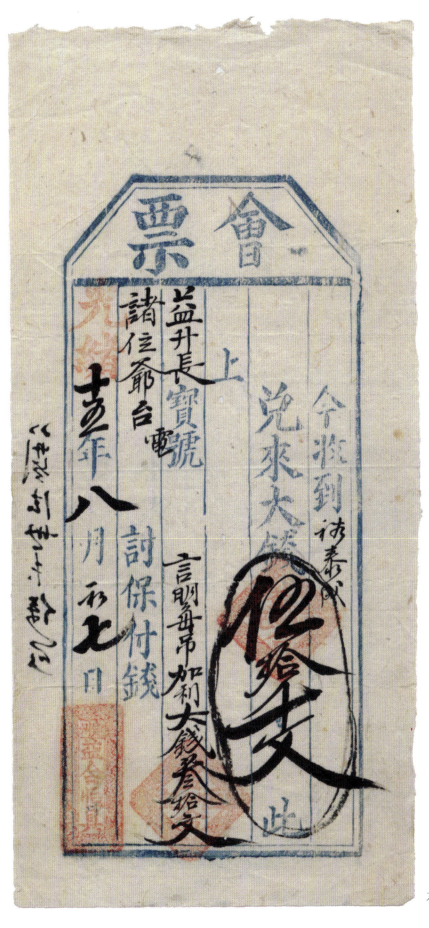

庄号：益合恒会票
地址：河北定州
面值：伍拾千文
颜色：蓝色
印制：光绪十五年
　　（1889）八月七日
　　发
票幅：262×124mm
正面：无图
背面：单面
级别：★★★

石长有　藏

321

庄号：裕昌号记
地址：河北祁州
面值：空白
颜色：蓝红
印制：光绪年未流
　　通票，由天津宫
　　北东华石印
票幅：222×108mm
正面：双龙戏珠
背面：单面

石长有　藏

322

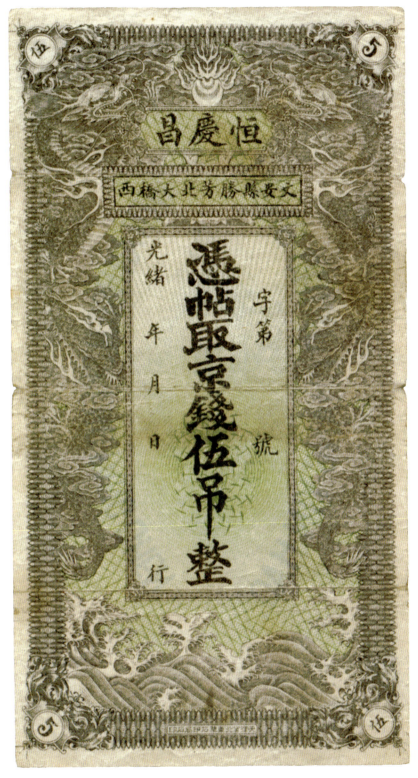

石长有 藏

庄号:恒庆昌　　　　颜色:绿/紫　　　　　票幅:202×107mm

地址:河北文安胜芳　印制:天津宫北东华石印局　正面:双龙戏珠

面值:伍吊　　　　　　石印　　　　　　　　　背面:英文

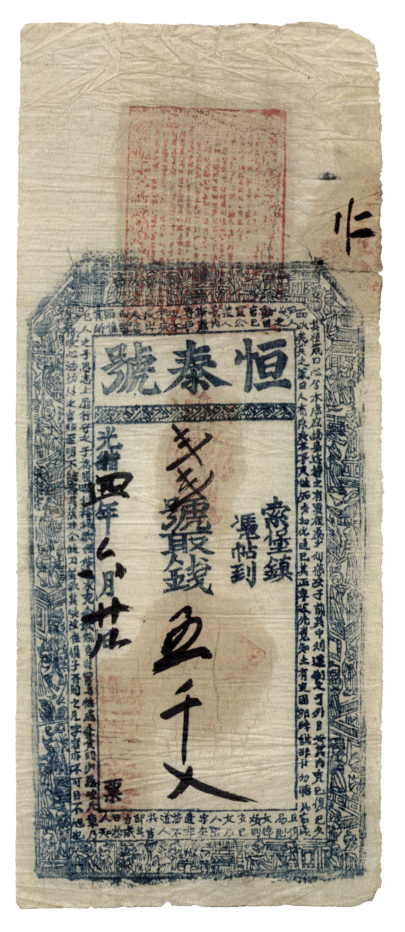

庄号:恒泰号

地址:河北涉邑索堡

面值:五千文

颜色:蓝色

印制:光绪十四年(1888)

　六月二十八日发

票幅:258×109mm

正面:民间故事

背面:流通印记

级别:★★

石长有 藏

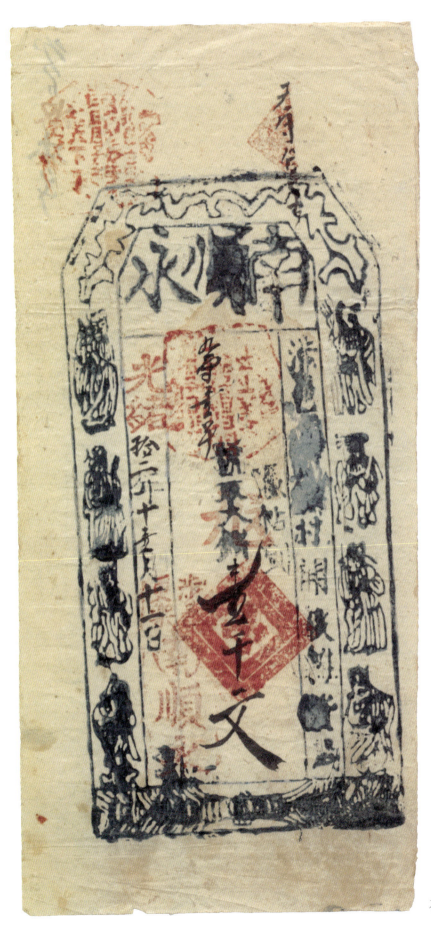

庄号：南顺永

地址：河北涉邑更乐

面值：壹千文

颜色：蓝色

印制：光绪十二年
　　（1886）十月二十
　　日发

票幅：241×110mm

正面：八仙图

背面：单面

级别：★★

石长有　藏

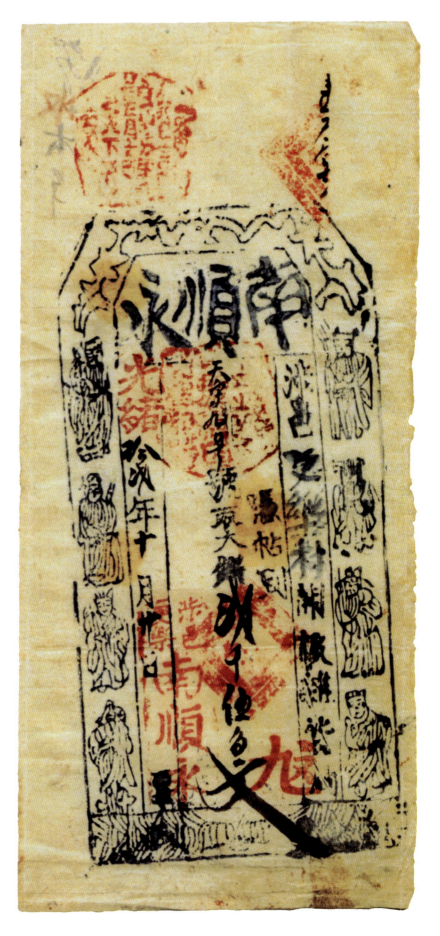

不同面值的南顺永私帖

贡颜宏　藏

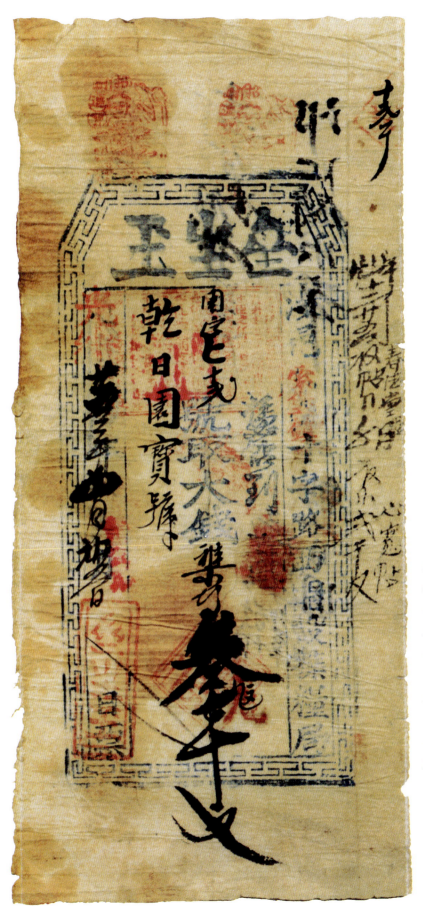

庄号：垒生玉

地址：河北涉邑索堡

面值：叁千文

颜色：蓝色

印制：光绪二十四年

　（1898）四月五日发

票幅：240×108mm

正面：回纹

背面：流通印记

级别：★★

蔡小军 藏

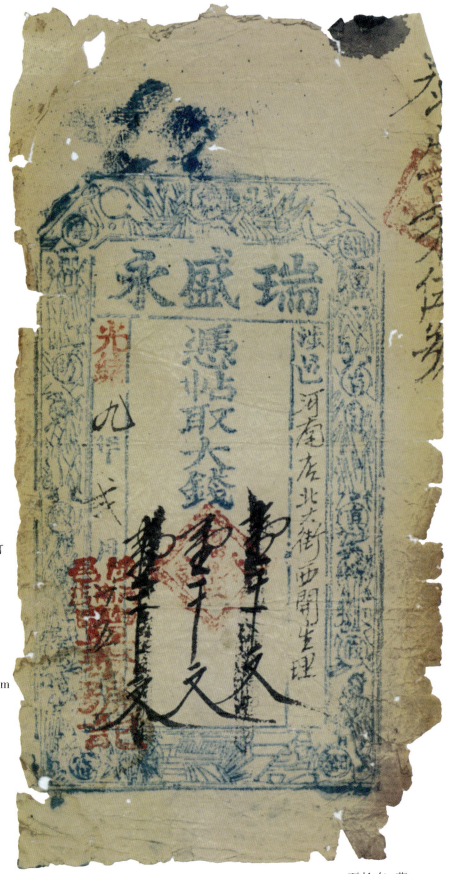

庄号：瑞盛永
地址：河北涉邑河
    南店
面值：壹千文
颜色：蓝色
印制：光绪九年
    （1883）二月发
票幅：230×120mm
正面：八仙图
背面：单面
级别：★★

石长有 藏

328

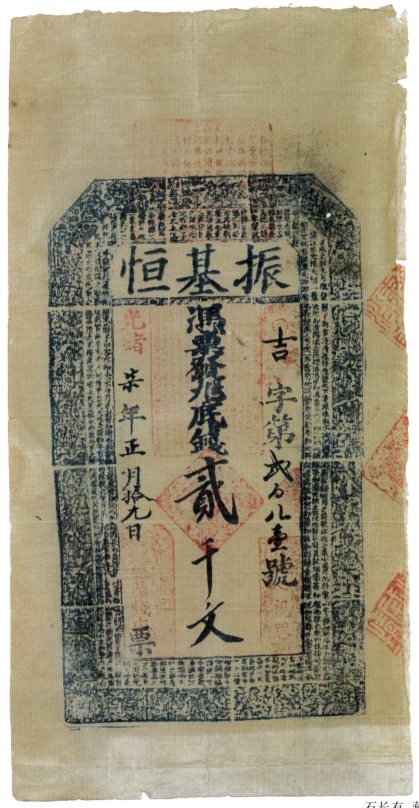

庄号:振基恒　　　　印制:光绪七年(1881)正月　　正面:民间故事、《前赤壁赋》
地址:河北旧县　　　　　　十九日发　　　　　　　背面:单面
面值:贰千文　　　　票幅:260×135mm　　　　级别:★★★
颜色:蓝色

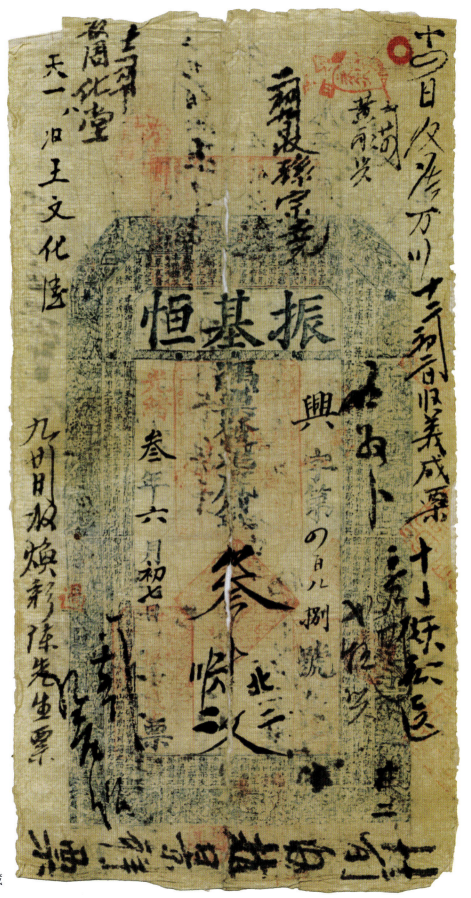

不同年份不同面值的振基恒私帖

石长有 藏

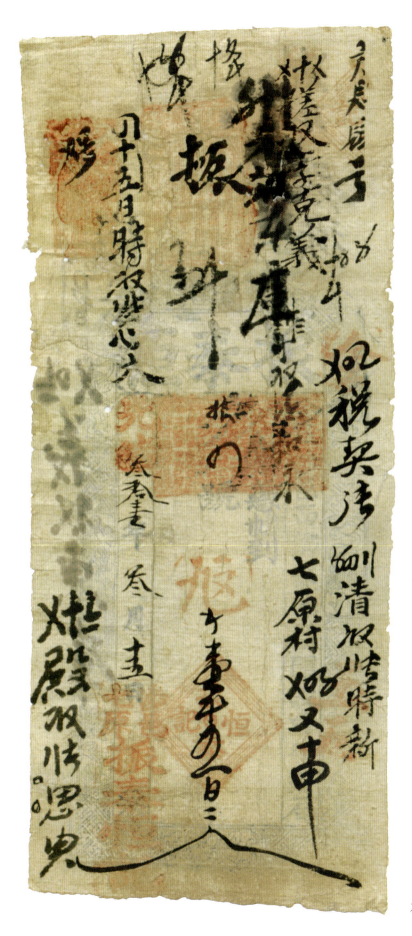

庄号：振泰恒
地址：河北涉邑塬村
面值：壹千五百文
颜色：蓝色
印制：光绪三十一年
  （1904）三月十五日
  发
票幅：255×109mm
正面：八仙图
背面：流通印记
级别：★★

石长有　藏

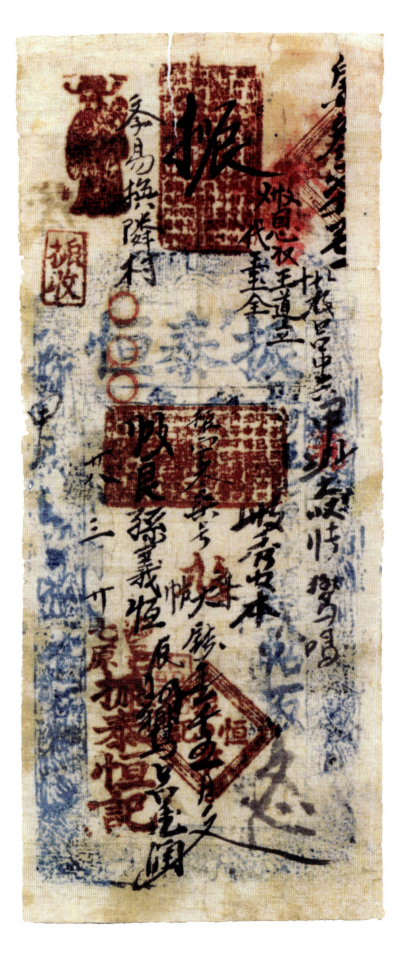

不同面值的振泰恒私帖

贡颜宏 藏

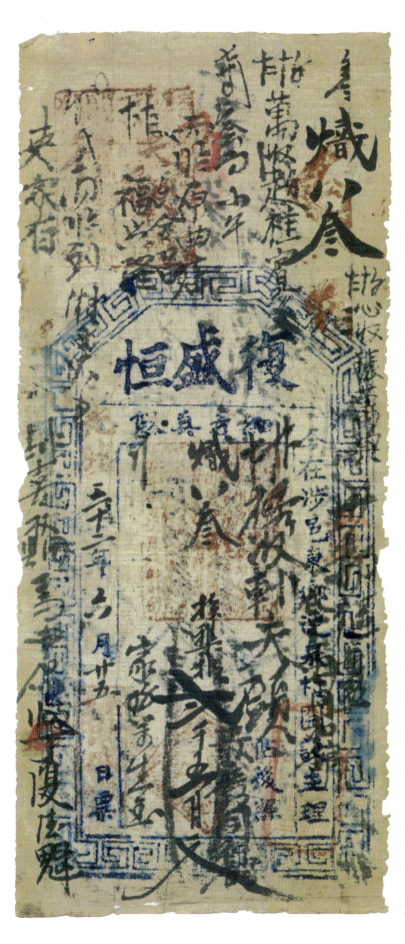

庄号：复盛恒

地址：河北涉邑连泉

面值：贰千五百文

颜色：蓝色

印制：光绪三十二年
　　　(1906)六月二十五
　　　日发

票幅：255×107mm

正面：回纹

背面：流通印记

级别：★★

石长有　藏

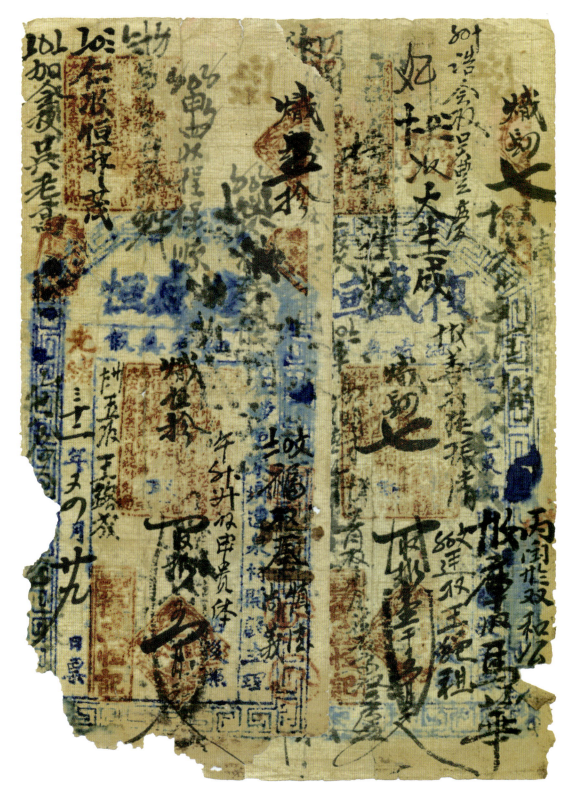

石长有　藏

不同面值的复盛恒私帖

庄号:复兴号

地址:河北涉邑索堡

面值:壹千文

颜色:蓝色

印制:光绪六年
　　(1880)二月二
　　十日发

票幅:225×112mm

正面:苏轼《喜雨亭
　　记》

背面:单面

级别:★★

贡颜宏 藏

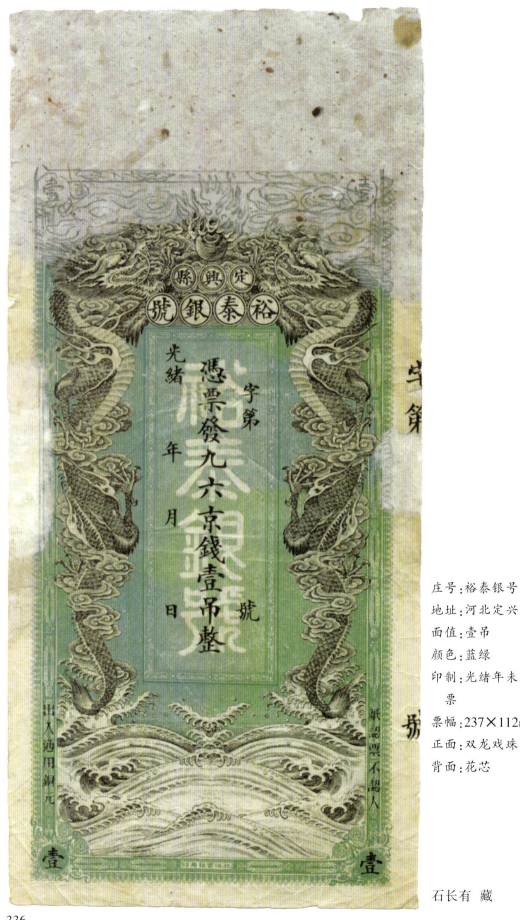

定典縣

裕泰銀號

憑票發九六京錢壹吊整

字第　　號

光緒　年　月　日

出入通用銅元

祇認票不認人

壹　　　　壹

庄号:裕泰银号
地址:河北定兴
面值:壹吊
颜色:蓝绿
印制:光绪年未发行
　　票
票幅:237×112mm
正面:双龙戏珠
背面:花芯

石长有 藏

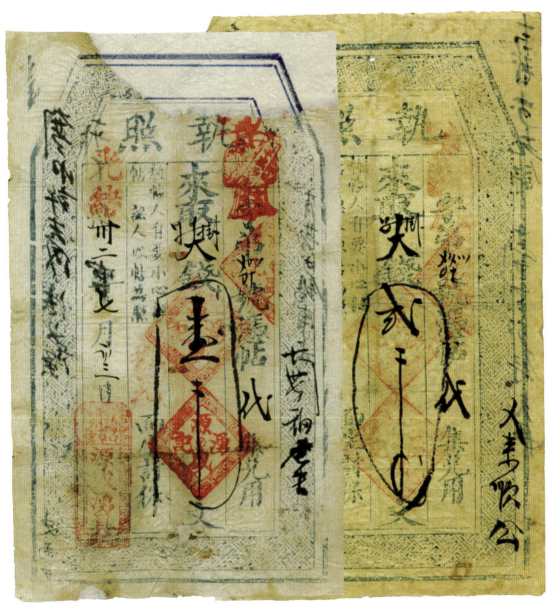

石长有 藏

| | | |
|---|---|---|
| 庄号:源盛湧具 | 印制:光绪三十二年(1906) | 正面:"卐"字纹 |
| 地址:河北蔚州 | 　　七月三日发 | 背面:单面 |
| 面值:壹千文 | 票幅:201×118mm | 级别:★★ |
| 颜色:蓝色 | | |

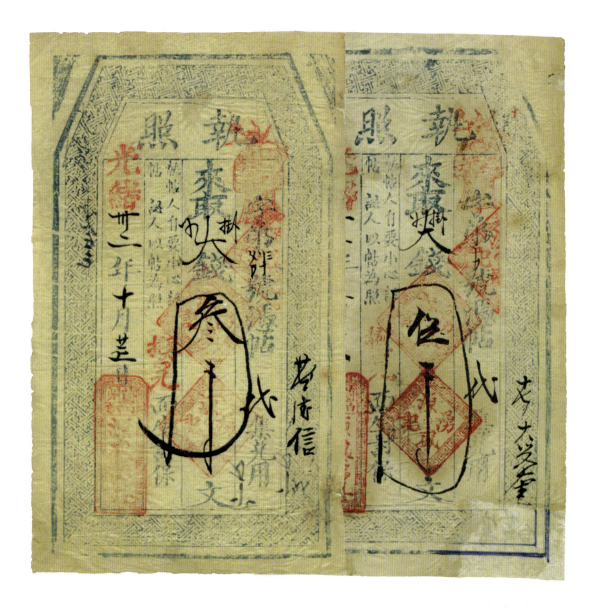

石长有　藏

不同面值的源盛湧私帖

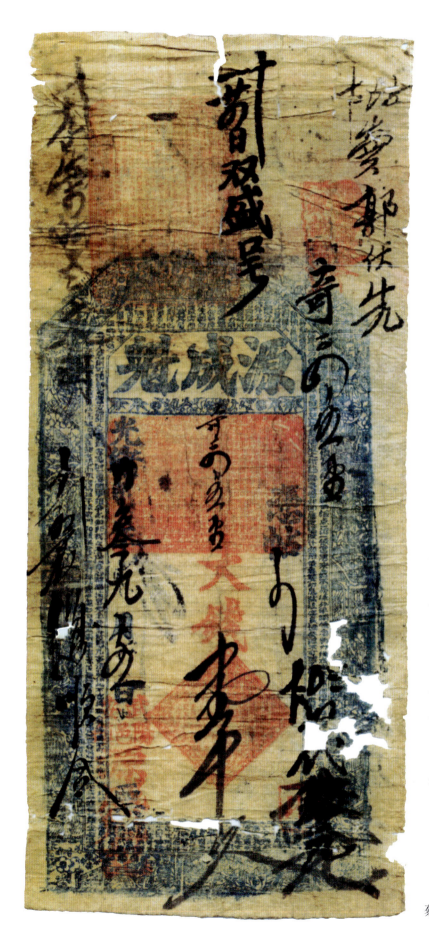

庄号：源成魁

地址：河北武安

面值：壹千文

颜色：蓝色

印制：光绪二十三年
(1897)九月十五日
发

票幅：244×106mm

正面：八仙图、《治家
格言》

背面：单面

级别：★★

蔡小军 藏

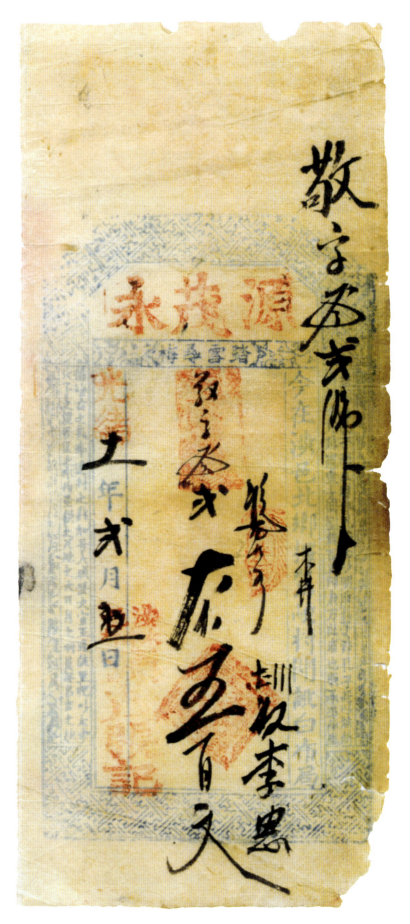

庄号：源茂永

地址：河北涉邑木井

面值：五百文

颜色：蓝色

印制：光绪十一年
（1885）二月一日
发

票幅：260×110mm

正面：花纹、古诗

背面：单面

级别：★★

贡颜宏　藏

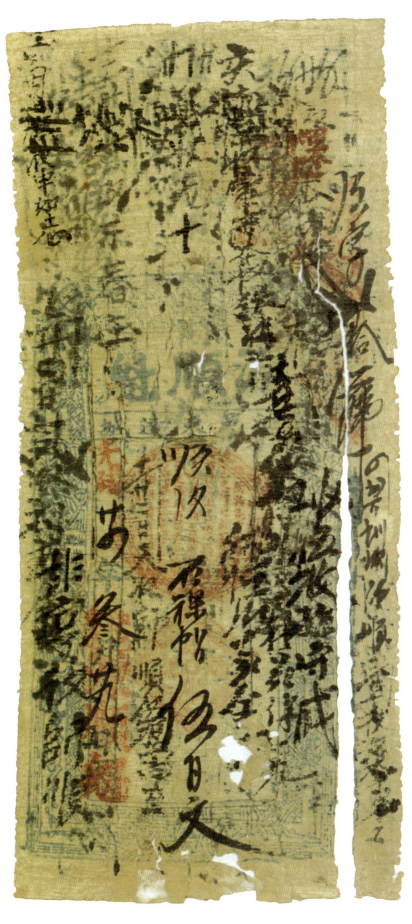

庄号:源顺魁

地址:河北涉邑东达

面值:伍百文

颜色:蓝色

印制:光绪二十四年
　　(1898)三月二十九日
　　发

票幅:254×110mm

正面:花边

背面:流通印记

级别:★★

石长有 藏

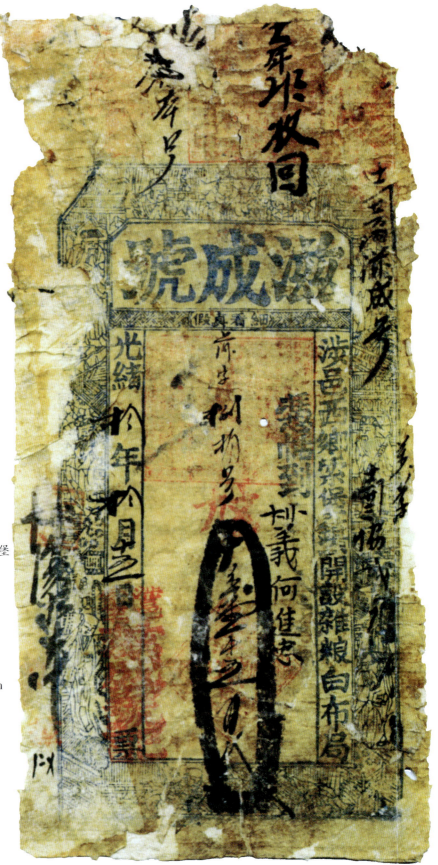

庄号:滋成号

地址:河北涉邑索堡

面值:壹千五百文

颜色:蓝色

印制:光绪十年

　　(1884)十月十

　　五日发

票幅:234×113mm

正面:八仙图

背面:流通印记

级别:★★

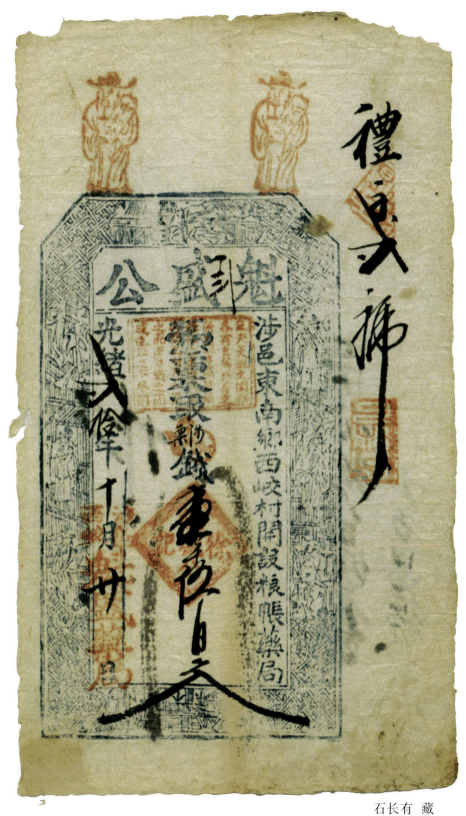

庄号:魁盛公　　　印制:光绪二十年(1894)十　　正面:八仙图

地址:河北涉邑西岐　　　月二十日发　　　　　背面:流通印记

面值:壹千五百文　　　票幅:225×129mm　　级别:★★

颜色:蓝色

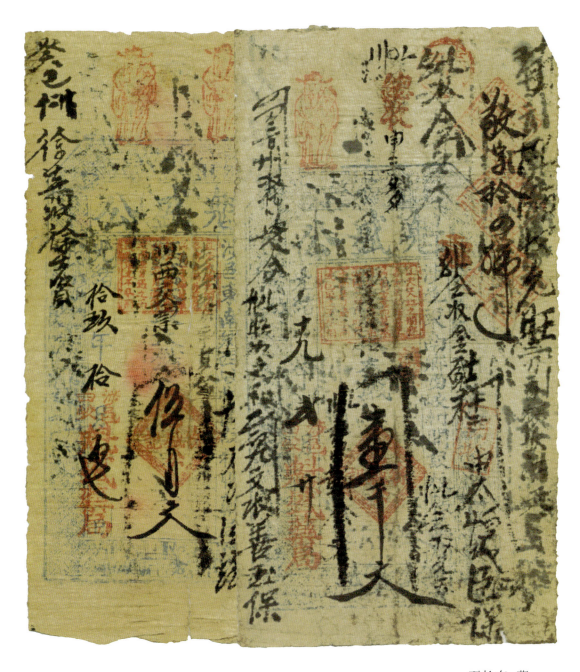

石长有 藏

不同年份不同面值的魁盛公私帖

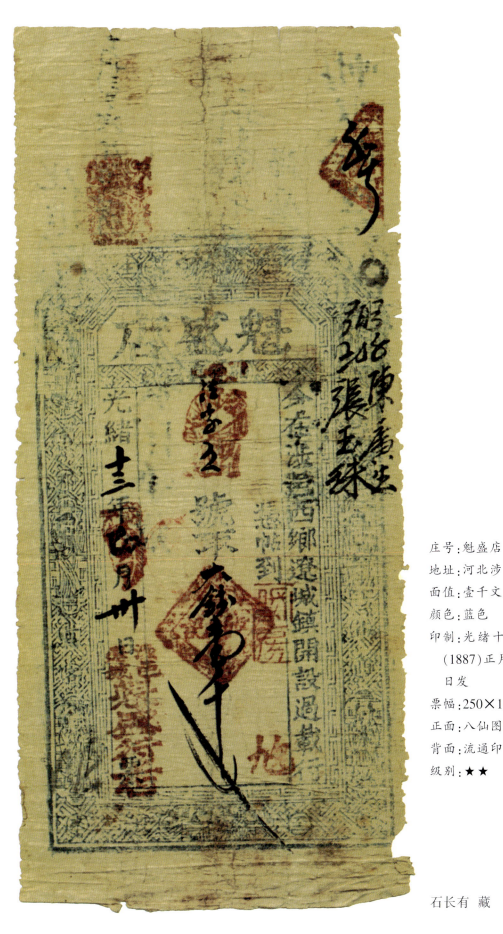

庄号:魁盛店

地址:河北涉邑辽城

面值:壹千文

颜色:蓝色

印制:光绪十三年
　　　(1887)正月三十
　　　日发

票幅:250×112mm

正面:八仙图

背面:流通印记

级别:★★

石长有　藏

345

庄号:福兴号
地址:河北香邑渠口
面值:空白
颜色:红色
印制:光绪年未流通
　　票,由天津宫北东
　　华石印局石印
票幅:202×108mm
正面:双龙戏珠
背面:花芯

石长有 藏

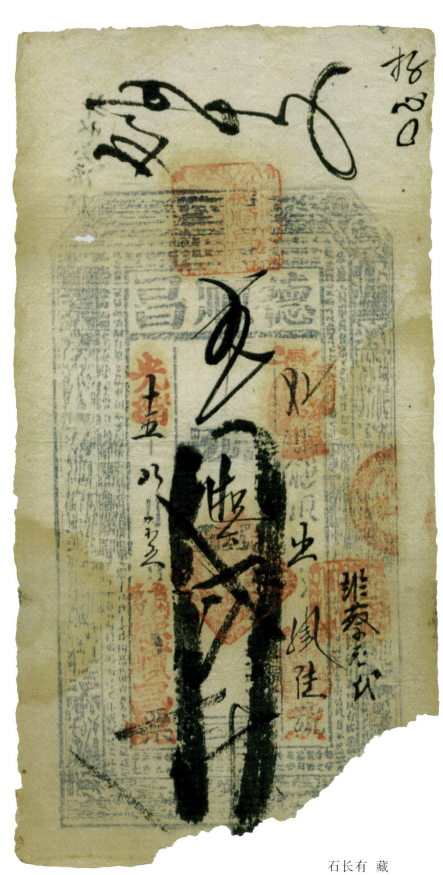

庄号：德顺昌

地址：河北晋州

面值：贰千文

颜色：蓝色

印制：光绪十五年
　　　（1889）八月五日
　　　发

票幅：230×120mm

正面：八仙图

背面：流通印记

级别：★★

石长有　藏

347

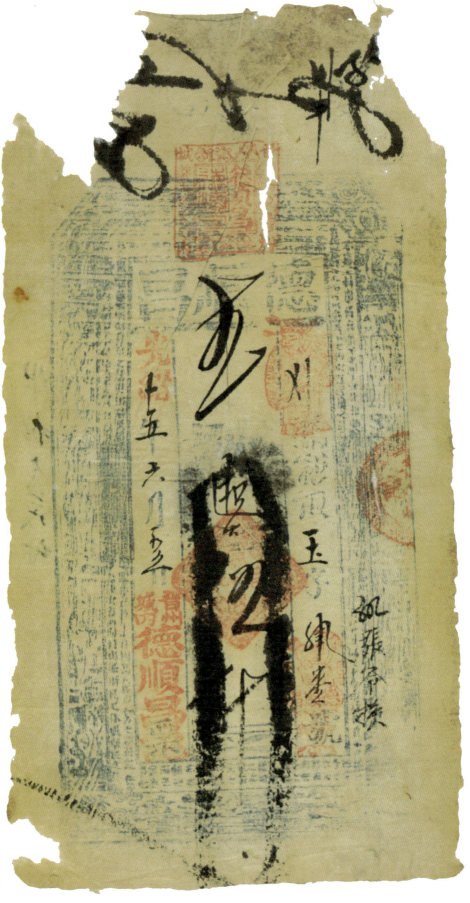

不同面值的德顺昌私帖

石长有 藏

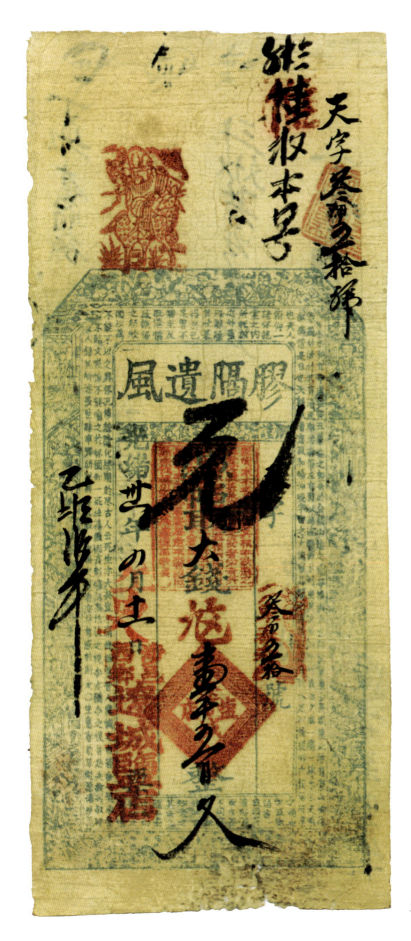

庄号:胶隔遗风

地址:河北涉邑辽城

面值:壹千五百文

颜色:蓝色

印制:光绪三十一年
（1905）四月十一日
发

票幅:258×108mm

正面:八仙图、《兰亭
序》

背面:单面

级别:★★

石长有 藏

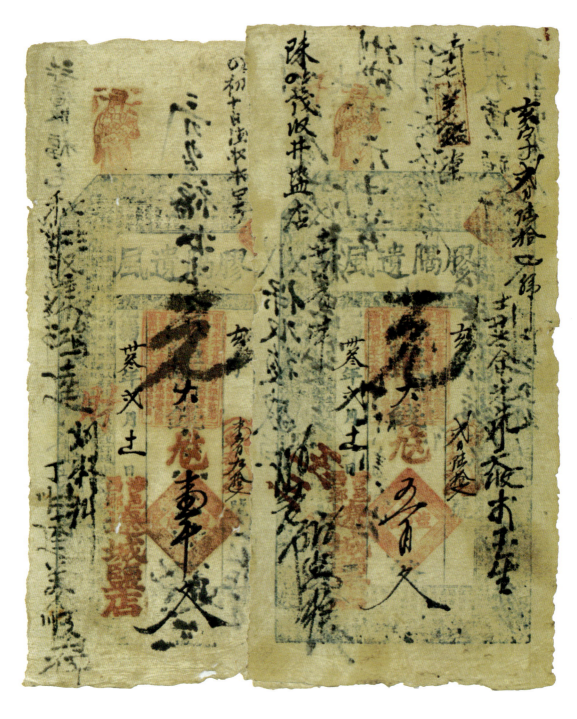

石长有　藏

不同面值的胶隔遗风私帖

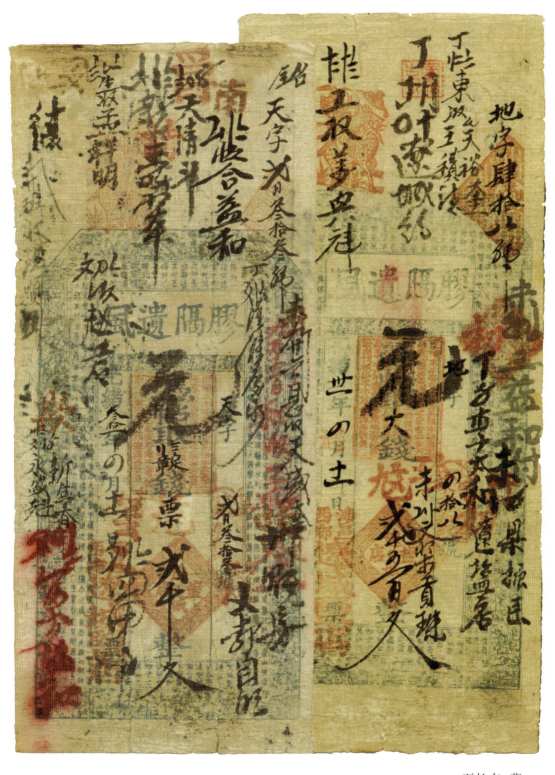

石长有 藏

不同面值的胶隔遗风私帖

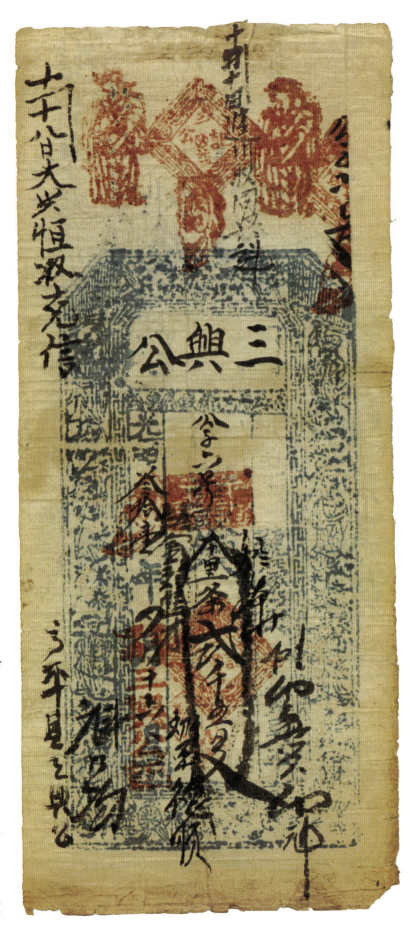

庄号：三兴公

地址：山西潞邑

面值：贰千五百文

颜色：蓝色

印制：光绪三十一年

（1905）四月十六

日发

票幅：256×110mm

正面：八仙图

背面：流通印记

级别：★★

石长有 藏

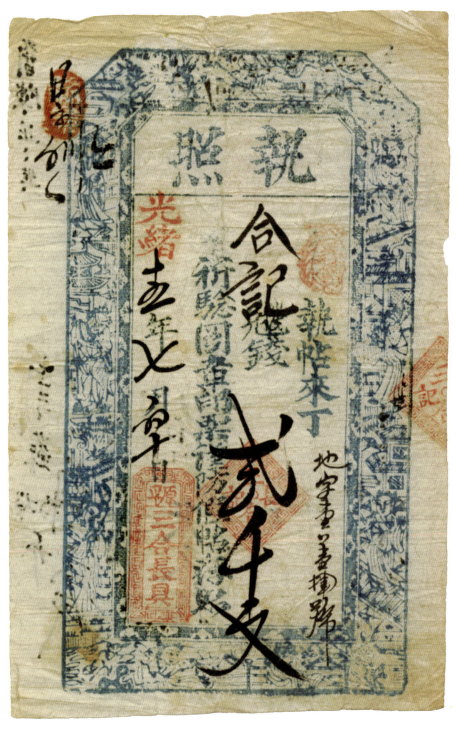

石长有 藏

庄号：三合长具     印制：光绪十五年（1889）七     正面：八仙图
地址：山西原平        月十日发           背面：流通印记
面值：贰千文      票幅：188×108mm     级别：★
颜色：蓝色

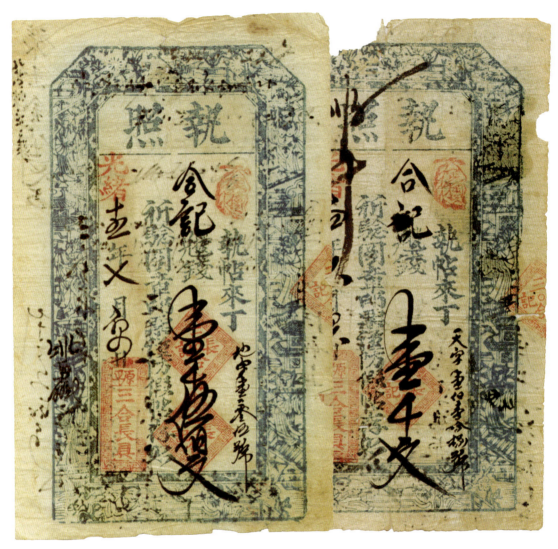

石长有 藏

不同年份不同面值的三合长私帖

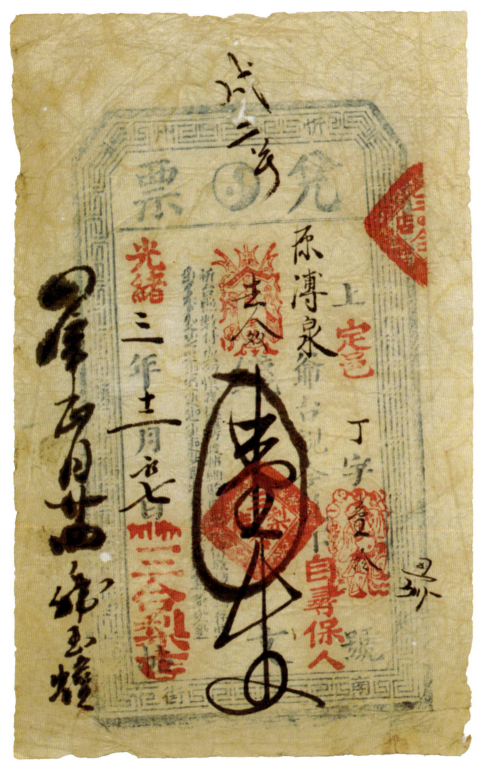

石长有 藏

庄号：三合梨店　　　印制：光绪三年（1877）十二　　正面：回纹
地址：山西忻州　　　　　月七日发　　　　　　　　背面：单面
面值：壹千文　　　　　票幅：196×124mm　　　级别：★★
颜色：蓝色

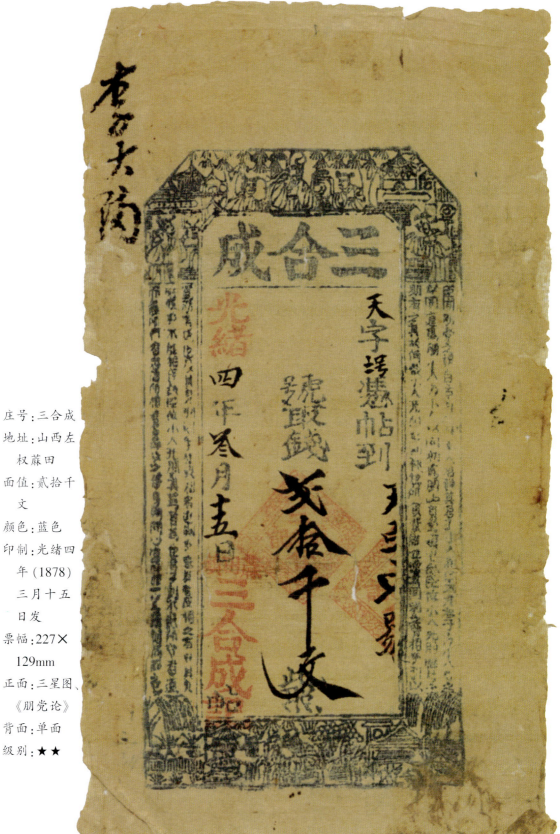

庄号：三合成

地址：山西左
权蘇田

面值：贰拾千
文

颜色：蓝色

印制：光绪四
年（1878）
三月十五
日发

票幅：227×
129mm

正面：三星图、
《朋党论》

背面：单面

级别：★★

石长有 藏

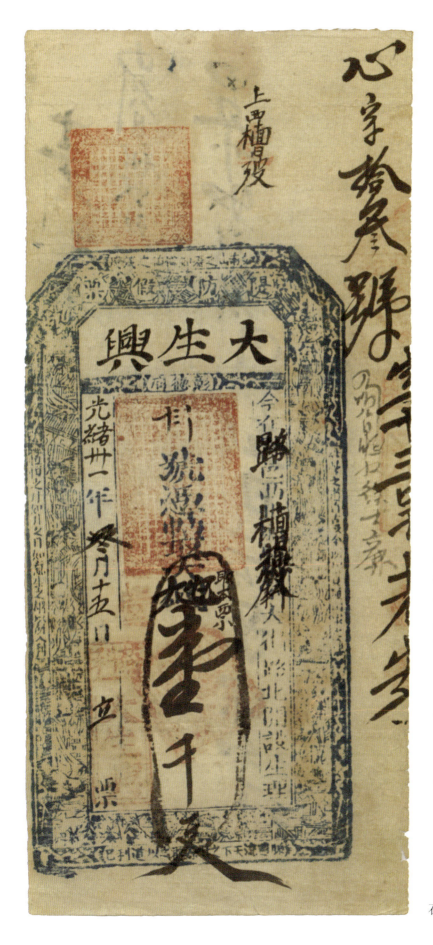

庄号：大生兴
地址：山西潞邑
面值：壹千文
颜色：蓝色
印制：光绪三十一年
　　（1905）三月十五日
　　发
票幅：257×114mm
正面：八仙图
背面：流通印记
级别：★★

石长有　藏

357

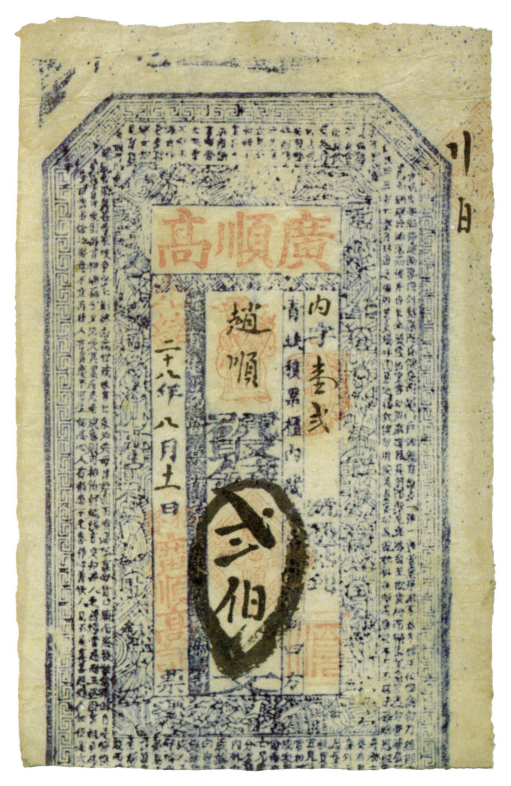

石长有 藏

庄号：广顺高　　　　印制：光绪二十八年（1902）　　正面：八仙图、《治家格言》

地址：山西临县招贤　　　　八月十一日发　　　　背面：单面

面值：贰百文　　　　票幅：200×125mm　　　　级别：★★

颜色：蓝色

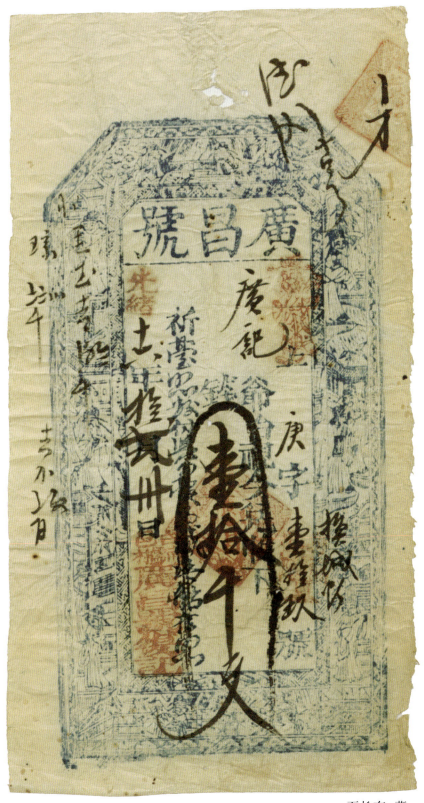

石长有 藏

庄号:广昌号

地址:山西台邑南儒村

面值:壹拾千文

颜色:蓝色

印制:光绪十六年(1890)十

二月三十日发

票幅:234×123mm

正面:古代文人

背面:单面

级别:★

359

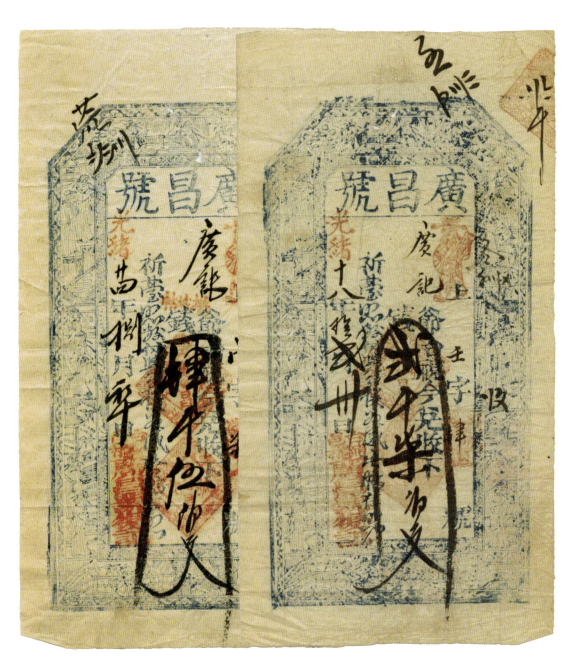

石长有 藏

不同年份不同面值的广昌号私帖

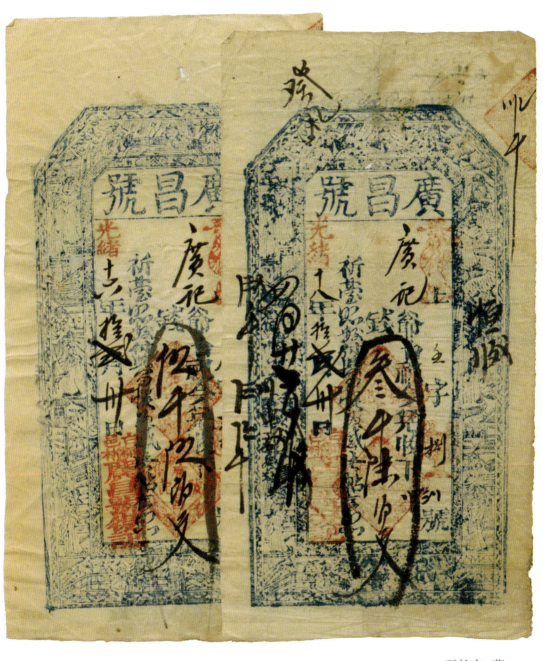

石长有　藏

不同年份不同面值的广昌号私帖

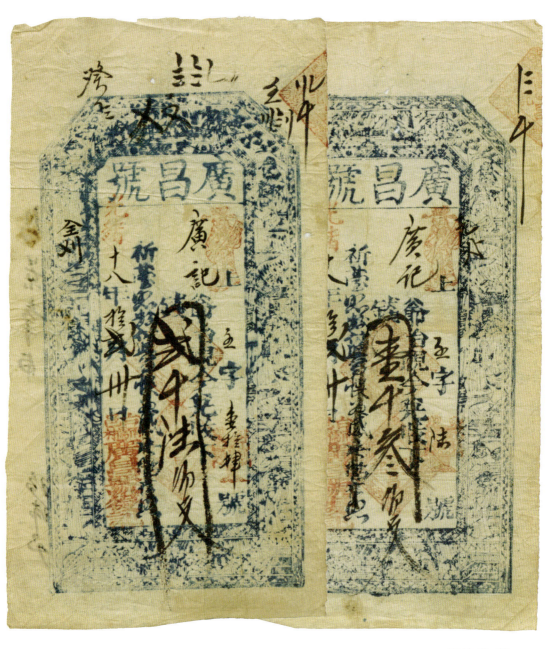

石长有 藏

不同面值的广昌号私帖

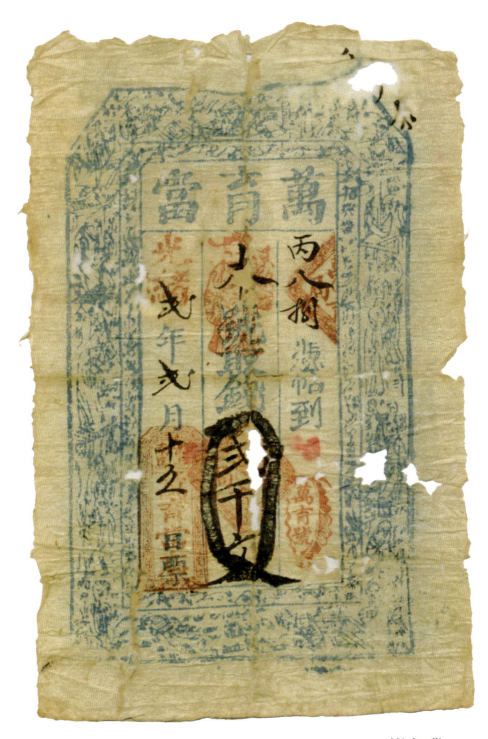

石长有 藏

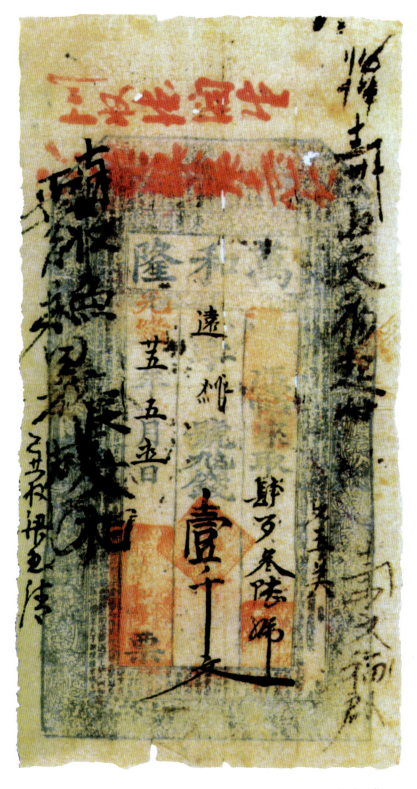

石长有 藏

庄号:万和隆　　　印制:光绪二十五年(1899)　　正面:八仙图、《治家格言》

地址:山西汾府　　　　　五月一日发　　　　　背面:单面

面值:壹千文　　　　票幅:202×104mm　　　级别:★★

颜色:蓝色

364

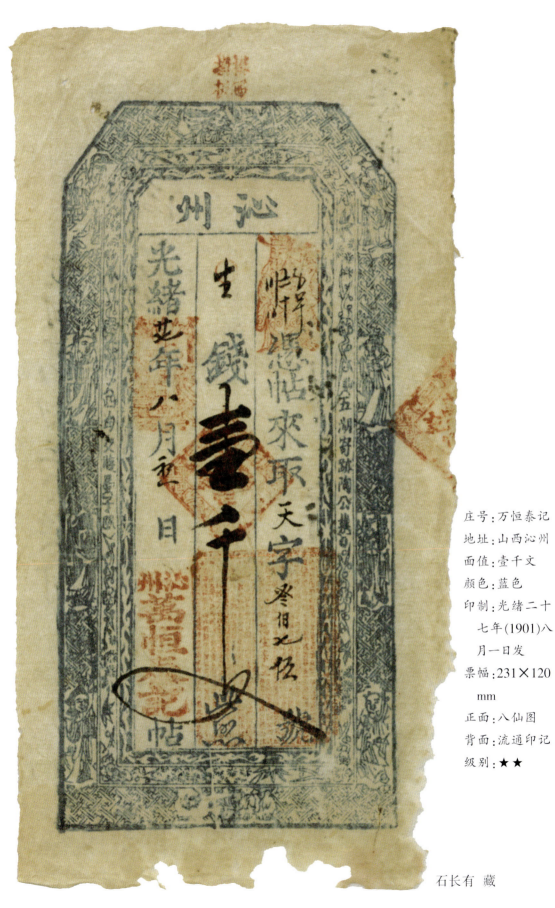

庄号:万恒泰记
地址:山西沁州
面值:壹千文
颜色:蓝色
印制:光绪二十
　　七年(1901)八
　　月一日发
票幅:231×120
　　mm
正面:八仙图
背面:流通印记
级别:★★

石长有　藏

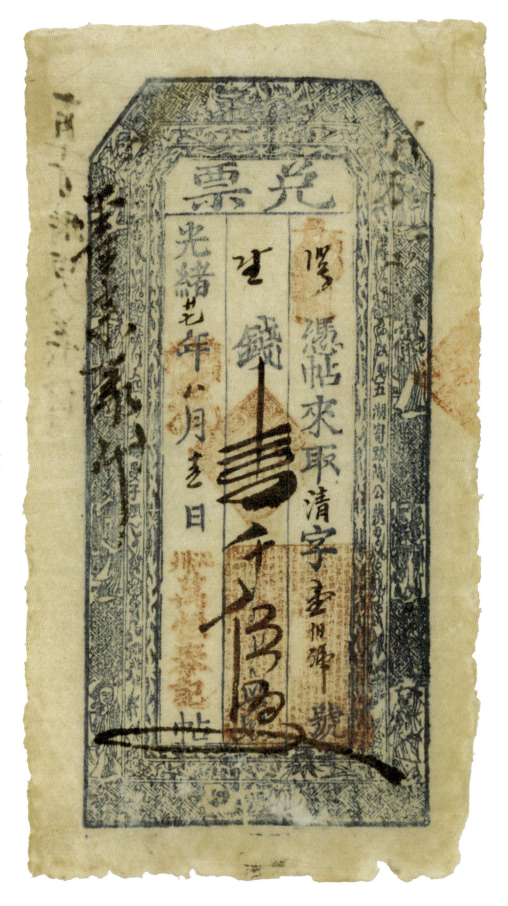

不同面值的万恒泰私帖

石长有 藏

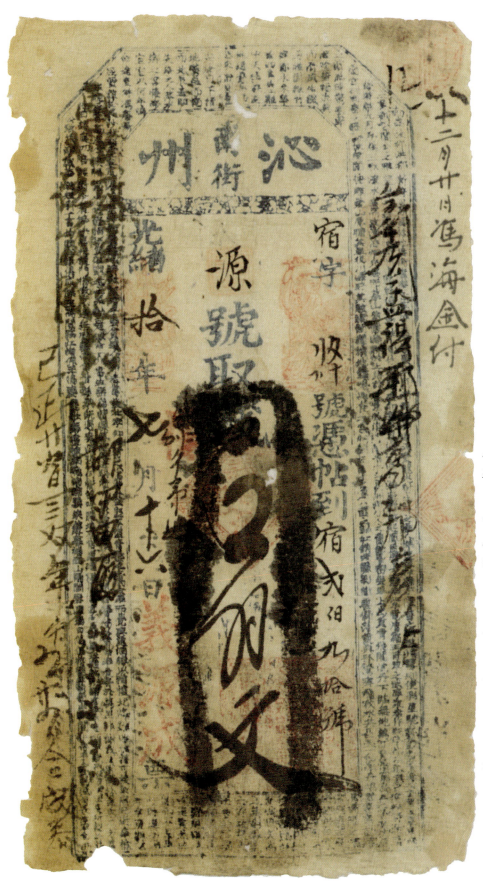

庄号：义源成
地址：山西沁
州
面值：伍百文
颜色：蓝色
印制：光绪十
年(1884)七
月十六日发
票幅：229×
125mm
正面：《滕王阁
序》
背面：流通印
记
级别：★★

石长有 藏

367

不同面值的义源成私帖

石长有 藏

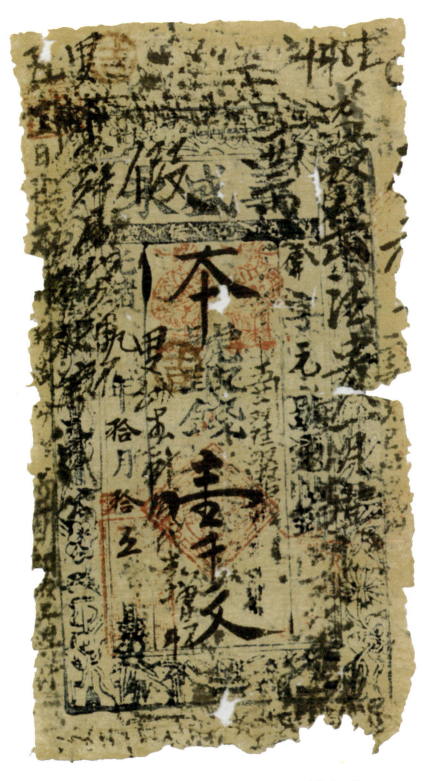

石长有 藏

庄号:义盛永　　　印制:光绪九年(1883)十月　正面:梅竹纹
地址:山西侯避　　　　十五日发　　　　　背面:流通印记
面值:壹千文　　　　票幅:195×103mm　　级别:★★
颜色:蓝色

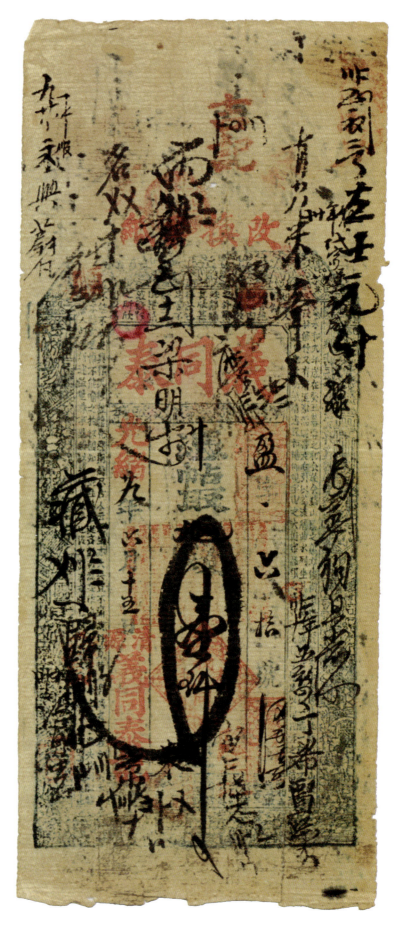

庄号：义同泰
地址：山西清源
面值：壹千文
颜色：蓝色
印制：光绪二十九年（1903）
　　　六月十五日发
票幅：252×105mm
正面：八仙图、《兰亭序》
背面：单面
级别：★

石长有　藏

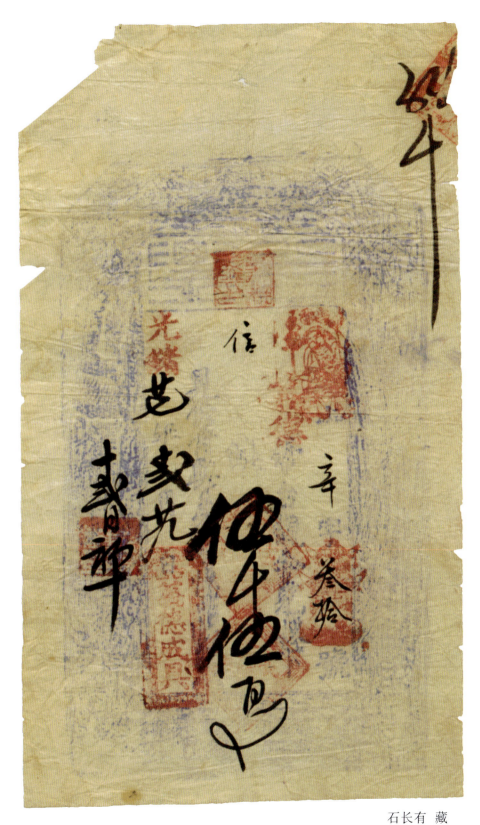

石长有 藏

庄号：义德成具　　　印制：光绪二十七年（1901）　　正面：八仙图

地址：山西台邑　　　　十二月二十九日发　　　　背面：单面

面值：伍千伍百文　　　票幅：208×120mm　　　　级别：★

颜色：蓝色

吴筹中 藏

庄号:升恒茂　　　印制:光绪十八年(1892)三　　正面:八仙图

地址:山西忻州　　　　月十一日发　　　　　　背面:单面

面值:壹千五百文　　票幅:202×113mm　　级别:★★

颜色:绿色

372

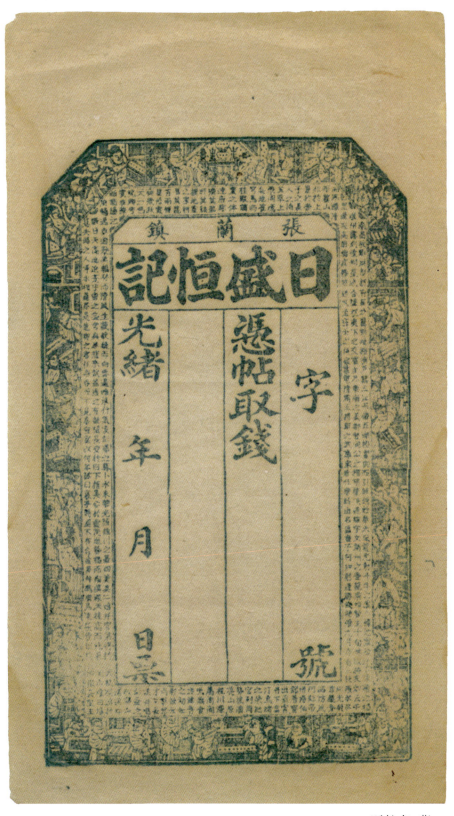

石长有 藏

庄号：日盛恒记　　　颜色：绿色　　　　　　　正面：民间故事、《滕王阁序》
地址：山西张兰镇　　　印制：光绪年未流通票帖　　背面：单面
面值：空白　　　　　票幅：211×109mm

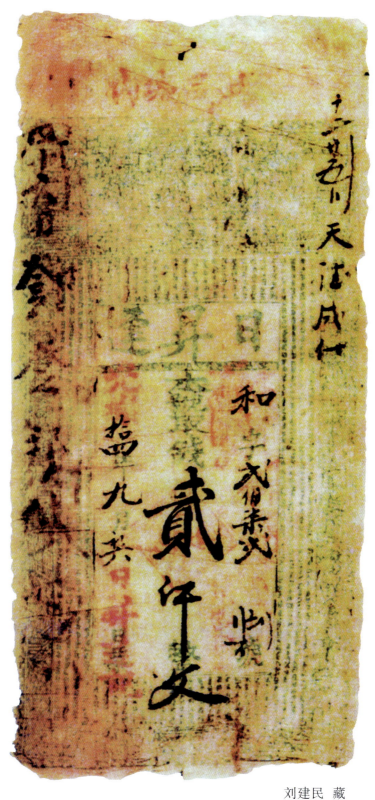

刘建民 藏

庄号：日升逢　　　印制：光绪十四年(1888)九月　　正面：古代人物、梅花纹
地址：山西　　　　　　六日发　　　　　　　　　背面：单面
面值：贰千文　　　票幅：205×98mm　　　　级别：★★
颜色：蓝色

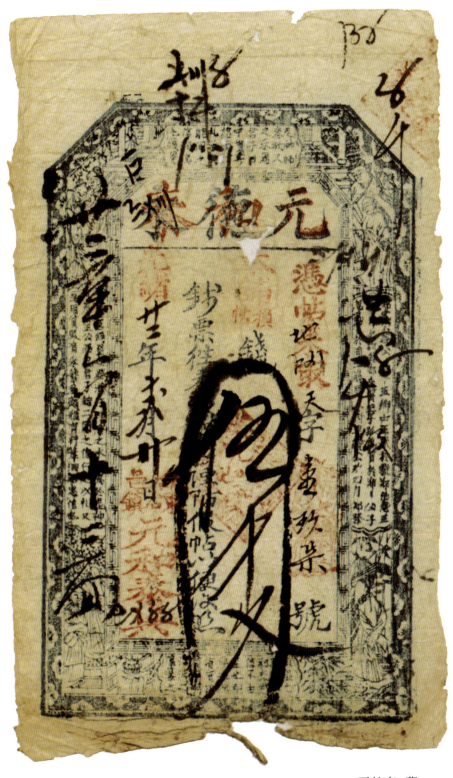

石长有　藏

庄号：元和泰　　　　印制：光绪二十二年(1896)十　　正面：《西厢记》人物、古文
地址：山西台邑东冶　　　　二月二十日发　　　　背面：流通印记
面值：伍千文　　　　票幅：195×118mm　　级别：★
颜色：蓝色

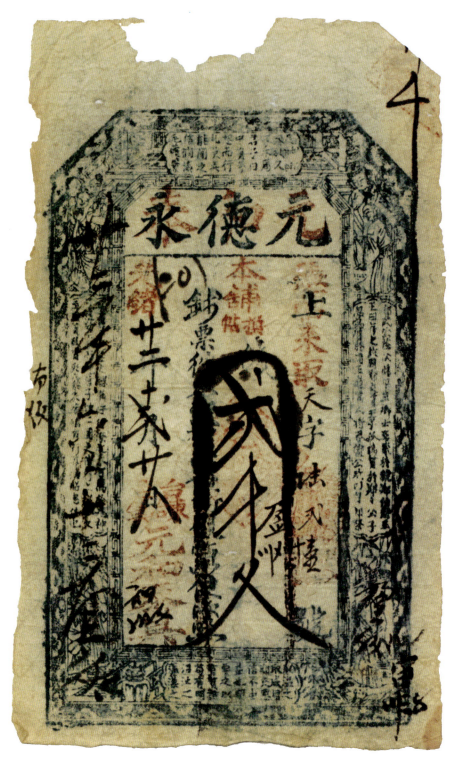

石长有　藏

不同年份不同面值的元和泰私帖

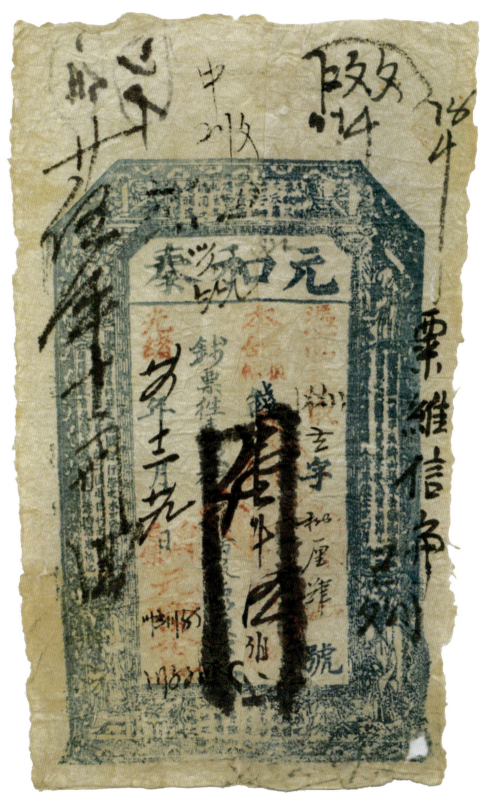

石长有　藏

不同年份不同面值的元和泰私帖

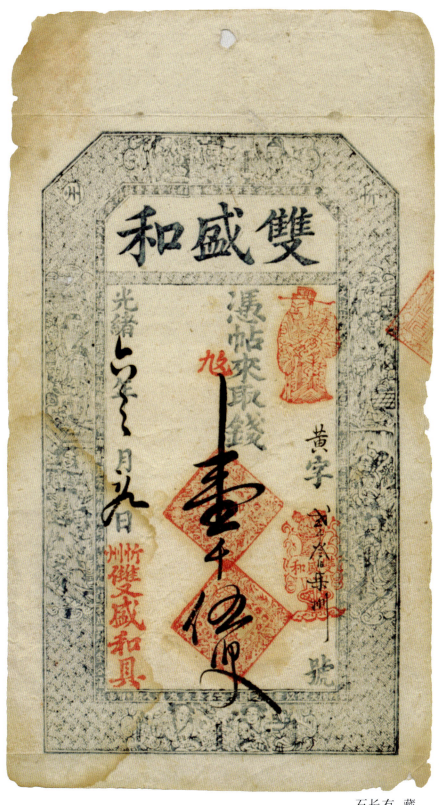

石长有 藏

庄号:双盛和　　　印制:光绪六年(1880)三月九　正面:八仙图

地址:山西忻州　　　　日发　　　　　　　　　背面:单面

面值:壹千五百文　　　票幅:219×119mm　　　级别:★★

颜色:蓝色

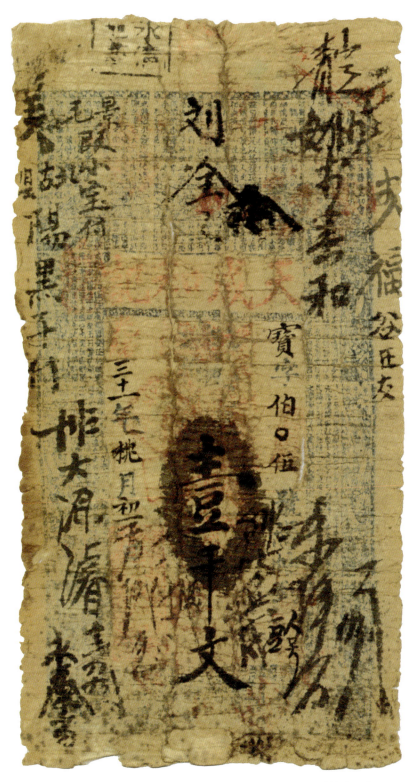

庄号:天成和记
地址:山西太邑
面值:壹千文
颜色:蓝色
印制:光绪三十一年
　　(1905)桃月一日
　　发
票幅:198×108mm
正面:民间故事、
　　《兰亭序》
背面:单面
级别:★★

石长有　藏

庄号:丰盛合
地址:山西翼邑
面值:壹千文
颜色:蓝色
印制:光绪十三年
　　(1887)三月九日
　　发
票幅:214×108mm
正面:回纹
背面:流通印记
级别:★

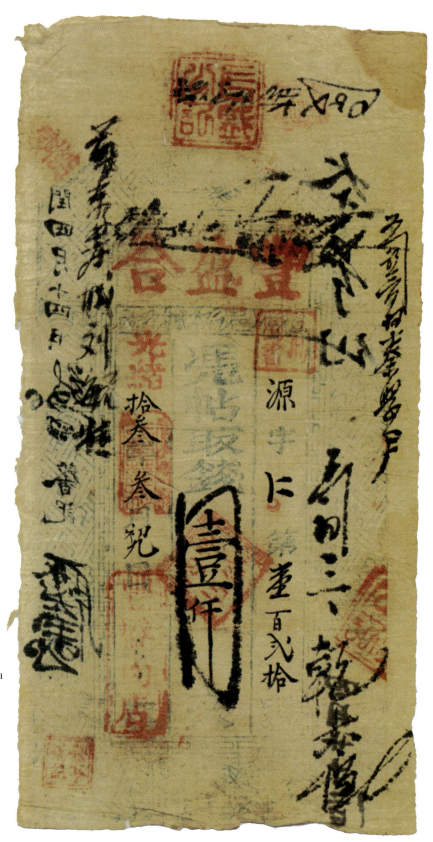

石长有 藏

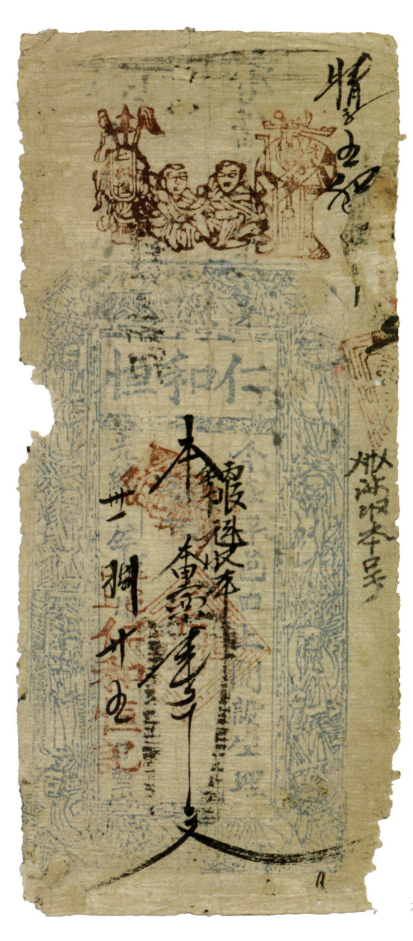

庄号:仁和恒

地址:山西平邑口上

面值:壹千文

颜色:蓝色

印制:光绪三十一年
　　(1905)八月二十五
　　日发

票幅:247×108mm

正面:八仙图

背面:流通印记

级别:★

石长有　藏

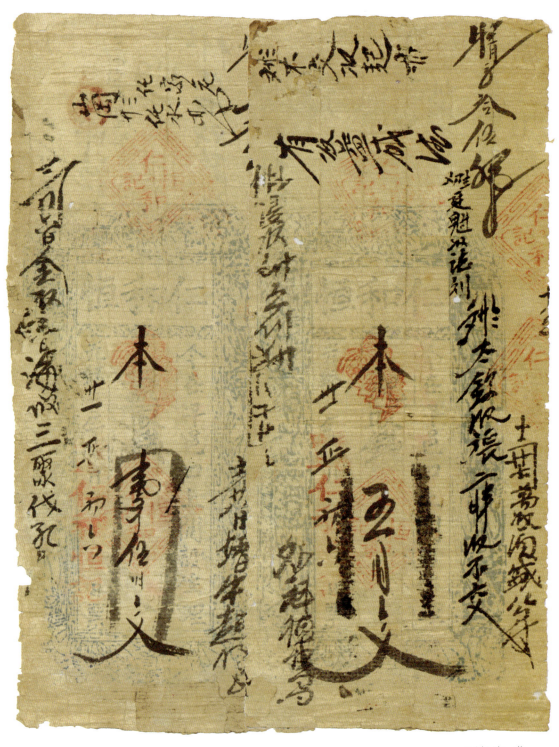

石长有 藏

不同面值的仁和恒私帖

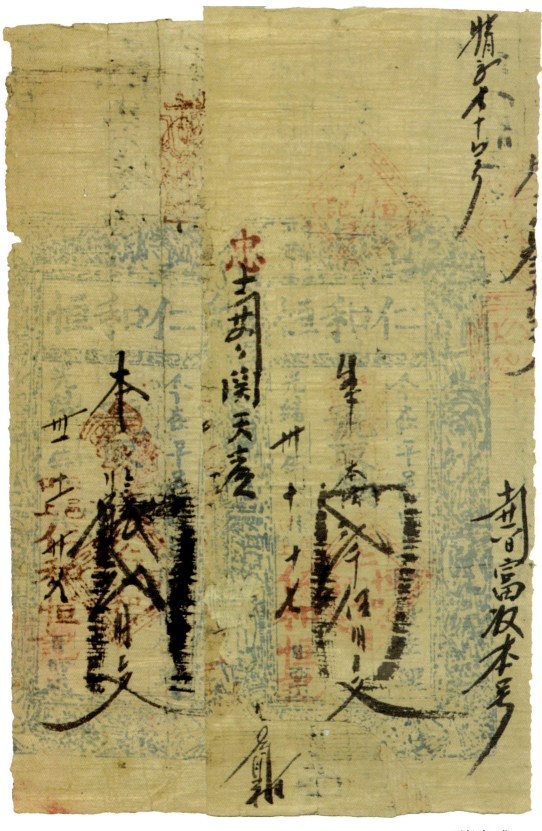

石长有 藏

不同面值的仁和恒私帖

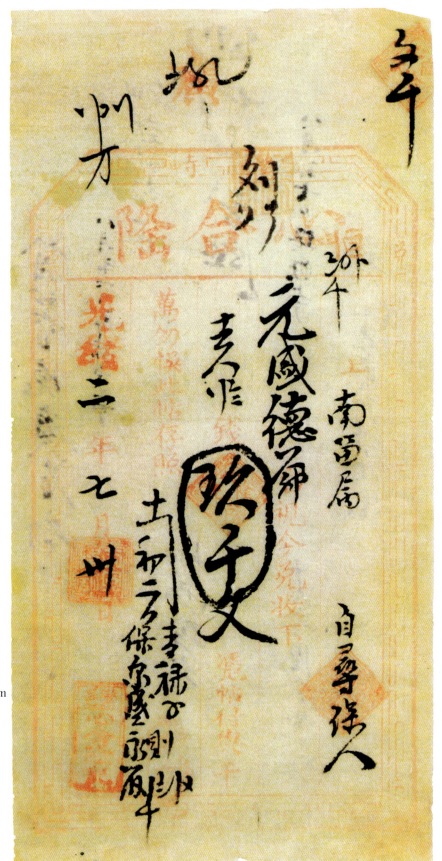

庄号：心合隆
地址：山西繁峙
面值：玖千文
颜色：红色
印制：光绪二年
　　（1876）七月三
　　十日发
票幅：230×115mm
正面：回纹
背面：流通印记
级别：★★

刘建民　藏

384

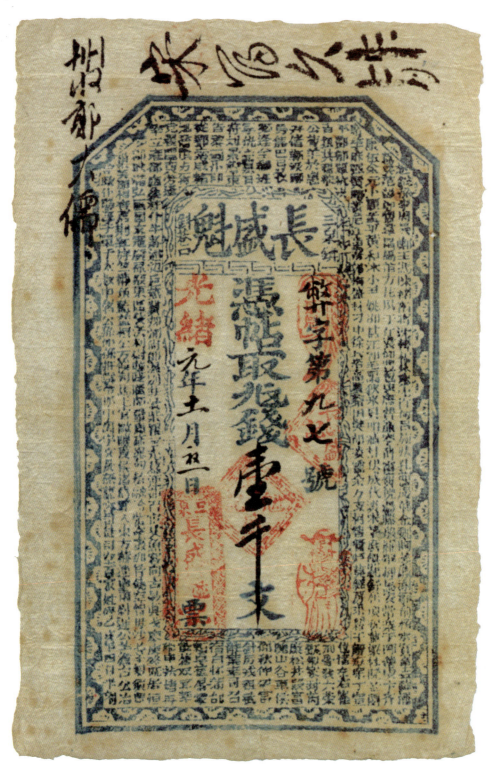

石长有 藏

庄号：长盛魁 　　印制：光绪元年（1875）十一 　　正面：《百家姓》
地址：山西汾阳三泉 　　　　月一日发 　　　　　　背面：流通印记
面值：壹千文 　　　　票幅：196×122mm 　　　级别：★★
颜色：蓝色

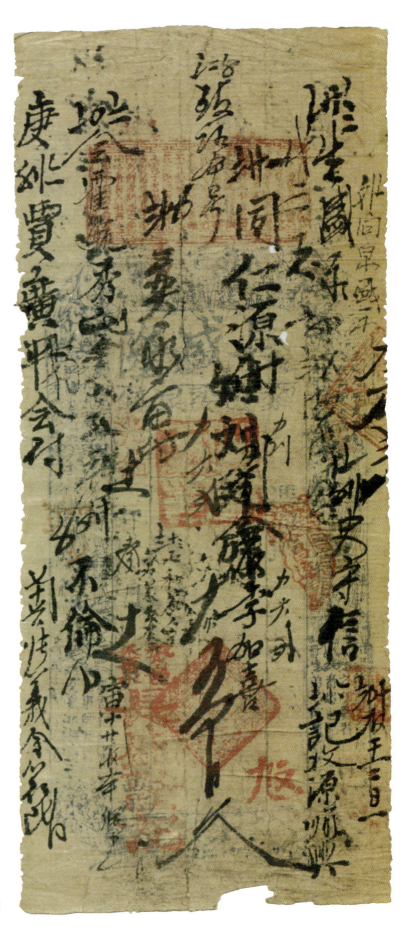

庄号：长盛隆记
地址：山西黎邑委泉
面值：五百文
颜色：蓝色
印制：光绪十一年
　　（1885）三月十
　　一日发
票幅：253×109mm
正面：八仙图
背面：流通印记
级别：★

石长有　藏

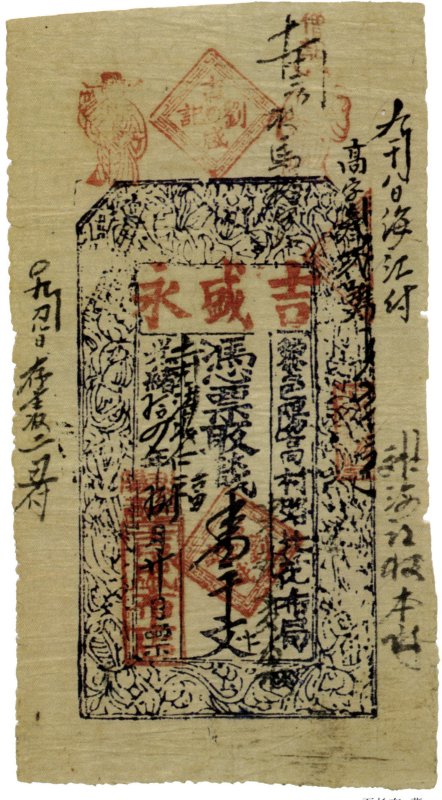

石长有 藏

庄号：吉盛永　　　　　印制：光绪十四年(1888)八月　　正面：花纹
地址：山西黎邑阳高　　　　　二十日发　　　　　　　背面：流通印记
面值：壹千文　　　　　票幅：219×118mm　　　级别：★★
颜色：蓝色

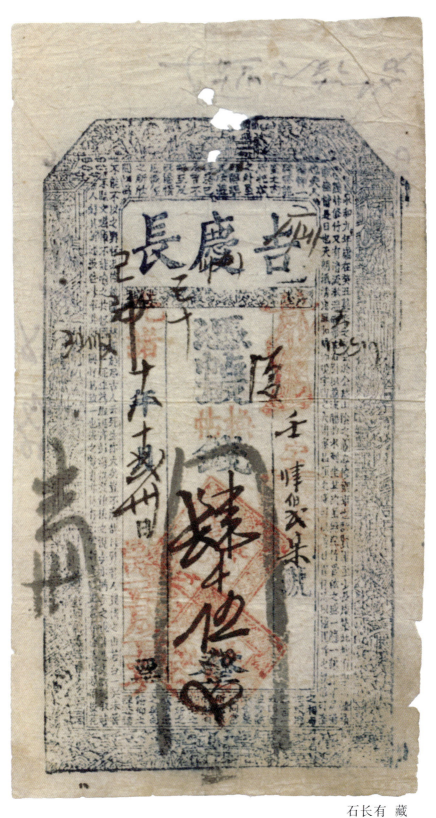

石长有 藏

庄号:吉庆长　　　　印制:光绪十八年(1892)十二　　正面:八仙图、《兰亭序》

地址:山西口邑城内　　　　月三十日发　　　　背面:单面

面值:肆千五百文　　　　票幅:205×111mm　　　　级别:★★

颜色:蓝色

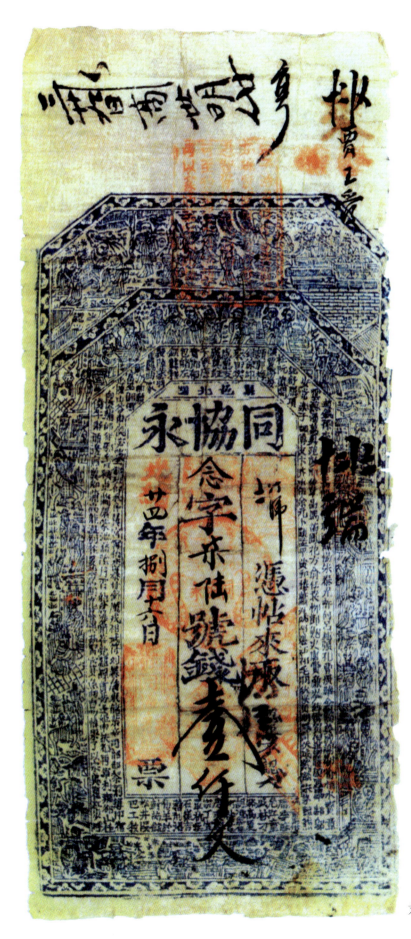

庄号：同协永

地址：山西翼城

面值：壹千文

颜色：蓝色

印制：光绪二十四年
　　（1898）八月十六日
　　发

票幅：236×105mm

正面：八仙图、《百家
　　姓》

背面：单面

级别：★★

刘建民　藏

389

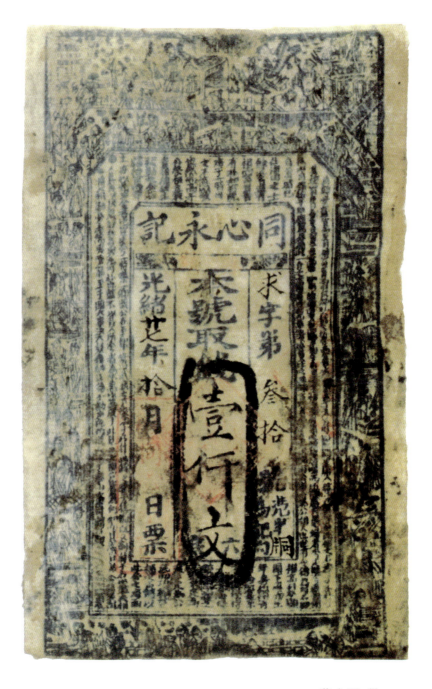

蔡小军 供

庄号：同心永记  印制：光绪二十七年(1901)十  正面：民间故事、古文
地址：山西绛州     月发       背面：单面
面值：壹千文    票幅：170×105mm  级别：★★
颜色：蓝色

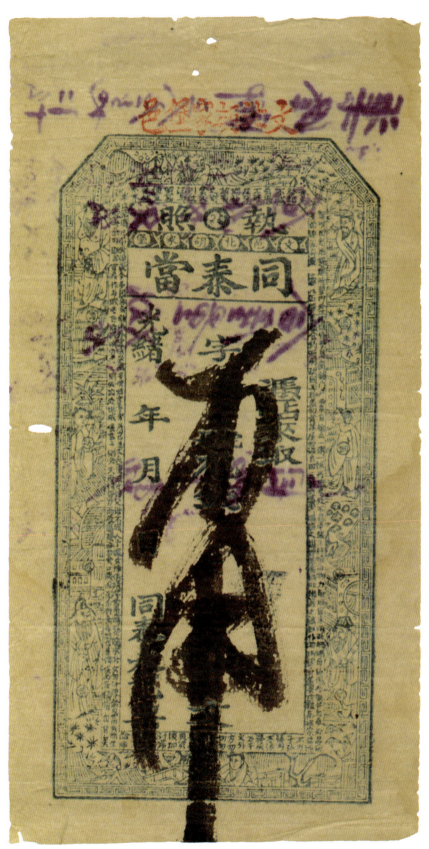

庄号：同泰当
地址：山西文邑
面值：空白
颜色：蓝色
印制：光绪年未流
　　通票帖
票幅：209×112mm
正面：八仙图、《治家
　　格言》
背面：单面

石长有　藏

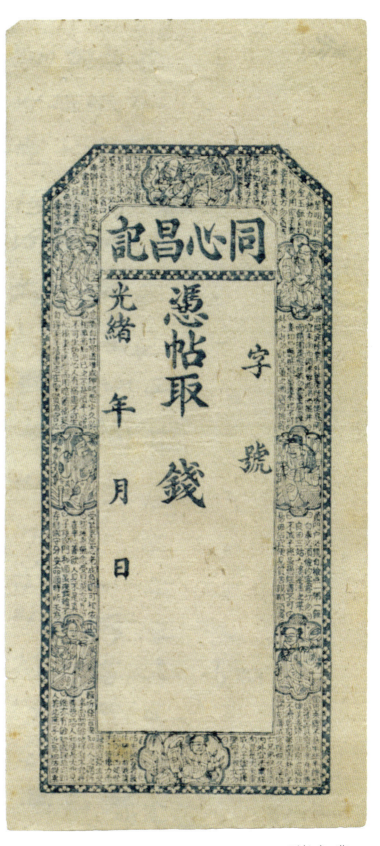

庄号：同心昌记
面值：空白
颜色：蓝色
印制：光绪年未流通票
票幅：215×98mm
正面：八仙图、《治家格言》
背面：单面

石长有　藏

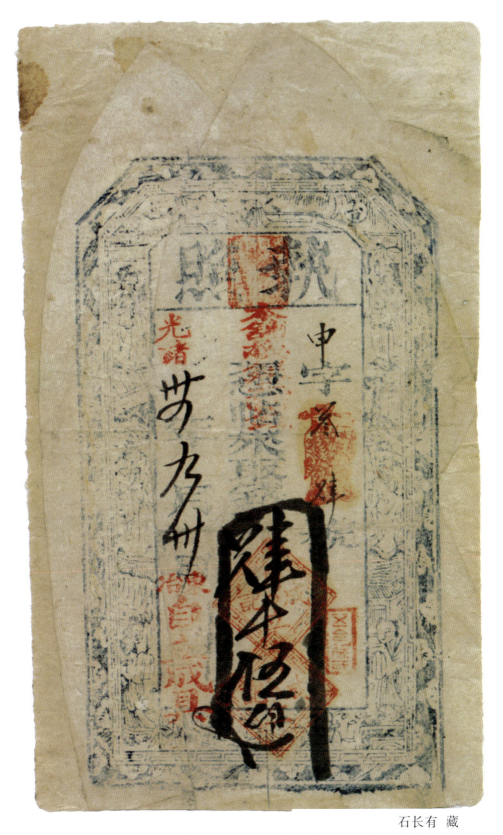

石长有　藏

庄号：自立成具　　　印制：光绪三十四年（1908）　　正面：八仙图
地址：山西台邑东冶　　　　九月三十日发　　　　背面：单面
面值：肆千五百文　　　票幅：212×122mm　　　级别：★
颜色：蓝色

393

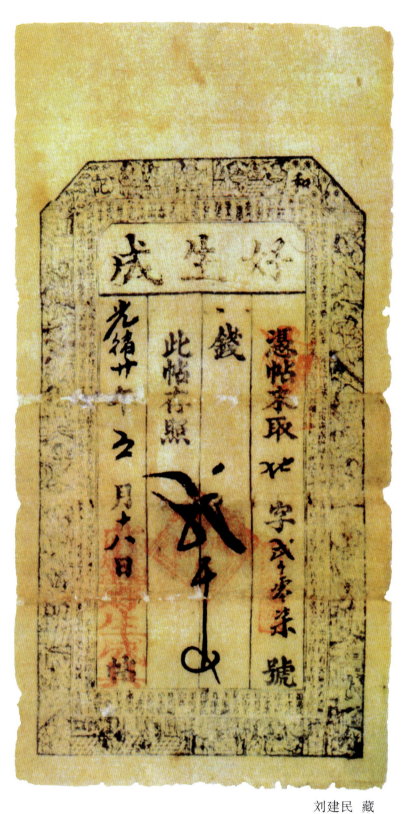

刘建民 藏

庄号:好生成　　印制:光绪二十年(1894)五　　正面:民间故事、《赤壁赋》
地址:山西　　　　月十八日发　　　　　　背面:单面
面值:贰千文　　票幅:203×103mm　　　级别:★
颜色:蓝色

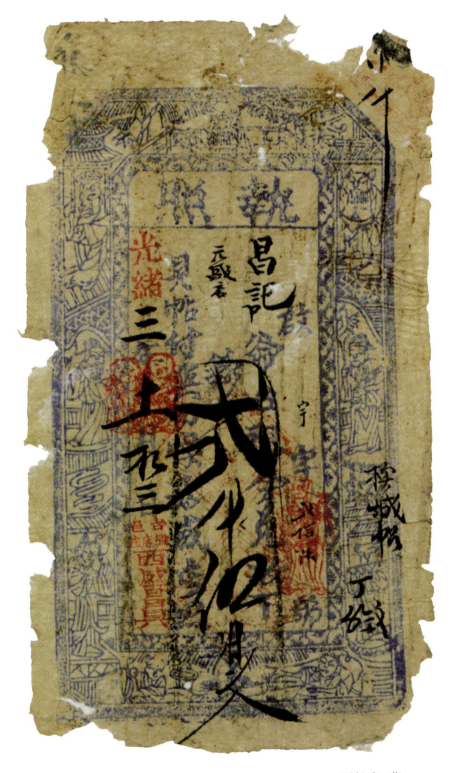

石长有 藏

庄号：西盛昌具　　　印制：光绪三年（1877）十一　正面：八仙图
地址：山西台邑维磨　　　　月三日发　　　　　　背面：流通印记
面值：贰千五百文　　　票幅：193×105mm　　　级别：★★
颜色：蓝色

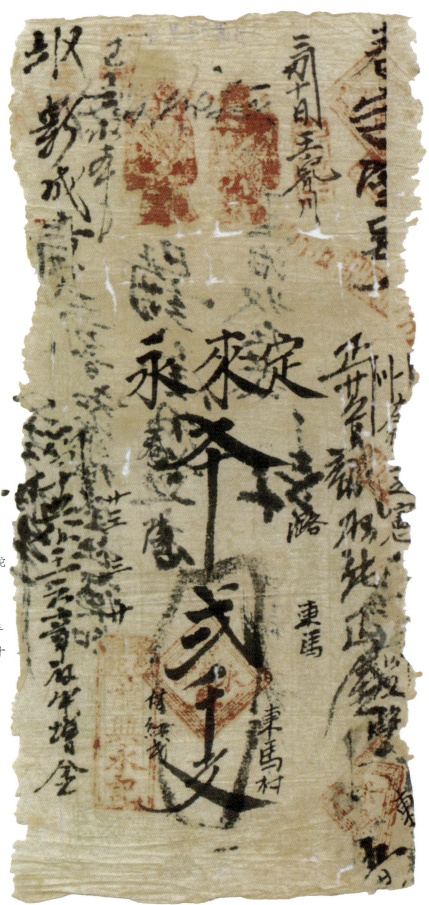

庄号：定丰永
地址：山西黎邑烟驼
面值：贰千文
颜色：蓝色
印制：光绪二十三年
（1897）三月二十
日发
票幅：235×105mm
正面：回纹
背面：流通印记
级别：★

石长有 藏

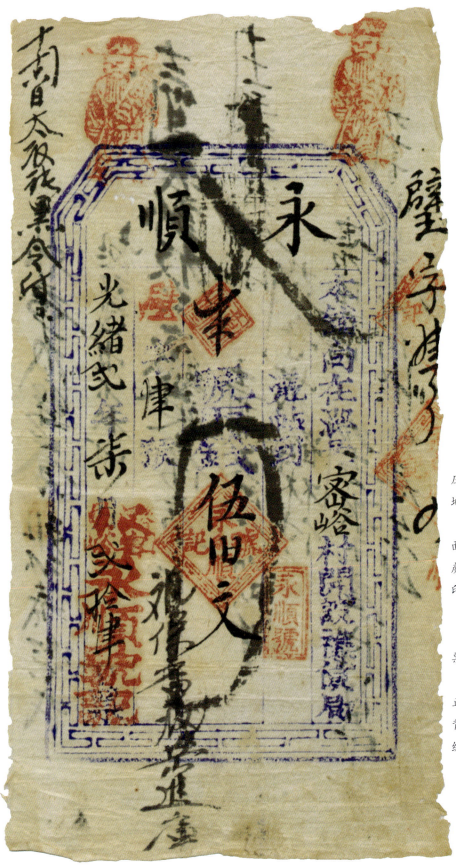

庄号：永顺
地址：山西潞邑
　　密峪
面值：伍百文
颜色：蓝色
印制：光绪二年
　（1876）七月
　二十四日发
票幅：227×118
　mm
正面：回纹
背面：流通印记
级别：★

石长有　藏

397

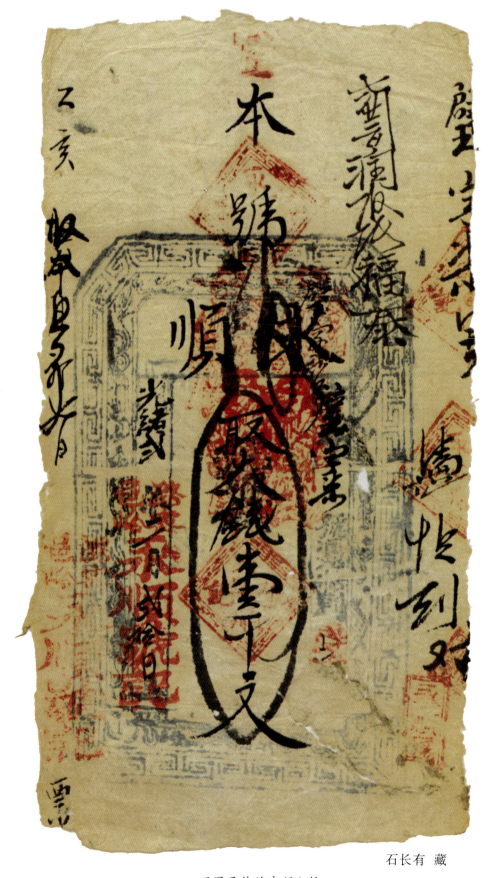

石长有 藏

不同面值的永顺私帖

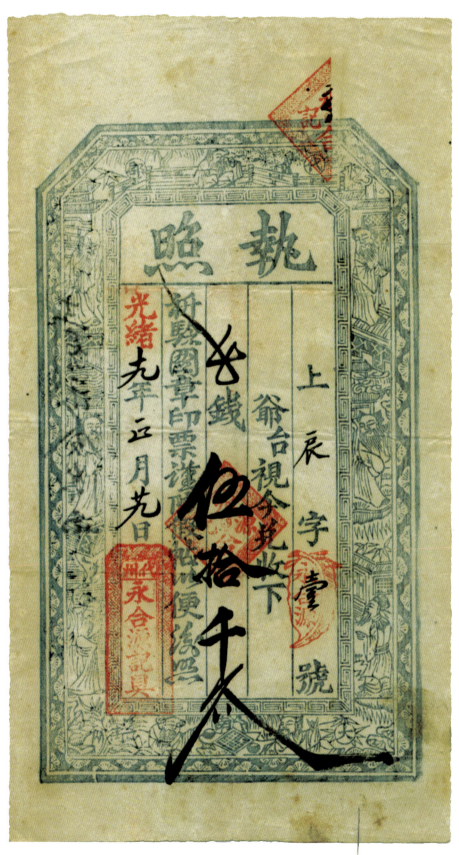

庄号：永合源记
地址：山西代州
面值：伍拾千文
颜色：蓝色
印制：光绪十九年
　　（1893）正月二
　　十九日发
票幅：220×120
　　mm
正面：八仙图
背面：流通印记
级别：★★

石长有　藏

399

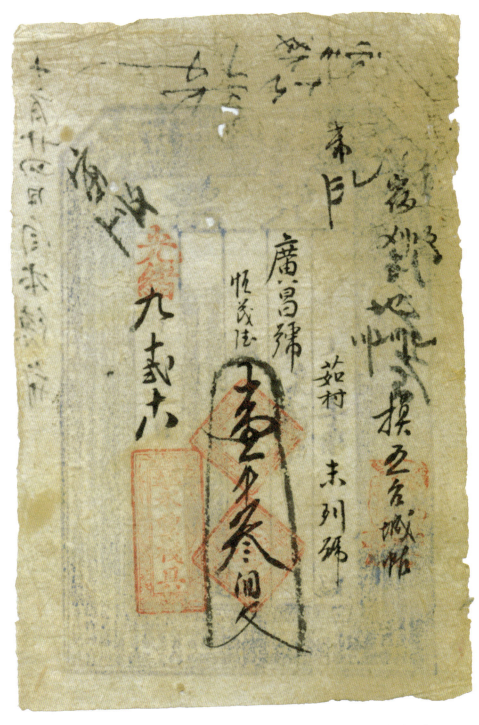

石长有 藏

庄号：永丰栈具　　　印制：光绪九年（1883）十二　　正面：花边
地址：山西定邑　　　　　月十八日发　　　　　　背面：流通印记
面值：壹千叁百文　　　票幅：183×120mm　　　级别：★
颜色：蓝色

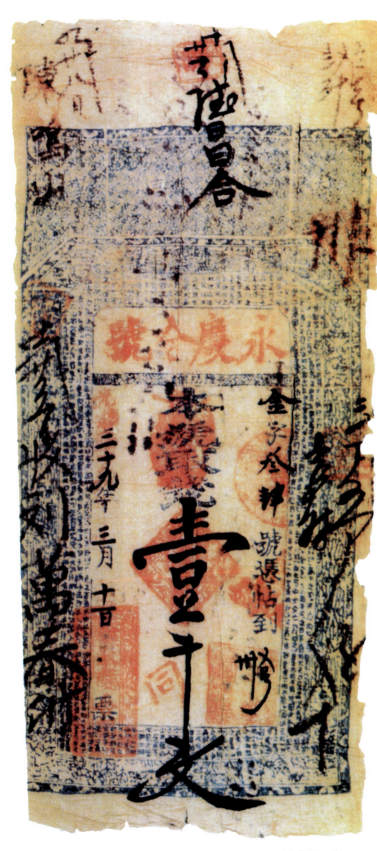

庄号：永庆合号
地址：山西太邑古城
面值：壹千文
颜色：蓝色
印制：光绪二十九年
　　（1903）三月十一日
　　发
票幅：215×102mm
正面：民间故事、古文
背面：单面
级别：★

刘建民　藏

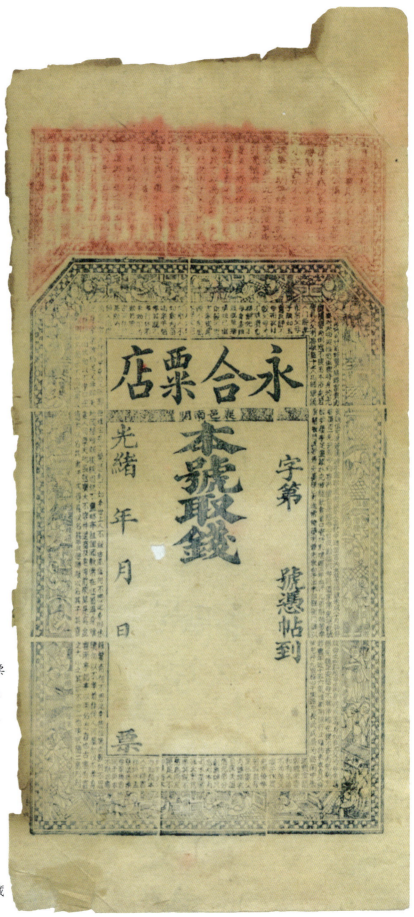

庄号：永合粟店
地址：山西襄邑
面值：空白
颜色：蓝色
印制：光绪年未流通票
帖票幅：240×107mm
正面：《西厢记》人物、
　　　《孝经》
背面：单面

石长有　藏

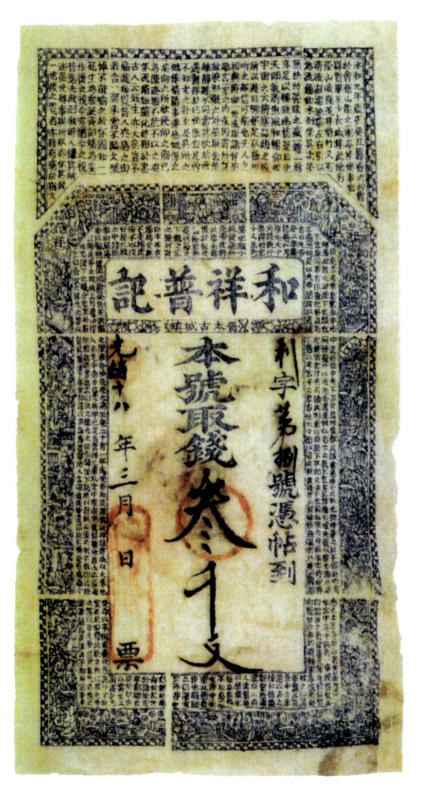

庄号:和祥普记

地址:山西晋太古城

面值:叁千文

颜色:蓝色

印制:光绪十八年
  (1892)三月发

票幅:200×105mm

正面:民间故事、《兰
  亭序》、《出师表》

背面:单面

级别:★★

刘建民　藏

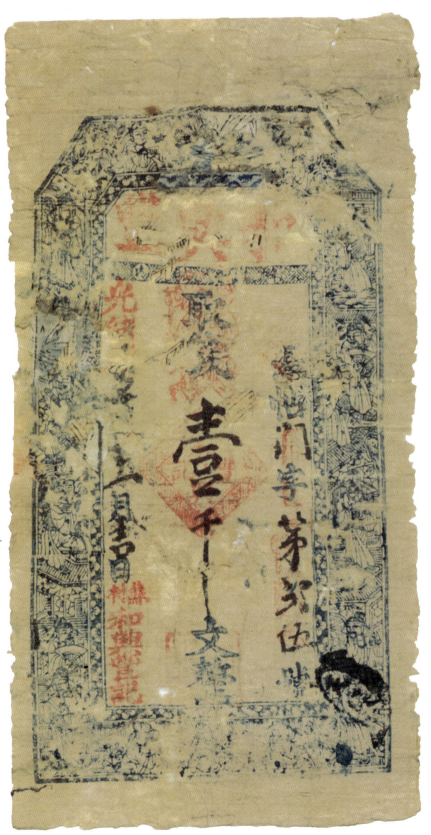

庄号:和兴丰记
地址:山西绛州苏村
面值:壹千文
颜色:蓝色
印制:光绪三十三年
　(1907)十一月发
票幅:215×109mm
正面:民间故事
背面:流通印记
级别:★

石长有　藏

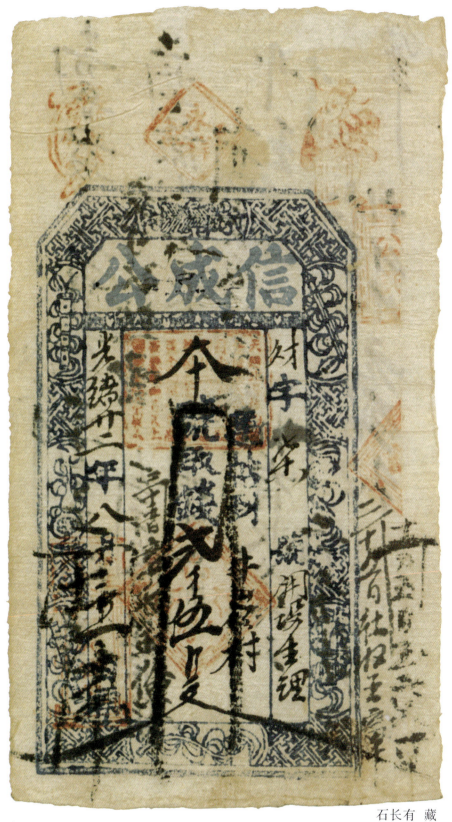

石长有 藏

庄号：信成公   印制：光绪二十三年（1897）  正面：暗八仙

地址：山西潞邑三泉镇    八月一日发    背面：流通印记

面值：贰千五百文    票幅：212×115mm   级别：★

颜色：蓝色

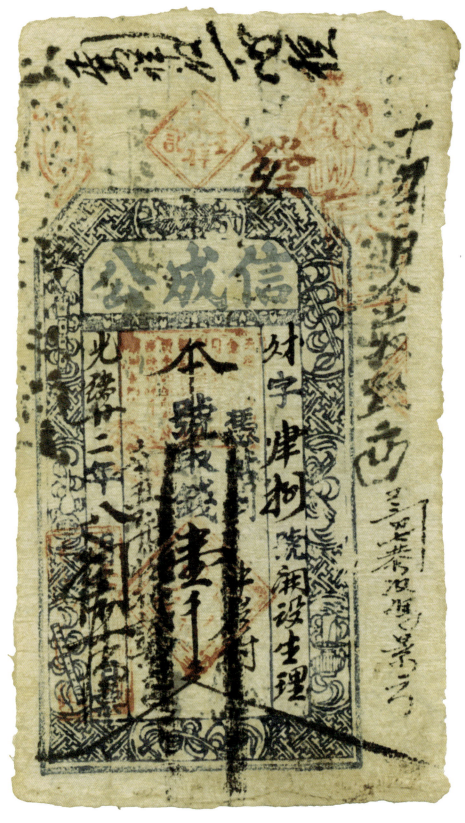

不同面值的信成公私帖

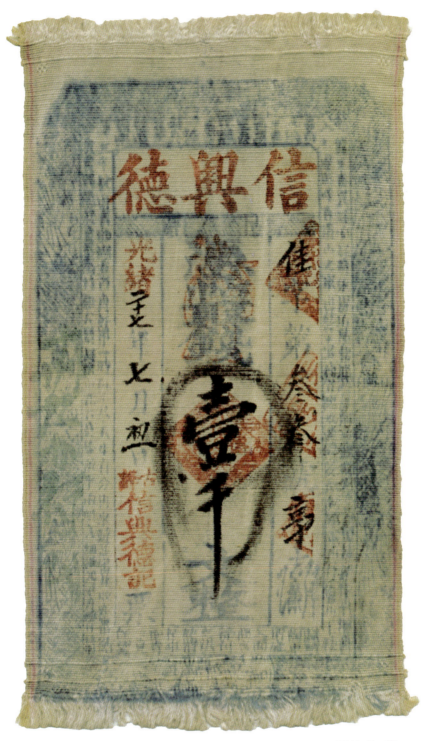

石长有 藏

| | | |
|---|---|---|
| 庄号：信兴德 | 印制：光绪二十七年（1901） | 正面：八仙图、古文 |
| 地址：山西古绛 | 　　　七月一日发 | 背面：单面 |
| 面值：壹千文 | 票幅：188×103mm | 级别：★★ |
| 颜色：蓝色布质 | | |

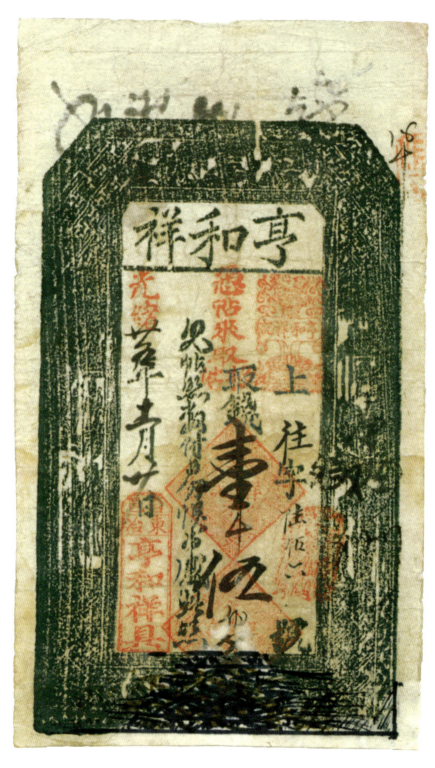

石长有 藏

庄号：亨和祥　　　印制：光绪二十五年(1899)　　正面：花边
地址：山西台邑东冶　　　　十一月二十日发　　　　背面：流通印记
面值：壹千五百文　　　票幅：192×110mm　　　级别：★★
颜色：蓝色

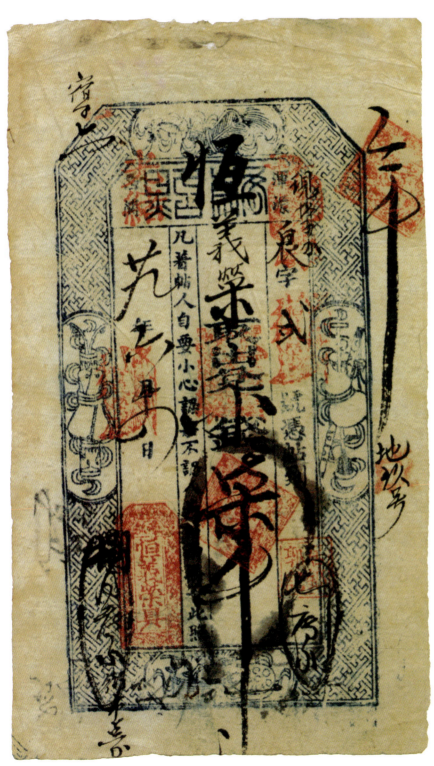

庄号：恒义荣具

地址：山西浑源西关

面值：柒千文

颜色：蓝色

印制：光绪二十九年
　　　（1903）六月十四
　　　日发

票幅：213×123mm

正面：暗八仙

背面：流通印记

级别：★★

石长有　藏

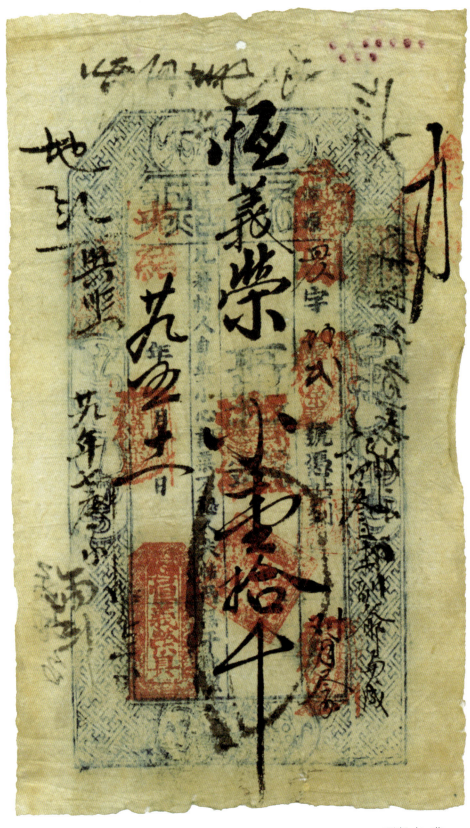

石长有 藏

不同面值的恒义荣私帖

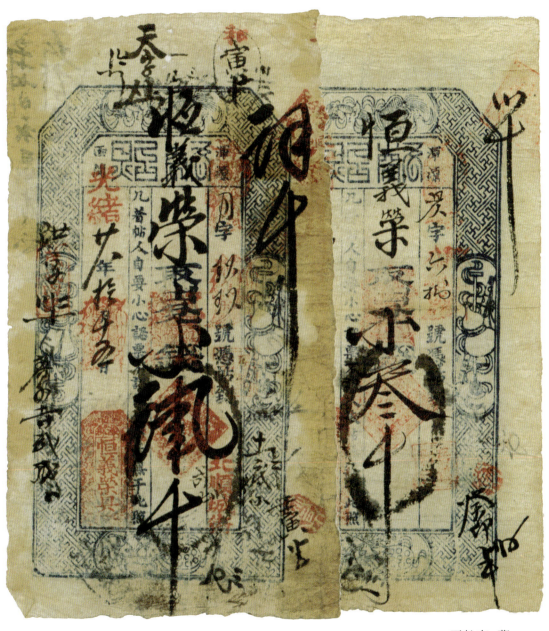

石长有　藏

不同年份不同面值的恒义荣私帖

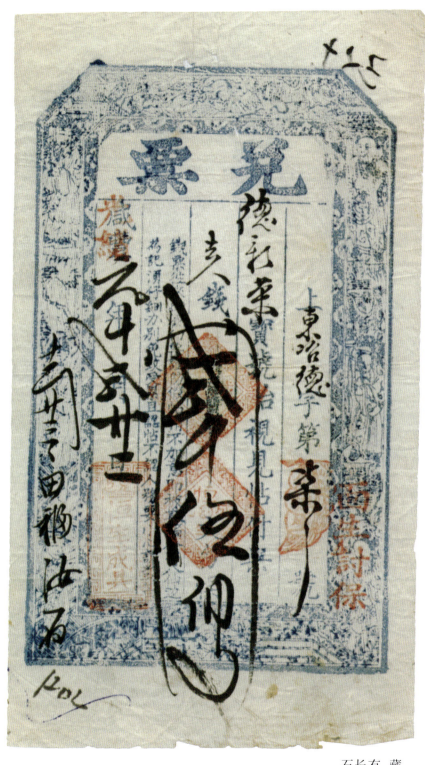

石长有 藏

庄号:恒生成具　　　印制:咸丰改光绪六年(1880)　　正面:八仙图
地址:山西定邑　　　　　二月二十二日发　　　　背面:单面
面值:贰千五百文　　　票幅:196×112mm　　　级别:★★
颜色:蓝色

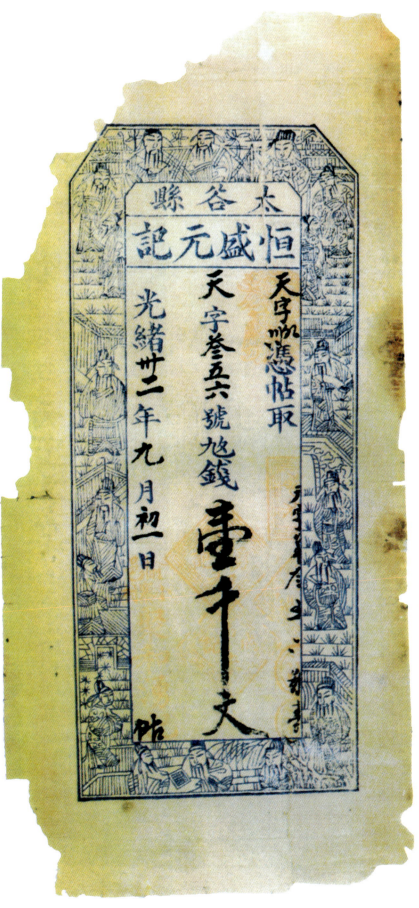

庄号：恒盛元记
地址：山西太谷
面值：壹千文
颜色：蓝色
印制：光绪三十二年
　　(1906)九月一日发
票幅：235×110mm
正面：古代人物
背面：单面
级别：★★

刘建民　藏

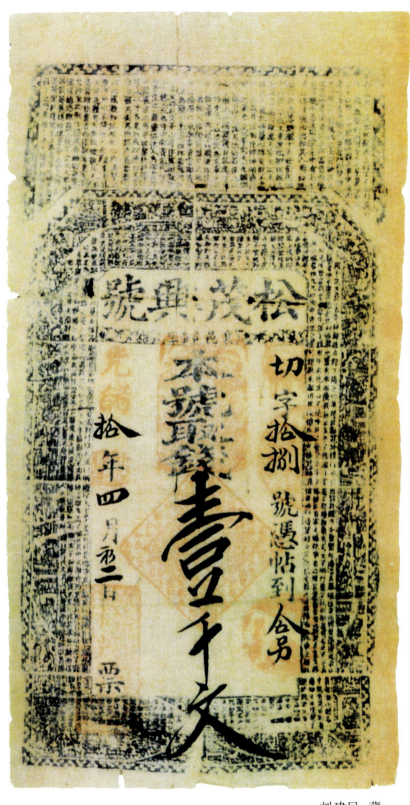

刘建民 藏

庄号:松茂兴号　　　　印制:光绪十年(1884)四月　　正面:民间故事

地址:山西襄邑　　　　　二日发　　　　　　　　　背面:单面

面值:壹千文　　　　　　票幅:210×110mm　　　　级别:★★

颜色:蓝色

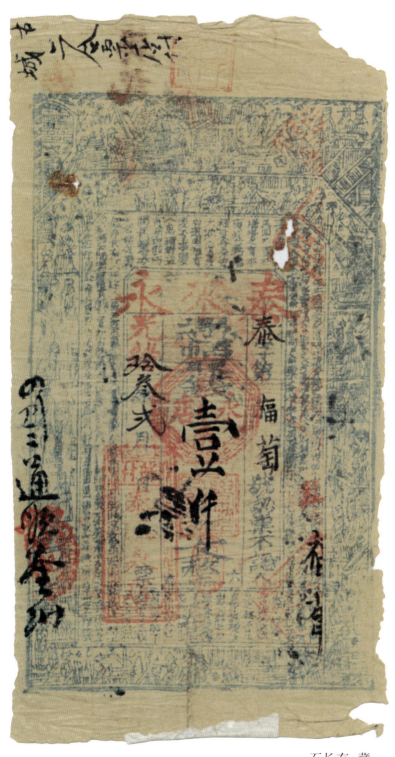

石长有 藏

| | | |
|---|---|---|
| 庄号:泰来永 | 印制:光绪十三年(1887)二 | 正面:民间故事 |
| 地址:山西绛州苏村 | 月发 | 背面:古文 |
| 面值:壹千文 | 票幅:192×101mm | 级别:★★ |
| 颜色:蓝色 | | |

庄号:泰安源记

地址:山西平邑营里

面值:贰千五百文

颜色:绿色

印制:光绪十一年(1885)

　　六月十五日发

票幅:256×110mm

正面:八仙图

背面:流通印记

级别:★

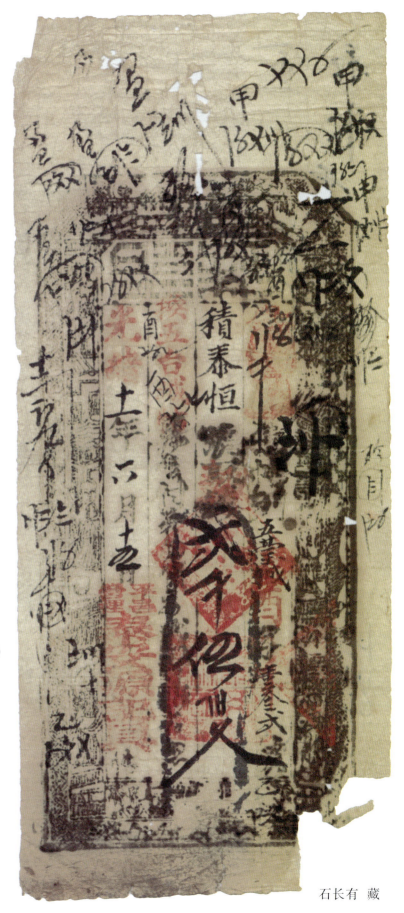

石长有　藏

416

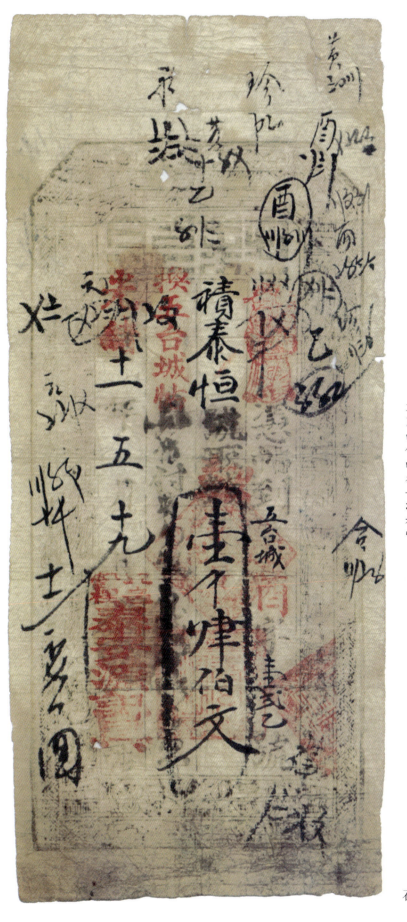

不同面值的泰安源私帖

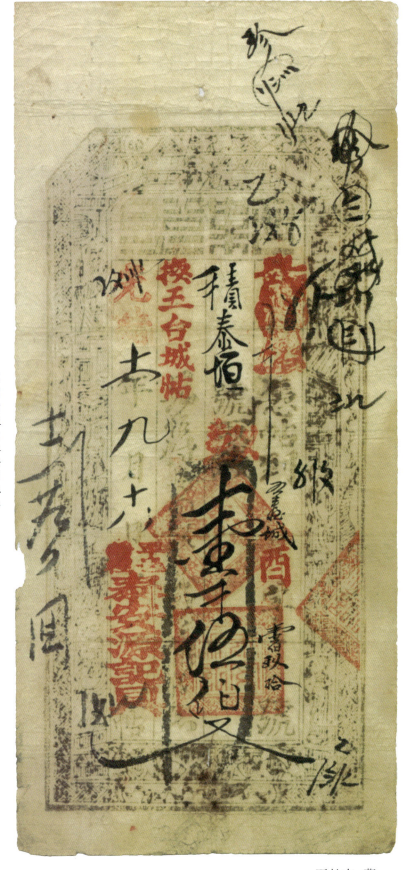

不同面值的泰安源私帖

石长有 藏

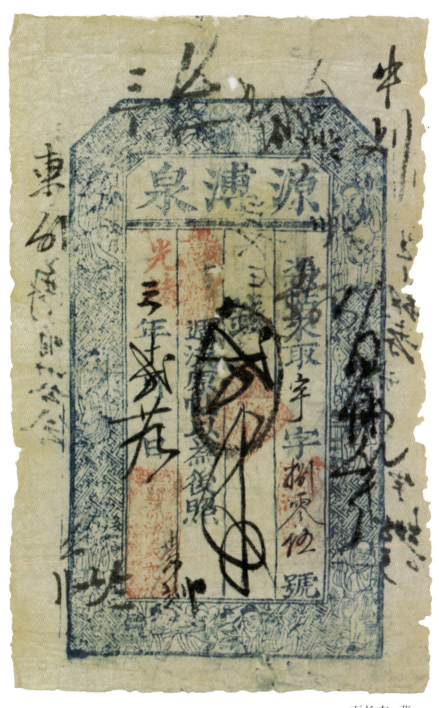

石长有 藏

庄号:源溥泉　　印制:光绪三年(1877)十二　　正面:八仙图
地址:山西襄邑　　　　月二十九日发　　　　背面:流通印记
面值:贰千文　　　票幅:179×110mm　　　级别:★
颜色:蓝色

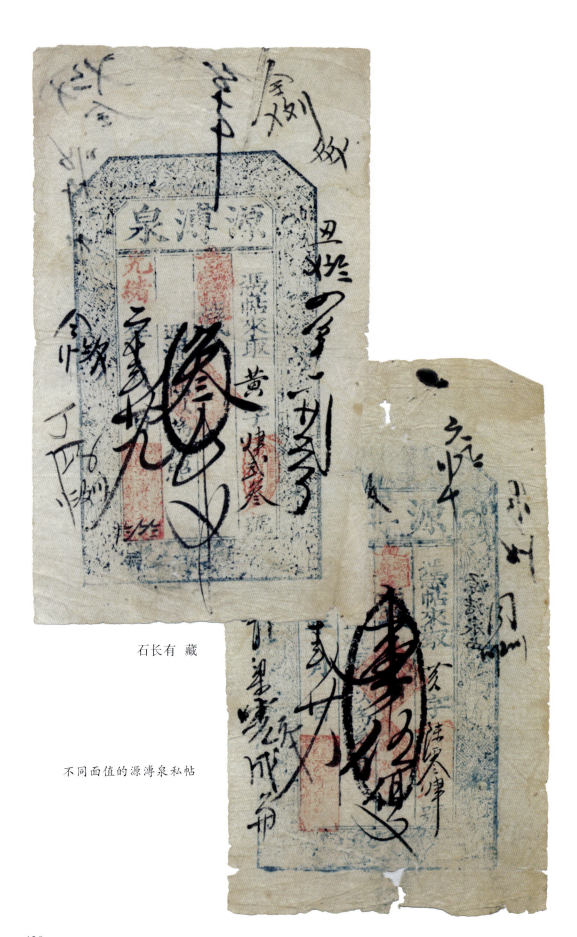

石长有 藏

不同面值的源溥泉私帖

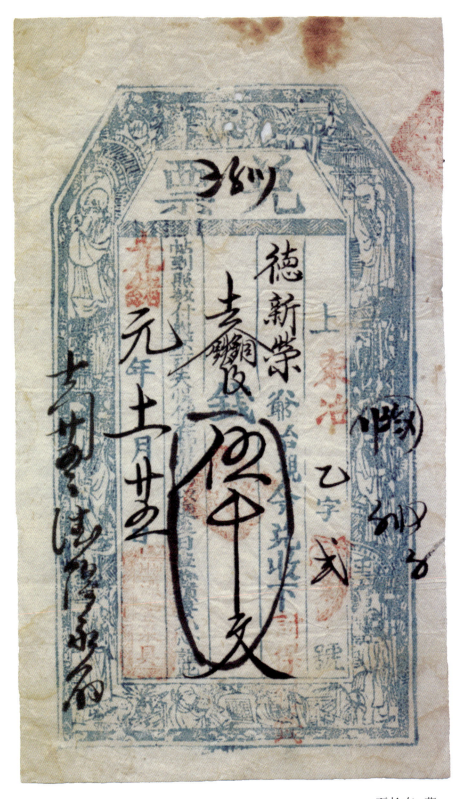

石长有 藏

庄号:源丰永具　　印制:光绪元年(1875)十一　　正面:八仙图

地址:山西忻州　　　　月二十五日发　　　　　背面:单面

面值:伍千文　　　　票幅:202×106mm　　　级别:★

颜色:蓝色

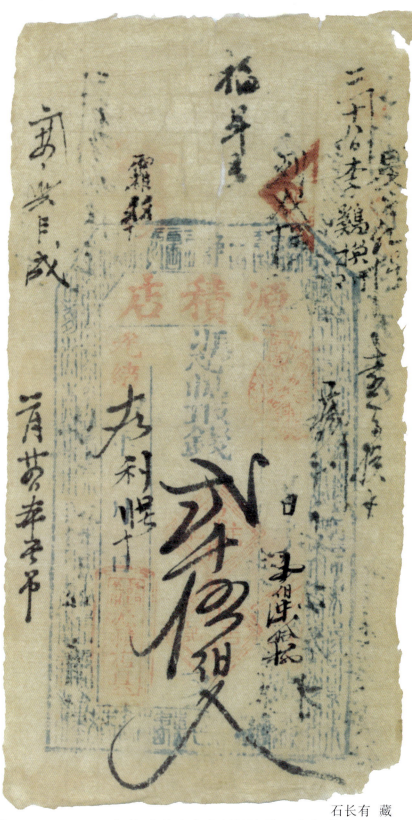

石长有 藏

庄号：源积店　　　　　印制：光绪十九年（1893）利　　正面：篆文
地址：山西静邑　　　　　月二十日发　　　　　　　背面：流通印记
面值：贰千五百文　　　　票幅：212×108mm　　　级别：★★
颜色：蓝色

422

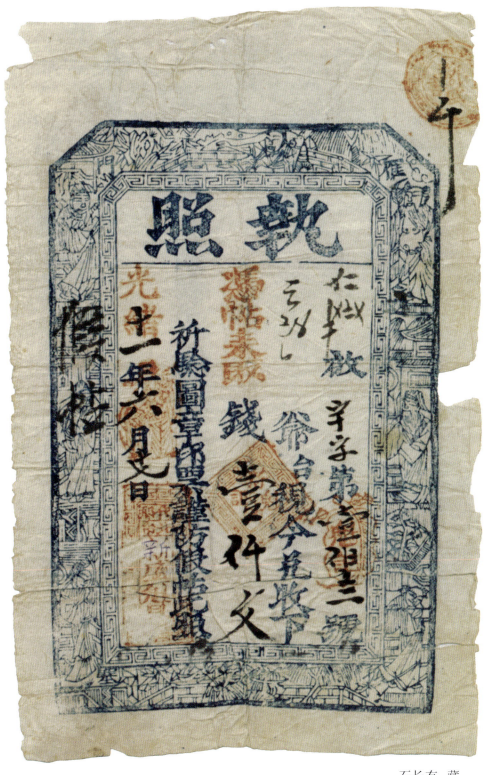

石长有 藏

庄号:新盛魁具　　　印制:光绪十一年(1885)六　　正面:八仙图

地址:山西代郡雁门　　　　月十七日发　　　　　背面:流通印记

面值:壹千文　　　　　　票幅:196×122mm　　级别:★★

颜色:蓝色

庄号：裕和长

地址：山西和邑

面值：贰千文

颜色：红色

印制：光绪三十二年（1906）

　　九月一日发

票幅：236×110mm

正面：八仙图

背面：回纹

级别：★★

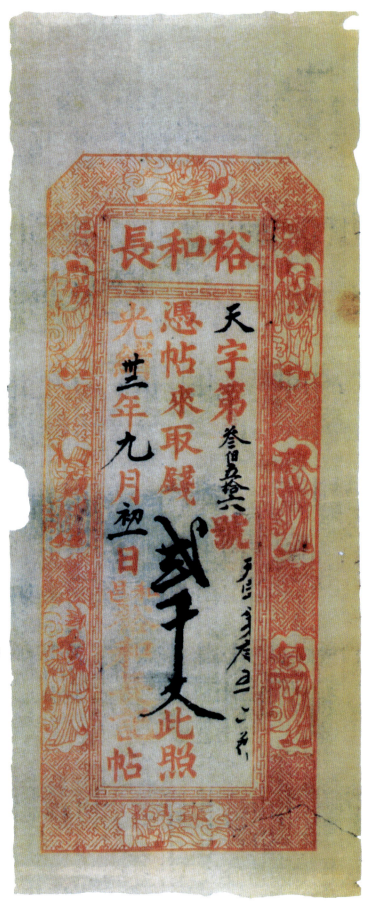

刘建民　藏

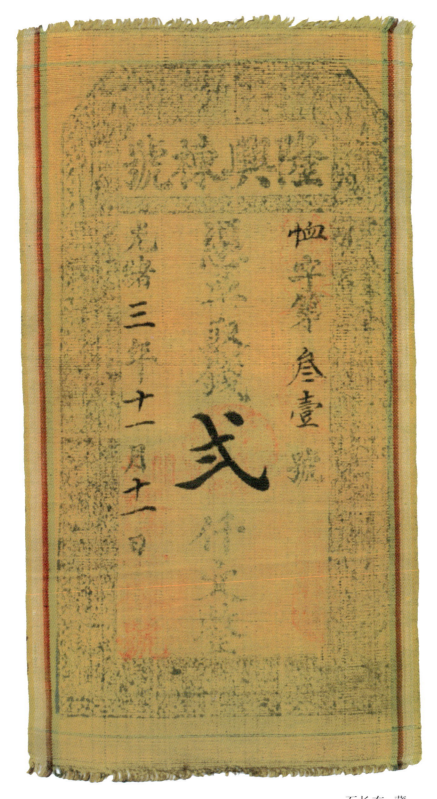

石长有　藏

庄号：隆兴栋号　　　印制：光绪三年（1877）十一　正面：花边
地址：山西闻邑　　　　　　月十一日发　　　　背面：单面
面值：贰千文　　　　票幅：200×106mm　　级别：★★
颜色：黄色布质

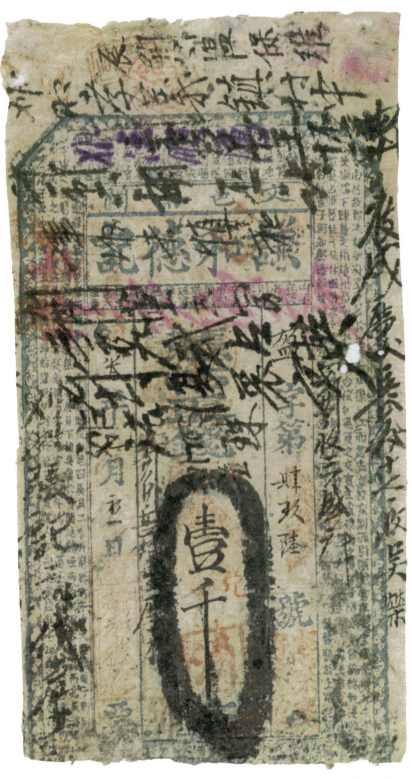

石长有 藏

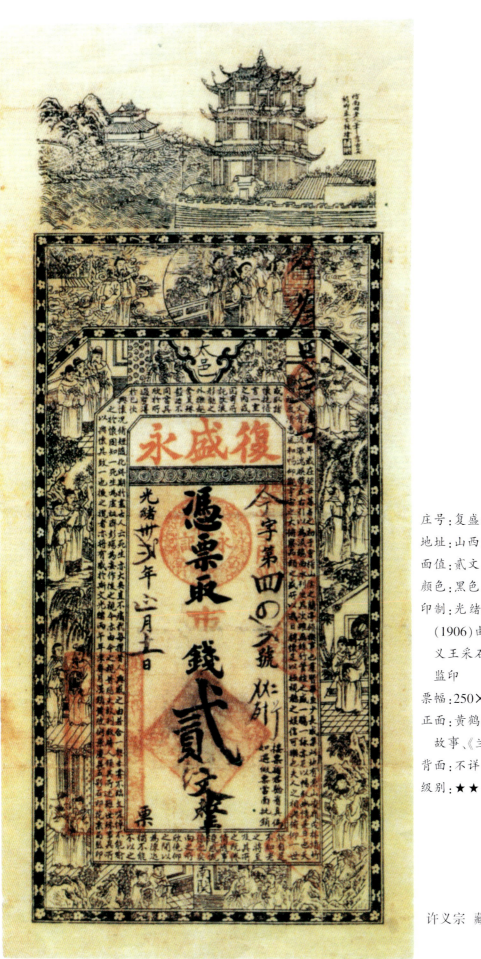

庄号：复盛永

地址：山西太邑东关

面值：贰文

颜色：黑色

印制：光绪三十二年
（1906）由汉镇景庆
义王采石印花票局
监印

票幅：250×112mm

正面：黄鹤楼、民间
故事、《兰亭序》

背面：不详

级别：★★

许义宗 藏

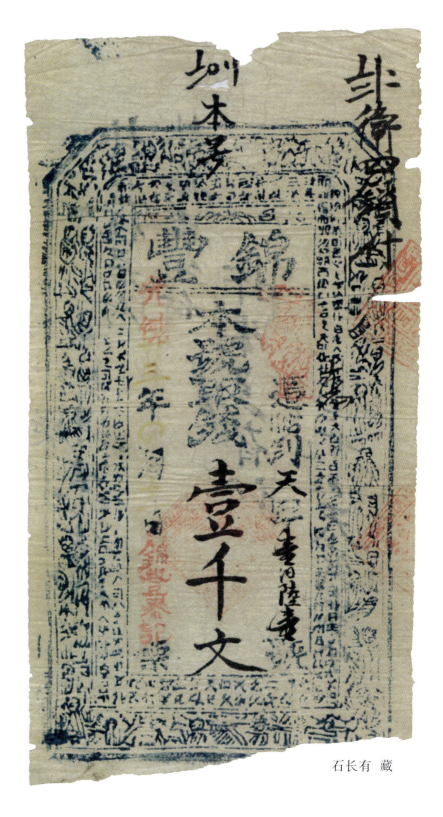

石长有 藏

庄号:锦丰泰记　　　　印制:光绪三年(1877)四月　　正面:古代人物
地址:山西　　　　　　　　发　　　　　　　　　　　背面:流通印记
面值:壹千文　　　　　票幅:200×105mm　　　　级别:★
颜色:蓝色

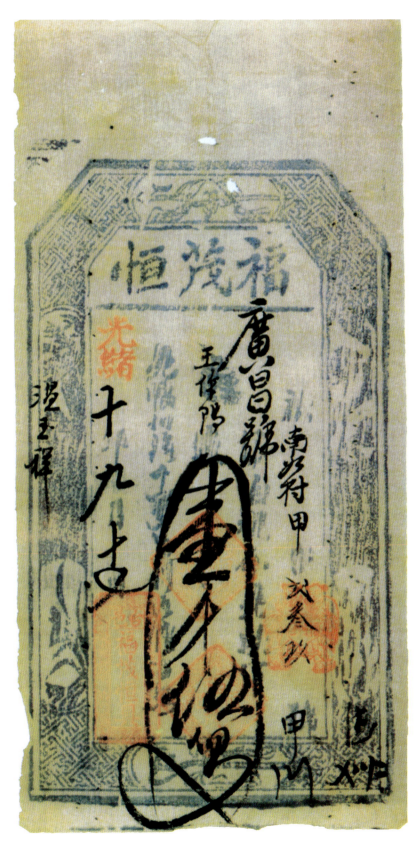

庄号:福茂恒
地址:山西台邑
面值:壹千文
颜色:蓝色
印制:光绪十年(1884)
　　九月十七日发
票幅:216×117mm
正面:花边
背面:单面
级别:★

刘建民　藏

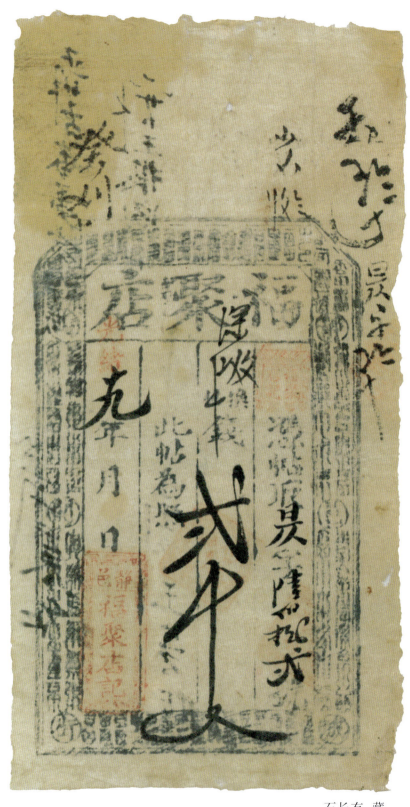

石长有 藏

庄号：福聚店　　　颜色：蓝色　　　　　　　　正面：篆书

地址：山西静邑　　　印制：光绪十九年(1893)发　背面：流通印记

面值：贰千文　　　票幅：206×106mm　　　级别：★★

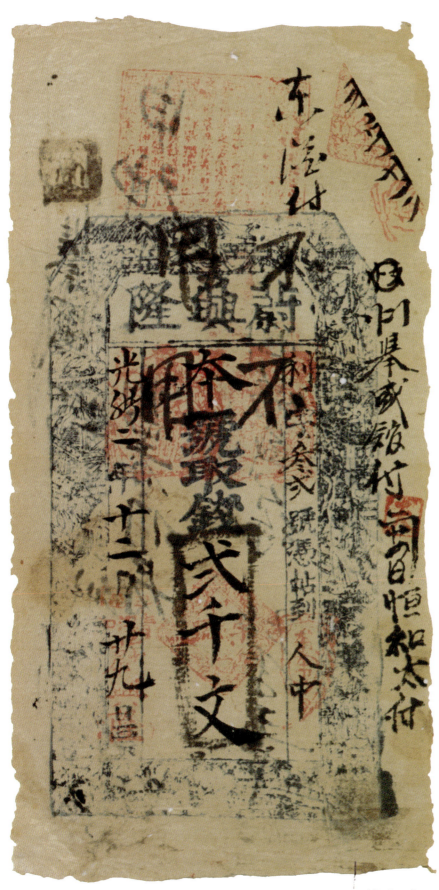

庄号:蔚兴隆

地址:山西平邑清
　　泽口

面值:贰千文

颜色:蓝色

印制:光绪二年
　　(1876)十二月
　　二十九日发

票幅:230×114mm

正面:八仙

背面:流通印记

级别:★

石长有　藏

431

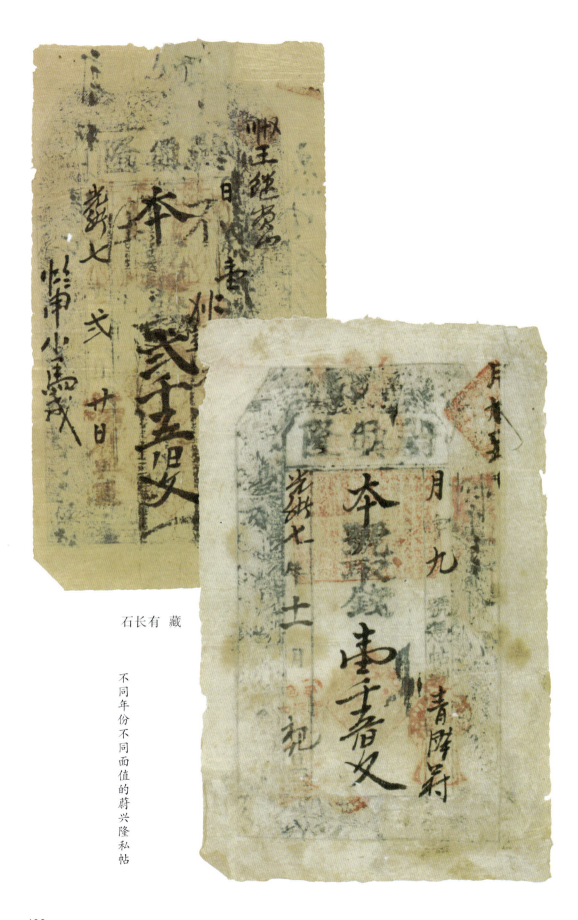

石长有　藏

不同年份不同面值的蔚兴隆私帖

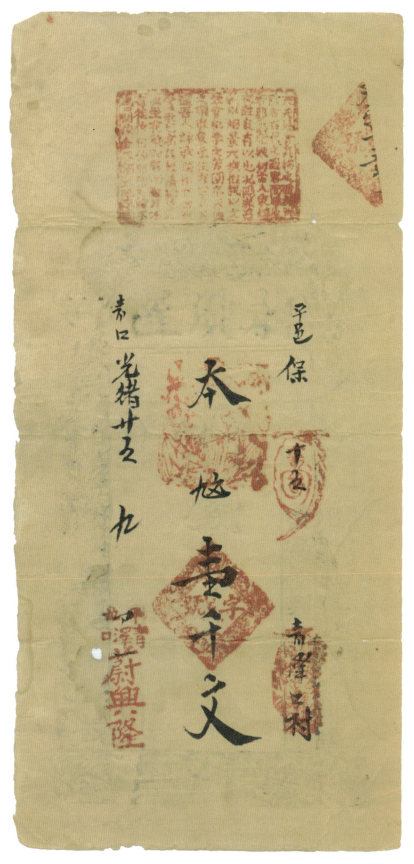

石长有 藏

不同年份不同面值的蔚兴隆私帖

庄号:蔚长永记
地址:山西平遥南街
面值:壹千文
颜色:蓝色
印制:光绪元年(1875)
　　十月七日发
票幅:220×102mm
正面:无图
背面:流通印记
级别:★★

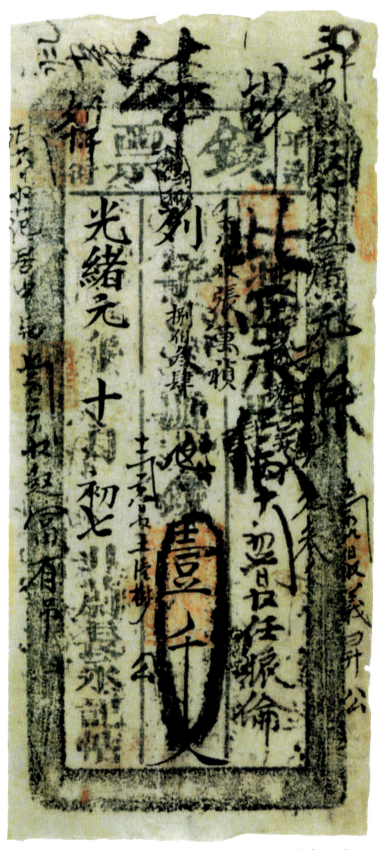

刘建民 藏

434

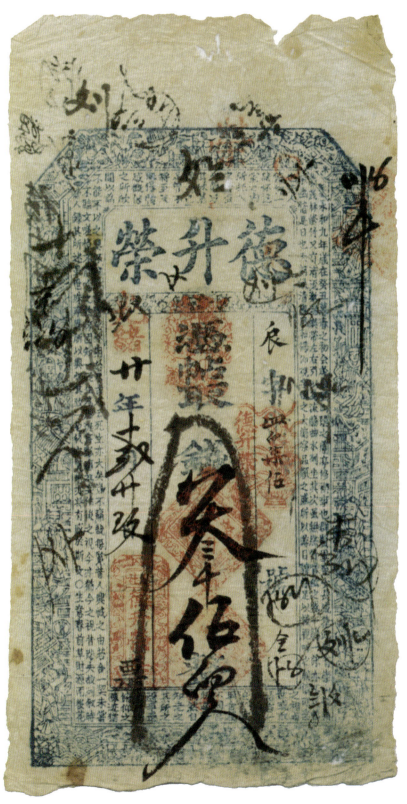

庄号:德升荣

地址:山西原平东社

面值:叁千五百文

颜色:蓝色

印制:光绪二十年
   (1894)十二月二
   十九日发

票幅:208×112mm

正面:八仙图、《兰亭
   序》

背面:单面

级别:★

石长有 藏

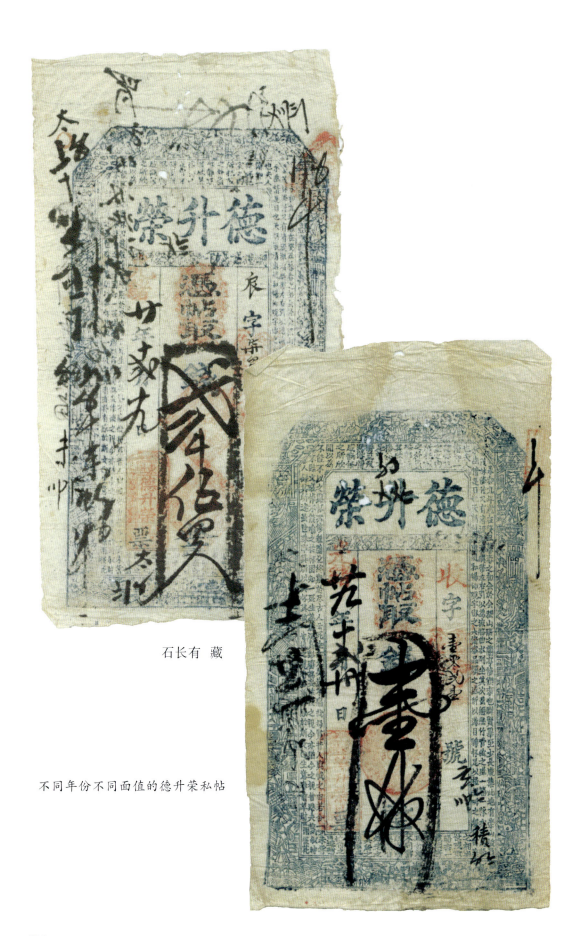

石长有　藏

不同年份不同面值的德升荣私帖

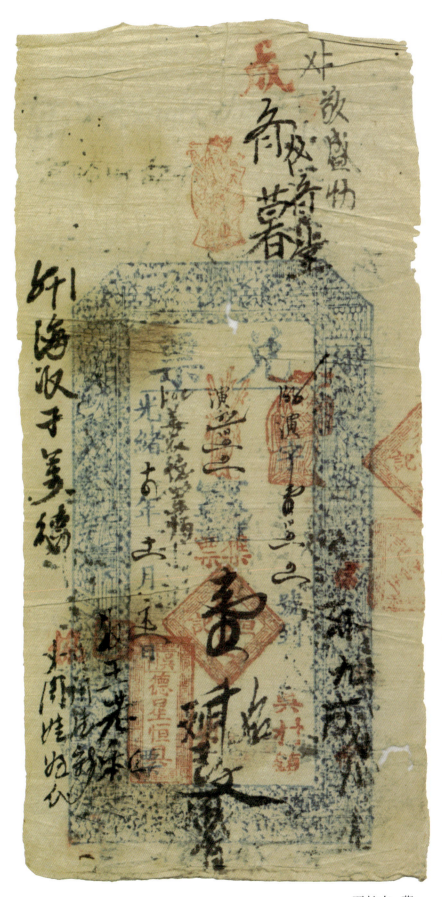

庄号：德兴恒具

地址：山西吴村

面值：壹千文

颜色：蓝色

印制：光绪十四年
　　（1888）十一月一
　　日发

票幅：266×122mm

正面：八仙图

背面：流通印记

级别：★★

石长有　藏

437

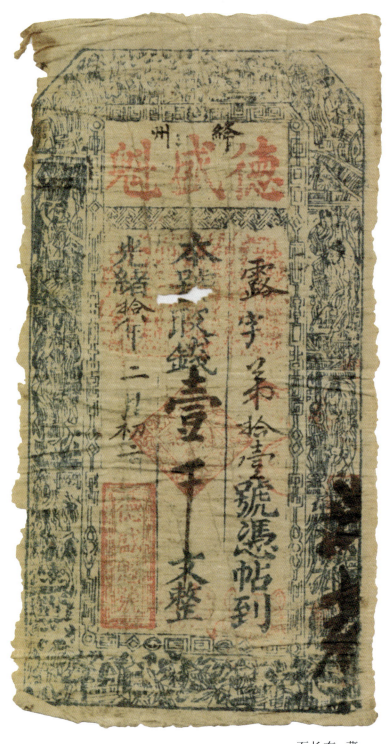

石长有 藏

| | | |
|---|---|---|
| 庄号:德盛魁 | 印制:光绪十八年(1892)二 | 正面:民间故事 |
| 地址:山西绛州 | 月二日发 | 背面:流通印记 |
| 面值:壹千文 | 票幅:190×97mm | 级别:★★ |
| 颜色:蓝色 | | |

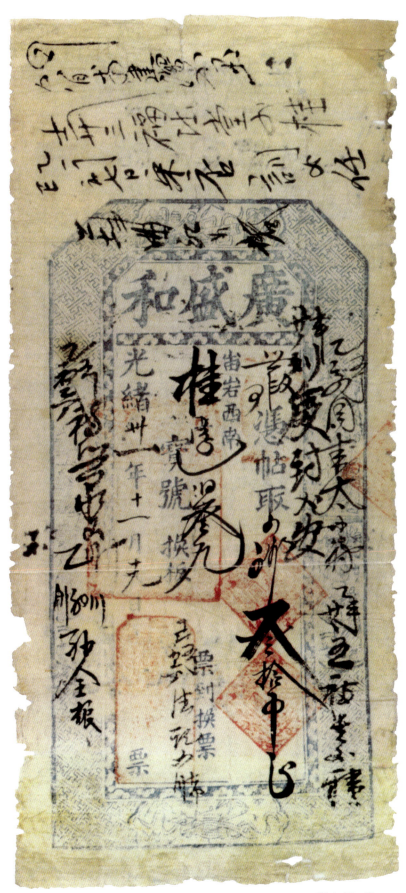

庄号：广盛和

地址：辽宁岫岩

面值：叁拾吊

颜色：蓝色

印制：光绪三十一年
　　(1905)十一月十九
　　日发

票幅：253×115mm

正面：暗八仙

背面：流通印记

级别：★★★

蔡小军　供

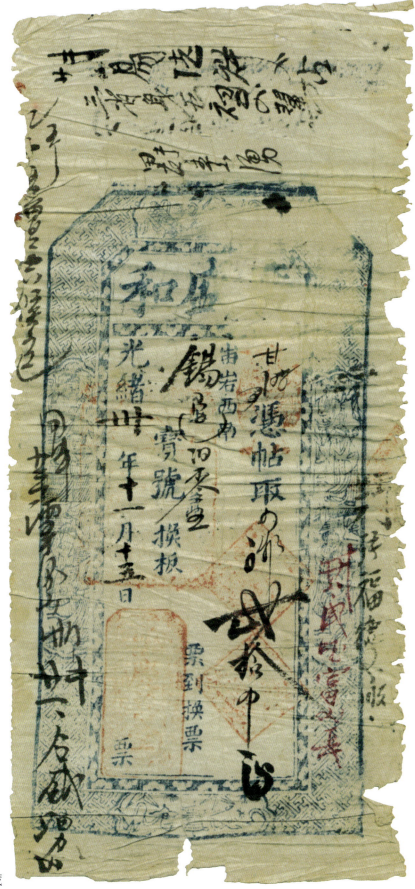

不同面值的广盛和私帖

石长有 藏

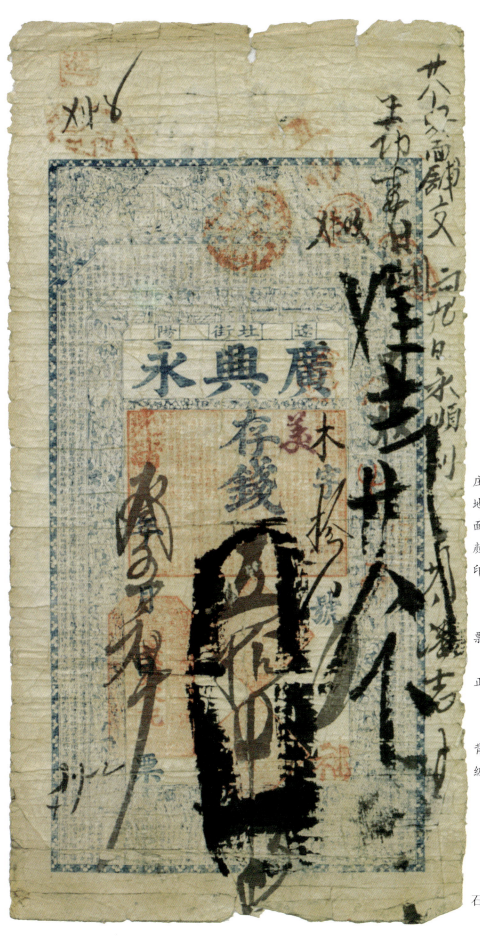

庄号:广兴永

地址:辽宁辽阳

面值:伍拾吊

颜色:蓝色

印制:光绪三年
(1877)五月十
日发

票幅:243×128
mm

正面:《水浒传》
人物、《千字
文》

背面:单面

级别:★★★

石长有 藏

441

石长有 藏

庄号：广泉当　　　　　印制：光绪二十二年（1896）　　　正面：民间故事

地址：辽宁盛京　　　　　　　　五月一日发　　　　　　　背面：古文

面值：陆吊　　　　　　　票幅：228×125mm　　　　　级别：★★★

颜色：蓝色

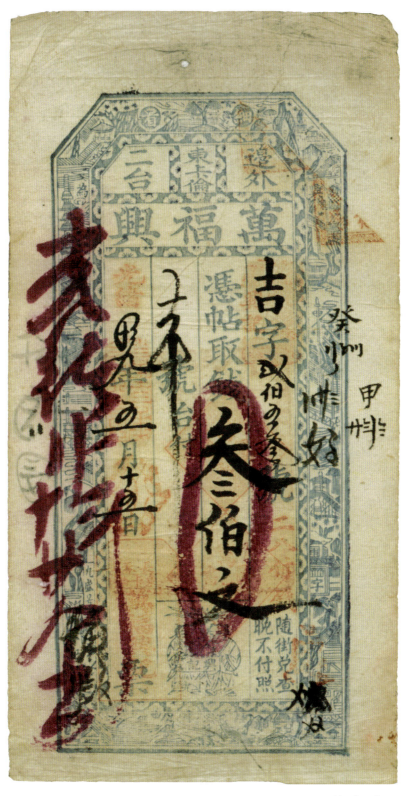

庄号:万福兴　　　　印制:光绪十九年(1893)五　　正面:山水楼阁

地址:吉林长春东卡伦　　　月十五日发　　　　　背面:单面

面值:叁佰文　　　　　票幅:243×125mm　　　级别:★★★

颜色:蓝色

石长有 藏

庄号:万兴福　　　　颜色:蓝/红　　　　　　　正面:八仙

地址:黑龙江卜魁　　　印制:光绪年未发行票帖　　背面:狮子、诗文

面值:叁吊　　　　　　票幅:224×108mm

444

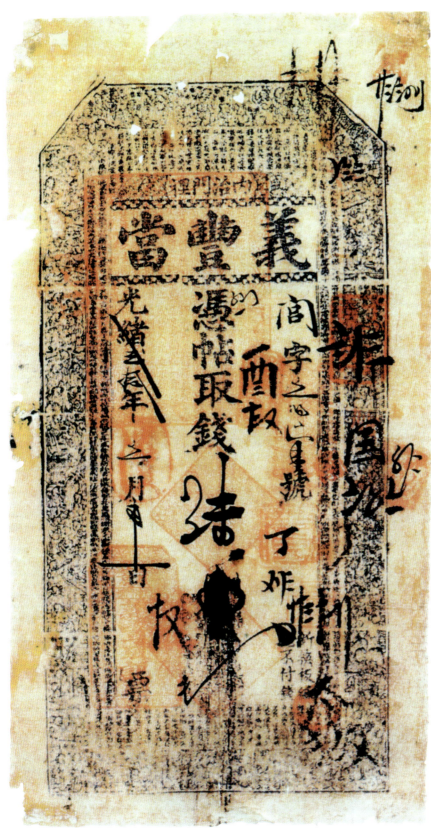

庄号:义丰当

地址:辽宁盛京

面值:陆吊

颜色:蓝色

印制:光绪二十年
　　(1894)二月一日
　　发

票幅:233×123mm

正面:百子图

背面:流通印记

级别:★★★

黄亨俊　藏

445

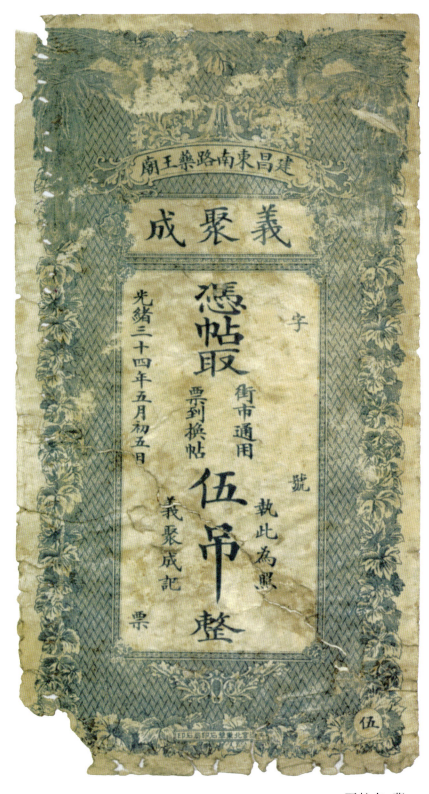

建東南路藥王庙

義聚成

憑帖取

字

街市通用

號

票到換帖

伍吊整

執此為照

義聚成記

票

光緒三十四年五月初五日

伍

石长有 藏

庄号:义聚成　　　　颜色:蓝色　　　　票幅:202×110mm
地址:辽宁建昌药王庙　印制:天津宫北东华石印局　正面:双凤图
面值:伍吊　　　　　　石印　　　　　　背面:单面

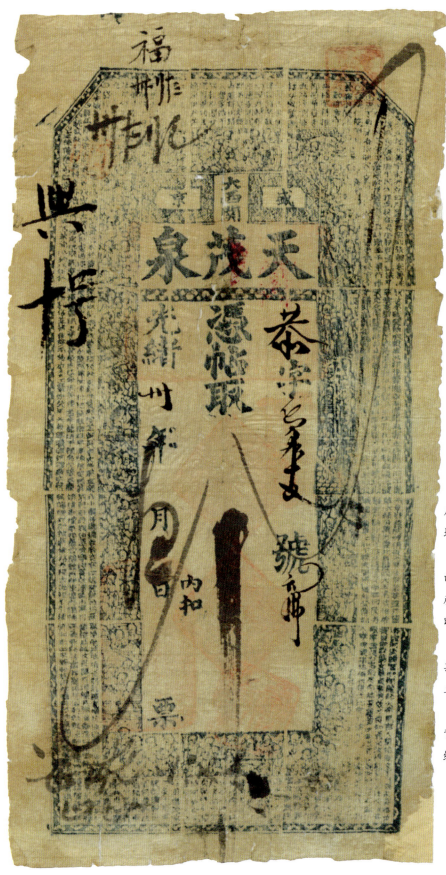

庄号:天茂泉

地址:辽宁盛京大
　　西关

面值:八吊

颜色:蓝色

印制:光绪三十年
　　(1904)初发

票幅:229×119mm

正面:百子图、《千
　　字文》

背面:单面

级别:★★★

石长有　藏

庄号:天德合
地址:黑龙江
　巴彦
面值:叁吊
颜色:蓝色
印制:光绪二十
　三年(1897)
　二月二十三
　日发
票幅:225×
　120mm
正面:山水楼
　阁
背面:古文
级别:★★★

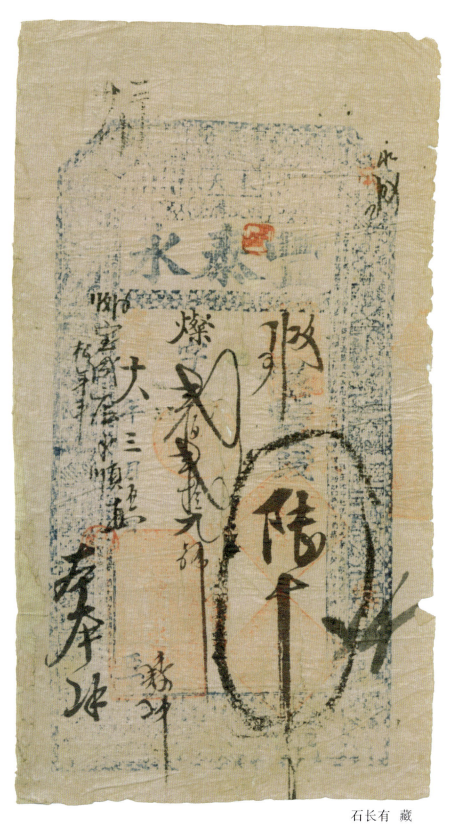

石长有 藏

庄号：丰泰永　　　印制：光绪十八年（1892）三　　正面：民间故事
地址：辽宁奉天没沟营　　　月六日发　　背面：古文
面值：陆吊　　　票幅：228×125mm　　级别：★★★
颜色：蓝色

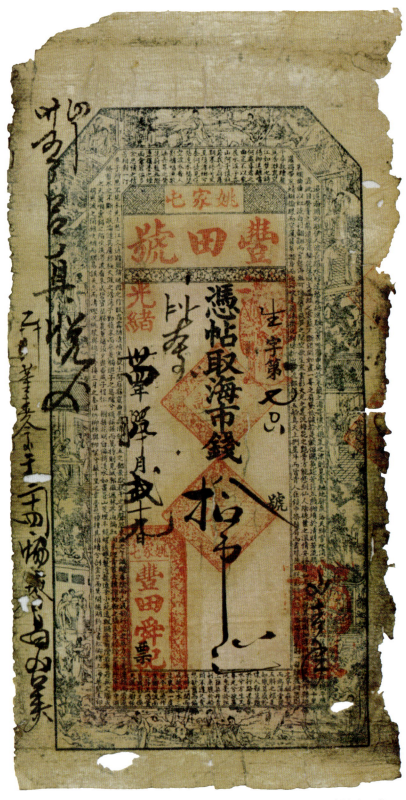

石长有 藏

庄号:丰田号　　　　印制:光绪三十四年(1908)　　　赋》

地址:辽宁盖州姚家屯　　　　腊月二十九日发　　　背面:单面

面值:拾吊　　　　票幅:240×120mm　　　级别:★★★

颜色:蓝色　　　　正面:《西厢记》人物、《秦淮

450

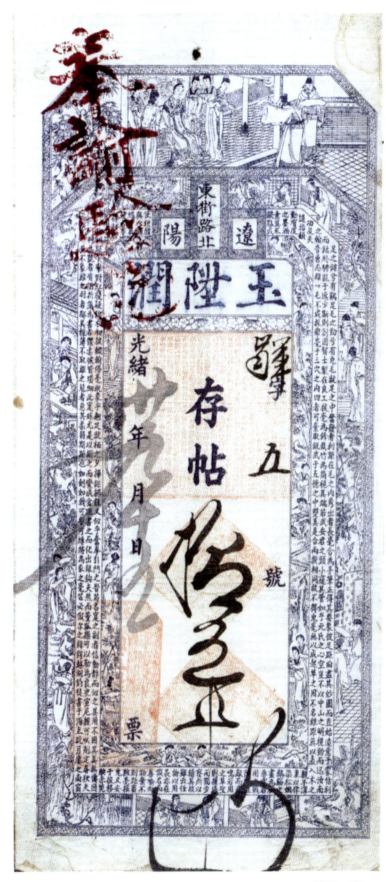

庄号：玉升润

地址：辽宁辽阳东街

面值：拾五吊

颜色：蓝色

印制：光绪三十年（1904）
九月十五日发

票幅：250×105mm

正面：《西厢记》人物、《毛
笔赞》

背面：单面

级别：★★★

邵民 藏

451

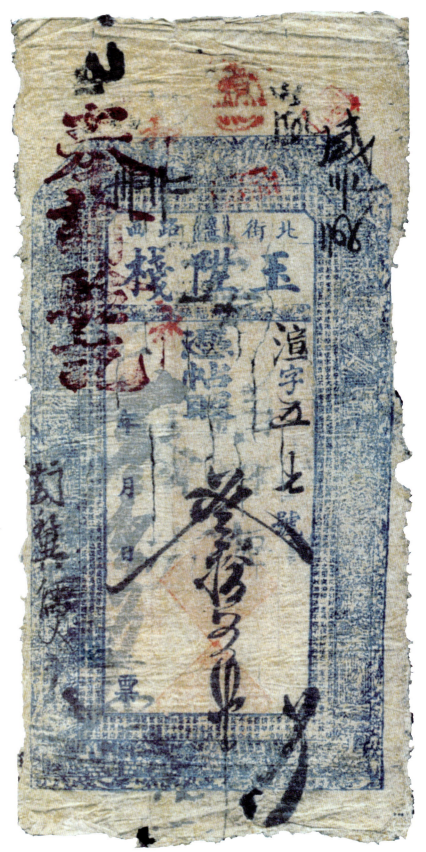

庄号：玉升栈

地址：辽宁辽阳北街

面值：叁拾五吊

颜色：蓝色

印制：光绪三十年
（1904）三月五日
发

票幅：245×105mm

正面：二十四孝图、
《兰亭序》

背面：单面

级别：★★★

邵民 藏

庄号:东兴遇

地址:辽宁辽阳城西

面值:拾吊

颜色:蓝色

印制:光绪二十八年(1902)

　　九月发

票幅:253×105mm

正面:《鹦鹉赋》、民间故事

背面:单面

级别:★★★

石长有　藏

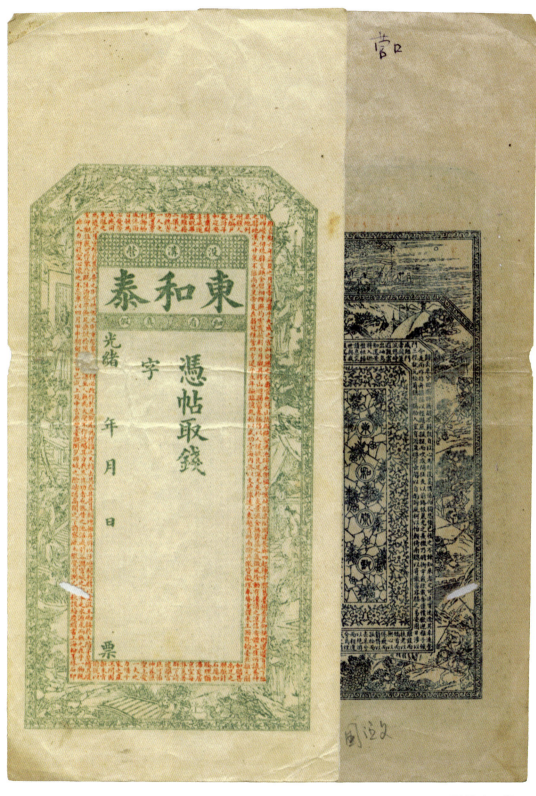

石长有 藏

庄号:东和泰　　　　颜色:绿／蓝　　　　正面:《三国》人物
地址:辽宁营口没沟营　　印制:光绪年未发行票帖　　背面:《归去来辞》
面值:空白　　　　票幅:264×116mm

454

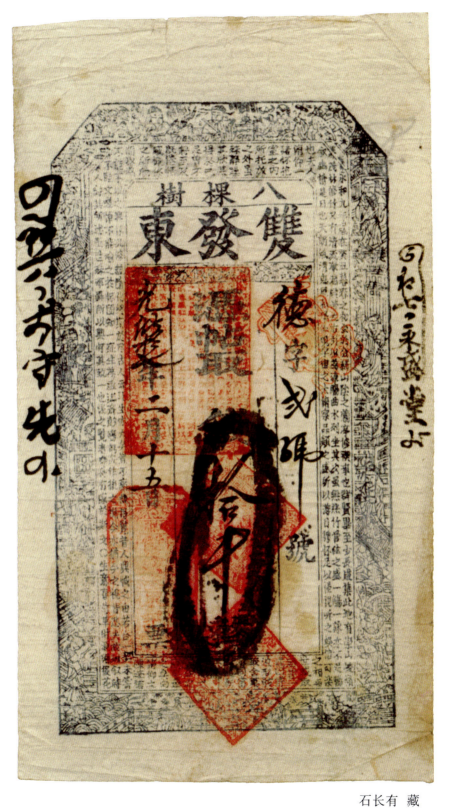

石长有 藏

庄号:双发东　　　　印制:光绪十七年(1891)二　　　正面:八仙图、《兰亭序》
地址:辽宁开原八棵树　　　　月十五日发　　　　背面:单面
面值:拾吊　　　　票幅:211×116mm　　　级别:★★
颜色:蓝色

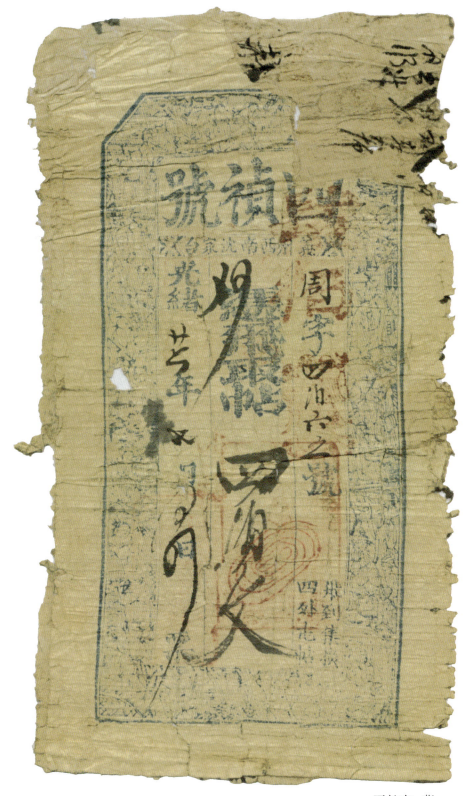

石长有 藏

庄号:四祯号　　　　印制:光绪二十六年(1900)　　正面:民间故事

地址:辽宁义州沈家台　　　七月发　　　　　　　　背面:流通印记

面值:四佰文　　　　　　票幅:222×120mm　　　　级别:★★

颜色:蓝色

456

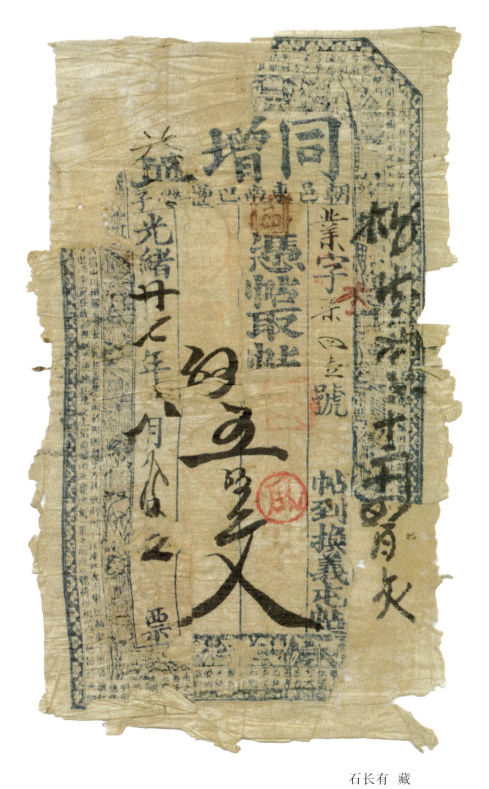

石长有 藏

| | | |
|---|---|---|
| 庄号：同增益 | 印制：光绪二十七年（1901） | 正面：八仙图、《前赤壁赋》 |
| 地址：辽宁朝邑巴图营 | 　　　八月发 | 背面：单面 |
| 面值：五佰文 | 票幅：234×115mm | 级别：★★ |
| 颜色：蓝色 | | |

吴筹中 藏

| 庄号:同升当 | 印制:光绪二十三年(1897) | 正面:二十四孝图 |
|---|---|---|
| 地址:辽宁盛京 | 四月八日发 | 背面:古文 |
| 面值:捌吊 | 票幅:239×117mm | 级别:★★★ |
| 颜色:蓝色 | | |

石长有　藏

庄号:会同当　　　　颜色:黑色　　　　　　正面:民间故事、《送李愿归
地址:吉林城北　　　印制:光绪年未流通票帖　　盘谷序》
面值:壹吊　　　　　票幅:232×120mm　　　背面:单面

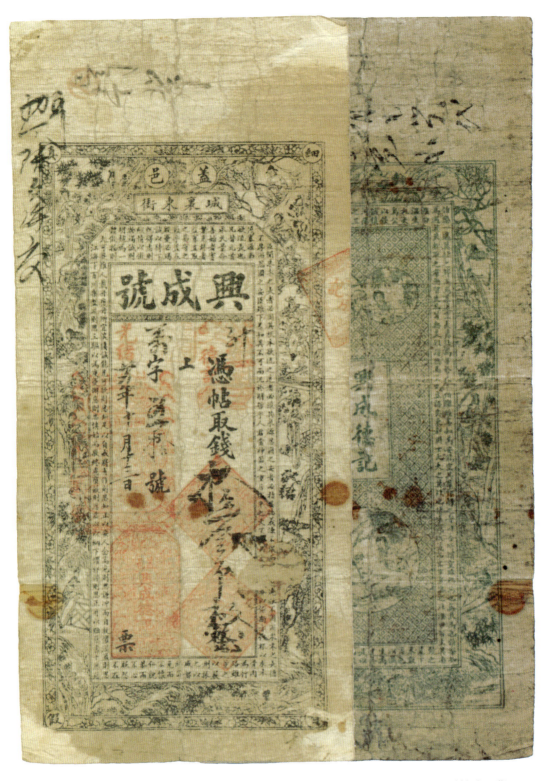

石长有 藏

庄号:兴成号　　　　　印制:光绪二十九年(1903)　　　正面:《十思疏》

地址:辽宁盖邑　　　　　　　十月十三日发　　　　　　背面:民间故事

面值:拾叁吊　　　　　　票幅:223×102mm　　　　级别:★★★

颜色:黑色

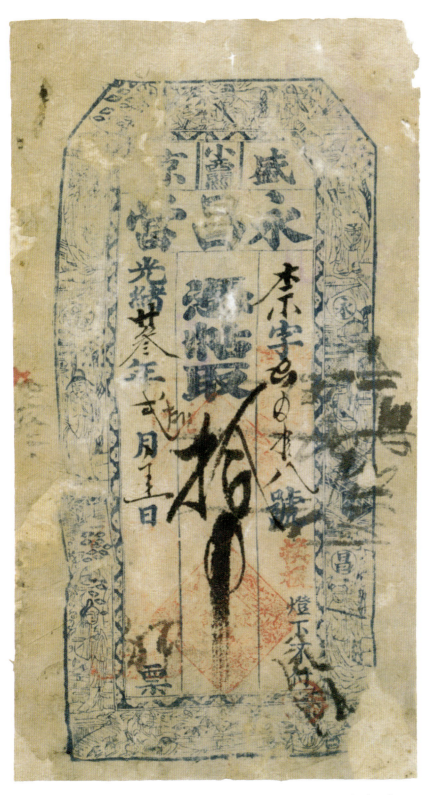

庄号:永昌当
地址:辽宁盛京小西关
面值:拾吊
颜色:蓝色
印制:光绪二十三年
　　(1897)二月一日发
票幅:225×120mm
正面:八仙图
背面:单面
级别:★★★

石长有　藏

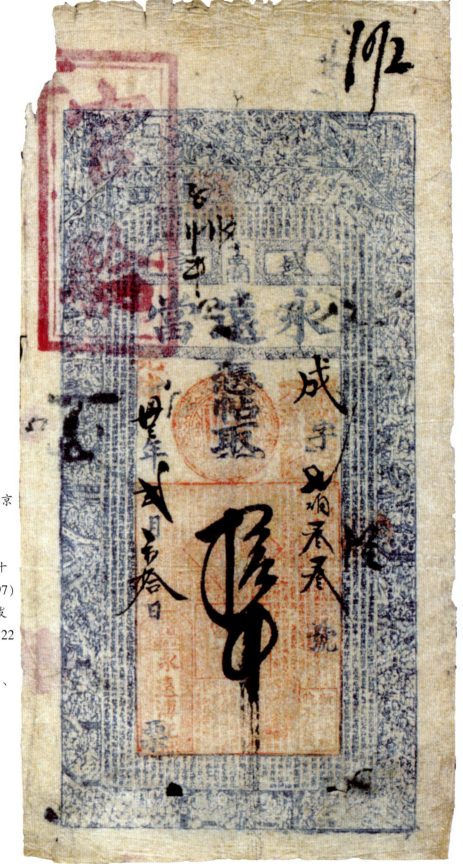

庄号：永远当
地址：辽宁盛京
面值：拾吊
颜色：蓝色
印制：光绪二十
　　三年（1897）
　　二月十日发
票幅：230×122
　　mm
正面：百子图、
　　《千字文》
背面：单面
级别：★★★

邵民　藏

462

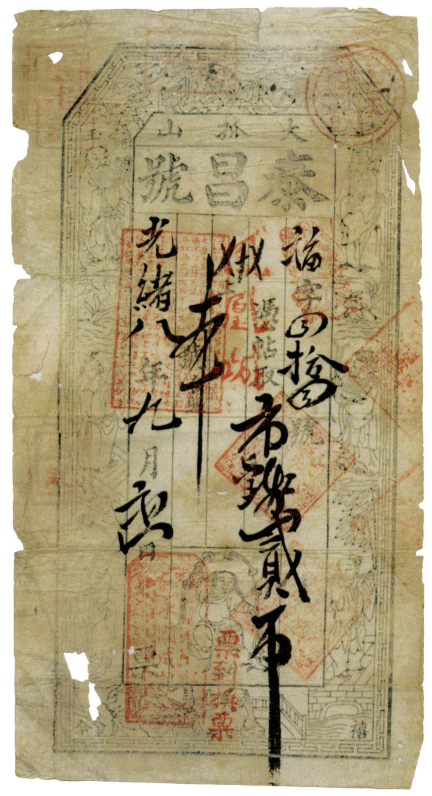

石长有 藏

庄号:泰昌号　　　　　印制:光绪八年(1882)九月　　正面:八仙图
地址:辽宁大孤山　　　　　一日发　　　　　　　背面:流通印记
面值:贰吊　　　　　　　票幅:228×123mm　　　级别:★★★
颜色:蓝色

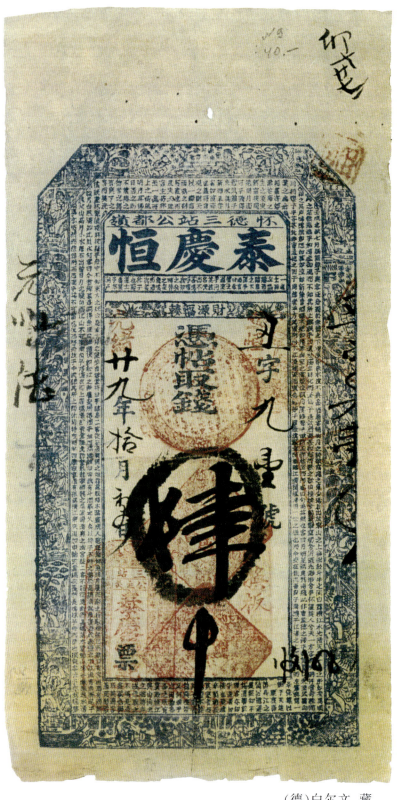

(德)白尔文 藏

庄号:泰庆恒　　　印制:光绪二十九年(1903)　　正面:民间故事、《前赤壁赋》

地址:吉林公主岭　　　　十月四日发　　　　　　背面:单面

面值:肆吊　　　　　　票幅:248×122mm　　　　级别:★★★

颜色:蓝色

464

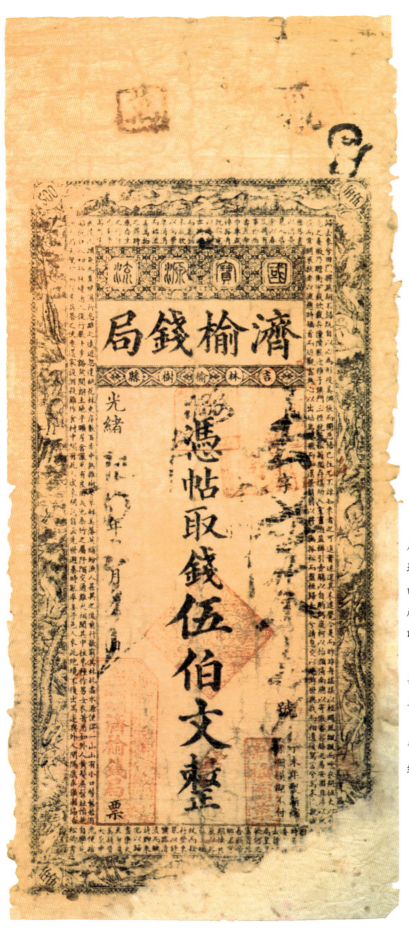

庄号:济榆钱局

地址:吉林榆树县

面值:伍百文

颜色:黑色

印制:光绪三十四年

　(1908)正月四日发

票幅:240×105mm

正面:松鹤鹿图、《归

　去来辞》

背面:单面

级别:★★

石长有　藏

465

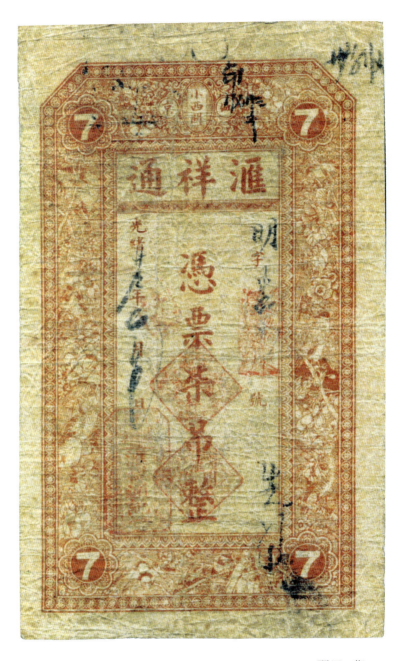

邵民 藏

庄号：汇祥通　　　　　印制：光绪二十九年（1903）　　　正面：花鸟、树猿

地址：辽宁盛京小西关　　　　正月七日发　　　　　　　背面：单面

面值：柒吊　　　　　　　票幅：164×96mm　　　　　　级别：★★

颜色：红色

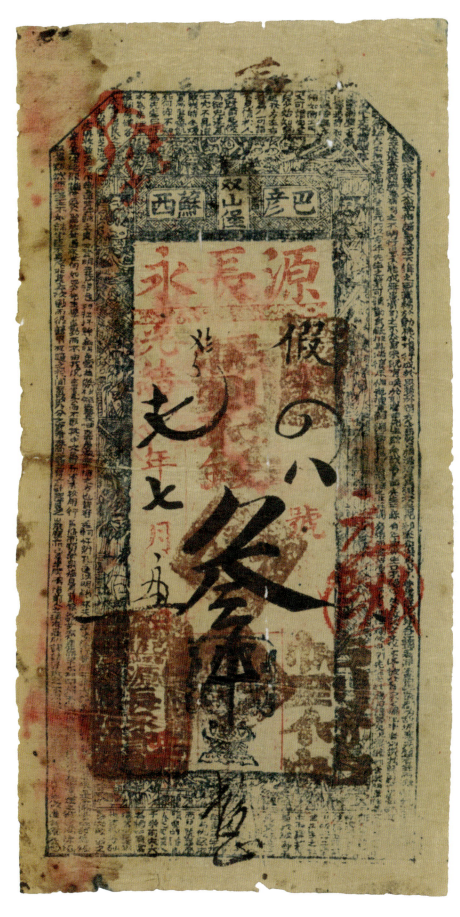

庄号：源长永

地址：黑龙江巴
彦苏西

面值：叁吊

颜色：蓝色

印制：光绪十七
年（1891）七
月一日发

票幅：233×118
mm

正面：八仙图、
《进学解》

背面：单面

级别：★★★★

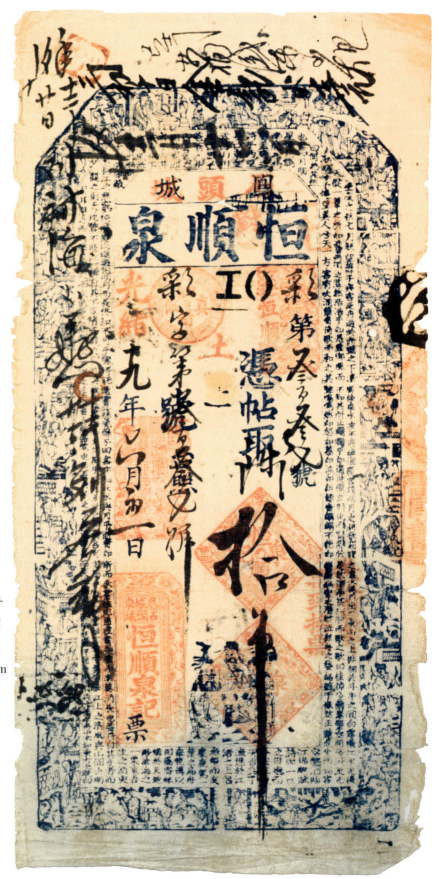

庄号：恒顺泉
地址：辽宁凤城东
面值：拾吊
颜色：蓝色
印制：光绪十九年
　　(1893)六月一日
　　发
票幅：255×125mm
正面：民间故事、
　　《前赤壁赋》
背面：单面
级别：★★

石长有　藏

468

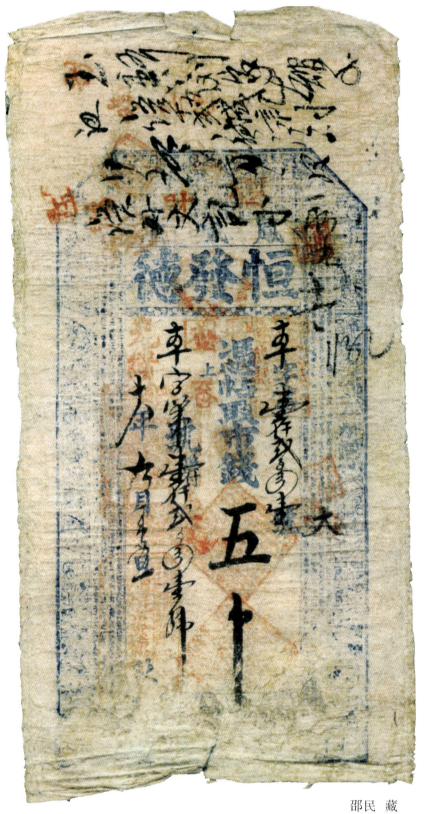

邵民 藏

庄号:恒发德　　　印制:光绪十八年(1892)九　　正面:民间故事
地址:辽宁凤凰城　　　　月一日发　　　　　　　背面:古文
面值:五吊　　　　　票幅:225×118mm　　　　级别:★★
颜色:蓝色

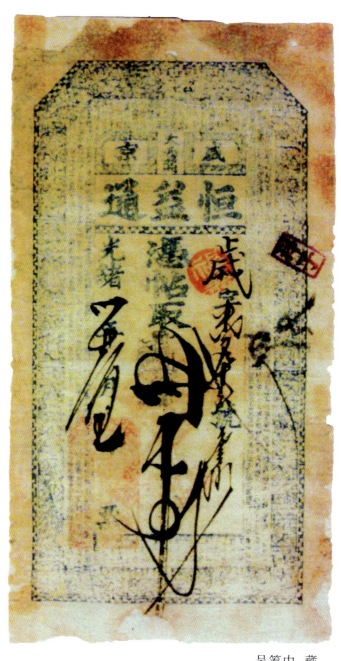

吴筹中 藏

庄号:恒益通　　　　印制:光绪三十年(1904)八　　正面:百子图、《治家格言》
地址:辽宁盛京大西关　　　月一日发　　　　　　　背面:流通印记
面值:叁拾吊　　　　　　票幅:227×120mm　　　级别:★★★
颜色:蓝色

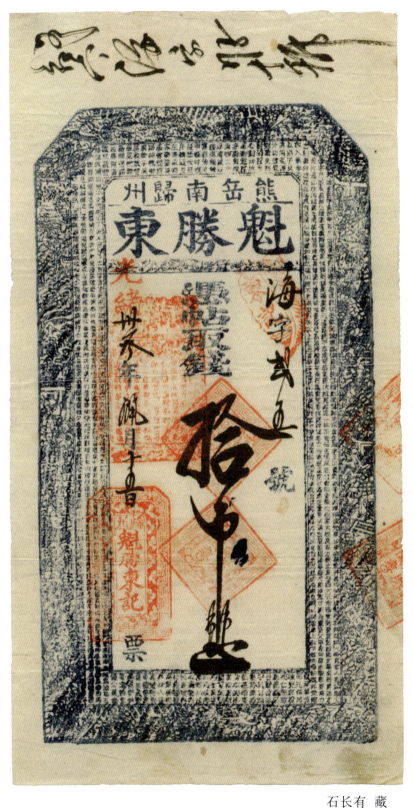

石长有 藏

庄号：魁胜东　　　　印制：光绪三十三年（1907）　　正面：百子图、《千字文》

地址：辽宁熊岳南归州　　　　腊月十五日发　　　　　　背面：单面

面值：拾吊　　　　　　票幅：255×123mm　　　　　级别：★★★

颜色：蓝色

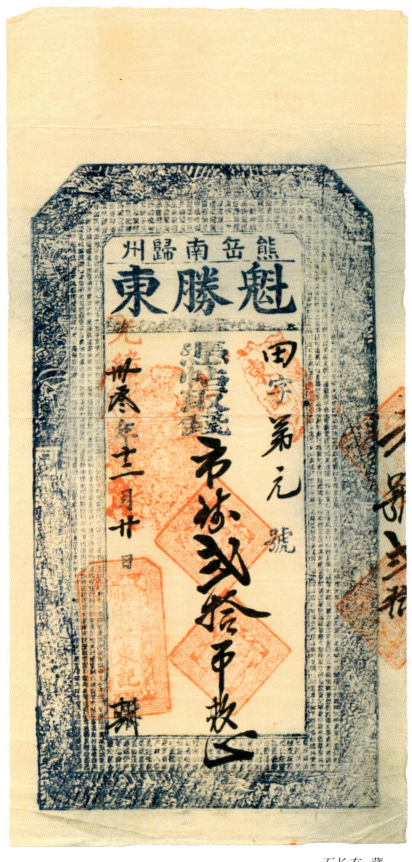

石长有　藏

不同面值的魁胜东私帖

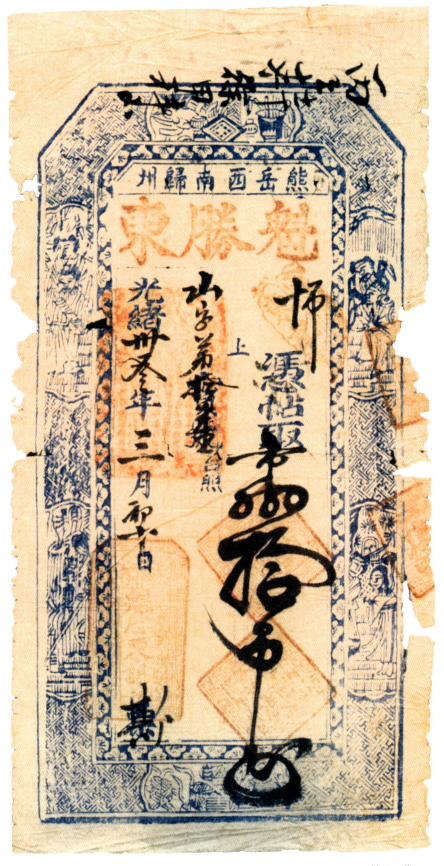

不同版式的魁胜东私帖

邵民 藏

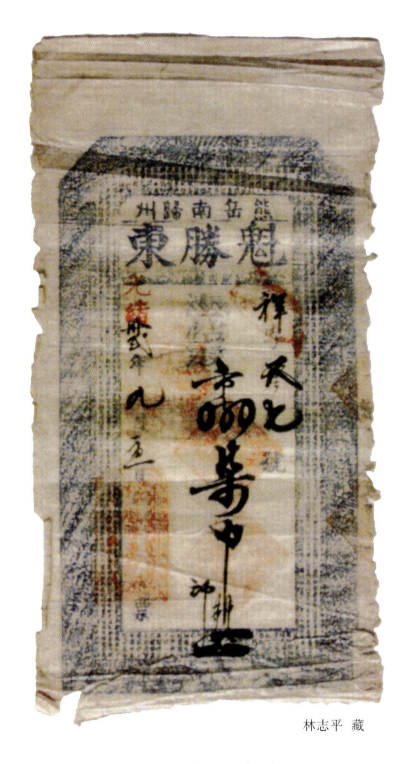

林志平 藏

不同面值的魁胜东私帖

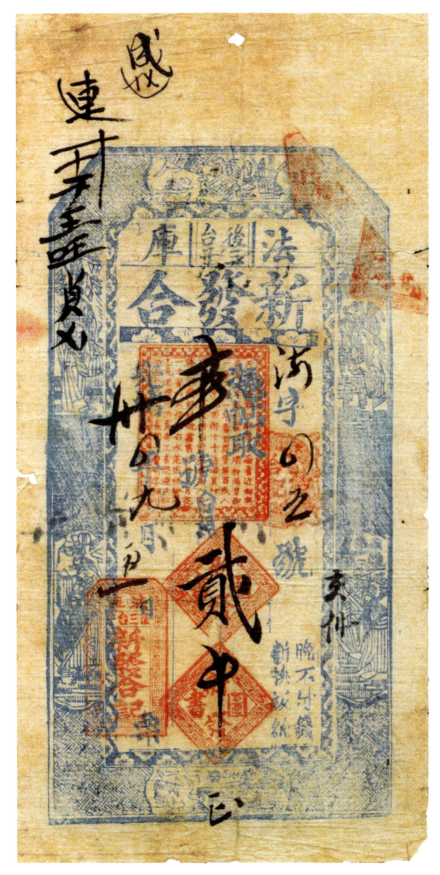

庄号:新发合
地址:辽宁法库三
　　台子
面值:贰吊
颜色:蓝色
印制:光绪三十年
　　(1904)四月九日
　　发
票幅:240×120mm
正面:八仙图
背面:流通印记
级别:★★★

邵民 藏

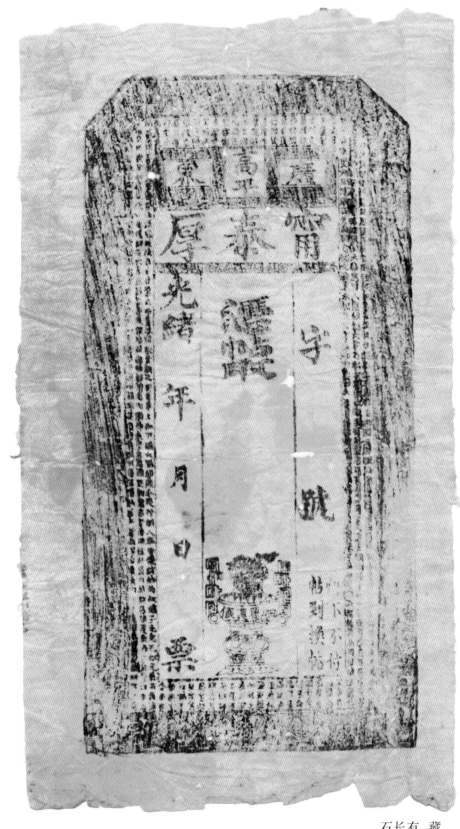

石长有 藏

庄号：宁泰厚　　　　颜色：蓝色　　　　　　正面：百子图
地址：辽宁盘锦东北　　印制：光绪年未流通票帖　背面：古文
面值：空白　　　　　　票幅：230×130mm

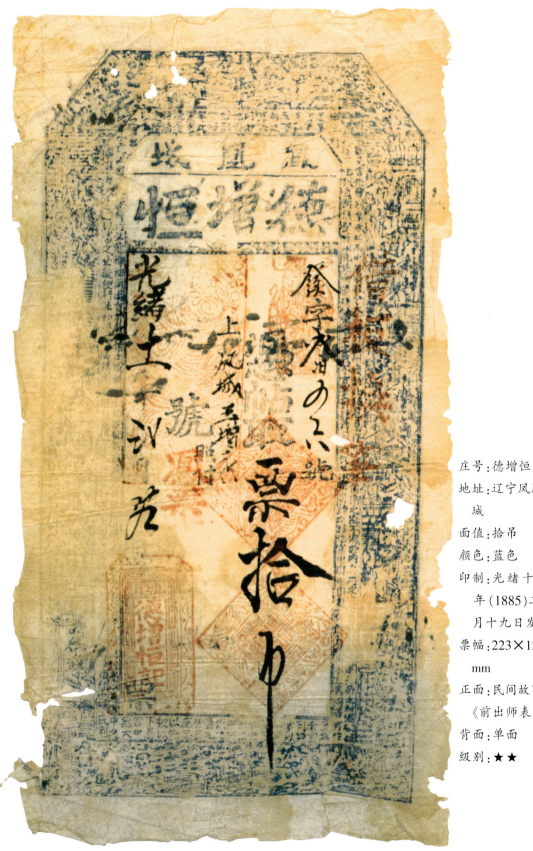

庄号:德增恒

地址:辽宁凤凰
    城

面值:拾吊

颜色:蓝色

印制:光绪十一
    年(1885)二
    月十九日发

票幅:223×120
    mm

正面:民间故事、
    《前出师表》

背面:单面

级别:★★

石长有 藏

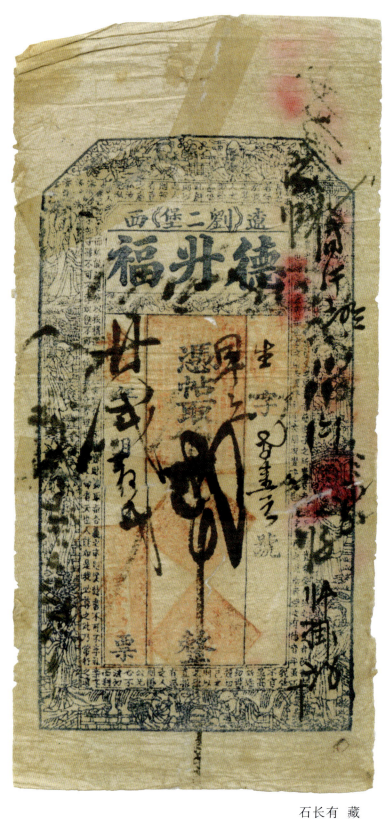

石长有 藏

庄号:德升福

地址:辽宁辽西刘二堡

面值:贰吊

颜色:蓝色

印制:光绪二十年(1894)二

月一日发

票幅:250×120mm

正面:八仙图、《朱子家训》

背面:单面

级别:★★★

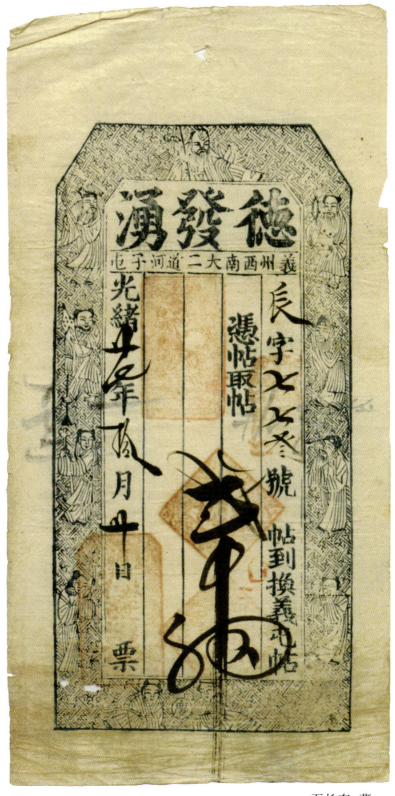

石长有 藏

庄号:德发湧　　　　印制:光绪二十七年(1901)　　正面:八仙图

地址:辽宁义州二道河　　　十月三十日发　　　　背面:流通印记

面值:贰吊　　　　　　　　票幅:246×123mm　　　级别:★★★

颜色:蓝色

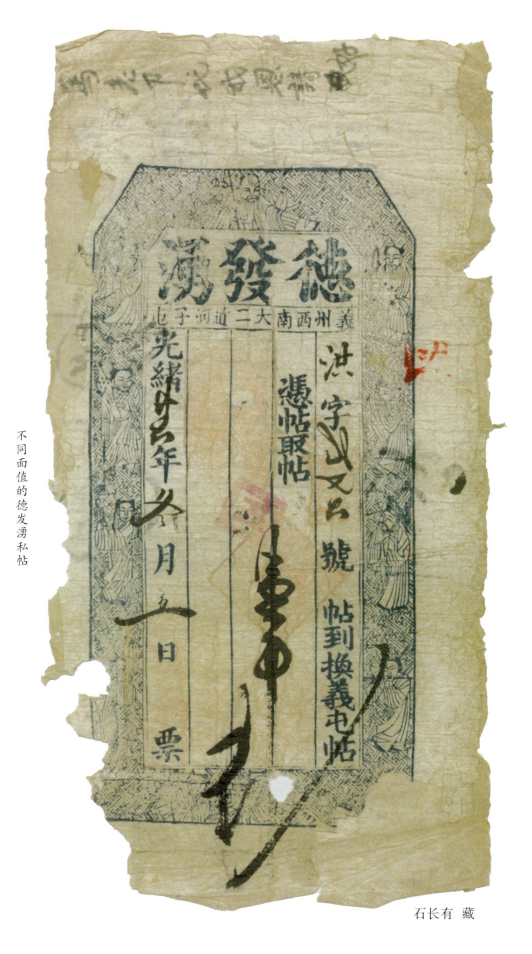

德發湧

義州西南大道二河子屯

洪字□□六號

憑帖取帖

帖到換義屯帖

光緒卄五年□月□日

票

不同面值的德发湧私帖

石长有 藏

480

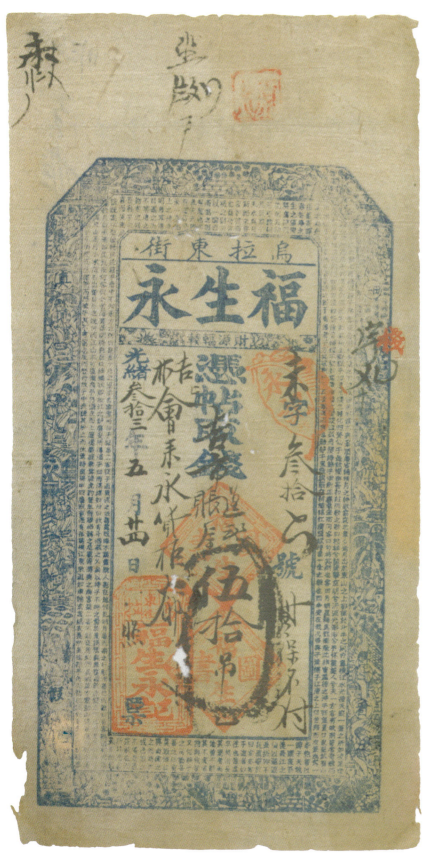

庄号：福生永

地址：吉林乌拉东街

面值：伍拾吊

颜色：蓝色

印制：光绪三十三年
(1907)五月二十四
日发

票幅：248×123mm

正面：民间故事、《前
赤壁赋》

背面：单面

级别：★★★

石长有 藏

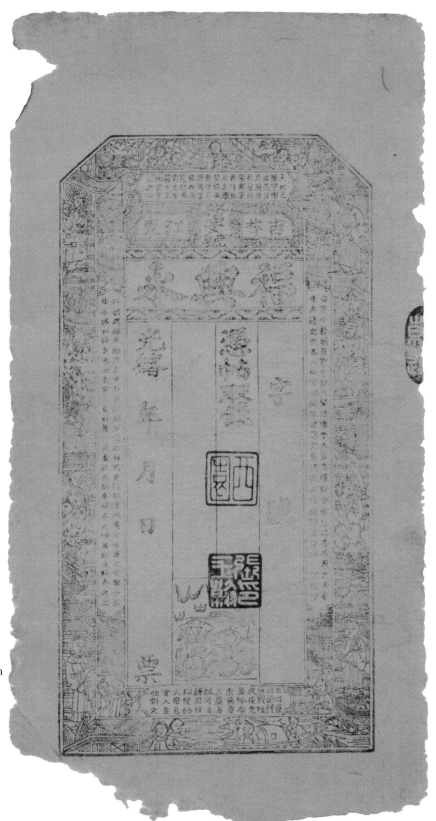

庄号:福兴永
地址:吉林江东
面值:空白
颜色:紫色
印制:光绪年未发
　　行票帖
票幅:253×130mm
正面:八仙图、《千
　　字文》
背面:单面

石长有 藏

庄号：福庆当　　　　印制：光绪二十五年（1899）　　正面：民间故事、《前赤壁赋》

地址：辽宁兴京　　　　　　九月二十四日发　　　　背面：单面

面值：肆吊　　　　　　票幅：254×131mm　　　　　级别：★★

颜色：蓝色

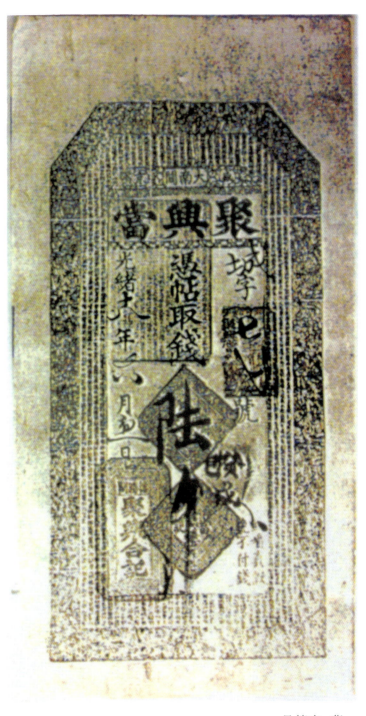

吴筹中 藏

庄号:聚兴当
地址:辽宁盛京大南门
面值:陆吊
颜色:蓝色

印制:光绪十八年(1892)六
月一日发
票幅:240×122mm

正面:百子图
背面:千字文
级别:★★

石长有 藏

庄号:粹延祥　　　　印制:光绪二十八年(1902)　　正面:花边
地址:辽宁盛京钟楼　　　　　发　　　　　　　　背面:花纹
面值:捌吊　　　　　　票幅:163×96mm　　　　级别:★★
颜色:红色

庄号:豫泰钱局

地址:辽宁正阳北
  街

面值:叁吊

颜色:蓝色

印制:光绪二十七
  年(1901)三月十
  五日发

票幅:240×115
  mm

正面:《红楼梦》
  人物、《滕王阁
  序》

背面:单面

级别:★★★

丁世民 藏

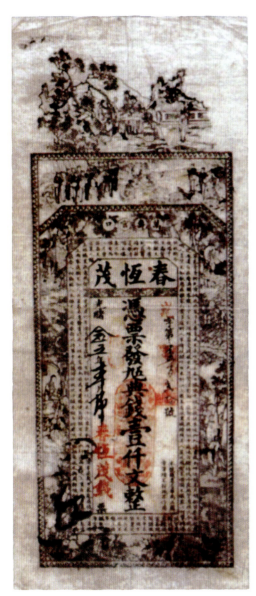 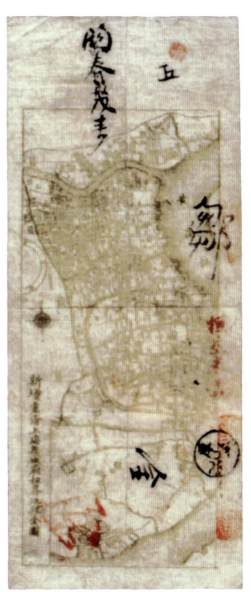

老上海货币

庄号:春恒茂　　　　印制:光绪二十五年(1899)　正面:洋人枪战、七言诗
地址:上海万寿宫口　　　 发　　　　　　　　　　 背面:上海租界地图
面值:壹千文　　　　　票幅:225×95mm　　　 级别:★★★★
颜色:灰/绿

許义宗 藏

庄号：宝徐
地址：江苏宿迁
面值：壹千文
颜色：红色

印制：光绪三十二年（1906）
三月一日发
票幅：230×110mm

正面：双龙戏珠
背面：《治家格言》
级别：★★★★

488

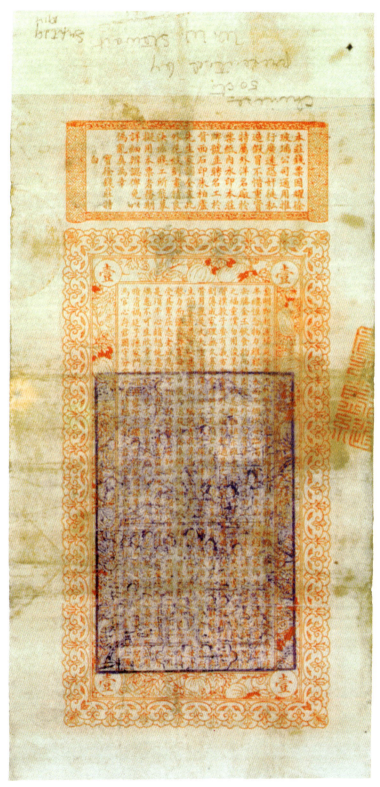

许义宗 藏

宝徐背面

489

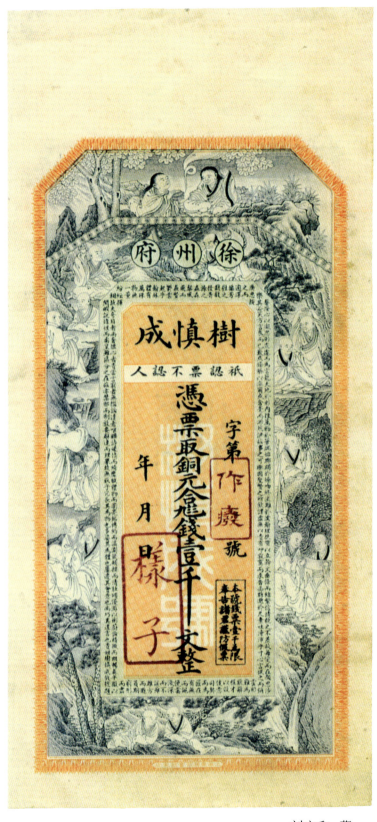

刘文和 藏

庄号:树慎成　　　颜色:蓝/桔　　　正面:十八罗汉
地址:江苏徐州府　　印制:光绪年未发行票　背面:花边庄号
面值:壹千文　　　票幅:228×106mm
490

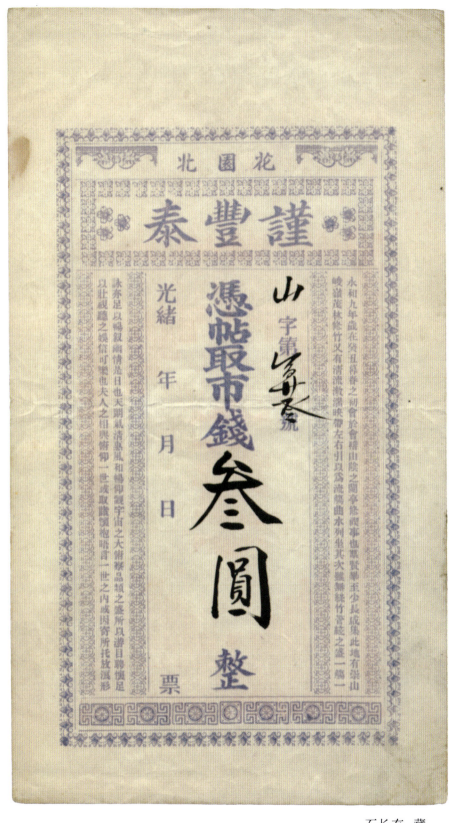

花園北

謹豐泰

憑帖取市錢 叁圓 整

光緒 年 月 日

山字第廿卷院

永和九年歲在癸丑暮春之初會於會稽山陰之蘭亭脩禊事也群賢畢至少長咸集此地有崇山峻嶺茂林脩竹又有清流激湍映帶左右引以為流觴曲水列坐其次雖無絲竹管絃之盛一觴一詠亦足以暢敘幽情是日也天朗氣清惠風和暢仰觀宇宙之大俯察品類之盛所以游目騁懷足以極視聽之娛信可樂也夫人之相與俯仰一世或取諸懷抱悟言一室之內或因寄所託放浪形

票

石长有 藏

庄号：谨丰泰　　　　颜色：蓝／红　　　　正面：《兰亭序》
地址：浙江花园北　　印制：光绪年未发行票　背面：花芯
面值：叁圆　　　　　票幅：211×115mm

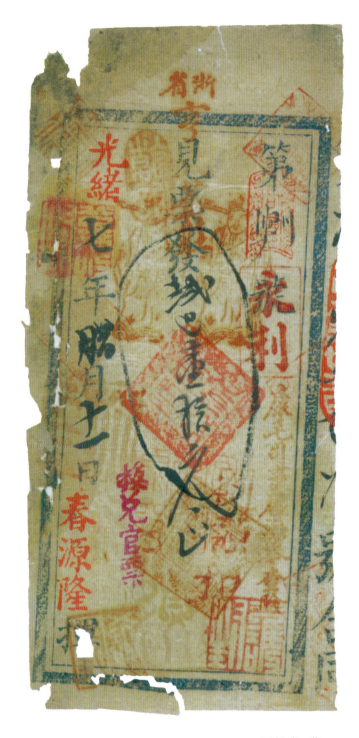

石长有 藏

庄号:春源隆　　　　　印制:光绪七年(1881)腊月　　正面:流通印记
地址:浙江省　　　　　　　十一日发　　　　　　　　背面:单面
面值:拾元　　　　　　　票幅:182×84mm　　　　级别:★★★
颜色:蓝色

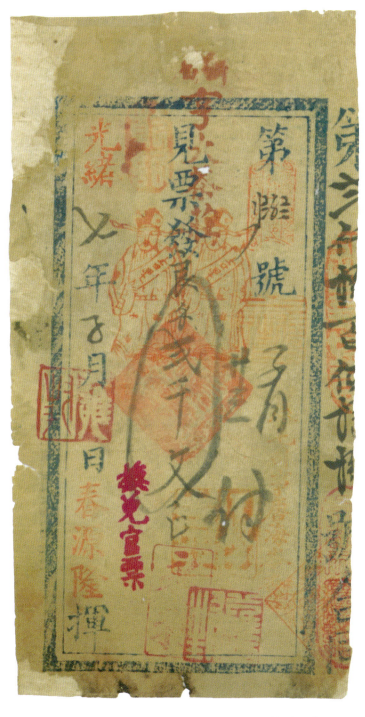

石长有　藏

不同年份不同面值的春源隆钱票

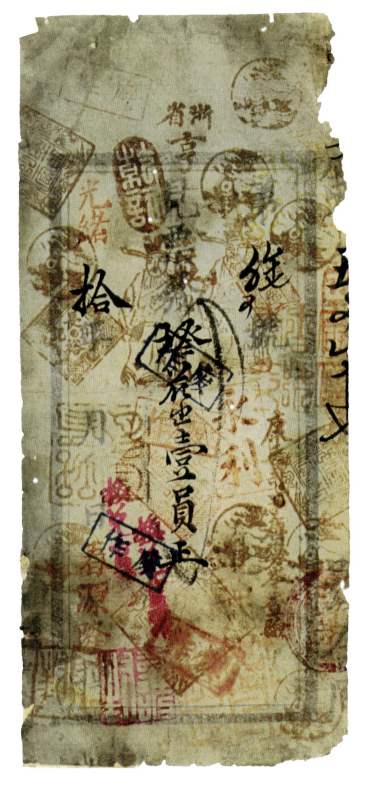

刘文和 藏

不同年份不同面值的春源隆钱票

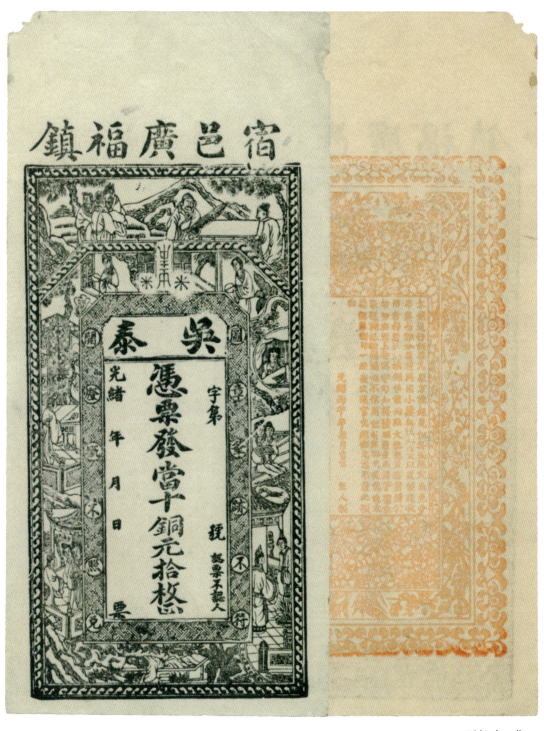

石长有 藏

庄号：吴泰　　　　　　颜色：黑色　　　　　　正面：民间故事

地址：安徽宿邑广福镇　　印制：光绪年未发行票　　背面：出票告示

面值：拾枚　　　　　　　票幅：189×81mm

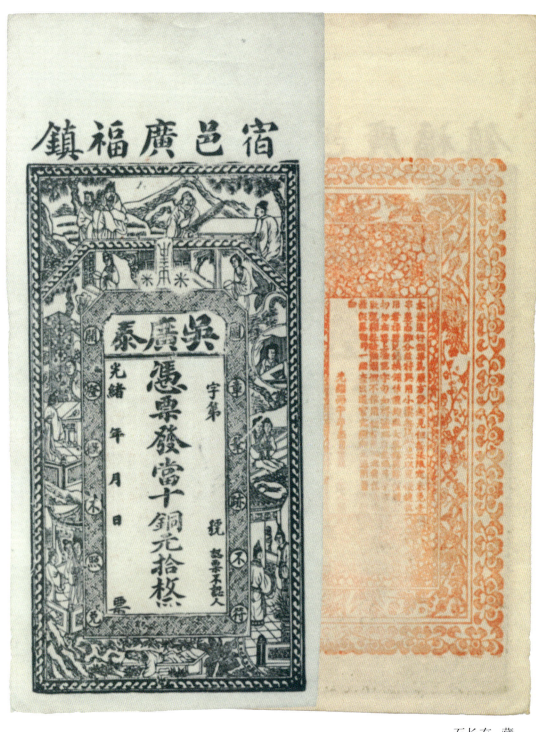

石长有 藏

庄号:吴广泰　　　　颜色:黑色　　　　　　正面:民间故事

地址:安徽宿邑广福镇　　印制:光绪年未发行票　　背面:出票告示

面值:拾枚　　　　　　　票幅:189×81mm

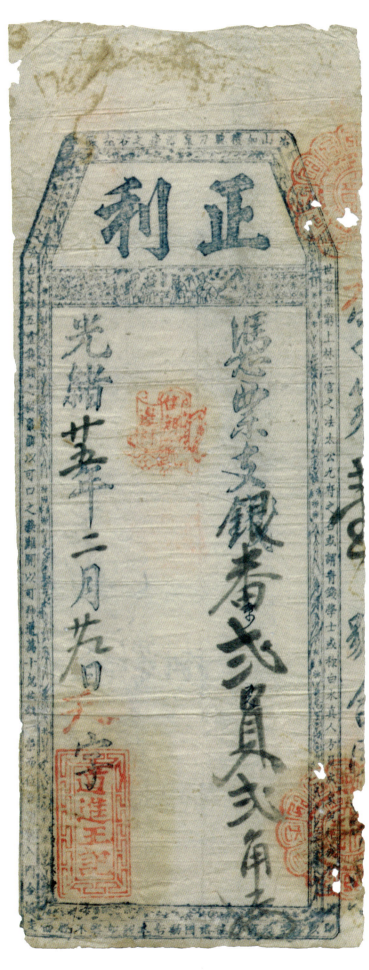

庄号:正利

地址:福建湖边村

面值:贰元贰角(番银)

颜色:蓝色

印制:光绪二十五年(1899)

　　二月二十九日发

票幅:246×95mm

正面:《钱票论》

背面:单面

级别:★★

石长有　藏

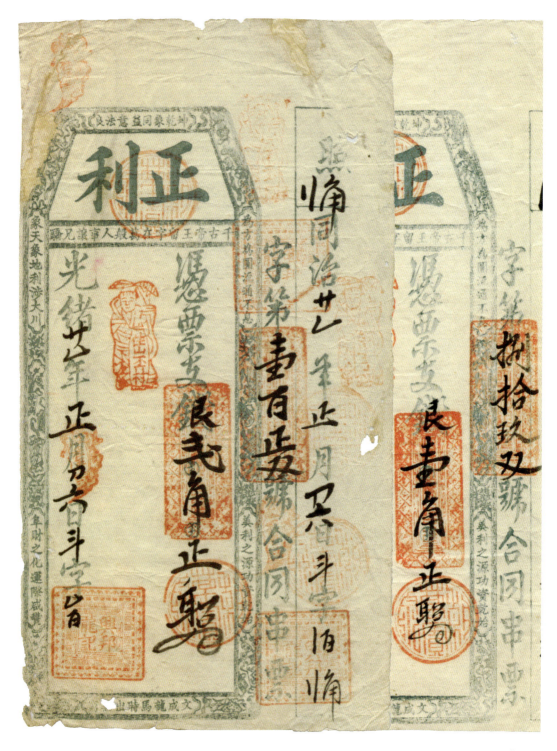

石长有 藏

不同年份不同面值的正利银票

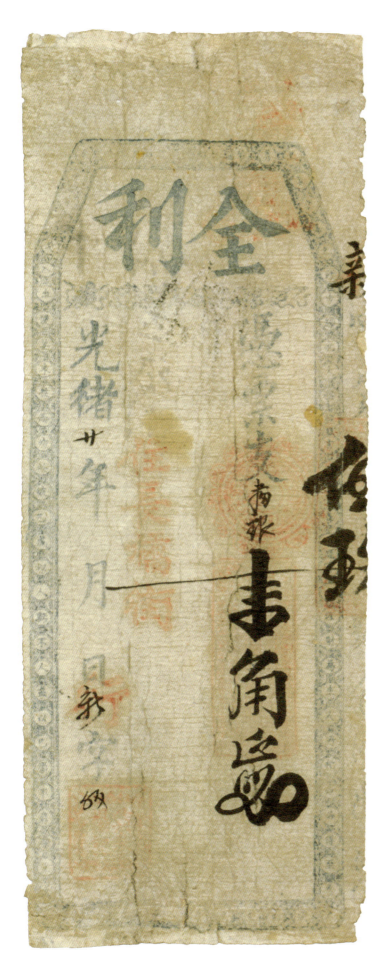

庄号：全利

地址：福建长桥

面值：壹角正

颜色：蓝色

印制：光绪二十年(1894)
　　发

票幅：244×94mm

正面：《大学》

背面：单面

级别：★★

石长有 藏

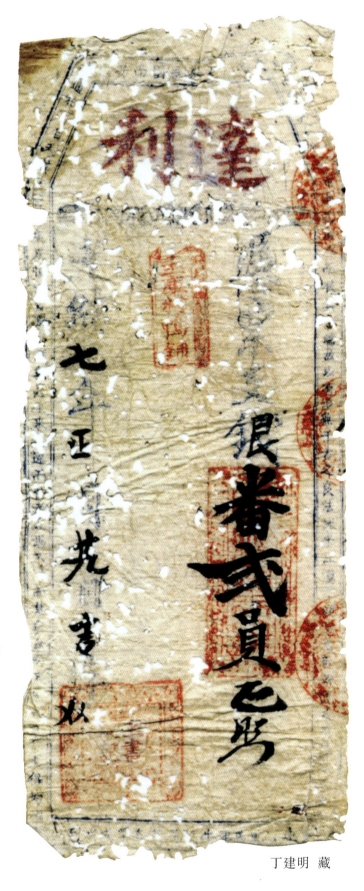

庄号：达利

地址：福建玉库

面值：番银贰元

颜色：蓝色

印制：光绪七年（1881）

　　正月二十九日发

票幅：223×88mm

正面：《政论》

背面：单面

级别：★★

丁建明　藏

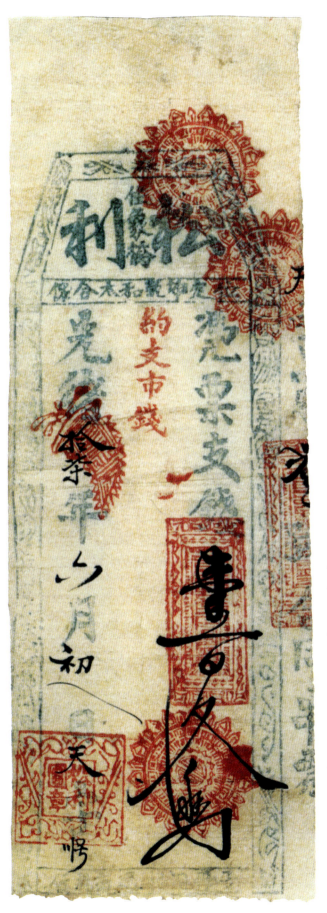

庄号：松利

地址：福建象桥

面值：壹百文

颜色：蓝色

印制：光绪十七年(1891)

　　六月初发

票幅：246×85mm

正面：花边

背面：单面

级别：★★

石长有 藏

501

庄号:知利

地址:福建石狮桥

面值:贰千文

颜色:蓝色

印制:光绪七年(1881)

　　十一月二十九日发

票幅:240×91mm

正面:八仙图

背面:单面

级别:★★

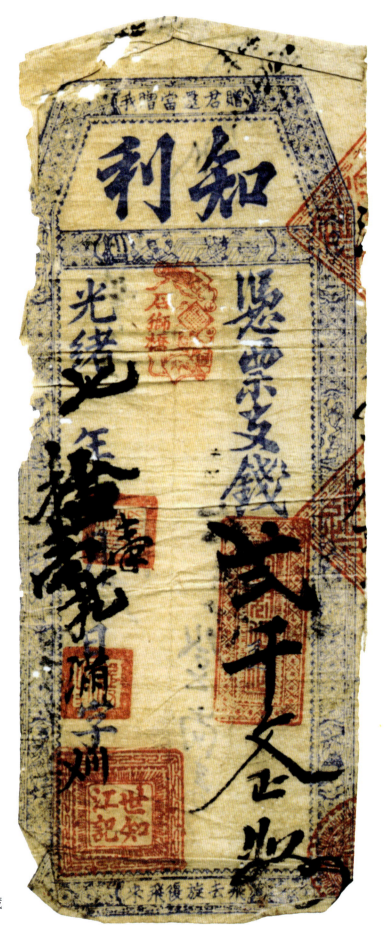

丁建明　藏

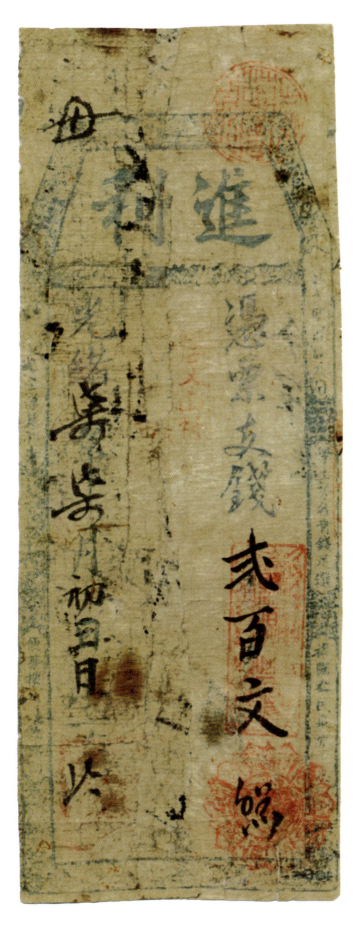

庄号：进利
地址：福建文山村
面值：贰百文
颜色：蓝色
印制：光绪七年(1881)
　　　七月二日发
票幅：234×89mm
正面：《钱票论》
背面：单面
级别：★★

石长有　藏

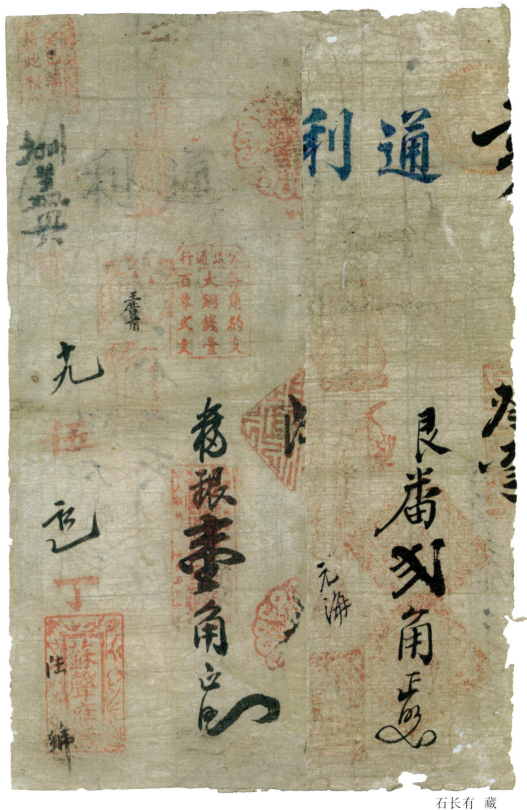

石长有 藏

庄号:通利　　　　印制:光绪十七年(1891)十　　正面:铭文
地址:福建十八都　　　　二月发　　　　　　　背面:单面
面值:壹角/贰角　　　票幅:241×94mm　　　级别:★★
颜色:蓝色

504

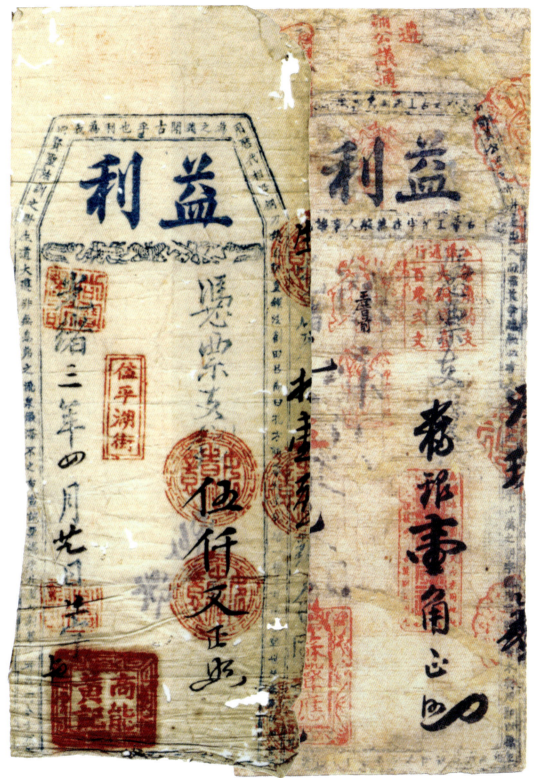

丁建明 藏　　　　　　　　　　　　　　陈淑潘 藏

庄号:益利　　　　印制:光绪十九年(1893)四　　正面:《钱神论》

地址:福建平湖　　　　月二十九日发　　　　　背面:单面

面值:伍千文／壹角　　票幅:240×94mm　　　级别:★★

颜色:蓝色

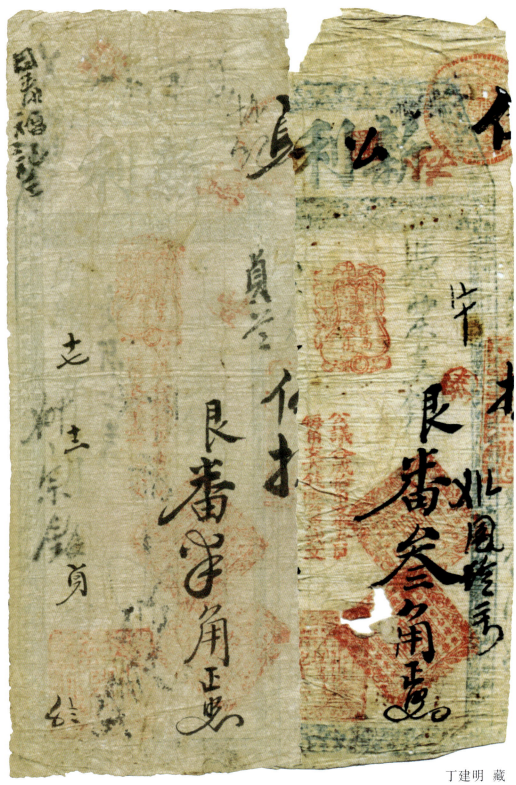

丁建明 藏

石长有 藏

庄号：新利

地址：福建高攀街

面值：半角/叁角

颜色：蓝色

印制：光绪十七年（1891）十
二月发

票幅：233×91mm

正面：铭文

背面：单面

级别：★★

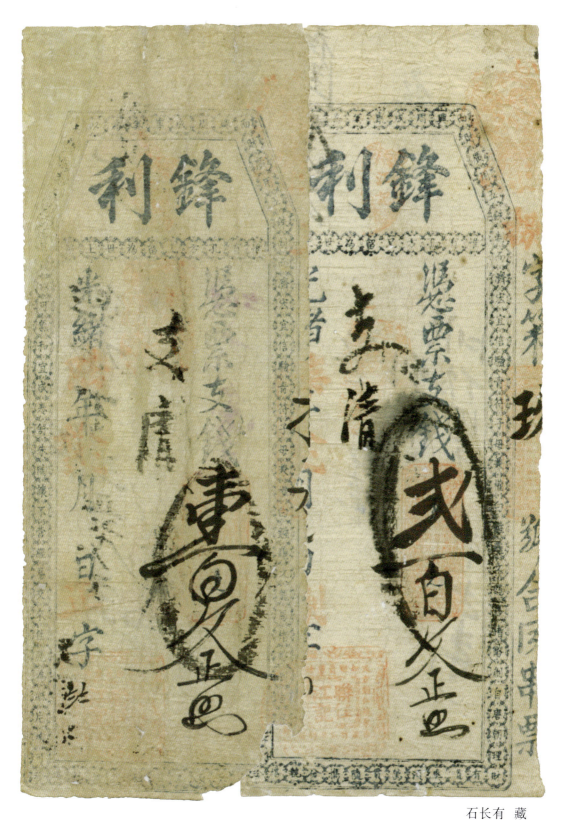

石长有 藏

| 庄号:锋利 | 印制:光绪七年（1881）十二 | 正面:《钱神论》 |
| | 月二十九日发 | 背面:单面 |
| 地址:福建平湖 | | |
| 面值:壹百文 / 贰百文 | 票幅:244×97mm | 级别:★★ |
| 颜色:蓝色 | | |

507

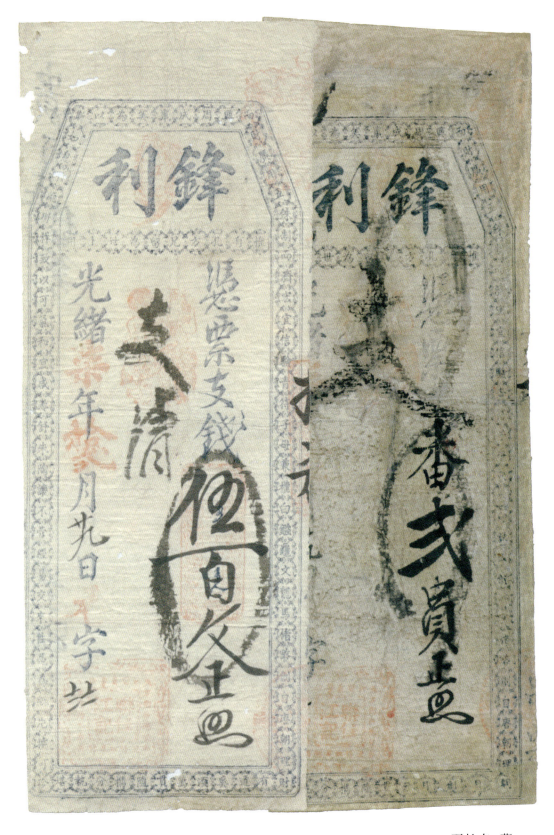

石长有　藏

不同面值的锋利私票

石长有 藏

庄号：宝丰　　　颜色：蓝色　　　票幅：251×98mm

地址：福建　　　印制：光绪九年（1883）三月　　正面：八仙图

面值：贰百文　　　　　五日发　　　背面：单面

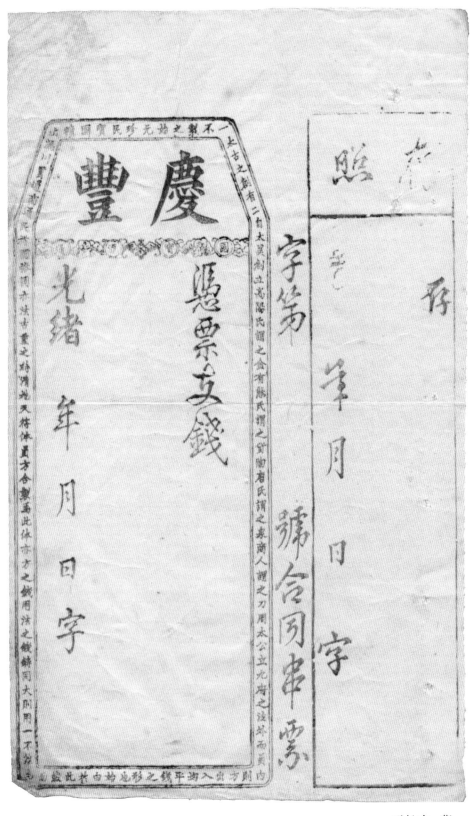

石长有 藏

庄号:庆丰　　　颜色:蓝色　　　　　　正面:《钱票论》
地址:福建　　　印制:光绪年未发行票　　背面:单面
面值:空白　　　票幅:254×150mm

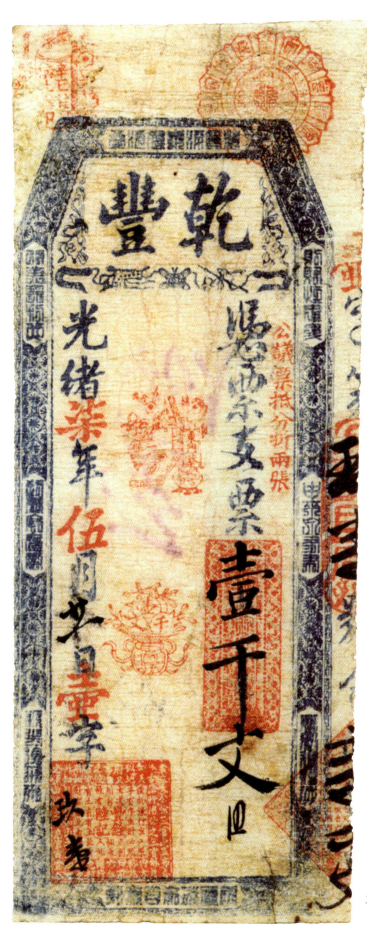

庄号：乾丰

地址：福建一保

面值：壹千文

颜色：蓝色

印制：光绪七年（1881）

　　五月二十一日发

票幅：240×94mm

正面：诗文

背面：单面

级别：★★

石长有　藏

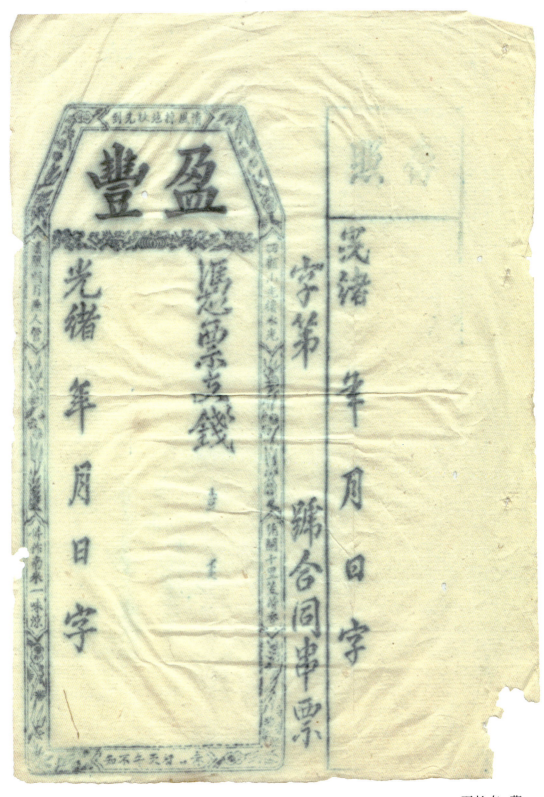

石长有 藏

庄号:盈丰　　　　　颜色:蓝色　　　　　正面:诗文
地址:福建　　　　　印制:光绪年未发行票　背面:单面
面值:空白　　　　　票幅:253×175mm

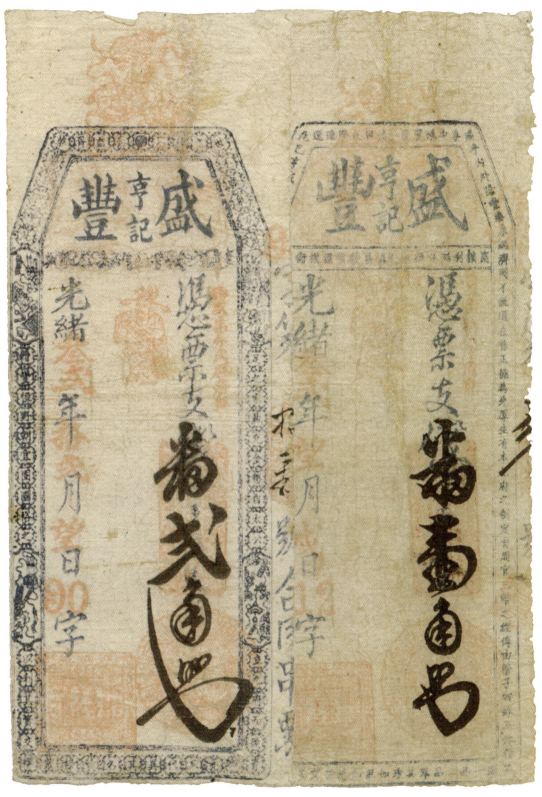

石长有 藏

庄号:盛丰　　　　印制:光绪三十二年(1906)　　正面:《钱票论》

地址:福建山阳　　　　　十二月十五日发　　　　背面:单面

面值:番银壹角/贰角　　票幅:250×94mm　　　级别:★★

颜色:蓝色

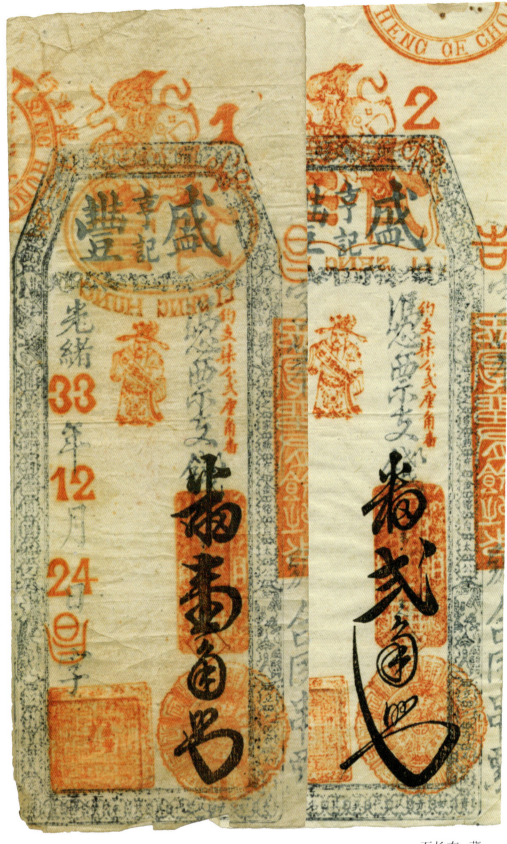

石长有 藏

不同年份不同面值的盛丰番银票

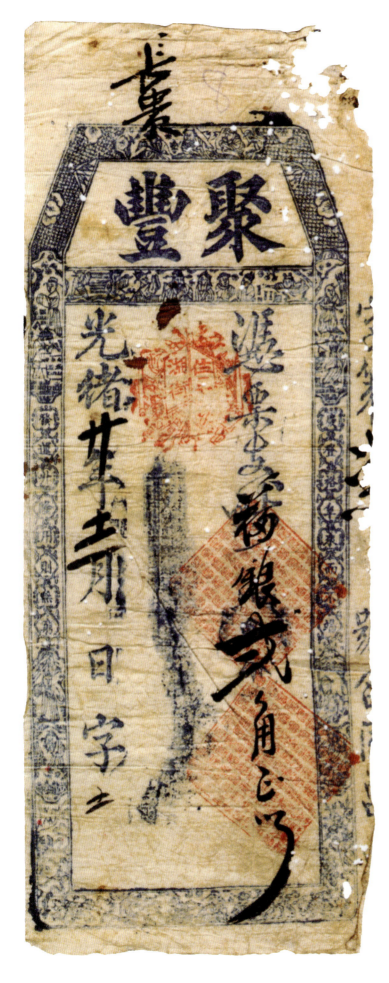

庄号：聚丰
地址：福建平湖
面值：番银贰角
颜色：蓝色
印制：光绪二十年(1894)
　　十二月发
票幅：248×94mm
正面：三仙、樵夫农耕
背面：单面
级别：★★

丁建明　藏

515

庄号：天泰

地址：福建一都前城

面值：叁千文

颜色：蓝色

印制：光绪八年（1882）

　　十一月二十九日发

票幅：238×92mm

正面：诗文

背面：单面

级别：★★

石长有　藏

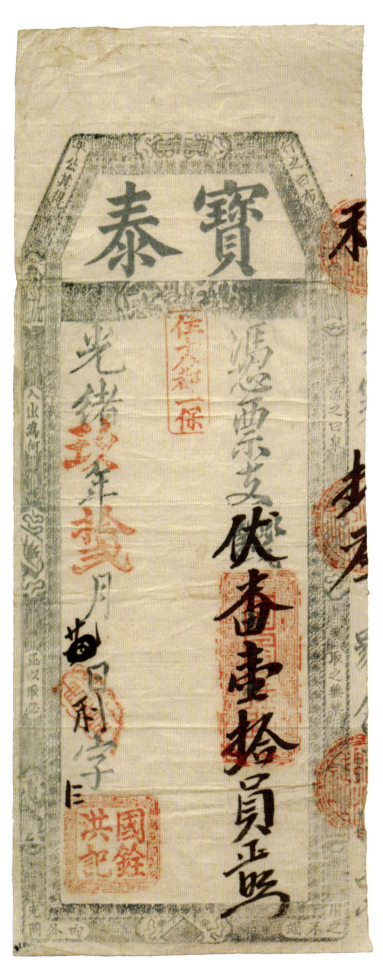

庄号：宝泰

地址：福建十八都

面值：番银壹拾元

颜色：蓝色

印制：光绪九年(1883)

十二月二十日发

票幅：247×96mm

正面：八仙图

背面：单面

级别：★★

石长有　藏

517

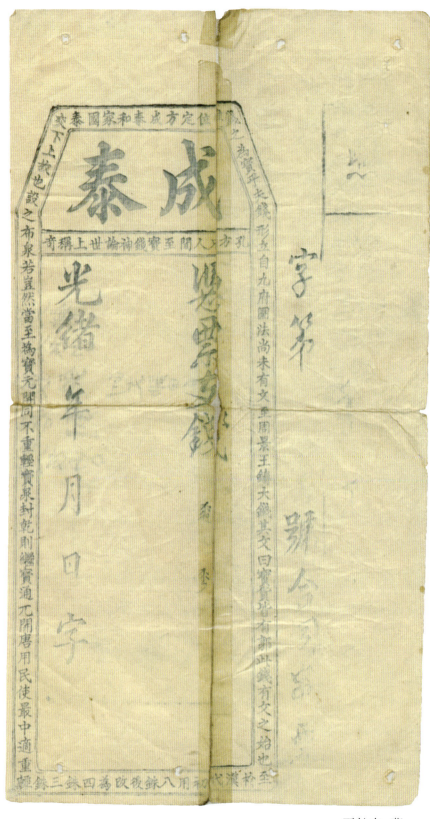

庄号：成泰　　　　　　颜色：蓝色　　　　　　　　　正面：《钱票论》

地址：福建　　　　　　印制：光绪年未发行票　　　　背面：单面

面值：空白　　　　　　票幅：253×136mm

庄号：协泰
地址：福建湖边
面值：番银壹角
颜色：蓝色
印制：光绪十七年（1891）
　　　三月九日发
票幅：248×90mm
正面：花边
背面：单面
级别：★★

陈淑潘　藏

庄号:永泰

地址:福建十七都

面值:壹拾贰千文

颜色:蓝色

印制:光绪三年(1877)十
　　一月二十九日发

票幅:248×93mm

正面:《钱票论》

背面:单面

级别:★★

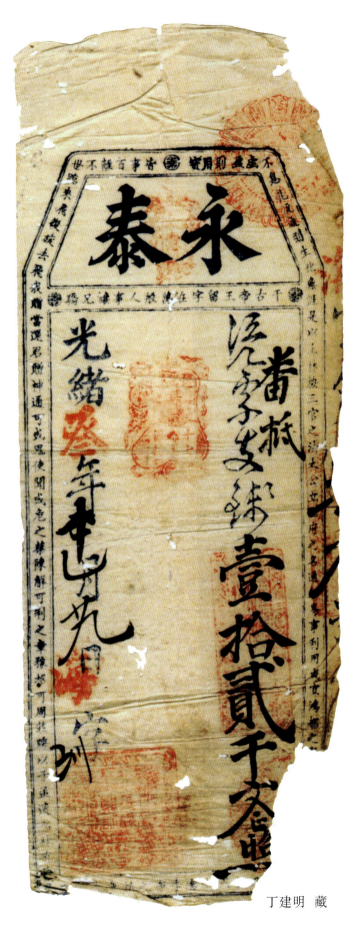

丁建明　藏

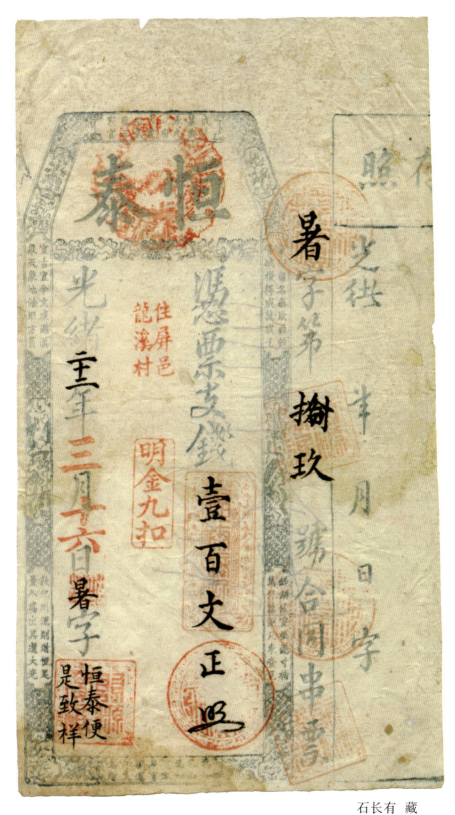

石长有 藏

庄号:恒泰　　　印制:光绪二十二年(1896)　　正面:《钱票论》

地址:福建屏邑龙溪村　　　三月十六日发　　背面:单面

面值:壹百文　　　票幅:250×138mm　　级别:★★

颜色:蓝色

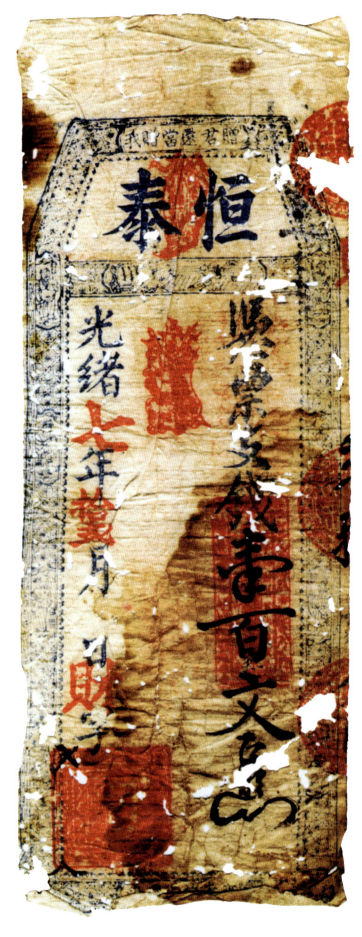

庄号:恒泰

地址:福建一保

面值:壹百文

颜色:蓝色

印制:光绪七年(1881)

　　十二月发

票幅:240×89mm

正面:八仙图

背面:单面

级别:★★

丁建明　藏

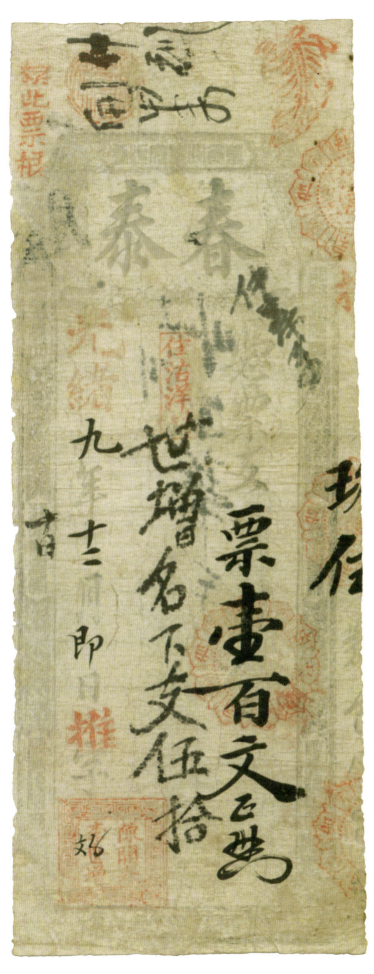

庄号：春泰
地址：福建沽洋
面值：壹百文
颜色：蓝色
印制：光绪九年（1883）
　　十二月发
票幅：248×94mm
正面：篆书
背面：单面
级别：★★

石长有　藏

523

庄号:祥泰

地址:福建

面值:贰百文

颜色:蓝色

印制:光绪三十一年

　　(1905)六月发

票幅:240×92mm

正面:铭文

背面:单面

级别:★

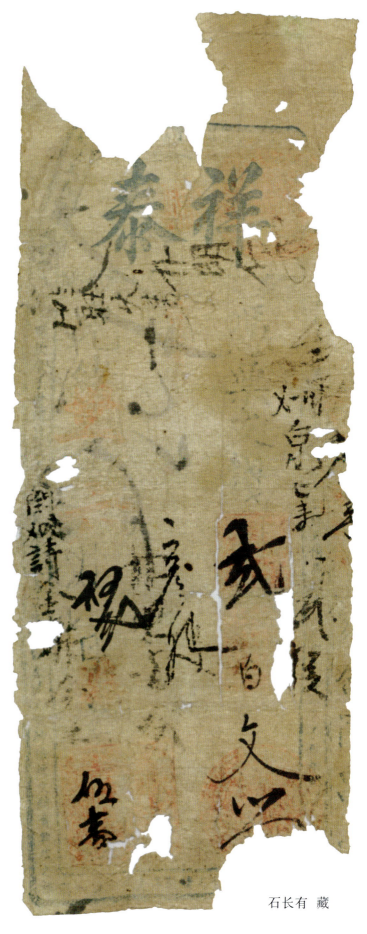

石长有　藏

庄号：康泰

地址：福建

面值：小洋五角

颜色：蓝色

印制：光绪二十七年（1901）

　　十二月发

票幅：250×96mm

正面：《钱神论》

背面：单面

级别：★★

石长有　藏

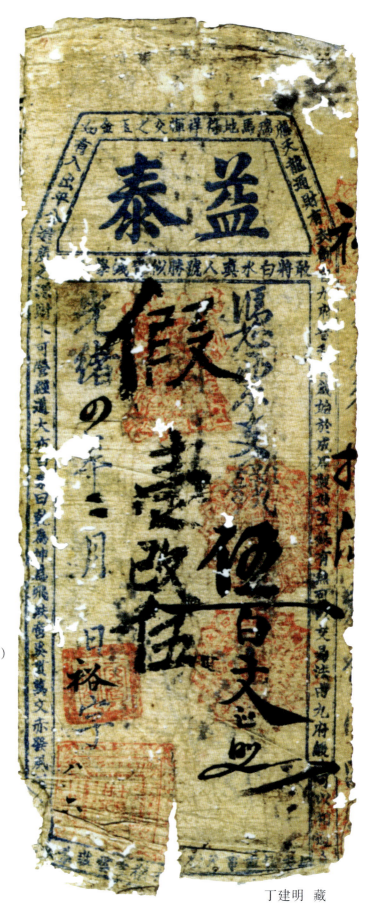

庄号：益泰

地址：福建

面值：伍百文

颜色：蓝色

印制：光绪四年（1878）

　　二月发

票幅：254×97mm

正面：《钱票论》

背面：单面

级别：★★

丁建明　藏

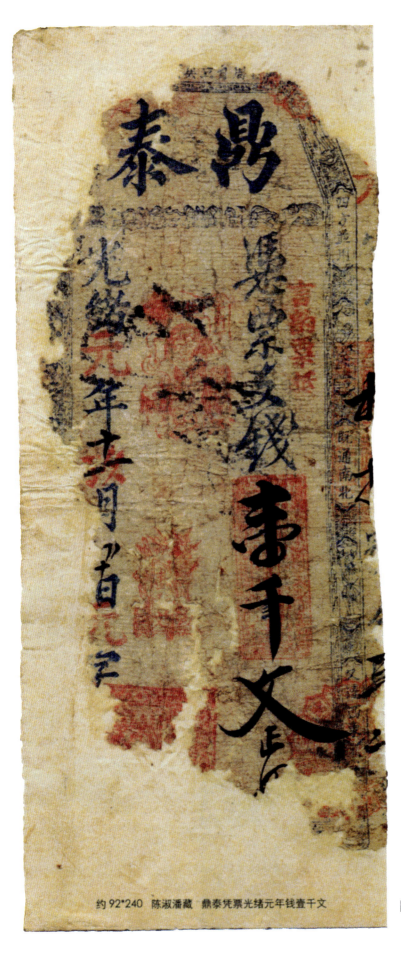

约92*240 陈淑潘藏 鼎泰凭票光绪元年钱壹千文

庄号：鼎泰
地址：福建一字街
面值：壹千文
颜色：蓝色
印制：光绪元年（1875）
　　十一月十日发
票幅：240×92mm
正面：八仙图
背面：单面
级别：★★

陈淑潘 藏

庄号：万兴
地址：福建
面值：壹千文
颜色：蓝色
印制：光绪年发
票幅：252×89mm
正面：暗八仙
背面：单面
级别：★★

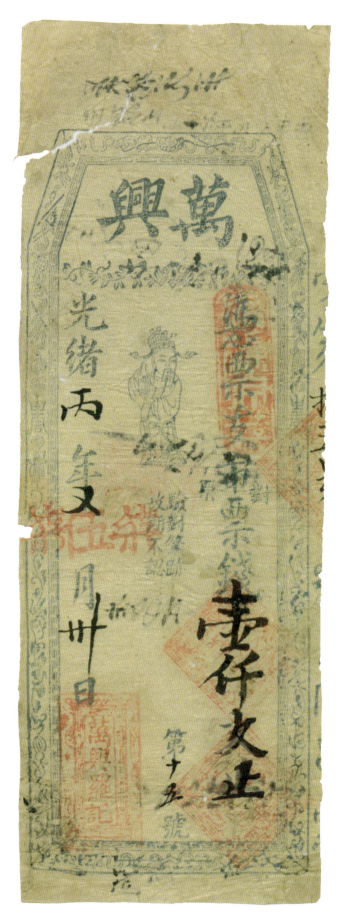

石长有 藏

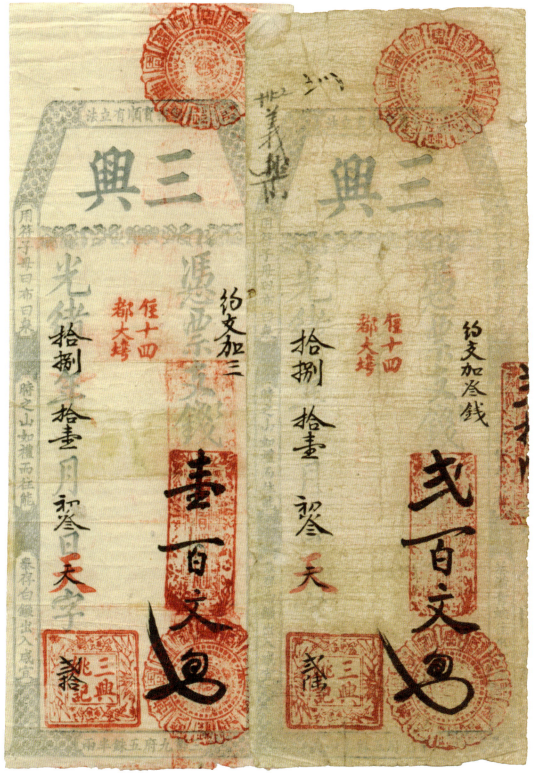

石长有 藏

| 庄号：三兴 | 印制：光绪十八年（1892）十 | 正面：《金钱歌》 |
| 地址：福建十四都 | 一月三日发 | 背面：单面 |
| 面值：壹百文/贰百文 | 票幅：252×98mm | 级别：★★ |
| 颜色：蓝色 | | |

庄号：元兴
地址：福建府营口
面值：贰百文
颜色：蓝色
印制：光绪八年（1882）八月
　　二十六日发
票幅：220×92mm
正面：铭文
背面：单面
级别：★

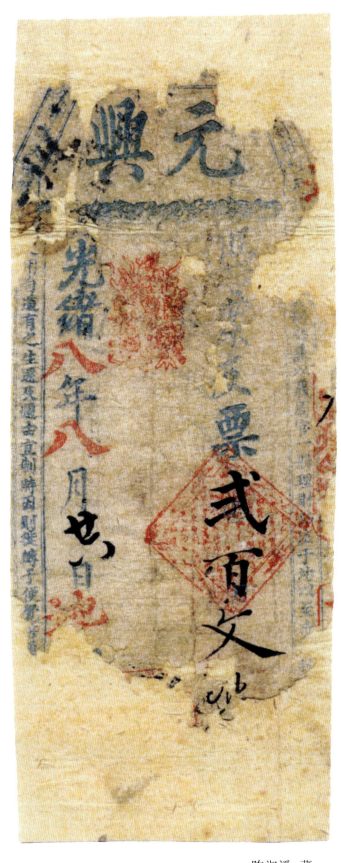

陈淑潘　藏

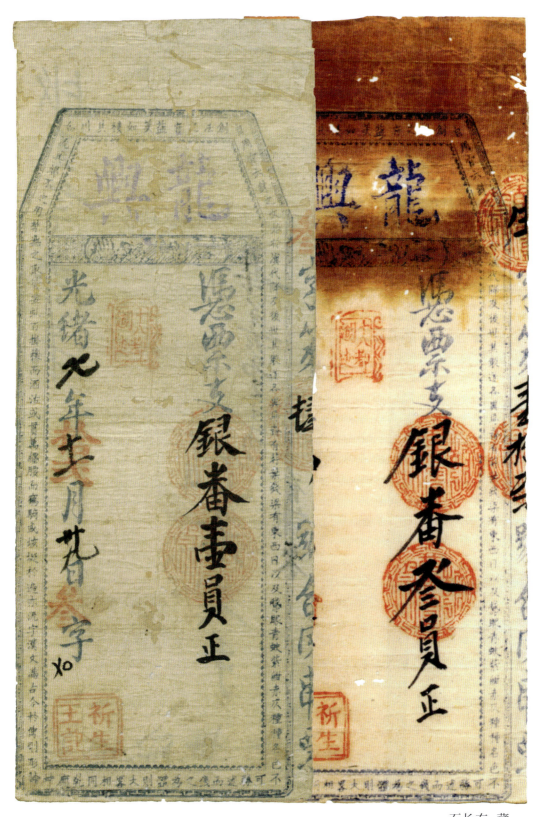

石长有 藏

庄号：龙兴　　　　印制：光绪七年（1881）十一　　正面：《钱票论》

地址：福建十八都　　　　日二十九日发　　　　背面：单面

面值：番银壹员/叁员　　票幅：252×93mm　　级别：★★

颜色：蓝色

庄号：双兴
地址：福建长桥
面值：番银叁员
颜色：蓝色
印制：光绪二十四年（1898）
　　　五月三十日发
票幅：254×95mm
正面：论文
背面：单面
级别：★★

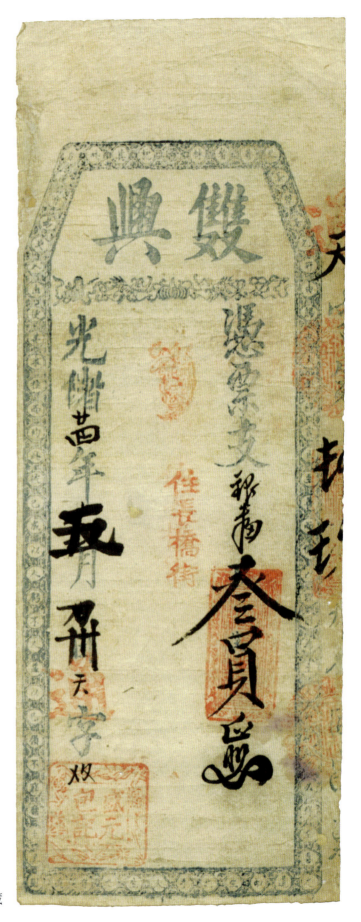

石长有　藏

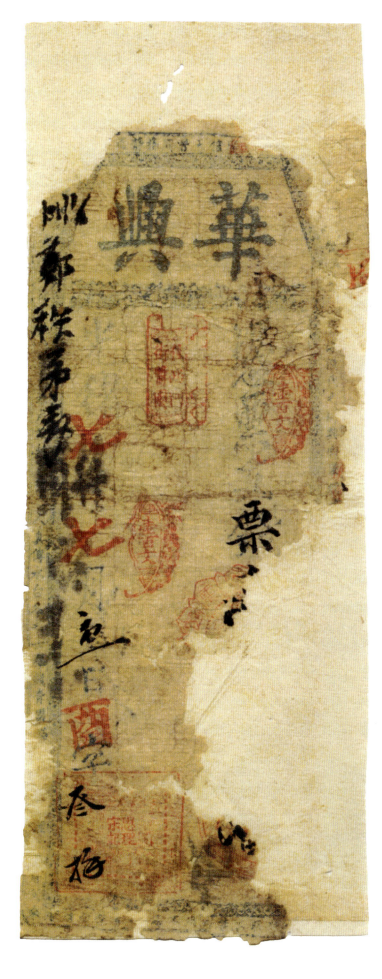

庄号:华兴

地址:福建西门街

面值:壹百文

颜色:蓝色

印制:光绪七年(1881)

　　七月一日发

票幅:245×91mm

正面:钱文

背面:单面

级别:★

陈淑潘　藏

庄号:恒兴

地址:福建平湖

面值:番银壹员

颜色:蓝色

印制:光绪六年(1880)

　　六月二十九日发

票幅:240×92mm

正面:八仙图

背面:单面

级别:★★

丁建明　藏

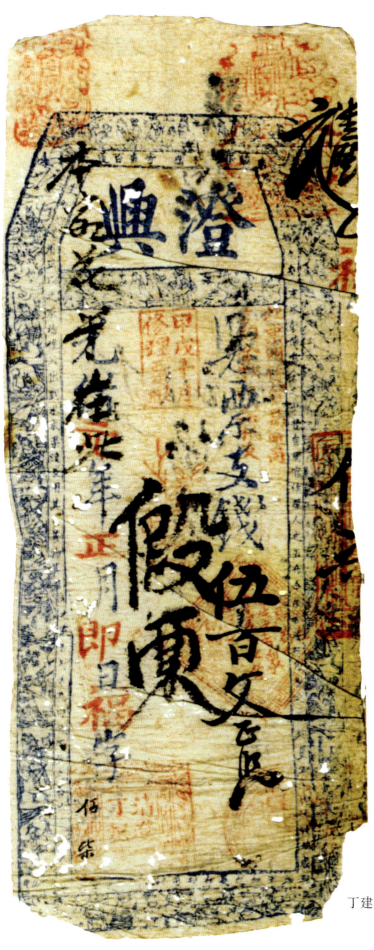

庄号:澄兴
地址:福建玉库后街
面值:伍百文
颜色:蓝色
印制:光绪元年(1875)
　正月发
票幅:245×95mm
正面:《封神榜》人物
背面:单面
级别:★★

丁建明　藏

535

庄号：瑞兴
地址：福建玉库
面值：番银壹员
颜色：蓝色
印制：光绪三年(1877)
　　十二月二十日发
票幅：250×94mm
正面：《钱票论》
背面：单面
级别：★★

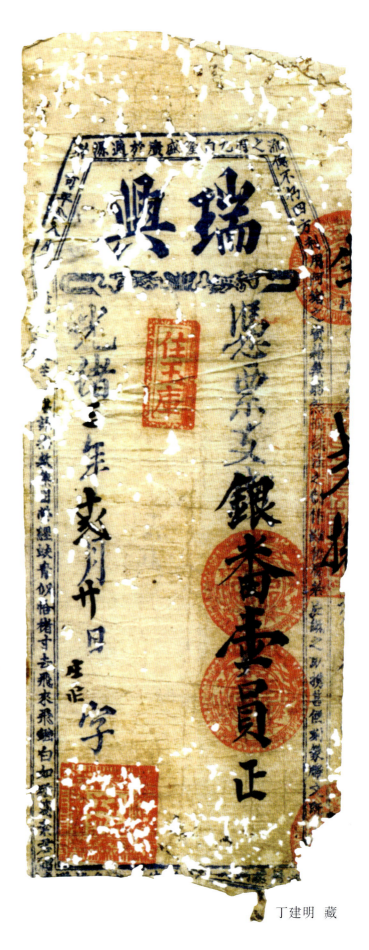

丁建明 藏

庄号:回生

地址:福建照信

面值:不清

颜色:蓝色

印制:光绪三十三年
  (1907)腊月发

票幅:240×97mm

正面:《王衍传》

背面:单面

陈淑潘 藏

537

庄号:宏升
地址:福建长桥
面值:番银贰员
颜色:蓝色
印制:光绪二十三年
　　(1897)十二月三十
　　日发
票幅:247×97mm
正面:铭文
背面:单面
级别:★★

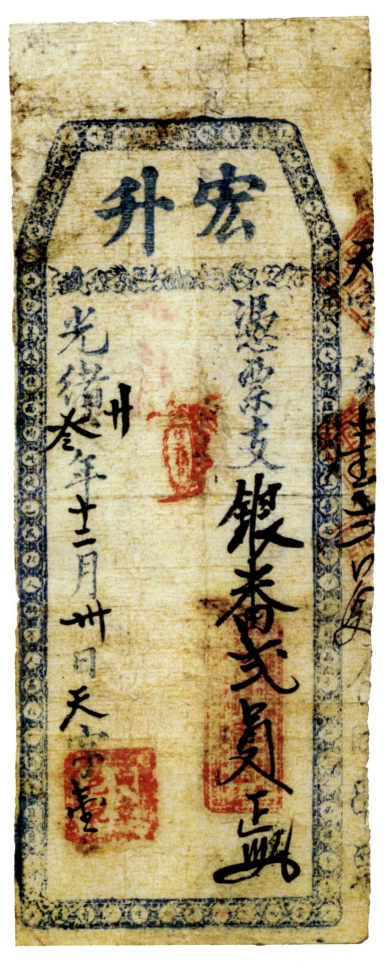

陈淑潘　藏

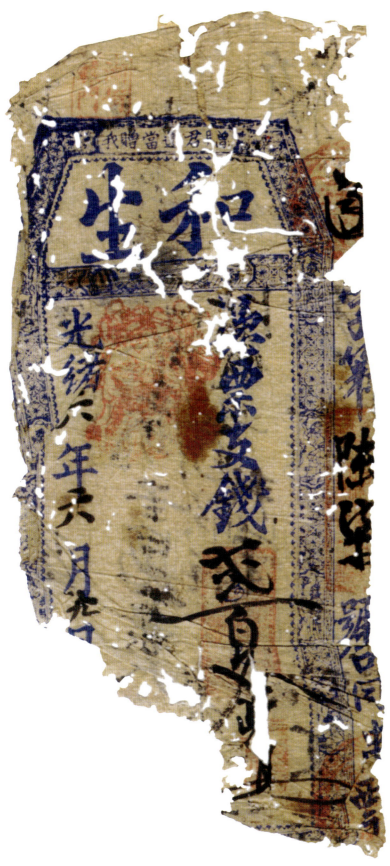

庄号:和生
地址:福建
面值:贰百文
颜色:蓝色
印制:光绪六年(1880)
　　六月发
票幅:225×95mm
正面:八仙图
背面:单面
级别:★★

丁建明　藏

庄号:协升

地址:福建平湖

面值:贰百文

颜色:蓝色

印制:光绪五年(1879)

　　十月二十九日发

票幅:225×97mm

正面:暗八仙

背面:《钱票论》

级别:★★

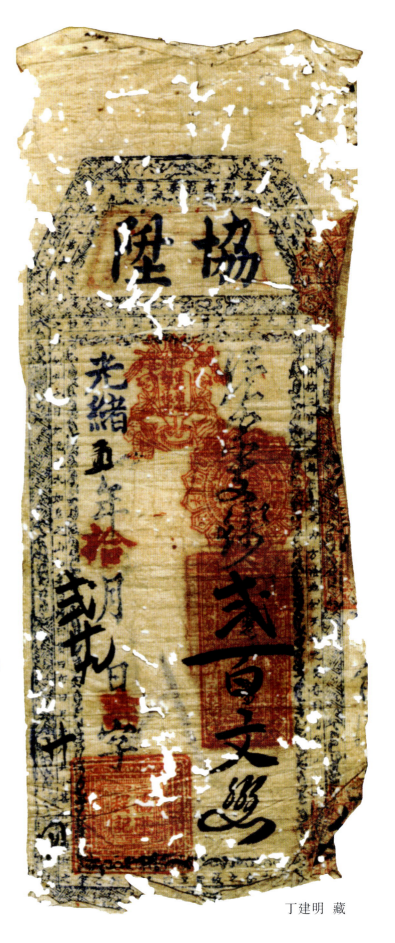

丁建明　藏

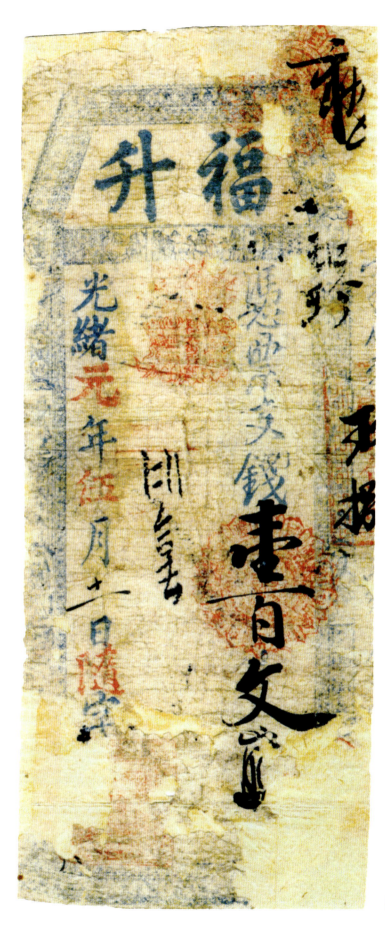

庄号:福升

地址:福建四保

面值:壹百文

颜色:蓝色

印制:光绪元年(1875)

　　五月十一日发

票幅:230×93mm

正面:八仙图

背面:单面

级别:★

陈淑潘　藏

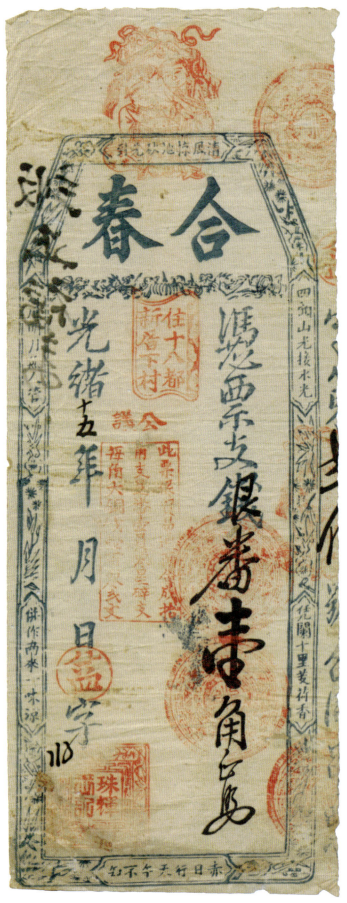

庄号：合春

地址：福建十八都

面值：番银壹角

颜色：蓝色

印制：光绪十五年（1889）
发

票幅：252×96mm

正面：诗文

背面：单面

级别：★★

石长有　藏

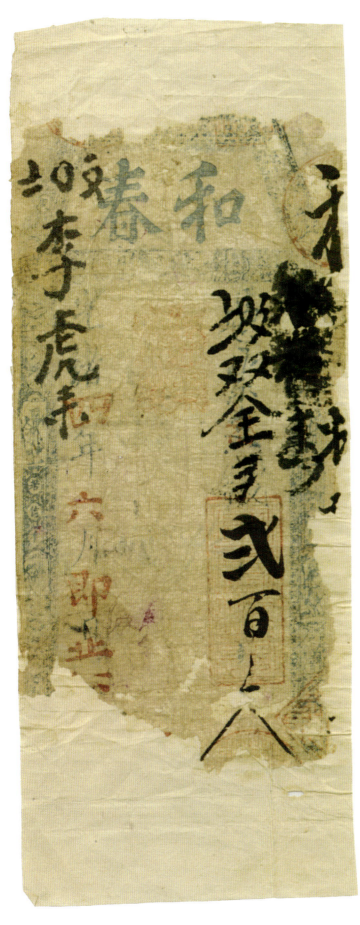

庄号:和春
地址:福建府营口
面值:贰百文
颜色:蓝色
印制:光绪四年(1878)
　六月发
票幅:230×92mm
正面:八仙图
背面:单面
级别:★

石长有　藏

庄号:万生春

地址:福建平湖

面值:贰百文

颜色:蓝色

印制:光绪十一年(1885)

　　十二月发

票幅:242×93mm

正面:八仙图

背面:单面

级别:★

丁建明　藏

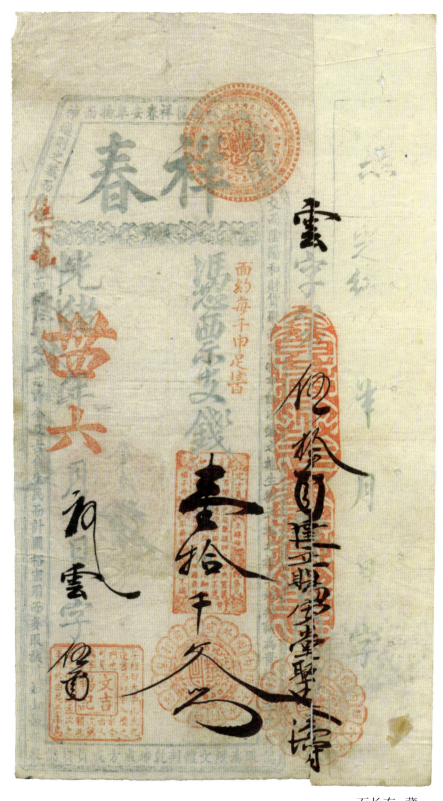

庄号:祥春　　　　　　印制:光绪三十四年(1908)　　　正面:《金钱歌》

地址:福建下垅　　　　　　　六月初发　　　　　　　　背面:单面

面值:壹拾千文　　　　　票幅:245×138mm　　　　　级别:★★

颜色:蓝色

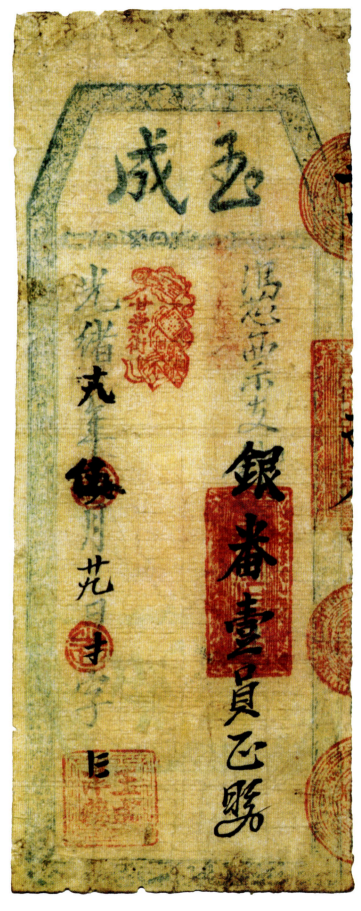

庄号：玉成
地址：福建甘棠村
面值：番银壹员
颜色：蓝色
印制：光绪十九年（1893）
　　　五月二十九日发
票幅：234×92mm
正面：八仙图
背面：单面
级别：★★

陈淑潘　藏

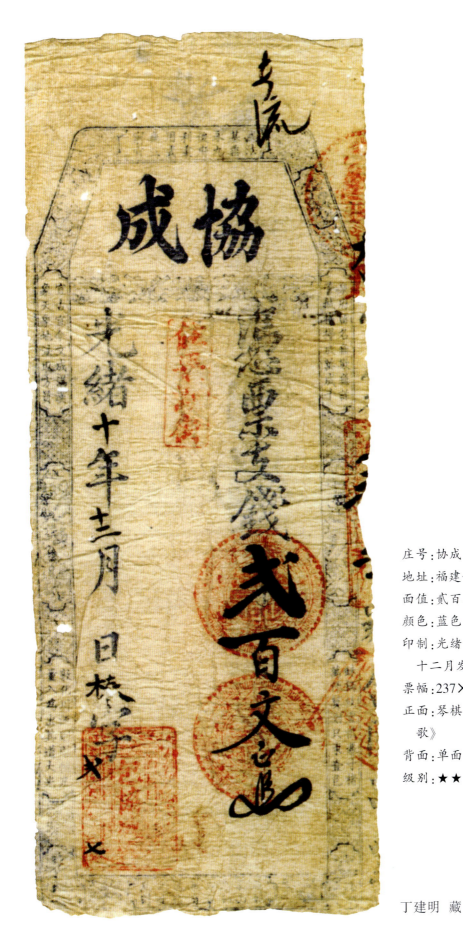

庄号:协成

地址:福建平湖

面值:贰百文

颜色:蓝色

印制:光绪十年(1884)
    十二月发

票幅:237×92mm

正面:琴棋书画、《金钱
    歌》

背面:单面

级别:★★

丁建明 藏

庄号：坤成
地址：福建
面值：陆百文
颜色：蓝色
印制：光绪二年（1876）
　　六月十六日发
票幅：240×93mm
正面：《金钱歌》
背面：单面
级别：★

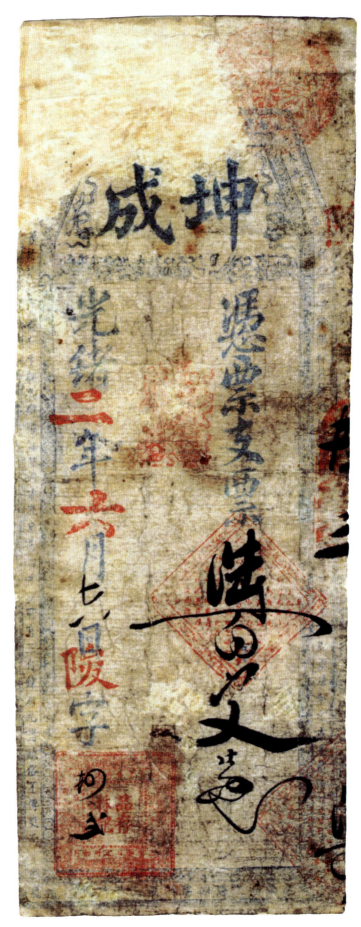

陈淑潘　藏

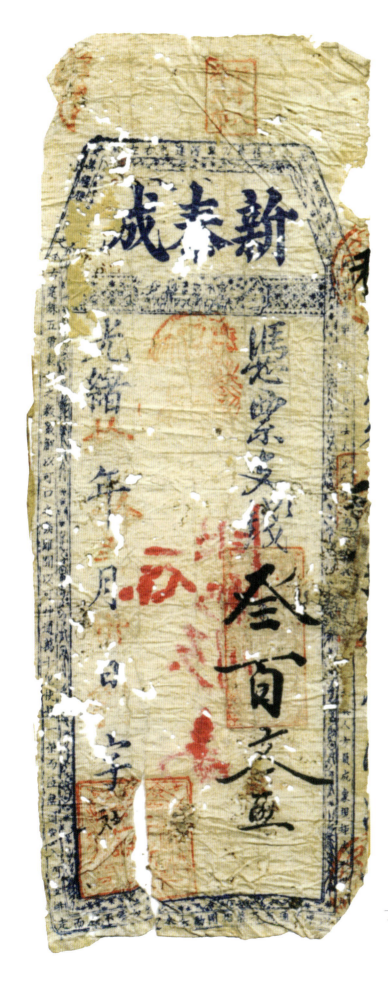

庄号：新泰成

地址：福建十八都

面值：叁百文

颜色：蓝色

印制：光绪二十年（1894）

　三月发

票幅：244×92mm

正面：《钱票论》

背面：单面

级别：★

丁建明　藏

庄号：天泉
地址：福建下洋
面值：陆百文
颜色：蓝色
印制：光绪二十年(1894)
　　　十月六日发
票幅：250×97mm
正面：《钱神论》
背面：单面
级别：★★

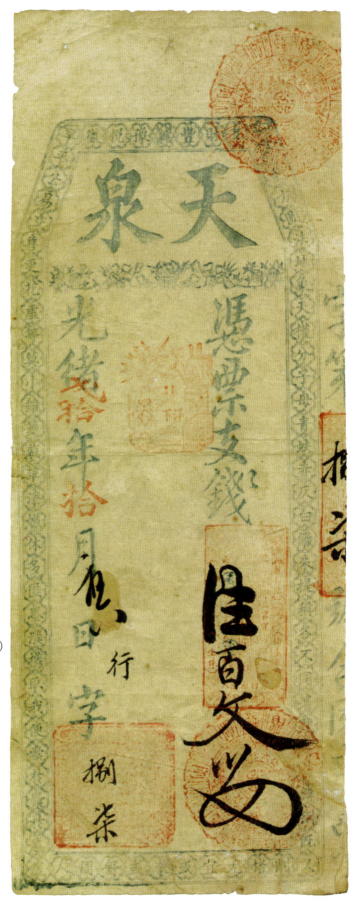

石长有　藏

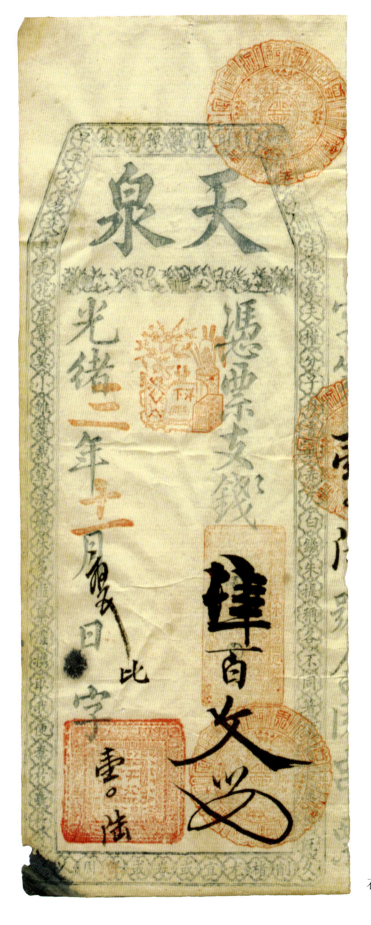

不同年份不同面值的天泉私帖

石长有 藏

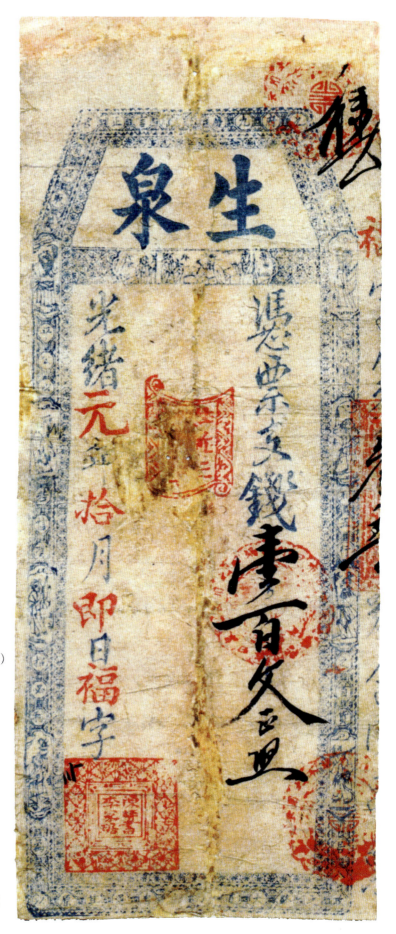

庄号：生泉

地址：福建

面值：壹百文

颜色：蓝色

印制：光绪元年（1875）

　　十月发

票幅：240×99mm

正面：八仙图

背面：单面

级别：★★

陈淑潘　藏

552

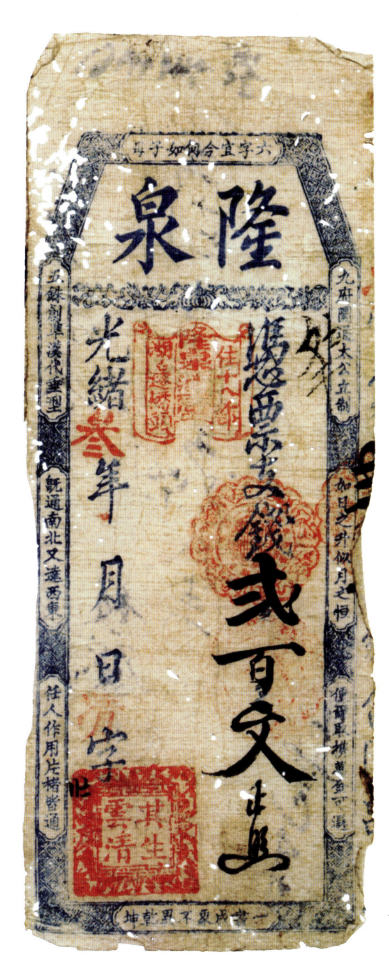

庄号：隆泉

地址：福建十八都

面值：贰百文

颜色：蓝色

印制：光绪三年（1877）
  发

票幅：243×95mm

正面：《钱票论》

背面：单面

级别：★★

丁建明 藏

553

庄号：和顺
地址：福建
面值：壹拾陆千五百文
颜色：蓝色
印制：光绪九年（1883）
　　五月三十日发
票幅：247×92mm
正面：《钱票论》
背面：单面
级别：★★

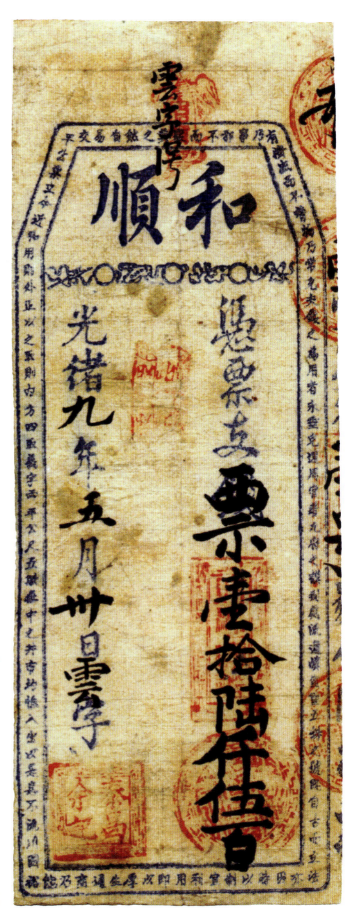

陈淑潘　藏

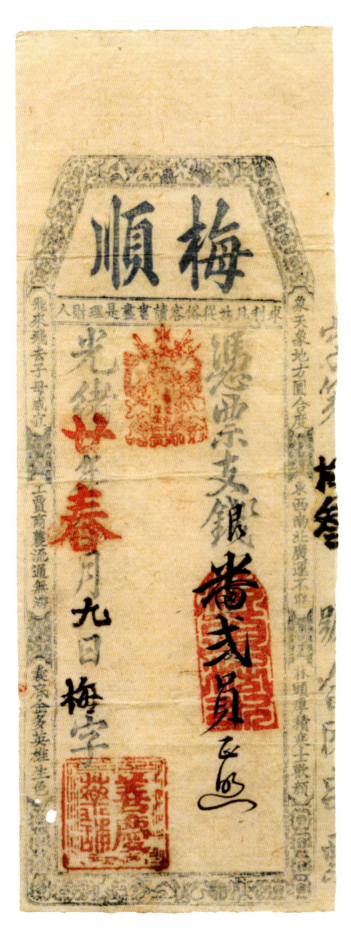

庄号: 梅顺

地址: 福建一保

面值: 番银贰员

颜色: 蓝色

印制: 光绪二十年(1894)

　　　春月九日发

票幅: 255×94mm

正面:《金钱歌》

背面: 单面

级别: ★★

林志平　藏

庄号：隆顺

地址：福建高攀街

面值：番银贰员

颜色：蓝色

印制：光绪七年（1881）

十二月二十九日发

票幅：243×94mm

正面：《钱票论》

背面：单面

级别：★★

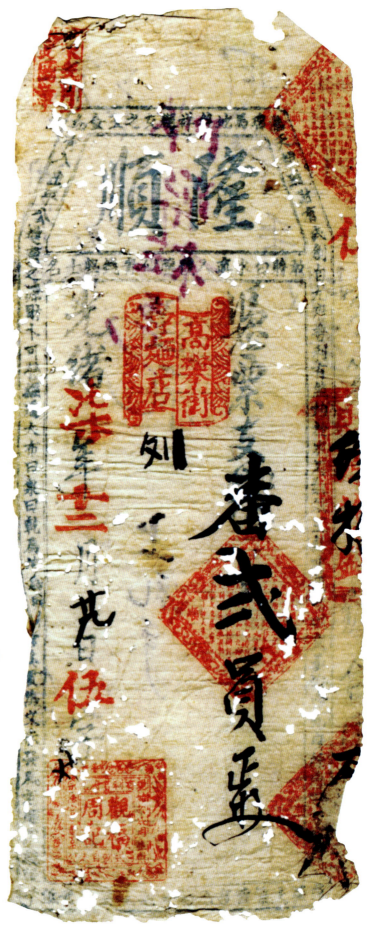

丁建明　藏

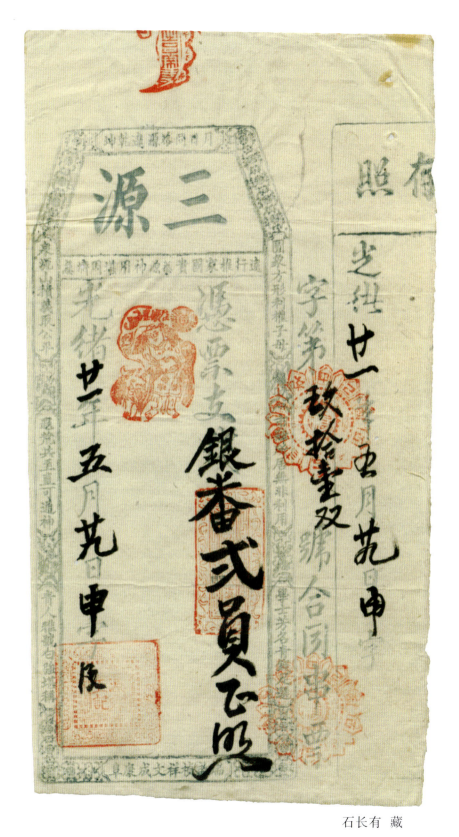

石长有 藏

| | | |
|---|---|---|
| 庄号:三源 | 颜色:蓝色 | 票幅:253×136mm |
| 地址:福建 | 印制:光绪二十一年(1895) | 正面:《钱神论》 |
| 面值:番银贰员 | 五月发 | 背面:单面 |

庄号：隆源
地址：福建一保
面值：番银贰员
颜色：蓝色
印制：光绪十九年（1893）
　　　正月二十九日发
票幅：235×93mm
正面：《钱铭志》
背面：单面
级别：★★

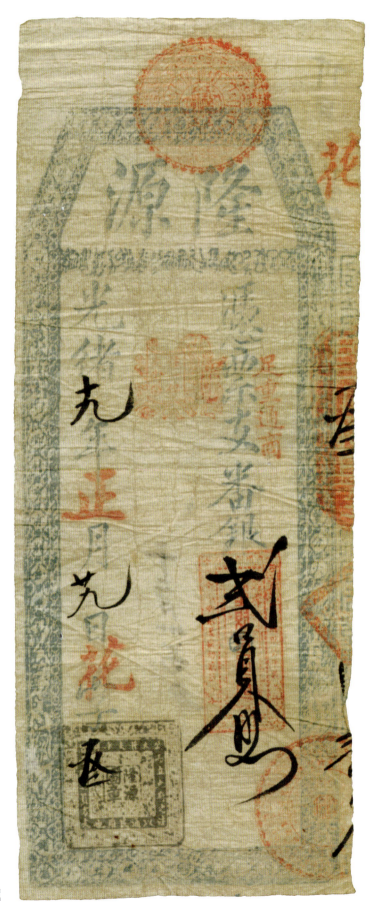

石长有　藏

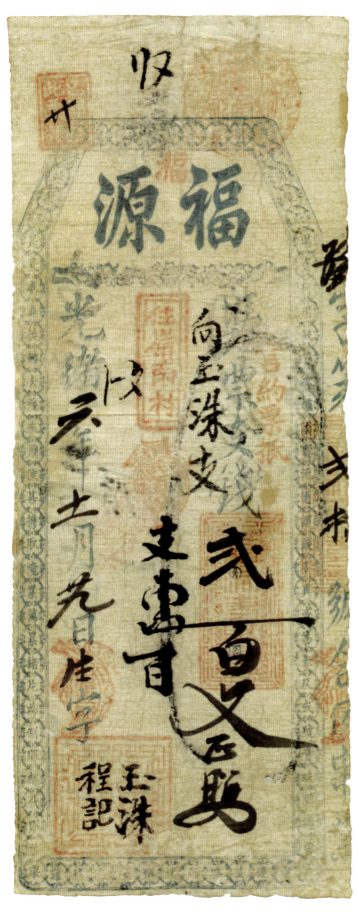

庄号：福源

地址：福建岭南村

面值：贰百文

颜色：蓝色

印制：光绪六年（1880）

　　十一月发

票幅：245×95mm

正面：《金钱歌》

背面：单面

级别：★★

石长有　藏

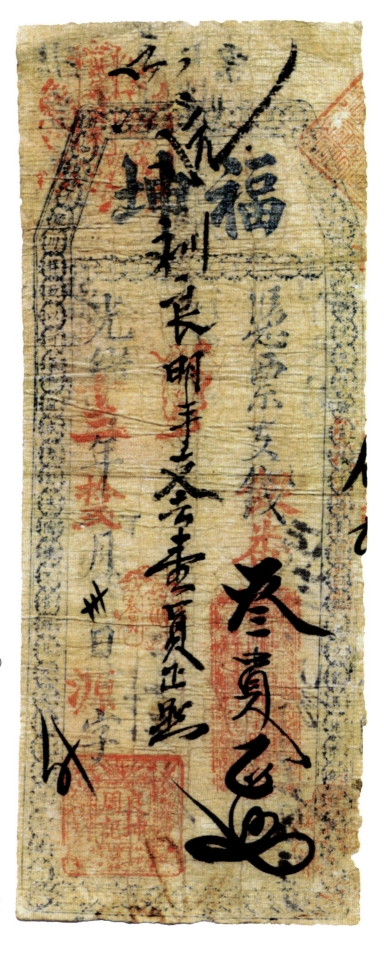

庄号：福坤

地址：福建

面值：番银叁员

颜色：蓝色

印制：光绪十三年（1887）

　　　十二月三十日发

票幅：240×92mm

正面：《钱神论》

背面：单面

级别：★★

陈淑潘　藏

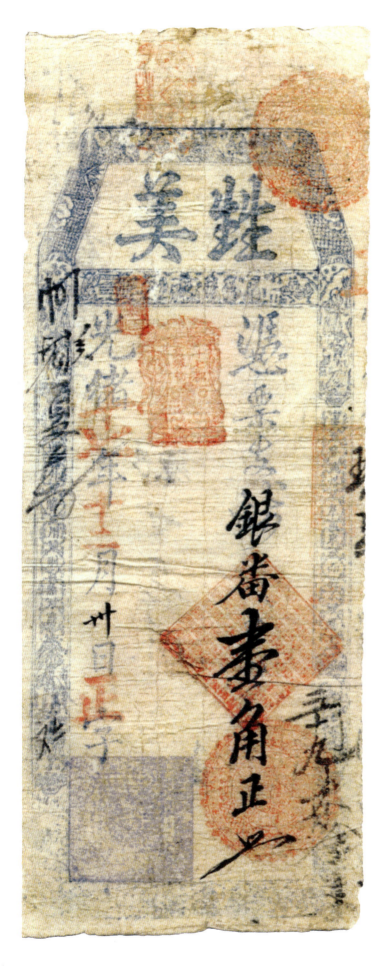

庄号:蛙美

地址:福建十七都

面值:番银壹角

颜色:蓝色

印制:光绪十七年(1891)

　　十二月三十日发

票幅:242×94mm

正面:农耕渔樵

背面:单面

级别:★★

陈淑潘 藏

庄号：聚美
地址：福建
面值：壹百文
颜色：蓝色
印制：光绪八年(1882)
　　　三月发
票幅：240×90mm
正面：八仙图
背面：单面
级别：★★

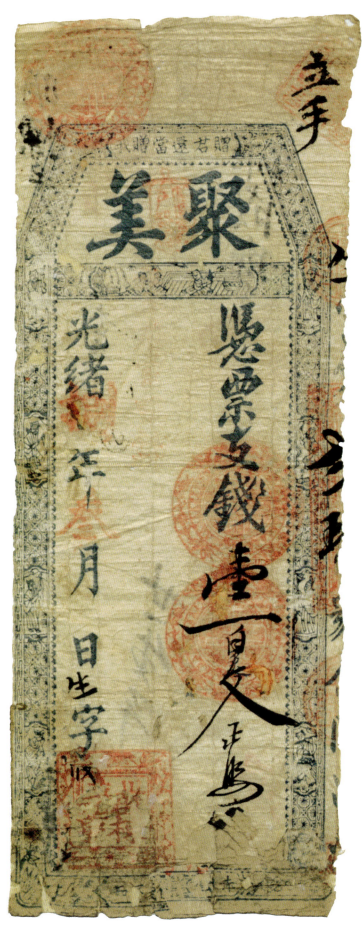

石长有　藏

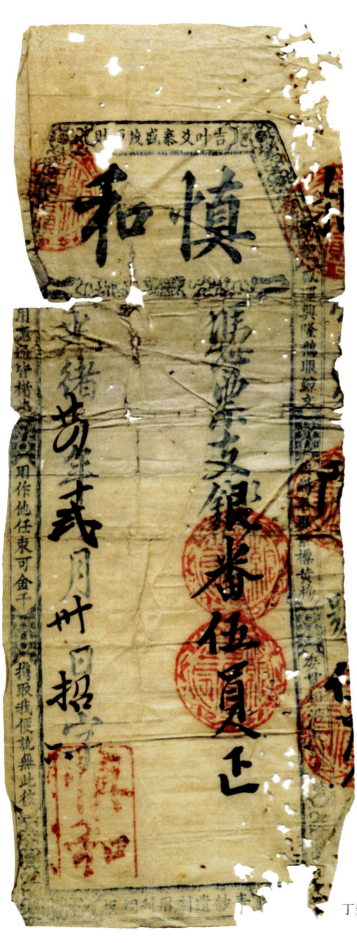

庄号:慎和

地址:福建

面值:番银伍员

颜色:蓝色

印制:光绪二十四年(1898)

十二月三十日发

票幅:240×90mm

正面:诗文

背面:单面

级别:★★

丁建明 藏

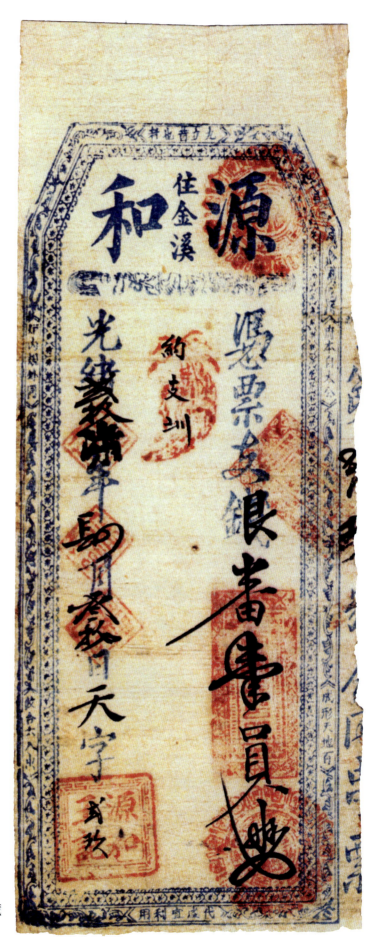

庄号：源和
地址：福建金溪
面值：番银壹员
颜色：蓝色
印制：光绪二十七年
　　（1901）四月发
票幅：243×94mm
正面：花边、《钱票论》
背面：单面
级别：★★

陈淑潘　藏

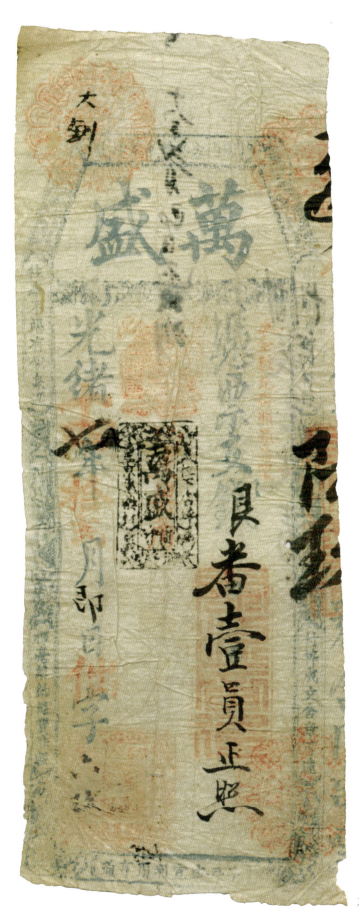

庄号：万盛

地址：福建下店

面值：番银壹员

颜色：蓝色

印制：光绪十七年（1891）

　　十二月发

票幅：238×90mm

正面：《钱神论》

背面：单面

级别：★★

石长有　藏

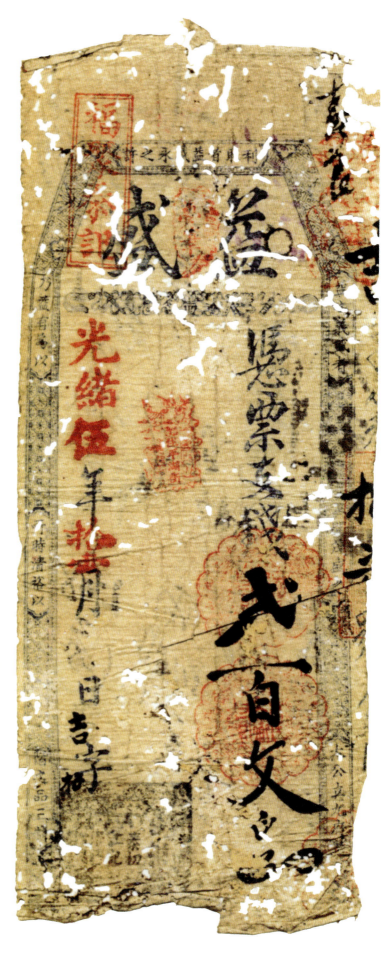

庄号：益盛

地址：福建平湖

面值：贰百文

颜色：蓝色

印制：光绪五年（1879）
　　　十一月发

票幅：240×92mm

正面：《钱票论》

背面：单面

级别：★

丁建明　藏

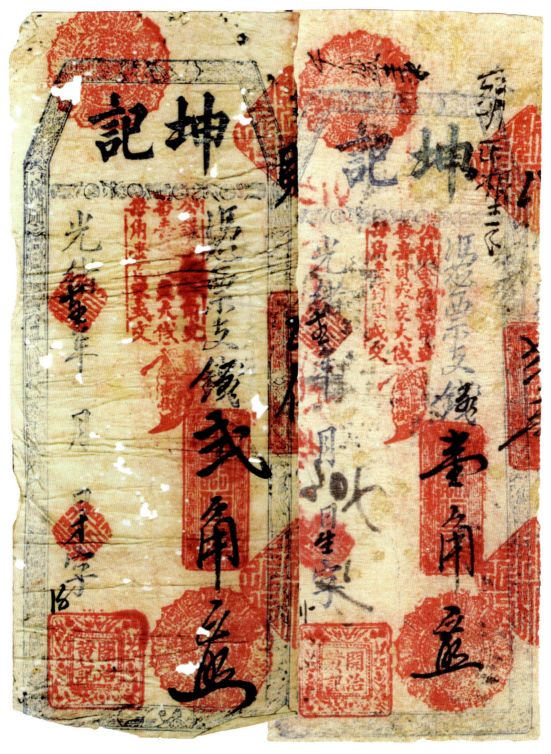

丁建明 藏

| 庄号:坤记 | 颜色:蓝色 | 正面:八仙图 |
|---|---|---|
| 地址:福建平湖 | 印制:光绪十五年(1889)发 | 背面:单面 |
| 面值:番银壹角/贰角 | 票幅:231×93mm | 级别:★★ |

庄号:延寿
地址:福建
面值:番银壹员
颜色:蓝色
印制:光绪三十三年
　（1907）腊月发
票幅:244×94mm
正面:铭文
背面:单面
级别:★★

石长有　藏

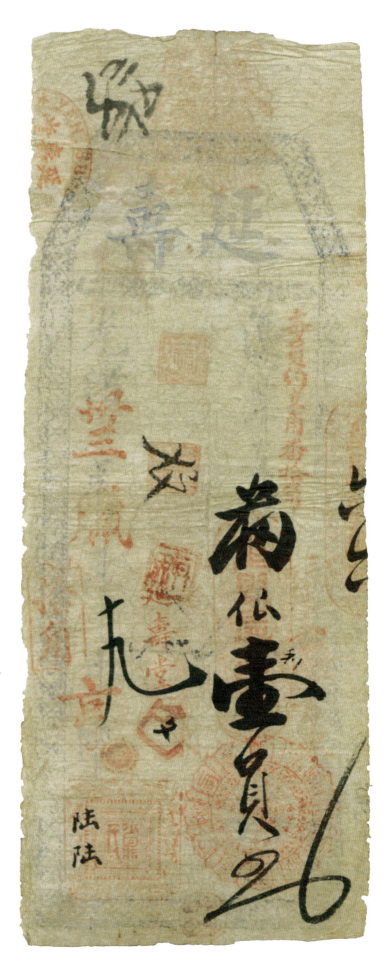

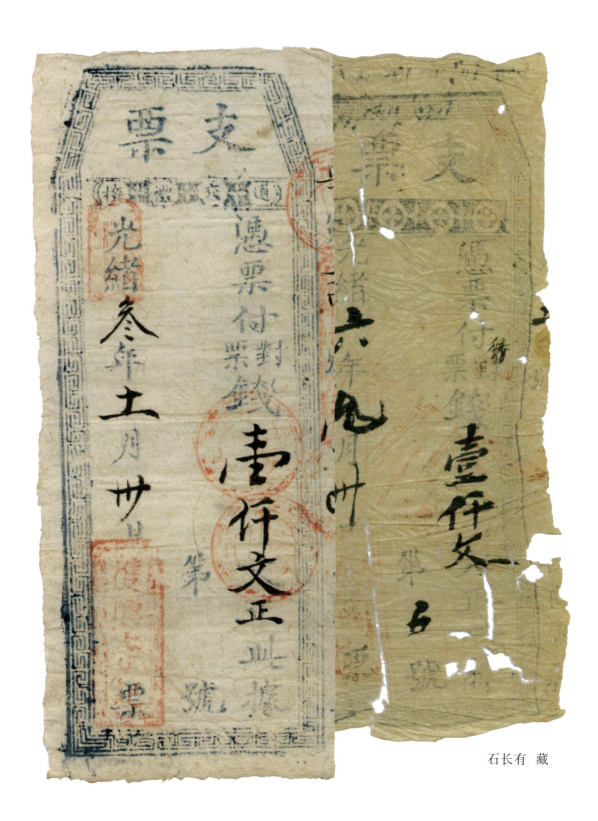

石长有 藏

庄号：支票　　　　印制：光绪三年（1877）十一　　正面：回纹
地址：福建　　　　　　月三十日发　　　　　　背面：单面
面值：壹千文　　　　票幅：192×80mm　　　级别：★
颜色：蓝色

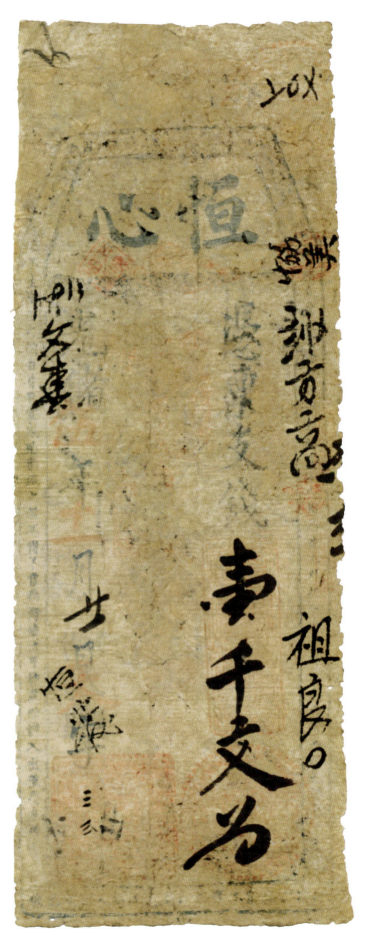

庄号：恒心
地址：福建
面值：壹千文
颜色：蓝色
印制：光绪五年（1879）
　　　十一月二十一日发
票幅：240×84mm
正面：铭文
背面：单面
级别：★

石长有　藏

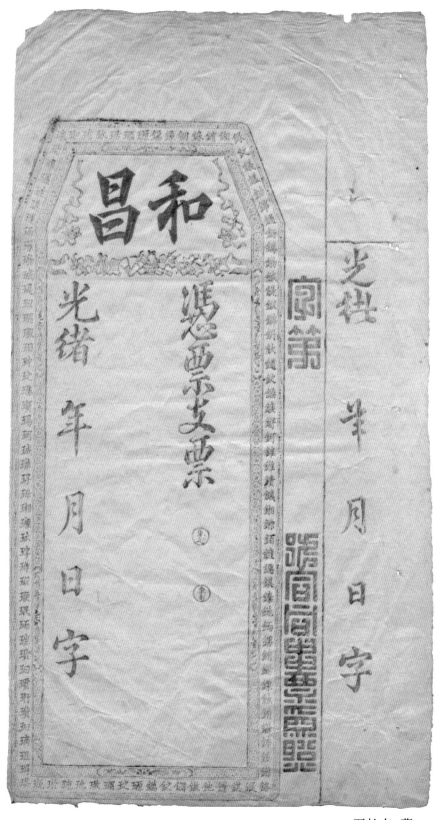

庄号:和昌　　　　　颜色:蓝色　　　　　正面:造字
地址:福建　　　　　印制:光绪年未发行票　背面:单面
面值:空白　　　　　票幅:254×133mm

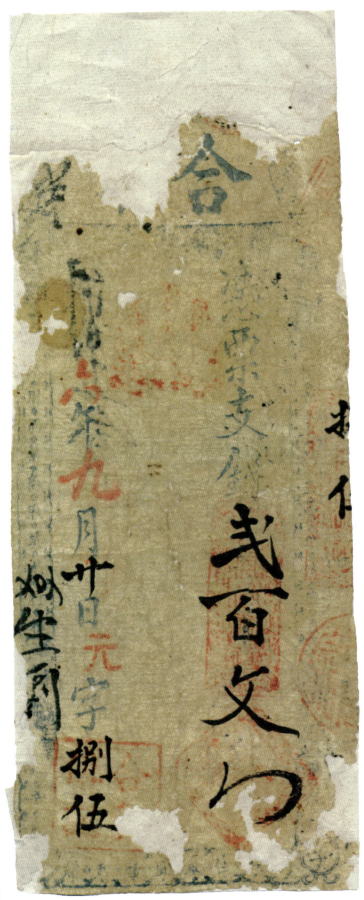

庄号:合□
地址:福建
面值:贰百文
颜色:蓝色
印制:光绪六年(1880)
　　九月二十日发
票幅:230×92mm
正面:铭文
背面:单面

石长有 藏

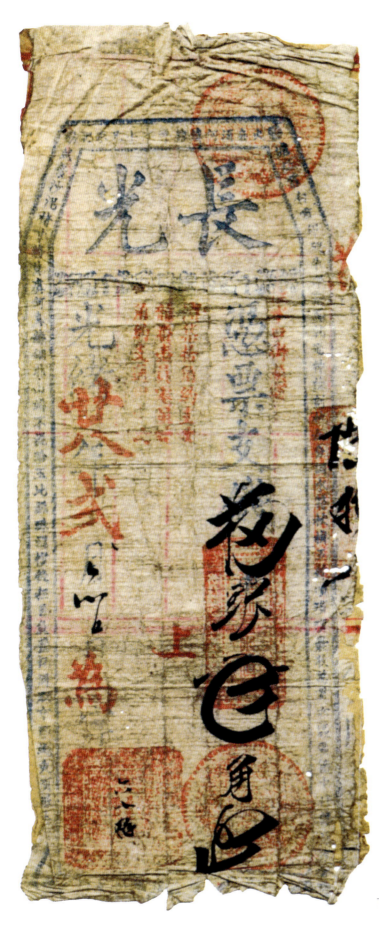

庄号:长光

地址:福建畔口街

面值:番银贰角

颜色:蓝色

印制:光绪二十八年

　　(1902)二月发

票幅:233×92mm

正面:铭文

背面:单面

级别:★

丁建明　藏

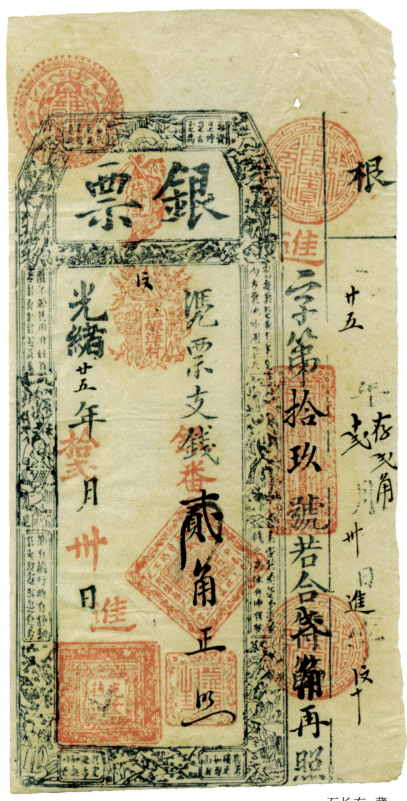

石长有 藏

庄号：银票　　　　　印制：光绪二十五年（1899）　　正面：《金钱歌》

地址：福建白及洋村　　　　　十二月发　　　　　　　背面：单面

面值：番银贰角　　　　票幅：244×125mm　　　　级别：★★

颜色：蓝色

574

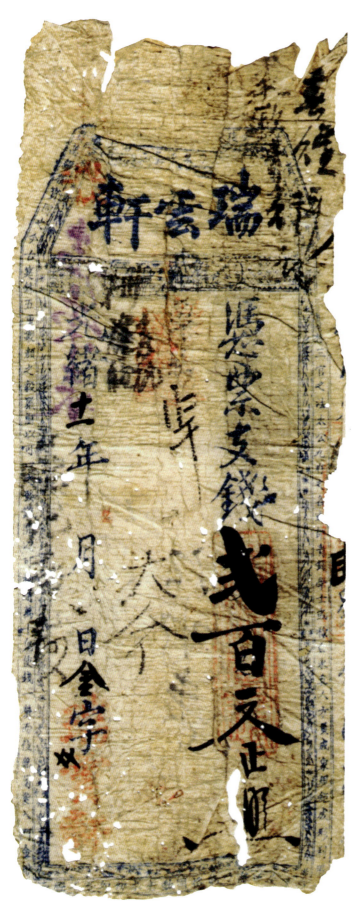

庄号：瑞云轩

地址：福建

面值：贰百文

颜色：蓝色

印制：光绪十一年（1885）
　发

票幅：234×92mm

正面：《钱票论》

背面：单面

级别：★

丁建明　藏

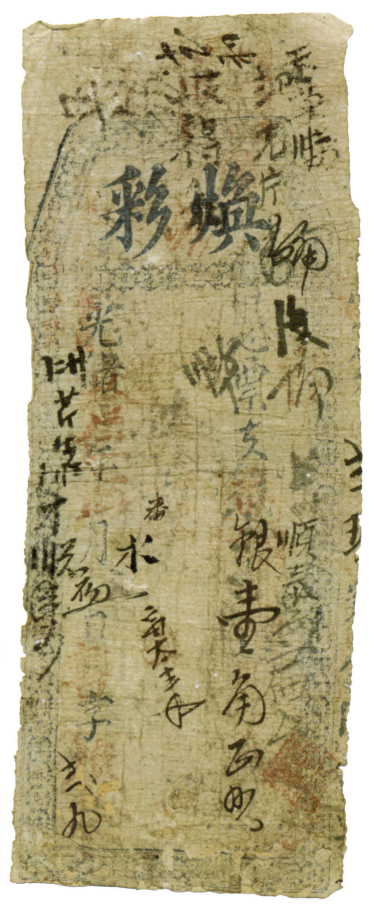

庄号:焕彩

地址:福建

面值:番银壹角

颜色:蓝色

印制:光绪十五年(1889)

　　六月发

票幅:235×92mm

正面:《钱票论》

背面:单面

级别:★

石长有　藏

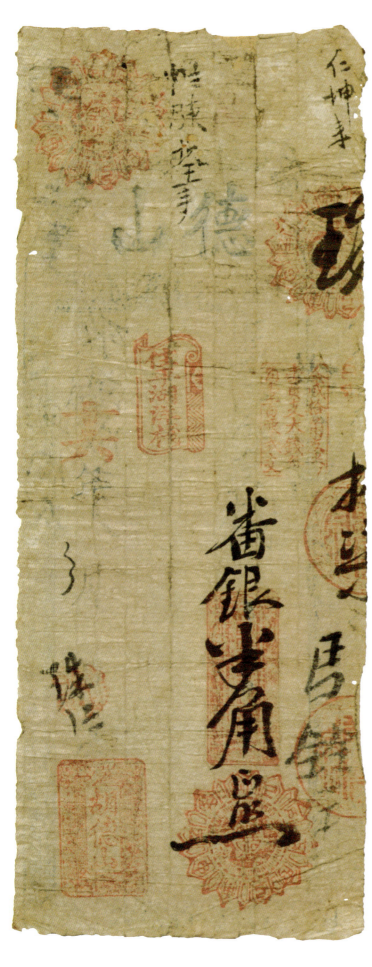

庄号:德山
地址:福建平湖
面值:番银半角
颜色:蓝色
印制:光绪十六年(1890)
　　发
票幅:242×95mm
正面:铭文
背面:单面
级别:★

石长有 藏

庄号:豫□

地址:福建王保大街

面值:肆百文

颜色:蓝色

印制:光绪九年(1883)

　　五月二十六日发

票幅:236×95mm

正面:八仙图

背面:单面

级别:★

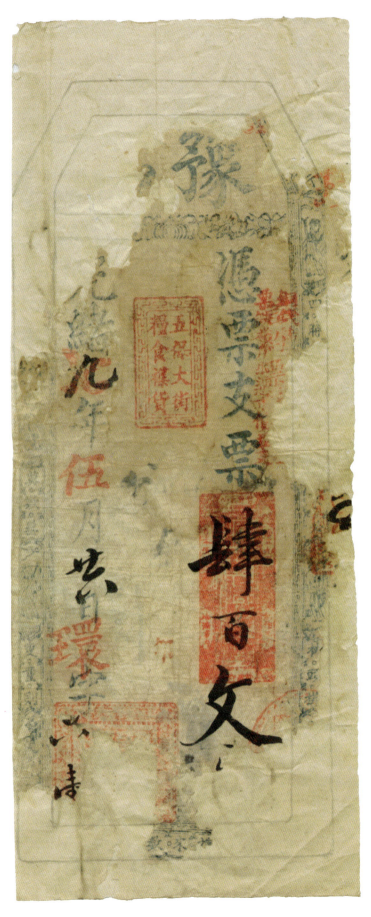

石长有　藏

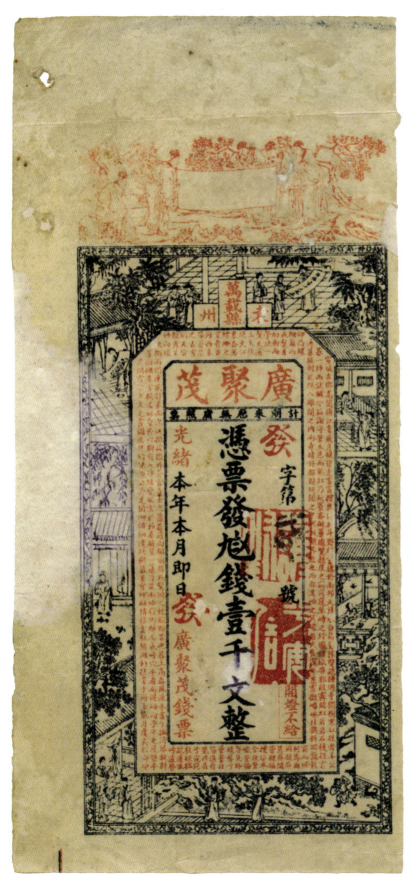

庄号:广聚茂

地址:江西袁州万载

面值:壹千文

颜色:蓝/红

印制:光绪发行票

票幅:227×104mm

正面:五老图

背面:《越湖钓》

级别:★

石长有 藏

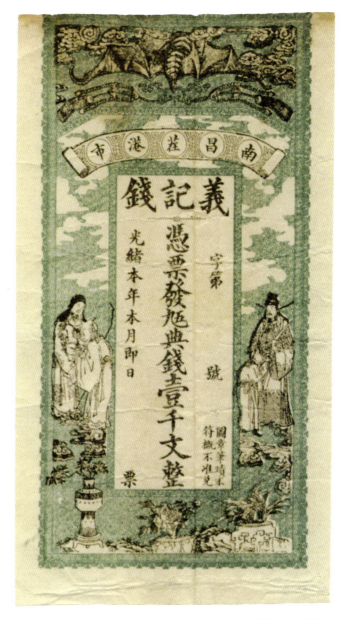

庄号:义记钱

地址:江西南昌茌港

面值:壹千文

颜色:绿色

印制:光绪年未发行票

票幅:152×86mm

正面:蝙蝠三仙

背面:单面

级别:★

石长有 藏

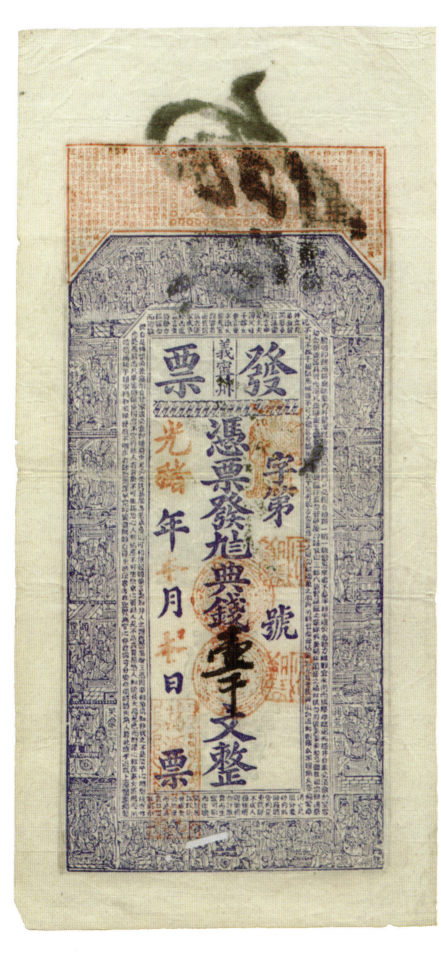

庄号：万源泉发票

地址：江西义宁州

面值：壹千文

颜色：蓝色

印制：光绪年流通票

票幅：240×115mm

正面：众生相

背面：《治家格言》

级别：★

石长有　藏

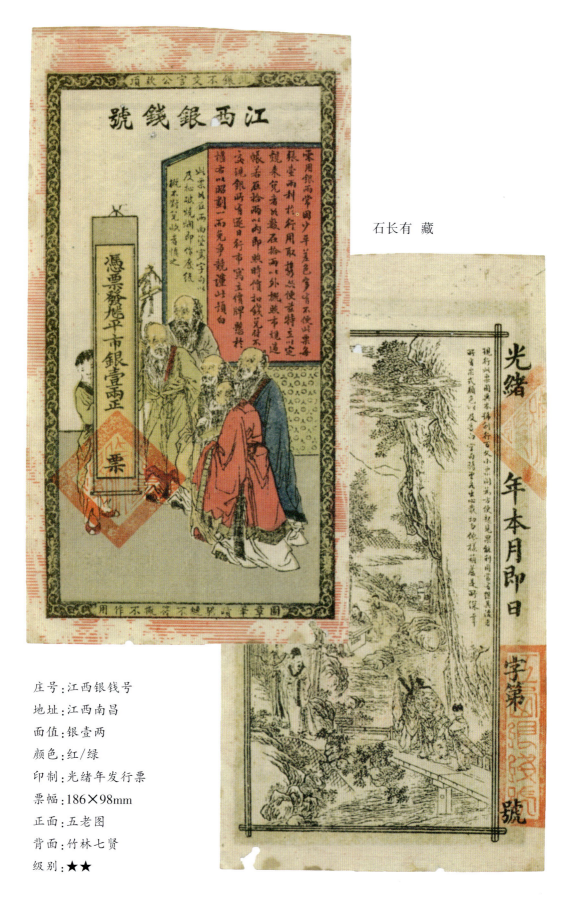

石长有 藏

庄号：江西银钱号

地址：江西南昌

面值：银壹两

颜色：红/绿

印制：光绪年发行票

票幅：186×98mm

正面：五老图

背面：竹林七贤

级别：★★

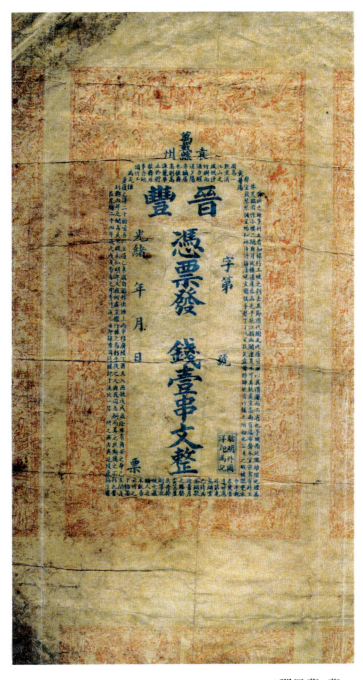

邵民藏 藏

| | | |
|---|---|---|
| 庄号:晋丰 | 颜色:蓝/红 | 正面:《红楼梦》人物、《黄冈竹楼记》 |
| 地址:江西袁州万载 | 印制:光绪年未流通票 | |
| 面值:壹串文 | 票幅:173×98mm | 背面:《滕王阁序》 |

江西銀錢號

庄号:江西银钱号
地址:江西南昌
面值:壹百文
颜色:红/黄
印制:光绪年发行票
票幅:163×90mm
正面:官员图
背面:出票告示
级别:★★

蔡小军 供

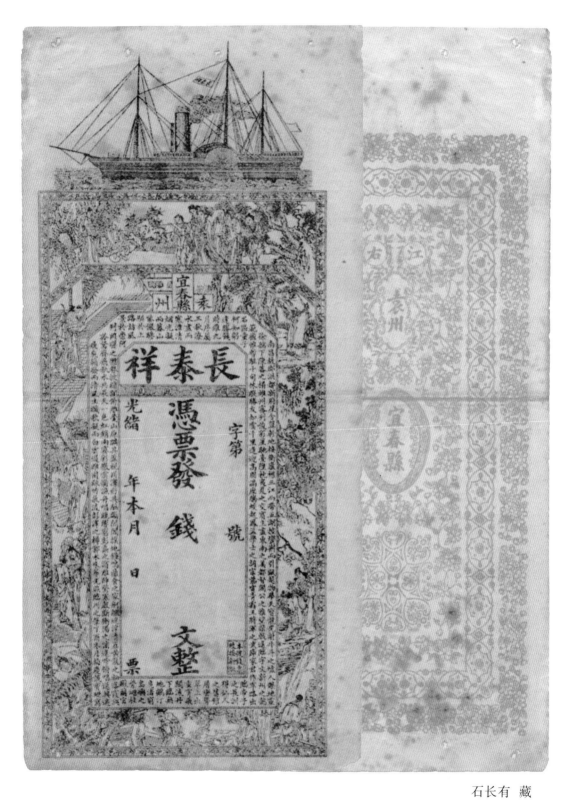

石长有 藏

庄号：长泰祥  
地址：江西袁州宜春  
面值：空白  

颜色：灰/绿  
印制：光绪年未发行票  
票幅：208×96mm  

正面：二十四孝图、《滕王阁序》  
背面：花纹

庄号：永隆号

地址：江西黄砂硚

面值：空白

颜色：蓝色

印制：光绪年未流通票

票幅：212×92mm

正面：二十四孝图、《与
　　韩荆州书》

背面：单面

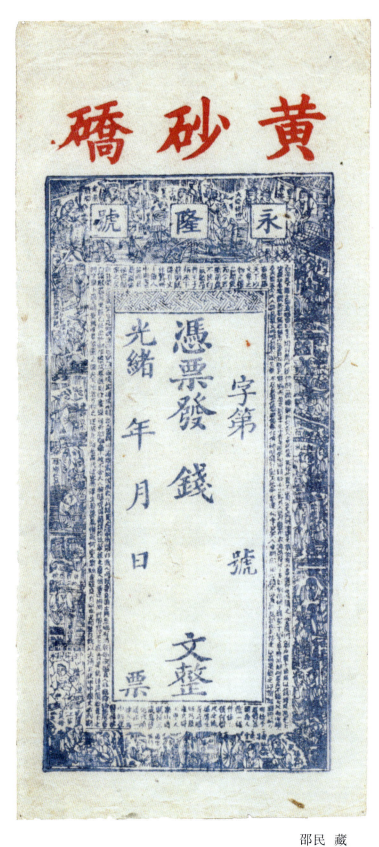

邵民 藏

586

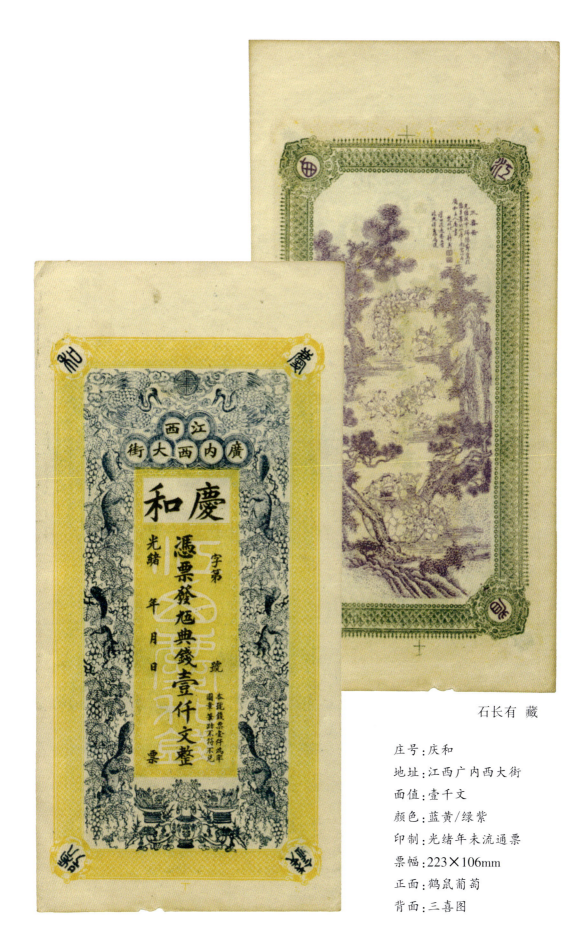

石长有 藏

庄号：庆和
地址：江西广内西大街
面值：壹千文
颜色：蓝黄/绿紫
印制：光绪年未流通票
票幅：223×106mm
正面：鹤鼠葡萄
背面：三喜图

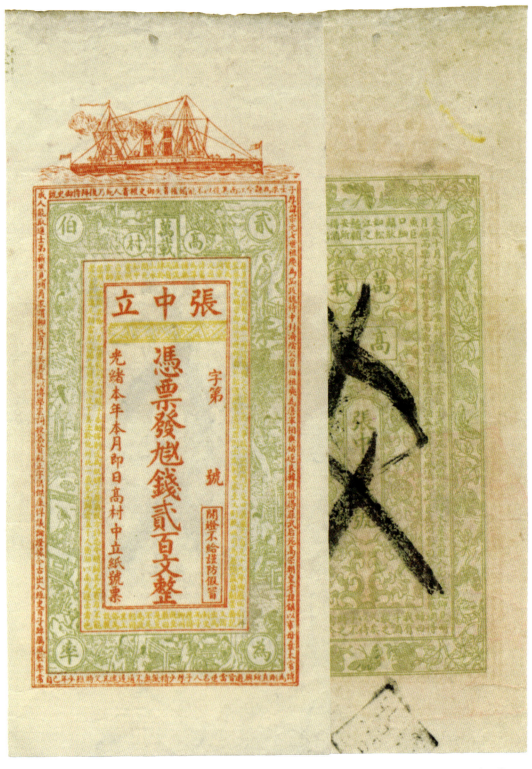

石长有 藏

| 庄号:张中立 | 颜色:红/绿 | 正面:《西厢记》人物 |
| 地址:江西万载高村 | 印制:光绪年未流通票 | 背面:《柳子厚墓志铭》 |
| 面值:贰百文 | 票幅:197×88mm | |

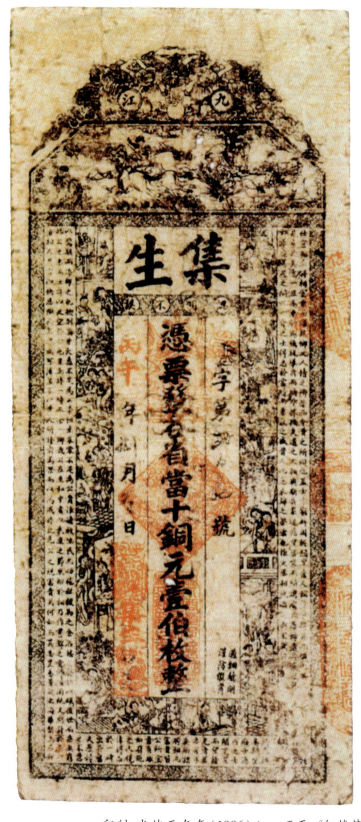

黄亨俊 藏

| 庄号:集生 | 印制:光绪丙午年(1906)八 | 正面:《红楼梦》人物 |
| 地址:江西九江 | 月发 | 背面:古文 |
| 面值:壹佰枚 | 票幅:212×93mm | 级别:★★ |
| 颜色:灰色 | | |

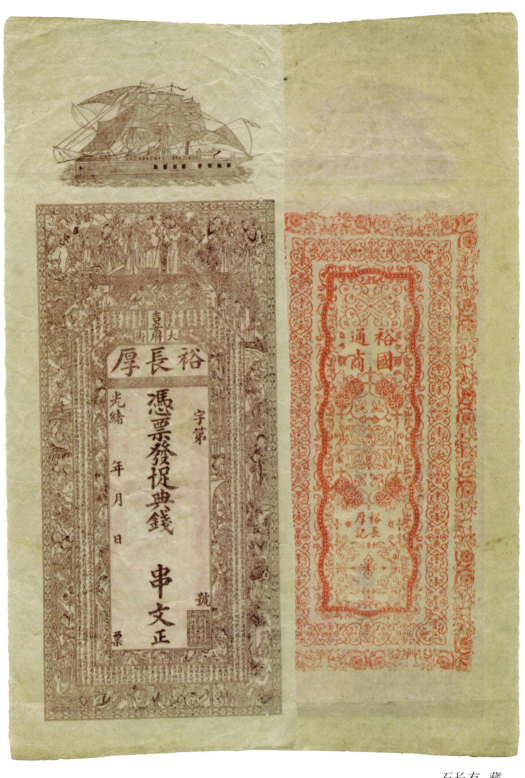

石长有 藏

| | | |
|---|---|---|
| 庄号：裕长厚 | 颜色：紫/红 | 正面：八仙图、二十四孝图、 |
| 地址：江西吉安府 | 印制：光绪年未流通票 | 《进学解》 |
| 面值：空白 | 票幅：270×108mm | 背面：花纹 |

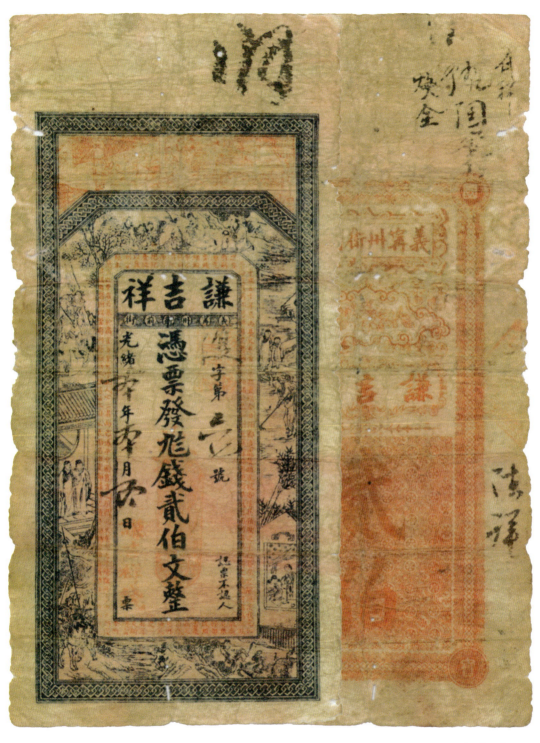

石长有 藏

庄号:谦吉祥　　　颜色:红/蓝　　　　　正面:二十四孝图、《政论》

地址:江西义宁州　　印制:光绪年流通票　　背面:花边、庄号、面值

面值:贰百文　　　　票幅:190×90mm　　　级别:★

石长有 藏

| 庄号:恒森义 | 颜色:蓝/红 | 正面:洋人游园、戏剧人物 |
| 地址:江西袁州万载 | 印制:光绪年末流通票 | 背面:木兰从军、诗文 |
| 面值:壹千文 | 票幅:196×91mm | |

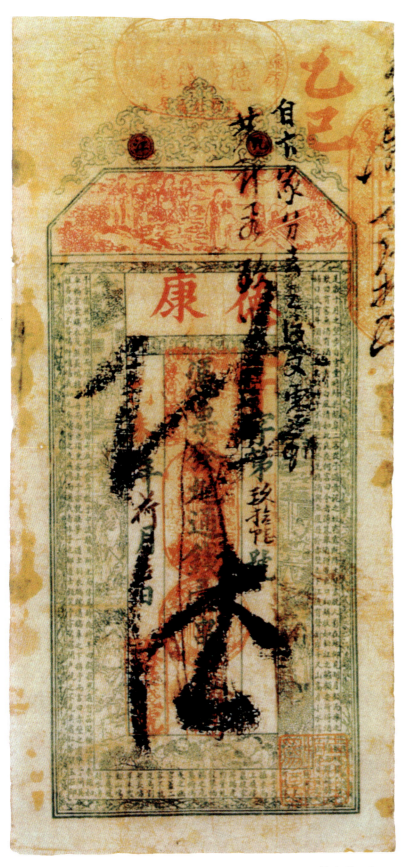

庄号:德康

地址:江西九江

面值:壹串文

颜色:绿

印制:光绪乙未年

　（1895）荷月发

票幅:224×104mm

正面:仙女、《后赤

　壁赋》

背面:单面

级别:★★

黄亨俊 藏

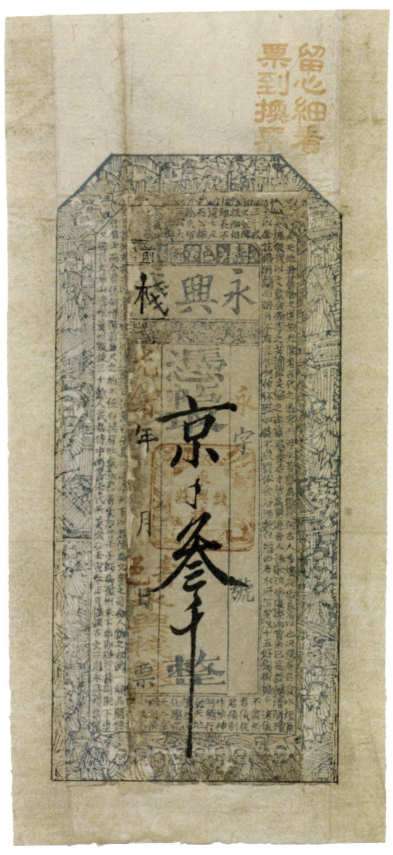

庄号：永兴栈
地址：山东寿邑
面值：叁千文
颜色：蓝色
印制：光绪年流通票
票幅：220×103mm
正面：八仙图
背面：《夜宴桃李园序》
级别：★★

石长有 藏

594

石长有 藏

庄号：吉顺号　　　　印制：光绪元年（1875）六月　　正面：八仙图

地址：山东落凤岗　　　　　　二十二日发　　　　　　背面：背面

面值：壹千文　　　　　　票幅：223×124mm　　　　级别：★

颜色：蓝色

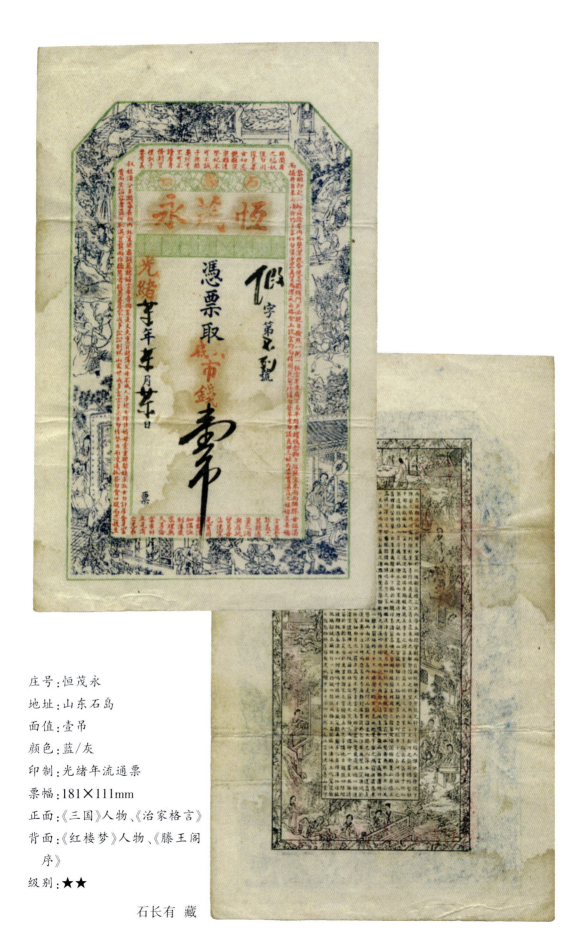

庄号：恒茂永

地址：山东石岛

面值：壹吊

颜色：蓝/灰

印制：光绪年流通票

票幅：181×111mm

正面：《三国》人物、《治家格言》

背面：《红楼梦》人物、《滕王阁
　　序》

级别：★★

石长有　藏

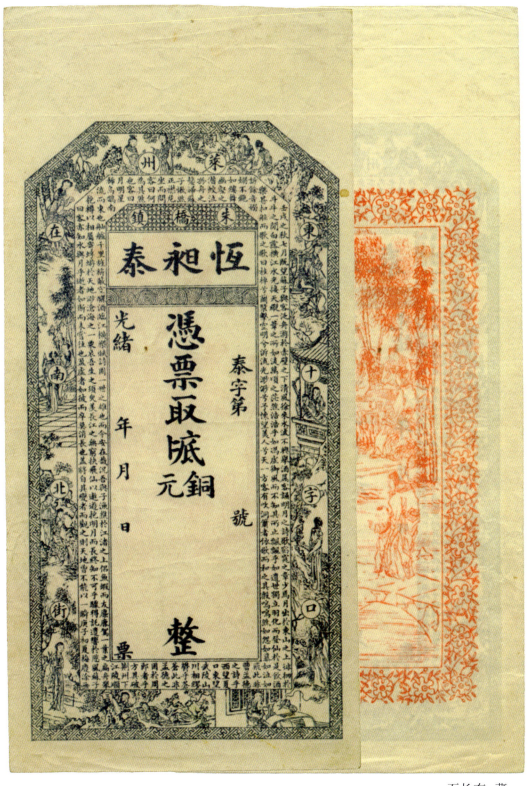

石长有 藏

| | | |
|---|---|---|
| 庄号：恒昶泰 | 颜色：蓝/红 | 正面：《红楼梦》人物、《前赤 |
| 地址：山东莱州朱桥 | 印制：光绪年未流通票 | 壁赋》 |
| 面值：空白 | 票幅：225×106mm | 背面：竹林七贤 |

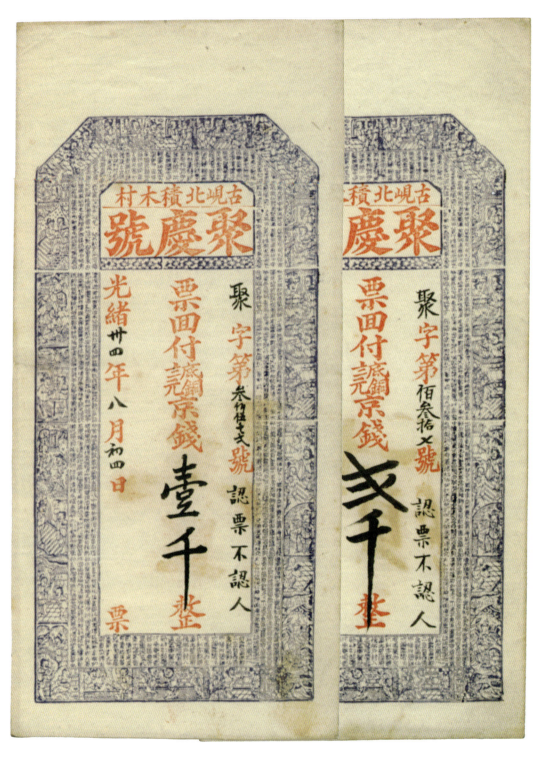

石长有 藏

庄号:聚庆号　　　印制:光绪三十四年(1908)　　　正面:民间故事
地址:山东平度古岘　　　　八月四日发　　　　背面:千字文
面值:壹千/贰千文　　　票幅:229×109mm　　　级别:★★
颜色:蓝色

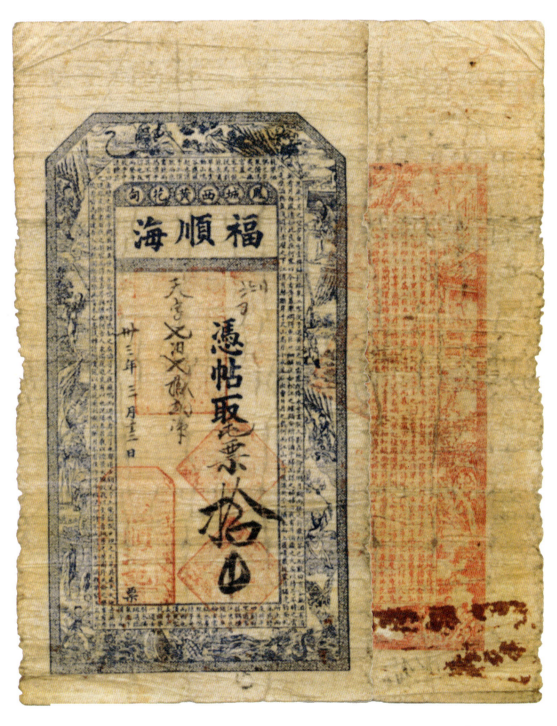

蔡小军 供

庄号：福顺海  印制：光绪三十三年（1907）  壁赋》

地址：山东凤城西    三月十三日发    背面：《红楼梦》人物、《滕王

面值：拾吊     票幅：207×108mm    阁序》

颜色：蓝/红     正面：《封神榜》人物、《后赤  级别：★★

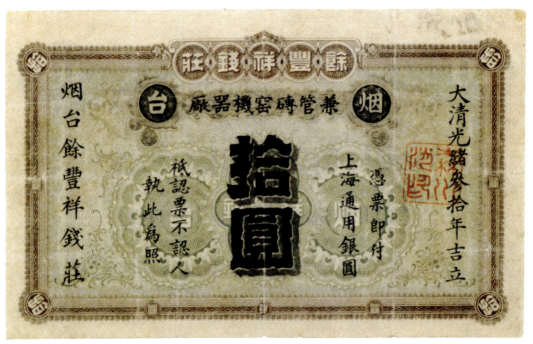

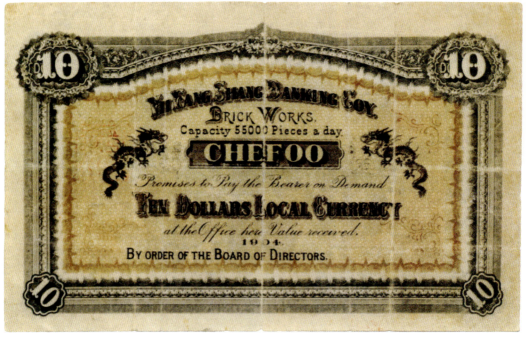

张安生 藏

| | | |
|---|---|---|
| 庄号：余丰祥钱庄 | 颜色：棕绿/黄绿 | 正面：花边 |
| 地址：山东烟台 | 印制：光绪三十年（1904）发 | 背面：双龙、英文 |
| 面值：拾圆 | 票幅：195×121mm | 级别：★★★ |

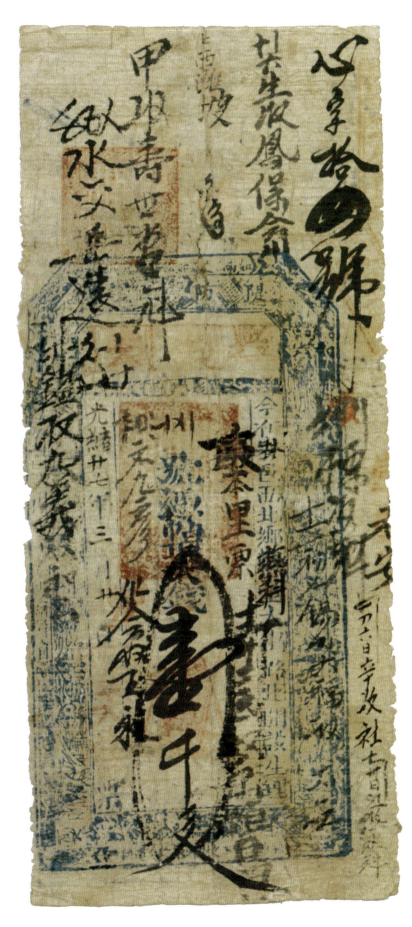

庄号：天生兴

地址：河南林邑

面值：壹千文

颜色：蓝色

印制：光绪二十七年
(1901)三月二十日发

票幅：254×108mm

正面：八仙图

背面：单面

级别：★

石长有 藏

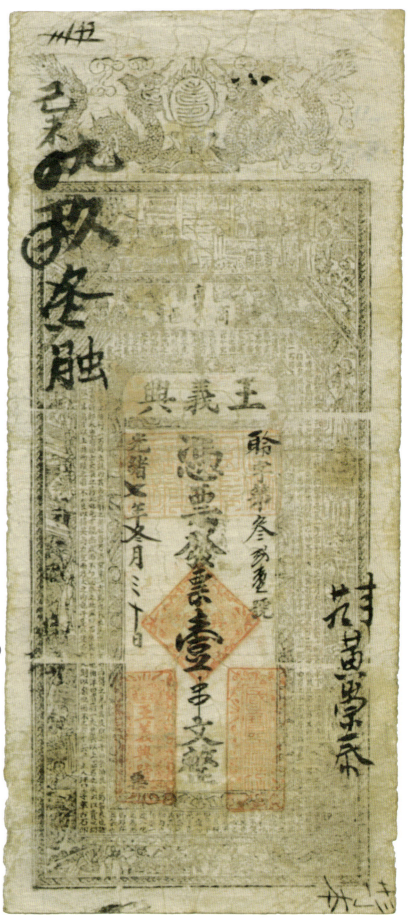

庄号：王义兴

地址：河南商邑

面值：壹串文

颜色：灰/红

印制：光绪七年(1881)

　　冬月三十日发

票幅：241×106mm

正面：双龙、人物

背面：行船、楼阁

级别：★★

石长有　藏

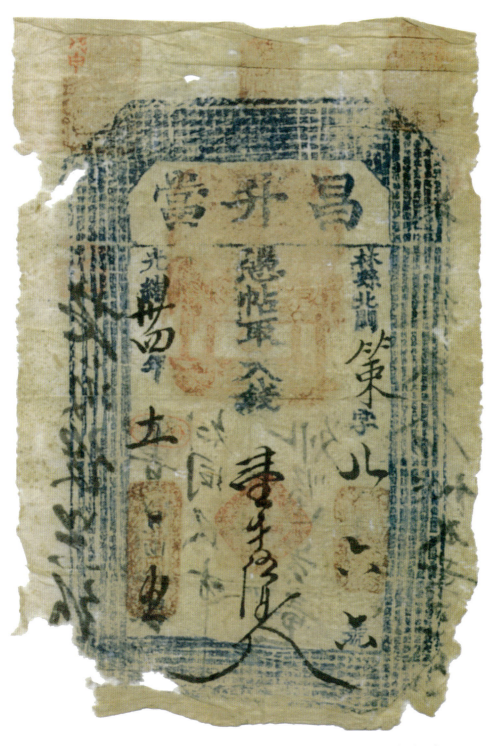

石长有 藏

庄号:昌升当　　　　印制:光绪三十四年(1908)　　正面:古文
地址:河南林县北关　　　　十一月发　　　　　　背面:单面
面值:壹千五百文　　　　票幅:185×123mm　　　级别:★★
颜色:蓝色

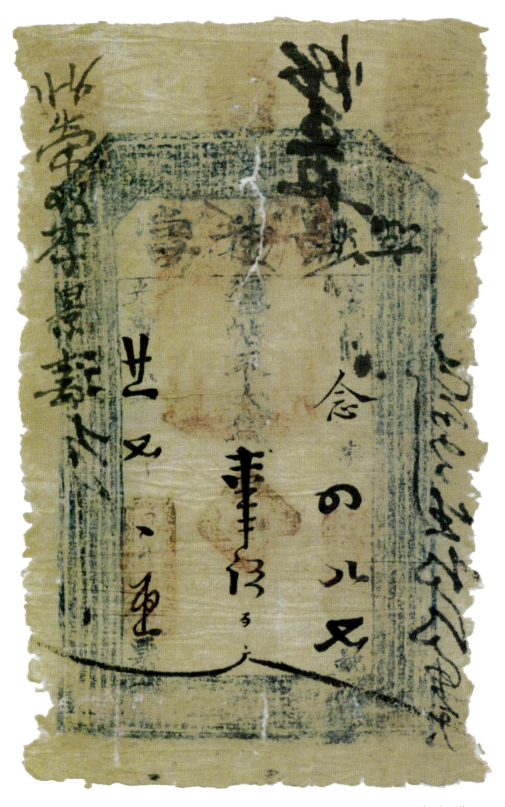

石长有 藏

不同年份的昌升当私帖

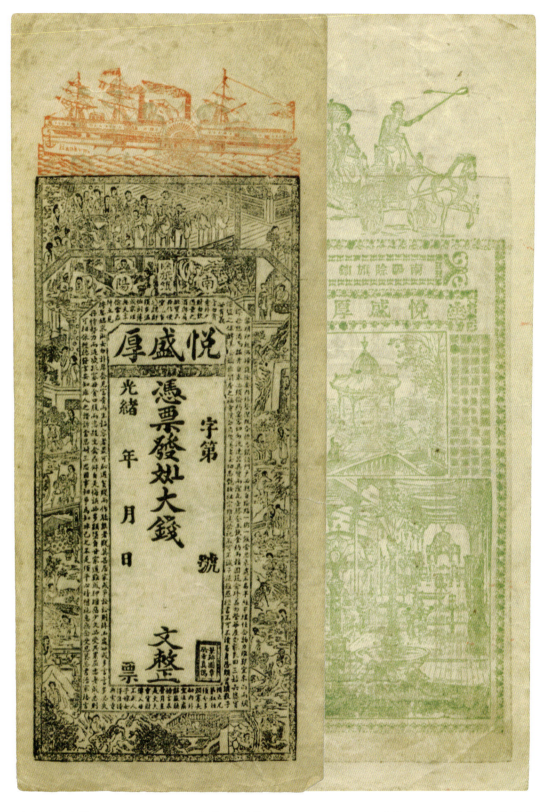

庄号:悦盛厚　　　颜色:灰/绿　　　正面:二十四孝图、《治家格
地址:河南南阳赊旗镇　印制:光绪年未流通票　　　言》
面值:空白　　　　票幅:266×109mm　　　背面:马车、洋房

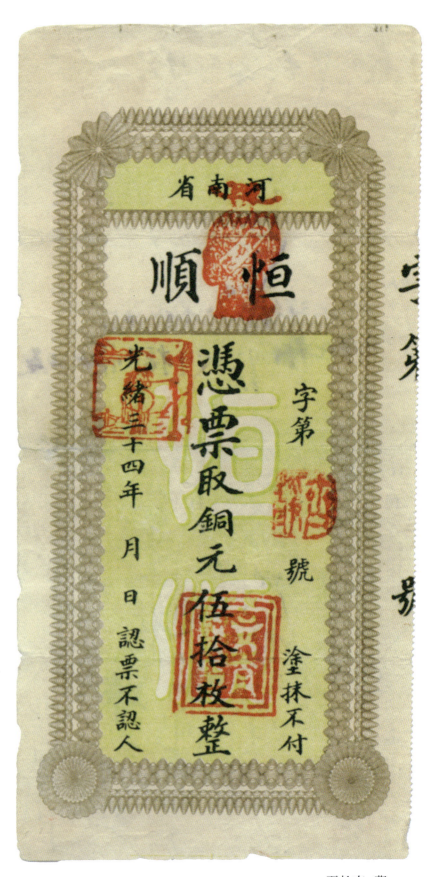

庄号:恒顺
地址:河南省
面值:伍拾枚
颜色:棕黄
印制:光绪三十四年
　　未流通票
票幅:221×108mm
正面:花边
背面:单面

石长有　藏

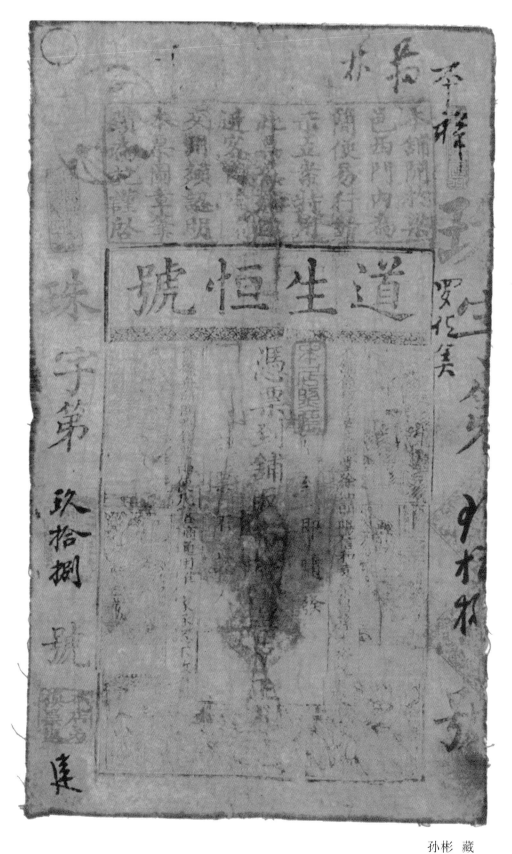

孙彬 藏

| | | |
|---|---|---|
| 庄号:道生恒号 | 颜色:蓝色布质 | 正面:民间故事 |
| 地址:河南梁邑 | 印制:清代流通私帖 | 背面:单面 |
| 面值:壹串文 | 票幅:214×125mm | 级别:★★★ |

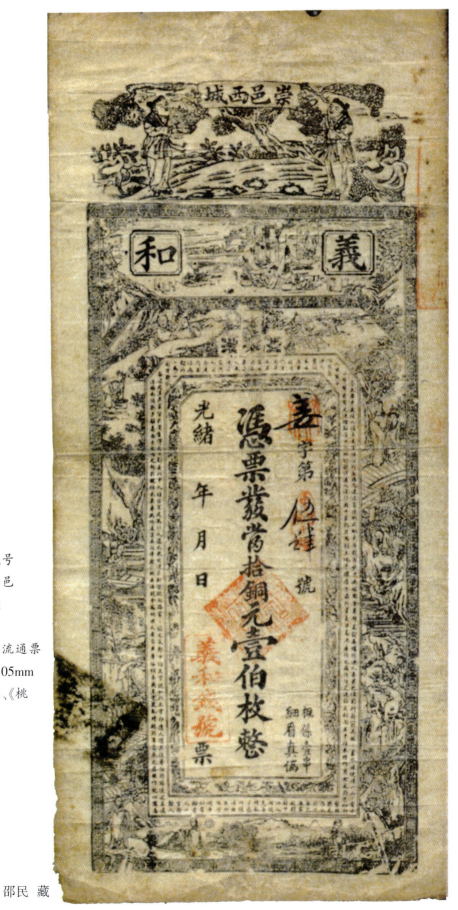

庄号：义和钱号
地址：湖北崇邑
面值：壹佰枚
颜色：蓝色
印制：光绪年流通票
票幅：237×105mm
正面：众仙图、《桃
　　　花源记》
背面：单面
级别：★★

邵民 藏

石长有 藏

庄号:祥福　　　　　　颜色:绿色　　　　　　正面:双龙戏珠

地址:湖北武汉新沟　　印制:光绪年未流通票　背面:山水、花边

面值:壹佰枚　　　　　票幅:191×100mm

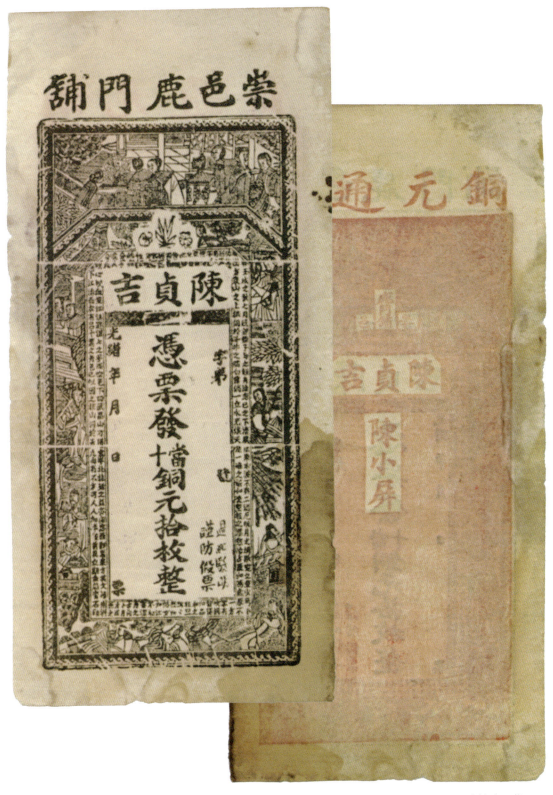

石长有 藏

| | | |
|---|---|---|
| 庄号:陈贞吉 | 颜色:蓝/红 | 正面:民间故事、《前赤壁 |
| 地址:湖北崇邑鹿门铺 | 印制:光绪年未流通票 | 赋》 |
| 面值:拾枚 | 票幅:180×85mm | 背面:庄号、花边 |

610

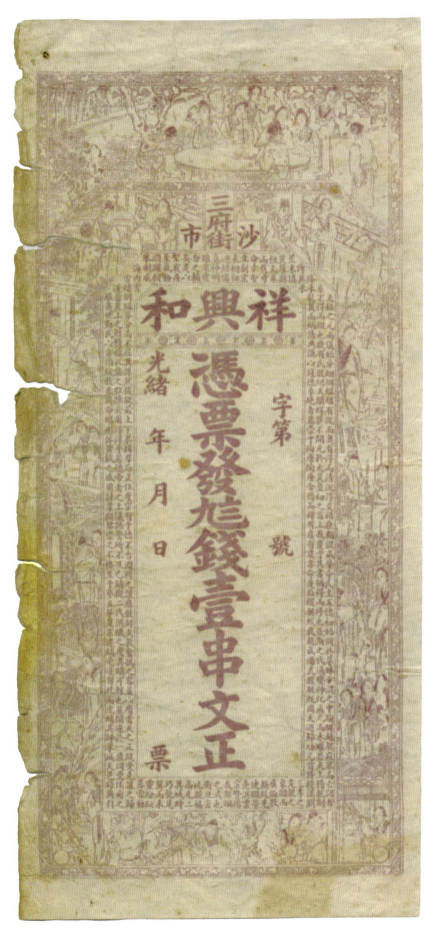

庄号：祥兴和

地址：湖北沙市

面值：壹串文

颜色：紫色

印制：光绪年未流通票

票幅：239×110mm

正面：民间故事

背面：古文典引

石长有 藏

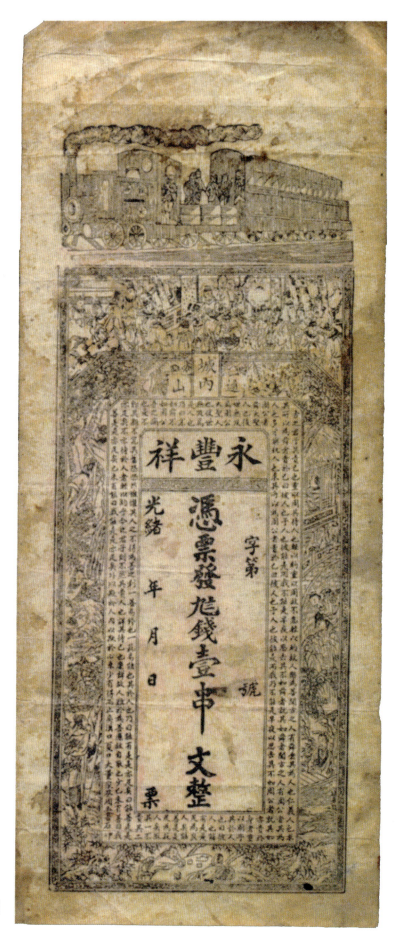

庄号:永丰祥

地址:湖北通山

面值:壹串文

颜色:灰色

印制:光绪年未流通票,
由汉口夏口大董家巷
周玉书石印

票幅:240×105mm

正面:民间故事

背面:韩愈《原毁》

邵民 藏

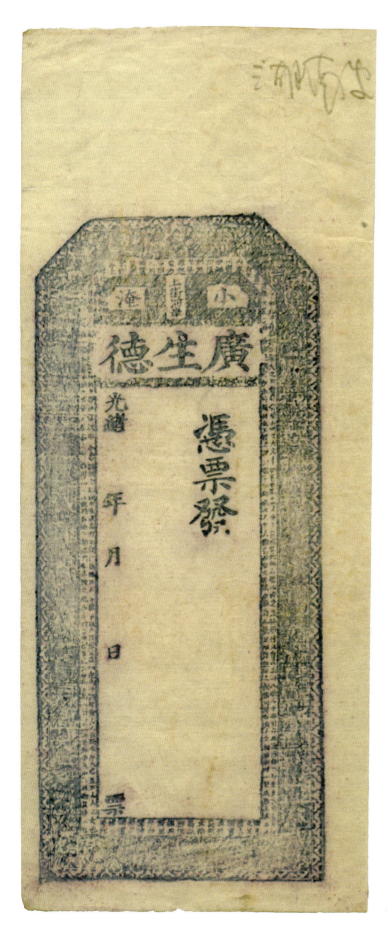

庄号：广生德
地址：湖南安化小淹
面值：空白
颜色：蓝色
印制：光绪年未发行
　票样
票幅：260×140mm
正面：百人图
背面：《兰亭序》

石长有 藏

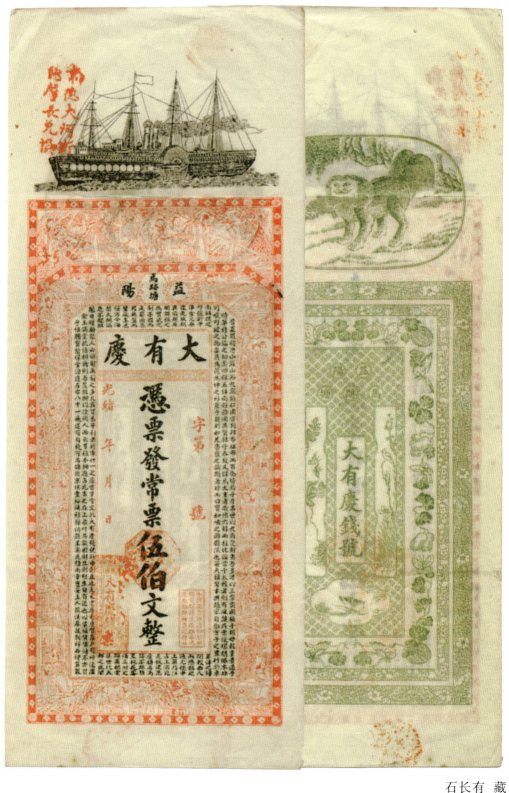

石长有 藏

庄号:大有庆　　　　　颜色:红/绿　　　　　票幅:256×102mm

地址:湖南益阳马迹塘　　印制:光绪年未流通票,由汉　正面:《西厢记》人物

面值:伍百文　　　　　　　　皋新祥石印　　　背面:狮子、花鸟

614

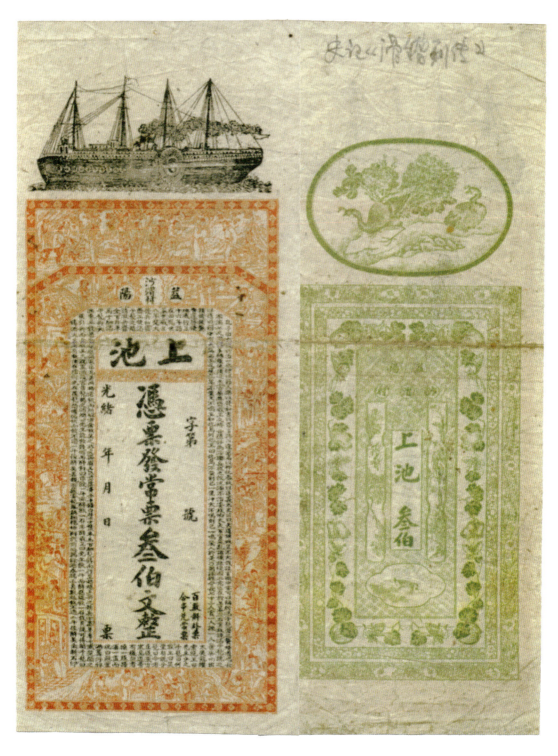

石长有　藏

庄号：上池 　　　印制：光绪年未流通票，由朱 　　正面：民间故事、《史记·滑稽
地址：湖南益阳沙渭 　　　　　 新石印 　　　　　　　　　　列传》
面值：叁佰文 　　　　 票幅：205×83mm 　　　　背面：孔雀、花边
颜色：红/绿

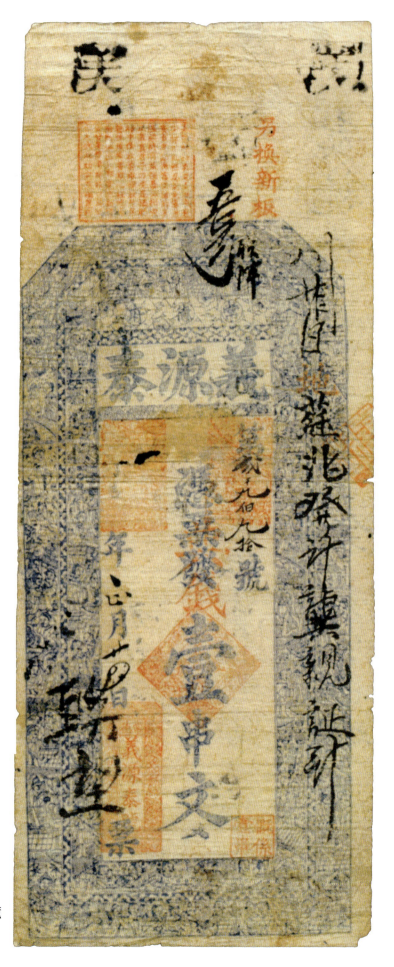

庄号：义源泰
地址：湖南常德
面值：壹串文
颜色：蓝色
印制：光绪庚寅年（1890）
　　　正月二十四日发
票幅：245×105mm
正面：市井百态
背面：单面
级别：★★

邵民　藏

庄号:友恭堂

地址:湖南益阳四里

面值:壹串文

颜色:蓝黄

印制:光绪三十四年
　　(1908)流通票,由
　　庆义石印局石印

票幅:258×107mm

正面:狮子滚绣
　　球、压路机

背面:花边

级别:★★

黄亨俊 藏

617

黄亨俊 藏

不同版式不同面值的友恭堂私帖

618

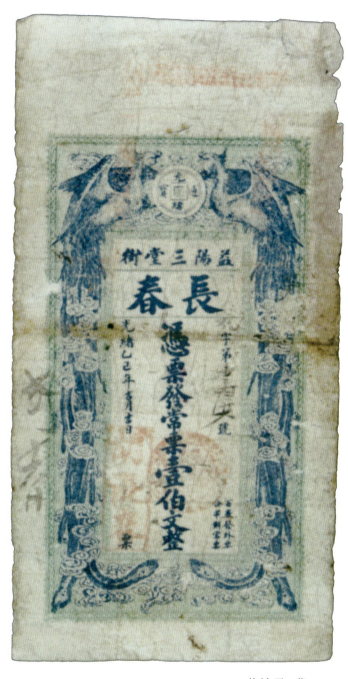

黄铁君 藏

庄号:长春　　　　颜色:蓝色　　　　　　　正面:双凤图
地址:湖南益阳三堂街　印制:光绪乙巳年(1905)发　背面:单面
面值:壹佰文　　　　票幅:172×85mm　　　级别:★★

石长有 藏

庄号:宁长生

地址:湖南安化大福坪

面值:贰佰文

颜色:红/绿

印制:光绪三十一年(1905)

　　由汉镇黄坡街景庆义五彩

　　石印

票幅:171×85mm

正面:民间故事、《治家格

　　言》

背面:狩猎图、花边

级别:★

石长有 藏

| | | |
|---|---|---|
| 庄号：同源永 | 印制：光绪三十一年（1905） | 正面：松鹤、官员、八仙 |
| 地址：湖南常德大河街 | 由汉皋政新祥石印 | 背面：《与韩荆州书》 |
| 面值：壹串文 | 票幅：272×112mm | 级别：★★ |
| 颜色：红/绿 | | |

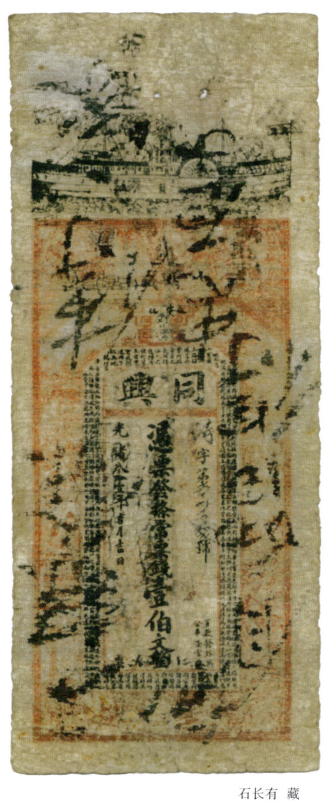

石长有 藏

庄号:同兴　　　　印制:光绪三十一年(1905)　　　阁序》

地址:湖南安化　　　　　由汉镇景庆义石印　　　背面:狩猎、花边

面值:壹佰文　　　　　票幅:202×83mm　　　级别:★

颜色:红/绿　　　　　正面:《封神榜》人物、《滕王

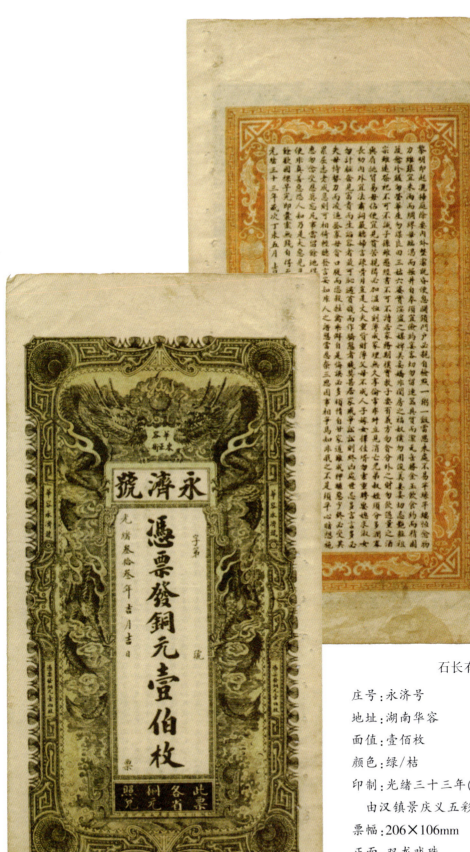

石长有 藏

庄号：永济号
地址：湖南华容
面值：壹佰枚
颜色：绿/桔
印制：光绪三十三年(1907)
　　由汉镇景庆义五彩石印
票幅：206×106mm
正面：双龙戏珠
背面：《治家格言》
级别：★★★

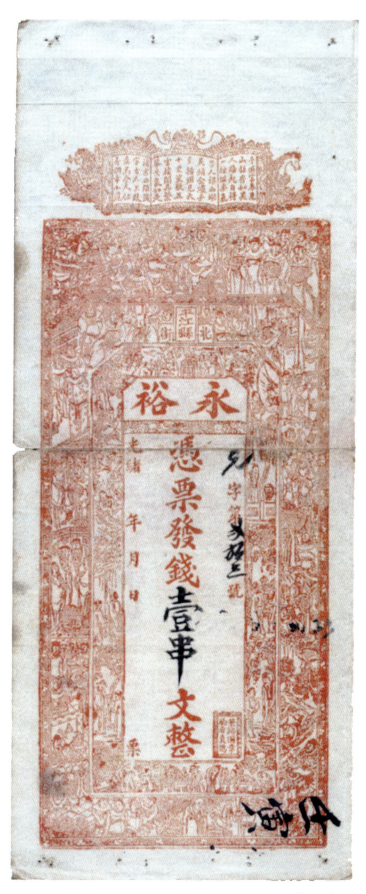

庄号:永裕

地址:湖南平江北街

面值:壹串文

颜色:红色

印制:光绪年未流通票

票幅:262×105mm

正面:《三国》人物

背面:民间神话

邵民 藏

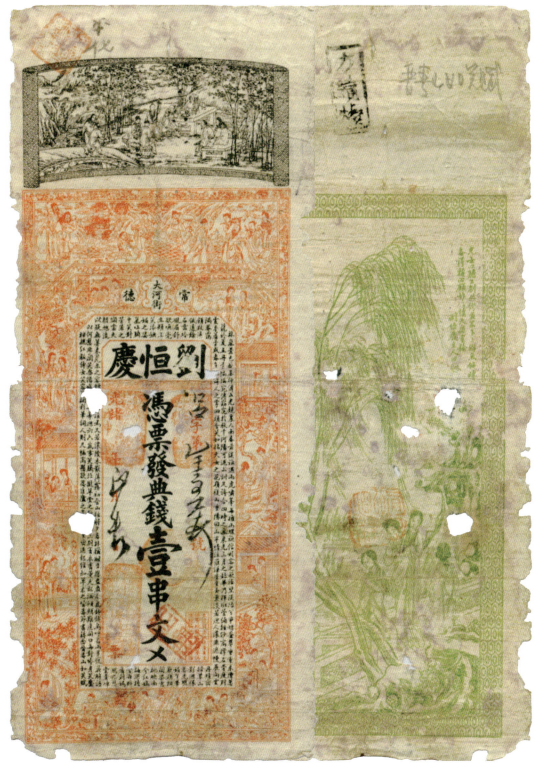

石长有　藏

庄号：刘恒庆　　　印制：光绪戊申年（1908）正　　正面：竹林七贤、八仙图
地址：湖南常德　　　　　　月吉日发　　　　　　背面：游春图
面值：壹串文　　　　票幅：271×111mm　　级别：★★
颜色：红/绿

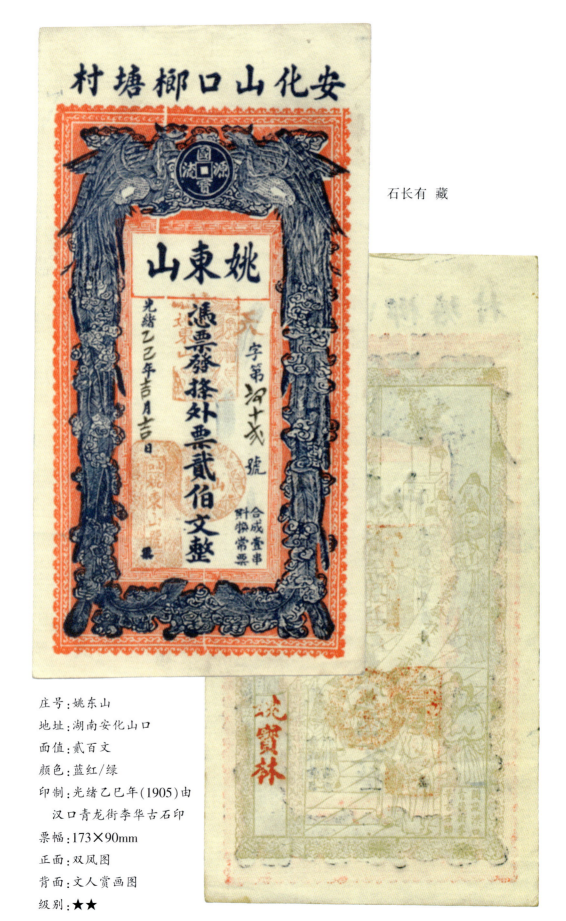

石长有 藏

庄号：姚东山
地址：湖南安化山口
面值：贰百文
颜色：蓝红/绿
印制：光绪乙巳年(1905)由
　　汉口青龙街李华古石印
票幅：173×90mm
正面：双凤图
背面：文人赏画图
级别：★★

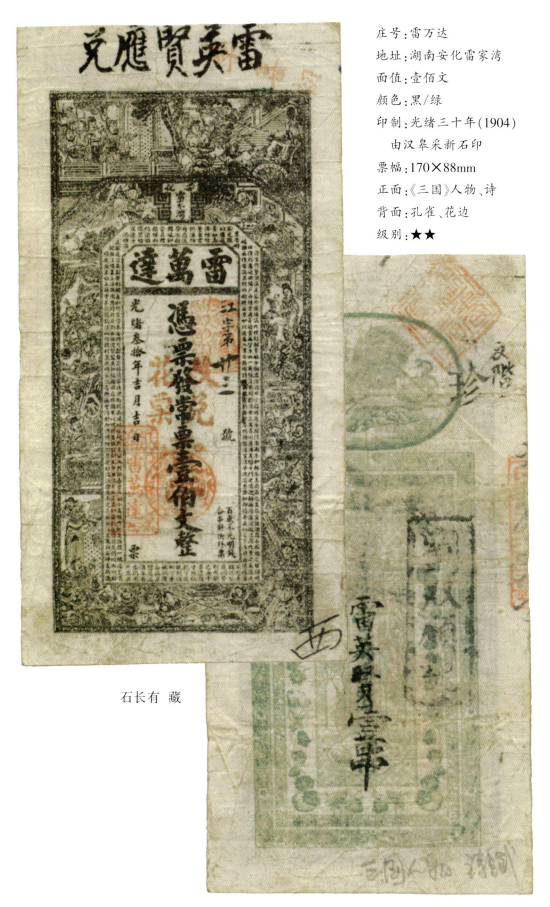

庄号:雷万达

地址:湖南安化雷家湾

面值:壹佰文

颜色:黑/绿

印制:光绪三十年(1904)

 由汉皋采新石印

票幅:170×88mm

正面:《三国》人物、诗

背面:孔雀、花边

级别:★★

石长有 藏

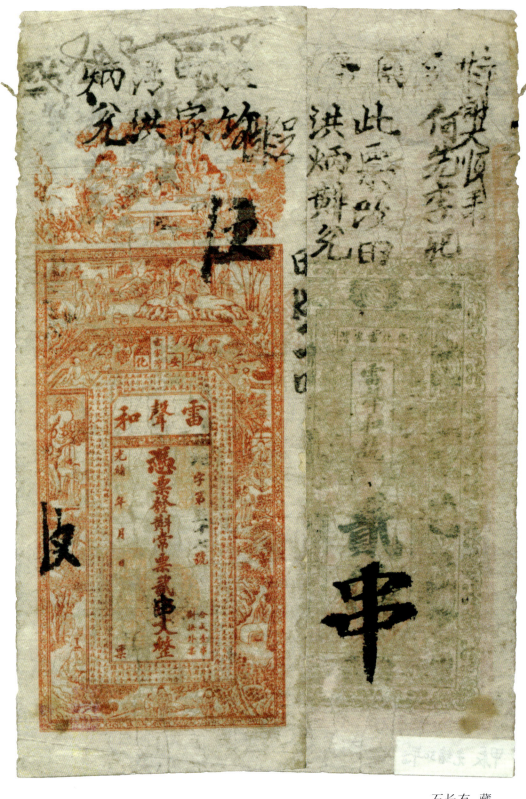

石长有 藏

庄号:雷声和　　　印制:光绪甲辰年(1904)由　　记》

地址:湖南安化雷家湾　　政新祥石印　　　背面:西瓜图

面值:贰串文　　　　票幅:227×89mm　　级别:★★

颜色:红/绿　　　　正面:竹林七贤、《喜雨亭

石长有 藏

庄号：益华矿务公司　　　颜色：绿/红　　　　　　　票幅：169×109mm

地址：湖南益阳十里杨桥　　印制：光绪丁未年（1907）未　正面：双龙、花边

面值：贰佰文　　　　　　　　　流通票　　　　　　　背面：花芯、地址

庄号：倪恒顺
地址：湖南常德道门口
面值：壹串文
颜色：蓝灰
印制：光绪三十二年
　　（1906）由汉口景庆
　　义石印
票幅：266×105mm
正面：财神、竹林七贤、
　　《三国》人物、《洛水
　　赋》
背面：单面
级别：★★

陈国基　藏

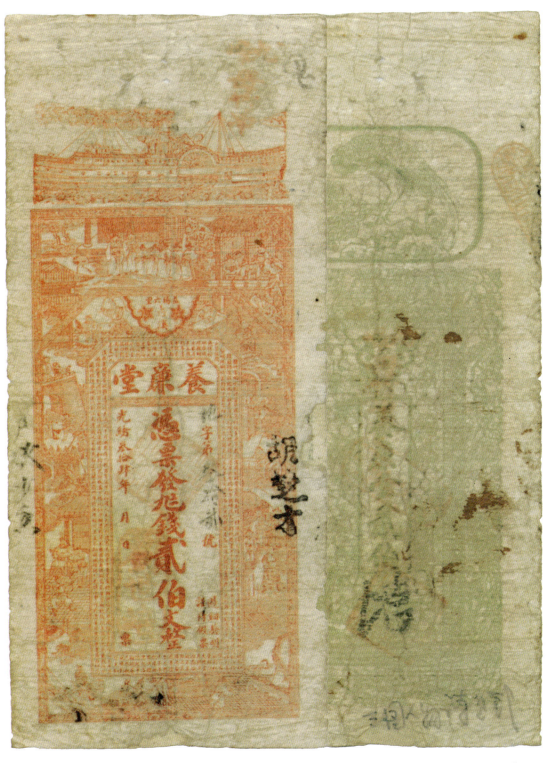

石长有　藏

庄号：养廉堂　　　　印制：光绪三十四年（1908）　　正面：《三国》人物、诗赋

地址：湖南益阳六里　　　　由汉皋荣庆义石印　　背面：孔雀、花边

面值：贰佰文　　　　票幅：193×86mm　　级别：★★

颜色：红/绿

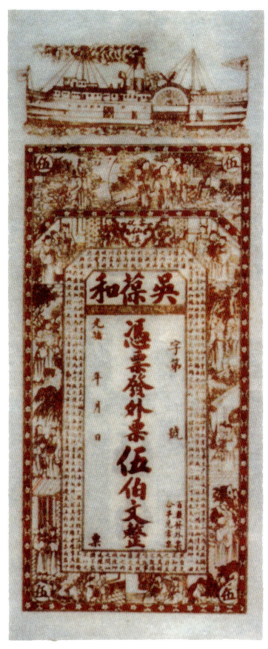 

庄号:吴葆和　　　　　颜色:红/绿　　　　　　票幅:192×86mm

地址:湖南安化仙溪　　印制:光绪年未流通票,由汉　　正面：古代人物、《兰亭序》

面值:伍佰文　　　　　　镇景庆义石印　　　　　背面:狩猎图、花边

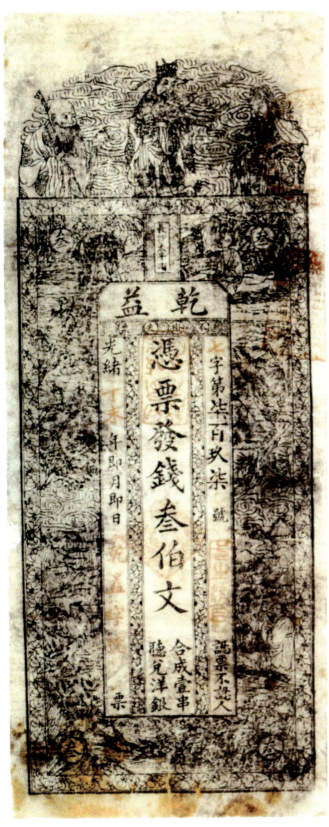

庄号：乾益

地址：湖南长沙太平街

面值：叁佰文

颜色：黑色

印制：光绪丁未年(1907)

　　流通票

票幅：214×86mm

正面：众仙图

背面：单面

级别：★★

许义宗 藏

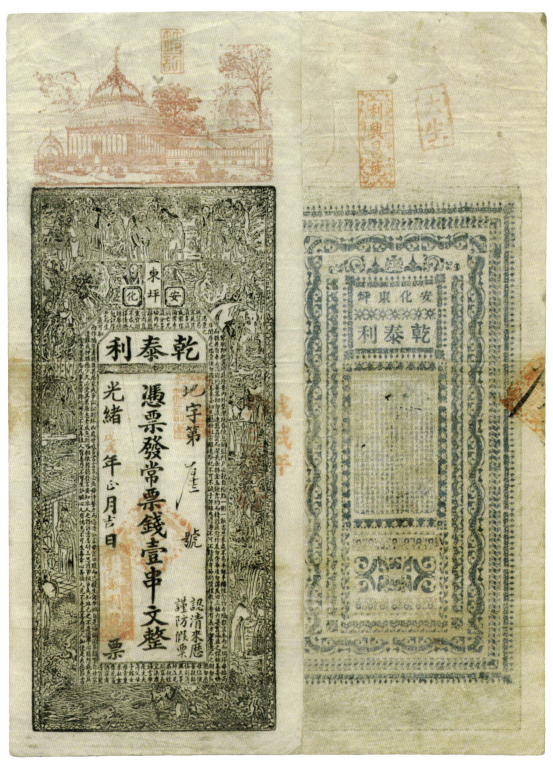

石长有 藏

庄号:乾泰利　　　　印制:光绪戊戌年 (1898) 正　　　　言》
地址:湖南安化东坪　　　　月吉日发　　　　背面:花边
面值:壹串文　　　　票幅:263×108mm　　　　级别:★★
颜色:黑/蓝　　　　正面:竹林七贤、《治家格

石长有 藏

庄号:张万昌　　　　印制:光绪三十四年(1908)　　正面:轮船、《三国》人物

地址:湖南安化江南　　　　由汉镇景庆义石印　　　背面:玩童、花边

面值:壹佰文　　　　票幅:204×84mm　　　　级别:★★

颜色:红/黑

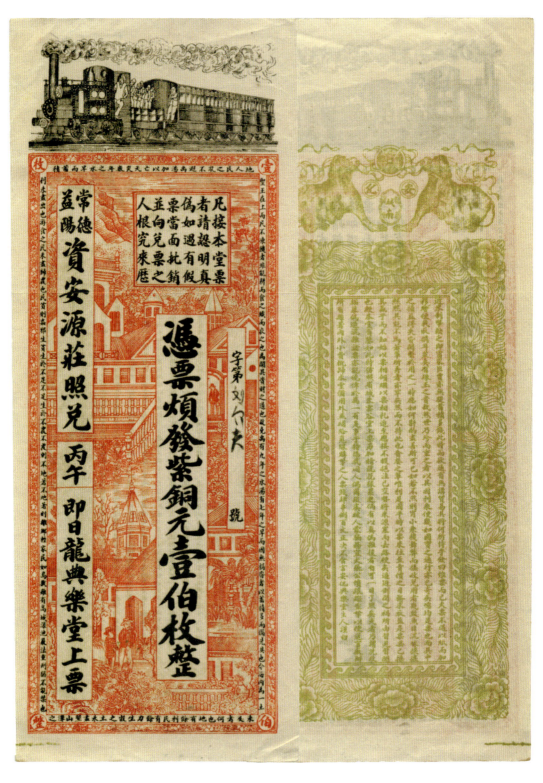

石长有 藏

庄号：龙典乐堂　　　　颜色：红/绿　　　　　票幅：270×110mm

地址：湖南常德益阳　　印制：光绪丙午年(1906)未　正面：火车、楼阁

面值：壹佰枚　　　　　　流通票　　　　　　　背面：出票告示、双狮

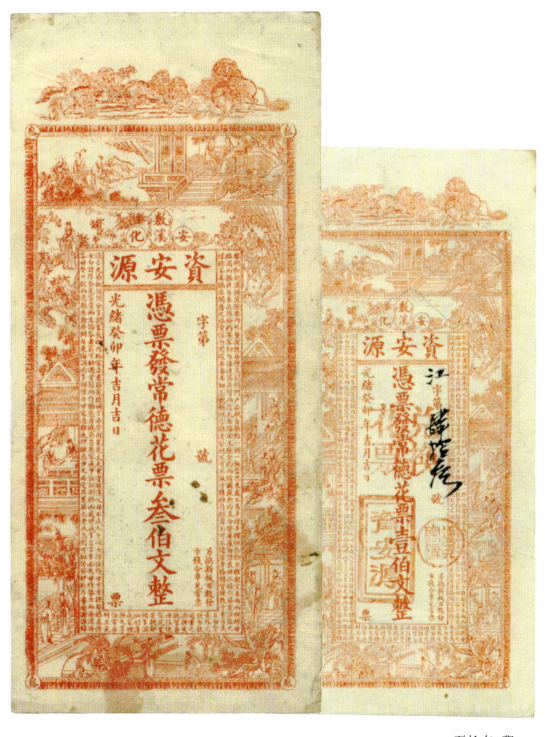

石长有 藏

庄号:资安源　　　　　颜色:红/绿　　　　　　票幅:186×85mm/160×73mm
地址:湖南安化敷溪　　印制:光绪癸卯年(1903)未　正面:狮子滚球、人物故事
面值:壹佰文/叁佰文　　　流通票　　　　　　　背面:《治家格言》

石长有 藏

庄号：裕源和　　　　印制：光绪三十二年（1906）　　正面：火车、八仙图、《三国》
地址：湖南桃源陬市镇　　　未流通票　　　　　　　　人物、韩愈《原毁》
面值：壹串文　　　　　　票幅：272×116mm　　　　背面：八仙图
颜色：红/绿

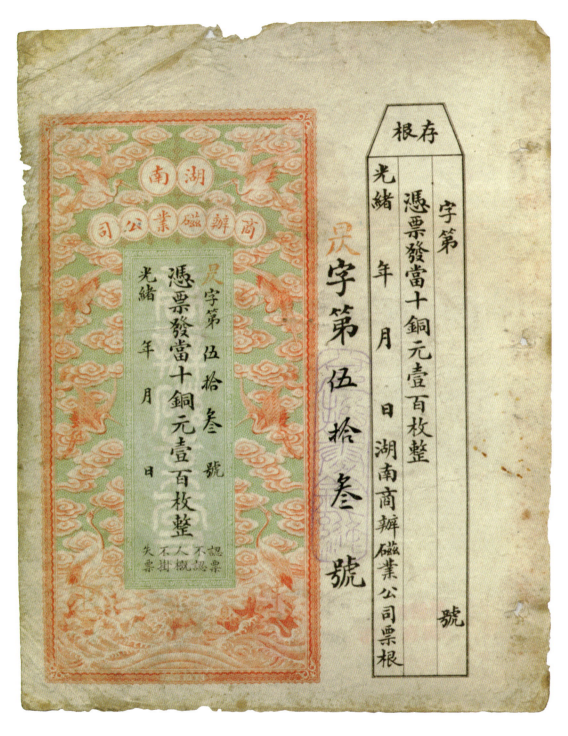

石长有 藏

庄号:商办磁业公司　　　颜色:红/绿　　　　　　　票幅:225×177mm

地址:湖南　　　　　　　印制:光绪年未流通票,由京　　正面:仙鹤、白云、海水

面值:壹百枚　　　　　　　　华印书局代印　　　　　背面:单面

639

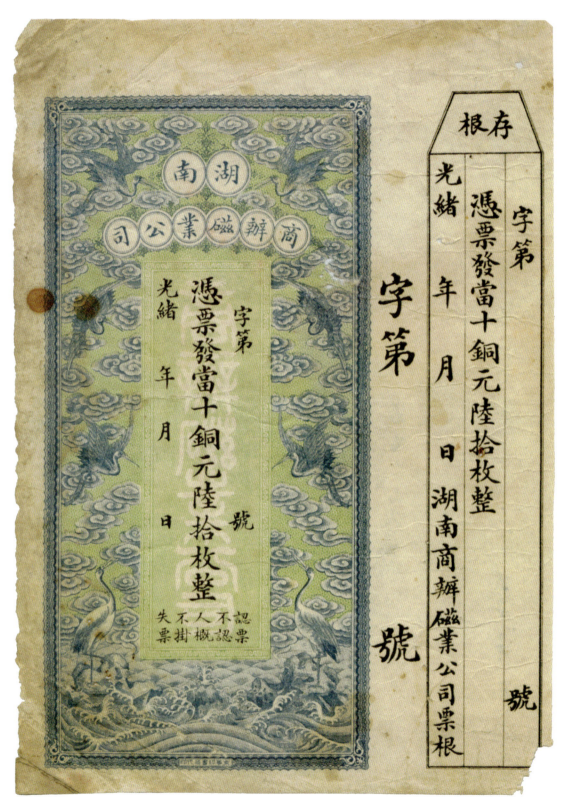

湖南

商辦磁業公司

憑票發當十銅元陸拾枚整

字第　　　　號

光緒　年　月　日

認票不認人　概不認掛　失票不掛

字第　　　　號

不同面值的商办磁业公司铜元票

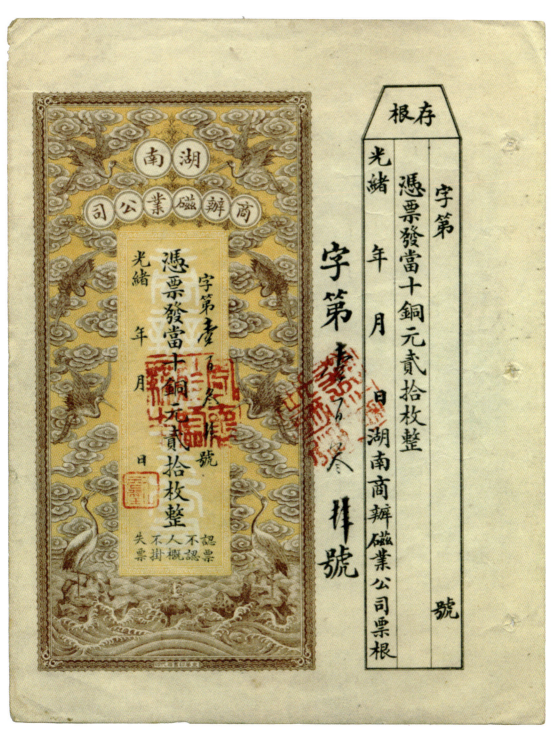

湖南商辦磁業公司

憑票發當十銅元貳拾枚整

字第壹佰叁拾號

光緒　年　月　日

認票不認人　概不掛失票

字第壹佰叁拾號

存根

字第　　　　號

憑票發當十銅元貳拾枚整

光緒　年　月　日　湖南商辦磁業公司票根

字第　　　　號

石长有　藏

不同面值的商办磁业公司铜元票

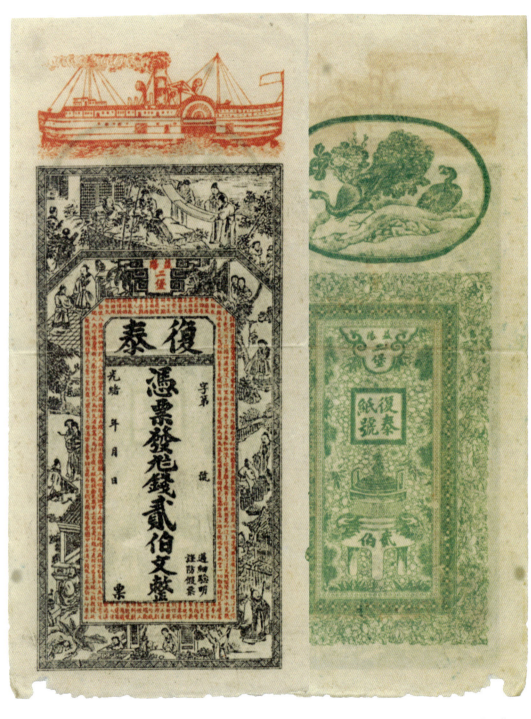

石长有 藏

庄号：复泰　　　　　印制：光绪年未发行票,由汉　正面：轮船、竹林七贤、《金钱
地址：湖南益阳二堡　　　口采新石印　　　　　　　歌》
面值：贰百文　　　　　票幅：184×84mm
颜色：红黑/绿　　　　　　　　　　　　　　　背面：孔雀、香炉、花边

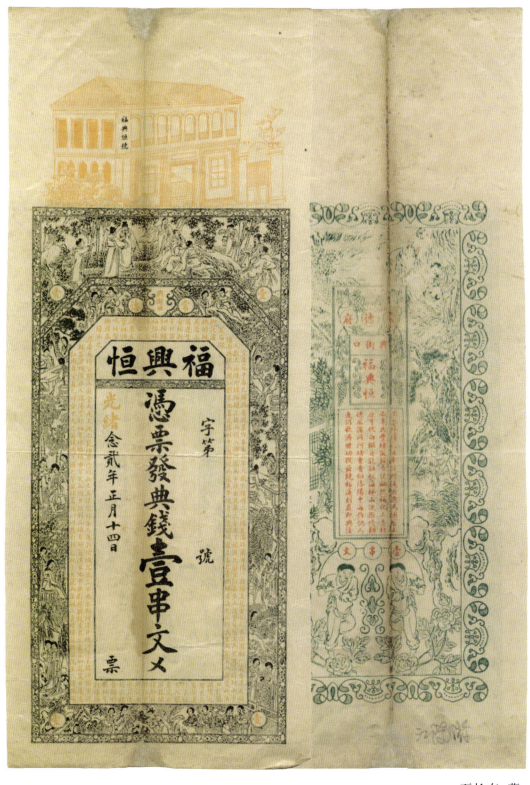

石长有 藏

庄号:福兴恒　　　颜色:桔黑/绿　　　票幅:273×110mm

地址:湖南常德　　　印制:光绪二十二年(1896)　　　正面:《游江陵赋》、竹林七贤

面值:壹串文　　　正月十四日印制　　　背面:渔樵耕读

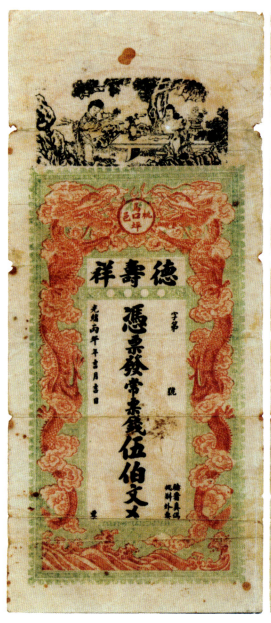

蔡小军 供

庄号:德寿祥　　　　　颜色:红绿/红　　　　　　票幅:227×99mm
地址:湖南桃邑马坪　　　印制:光绪丙午年(1906)未　正面:麻姑献桃、双龙
面值:伍佰文　　　　　　　　流通票　　　　　　　背面:飞马、花边

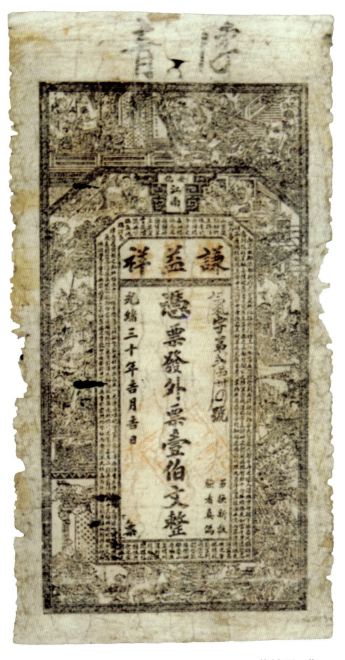

黄铁君　藏

庄号:谦益祥　　印制:光绪三十年(1904)由　正面:《三国》人物、《滕王阁
地址:湖南安化江南　　　汉镇政新祥石印　　　　序》
面值:壹佰文　　　　票幅:169×88mm　　　背面:单面
颜色:黑/绿

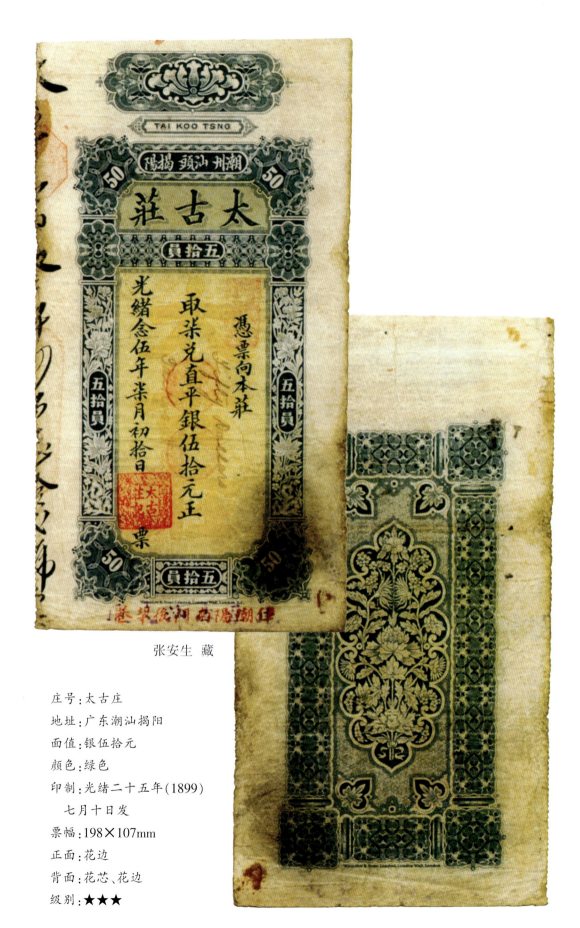

张安生 藏

庄号：太古庄
地址：广东潮汕揭阳
面值：银伍拾元
颜色：绿色
印制：光绪二十五年(1899)
　　七月十日发
票幅：198×107mm
正面：花边
背面：花芯、花边
级别：★★★

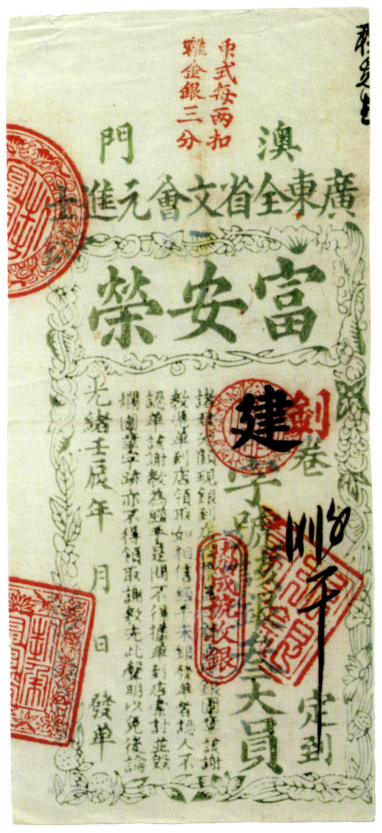

庄号：富安荣

地址：广东澳门

面值：叁大员

颜色：绿色

印制：光绪壬辰年（1892）
由澳门赌博公司发的
收据

票幅：215×98mm

正面：花纹

背面：单面

级别：★★★

蔡小军 藏

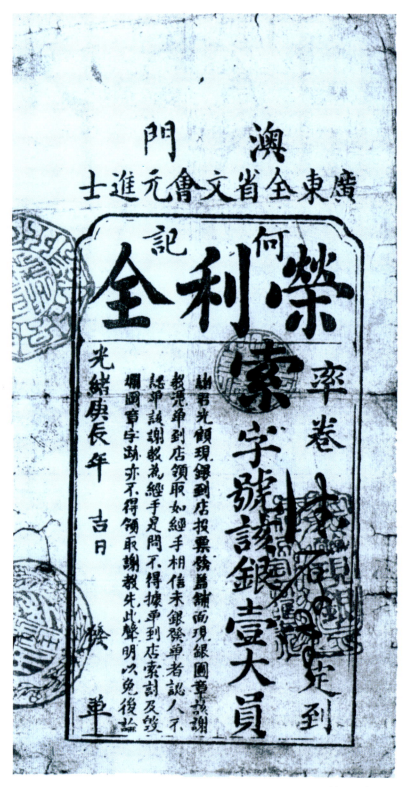

吴筹中 藏

庄号:荣利全  印制:光绪庚辰年(1880)由  正面:无图

地址:广东澳门   澳门赌博公司发的收据  背面:单面

面值:壹大员   票幅:222×114mm   级别:★★★

颜色:绿色

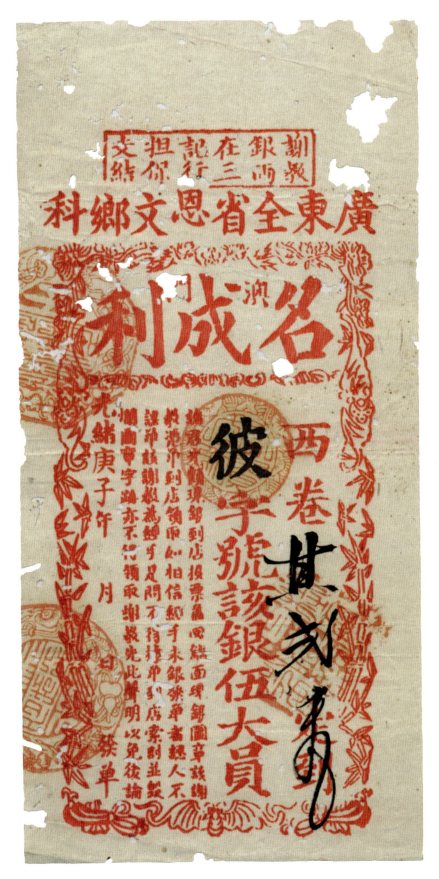

庄号：名成利
地址：广东澳门
面值：伍大员
颜色：红色
印制：光绪庚子年
　　（1900）由澳门赌
　　博公司发的收据
票幅：226×109mm
正面：花边
背面：单面
级别：★★★

石长有 藏

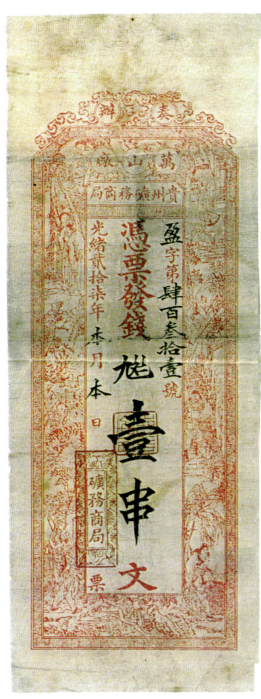

蔡小军 藏

| | | |
|---|---|---|
| 庄号:矿务商局 | 印制:光绪二十七年(1901) | 正面:二十四孝图 |
| 地址:贵州铜仁 | 发 | 背面:告示、英文 |
| 面值:壹串文 | 票幅:226×86mm | 级别:★★★★ |
| 颜色:红色 | | |

石长有 藏

庄号：詹信安　　　　印制：光绪乙巳年（1905）由　　　志》

地址：四川濯河坝　　　　　上海望平街文翰斋石印　　背面：仙童骑凤

面值：壹千文　　　　票幅：225×99mm　　　　级别：★★

颜色：黑/绿　　　　正面：二十四孝图、《钱铭

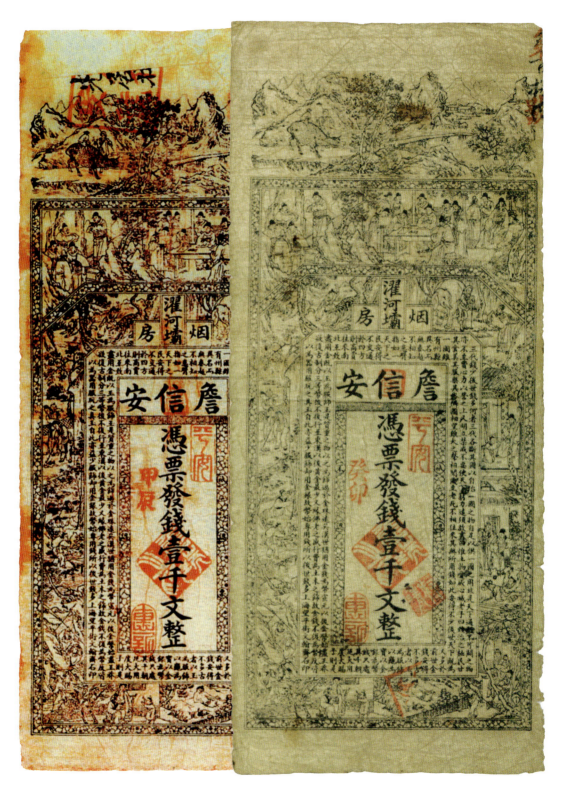

石长有 藏

不同年份的詹信安私帖

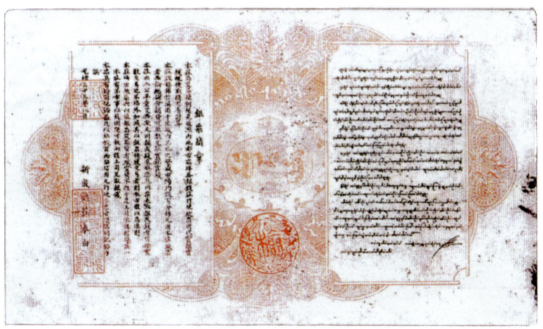

庄号:新成银庄　　　　印制:光绪三十三年(1907)　　正面:狮子和刀、安仁像
地址:云南盈江干崖　　　　发　　　　　　　　　　　背面:发票简章
面值:壹两　　　　　　　票幅:135×79mm　　　　　级别:★★★★
颜色:黄、紫/黄、蓝　　　　　143×84mm

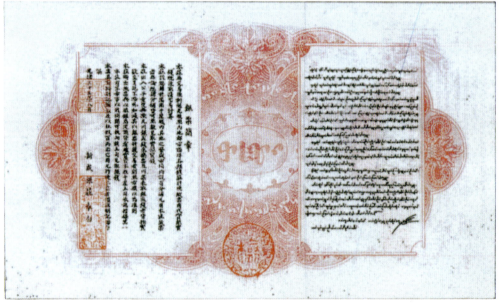

张明泉 藏

不同面值的新成银庄银票

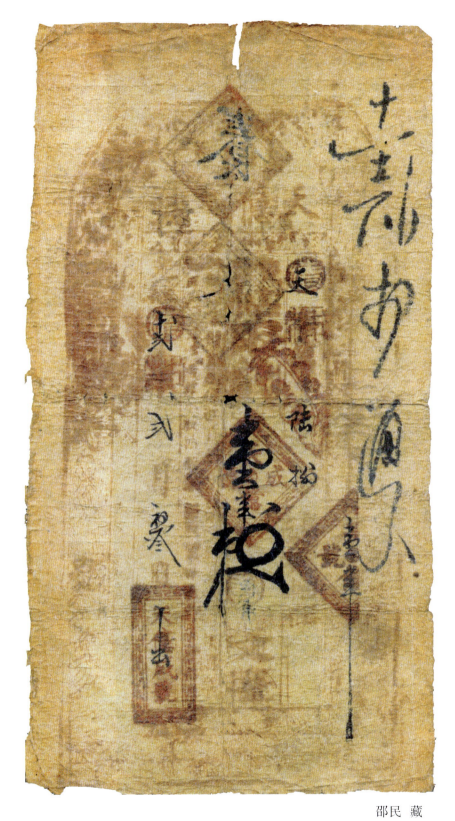

邵民 藏

<table>
<tr><td>庄号：天亿成号</td><td>印制：光绪十二年（1886）二</td><td>正面：八仙图</td></tr>
<tr><td>地址：陕西乾州</td><td>月三日发</td><td>背面：单面</td></tr>
<tr><td>面值：空白</td><td>票幅：230×120mm</td><td>级别：★★</td></tr>
</table>

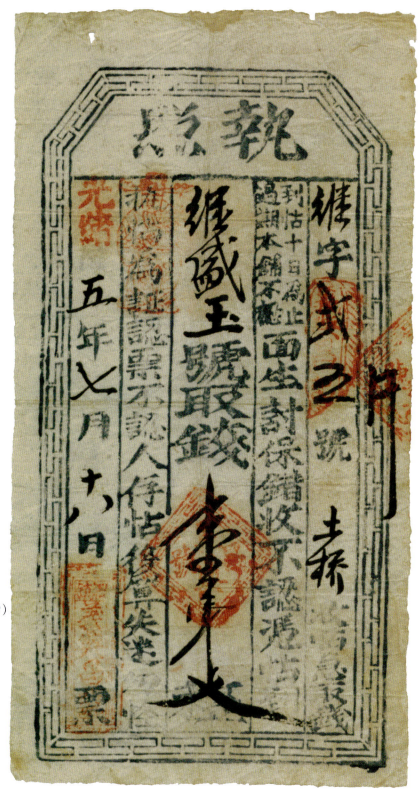

庄号:义兴昌号
地址:陕西□镇土桥
面值:壹千文
颜色:蓝色
印制:光绪五年(1879)
　　七月十八日发
票幅:205×108mm
正面:回纹
背面:单面
级别:★★

石长有 藏

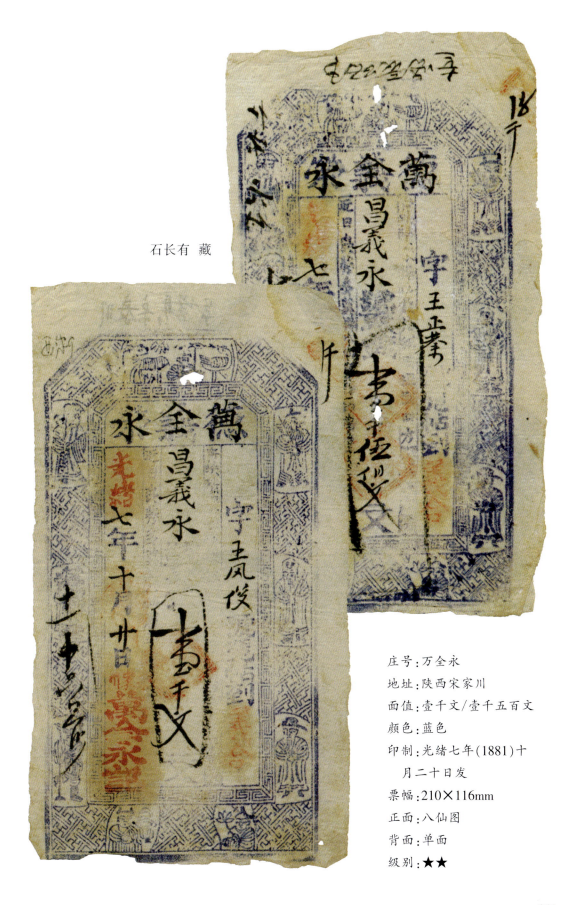

石长有　藏

庄号:万全永
地址:陕西宋家川
面值:壹千文/壹千五百文
颜色:蓝色
印制:光绪七年(1881)十
　　月二十日发
票幅:210×116mm
正面:八仙图
背面:单面
级别:★★

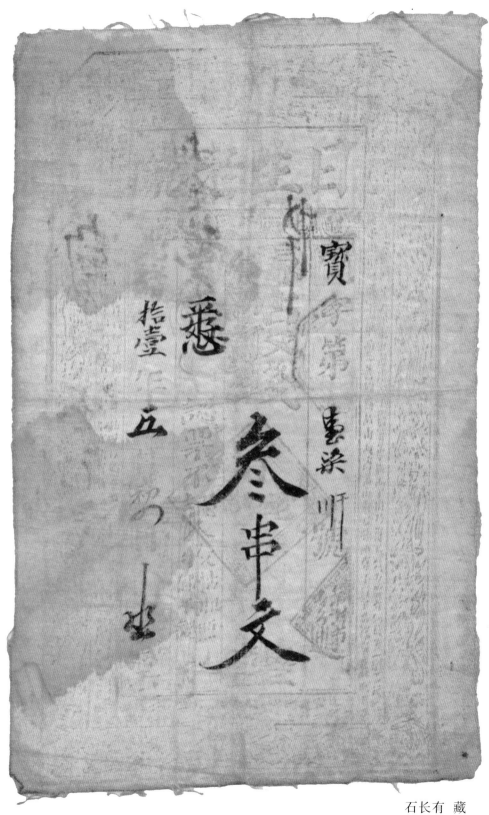

石长有 藏

| | | |
|---|---|---|
| 庄号:日升老号 | 印制:光绪十一年(1885)五 | 正面:八仙图 |
| 地址:陕西礼泉叱干镇 | 月四日发 | 背面:单面 |
| 面值:叁串文 | 票幅:202×127mm | 级别:★★ |
| 颜色:蓝色布质 | | |

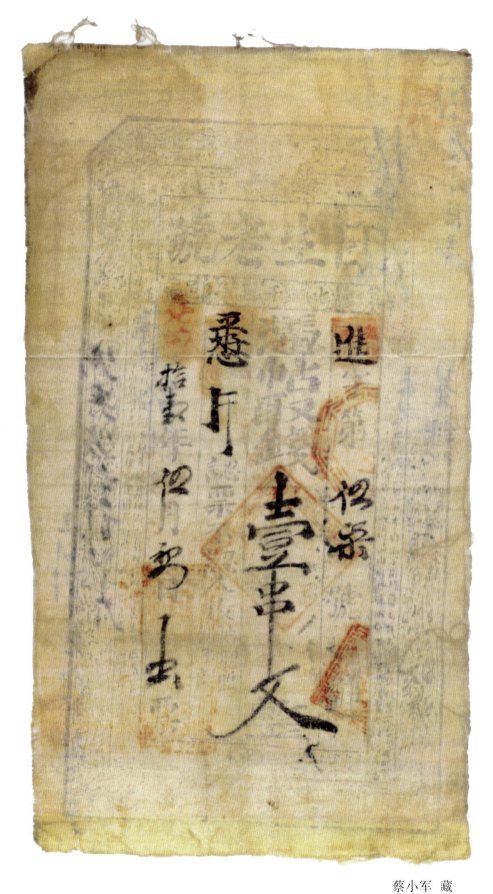

不同面值的日升老号私帖

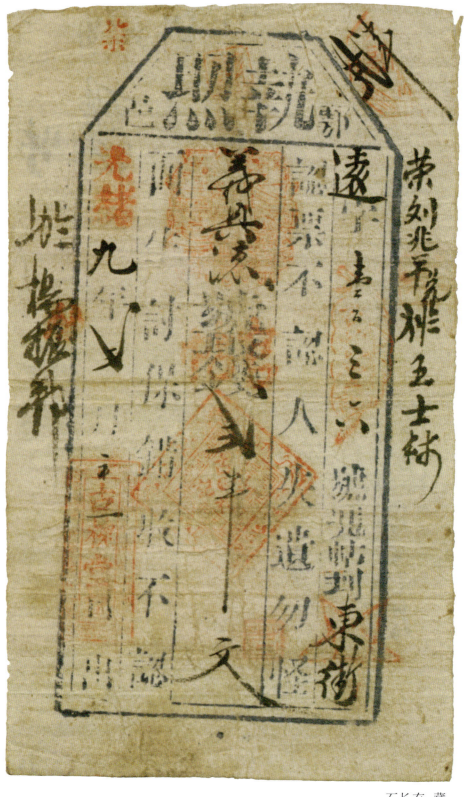

石长有 藏

庄号:古槐堂记　　印制:光绪九年(1883)二月　　正面:无图

地址:陕西鄠邑　　　　一日发　　　　　　　　背面:单面

面值:贰串文　　　　　票幅:207×122mm　　　级别:★★

颜色:蓝色

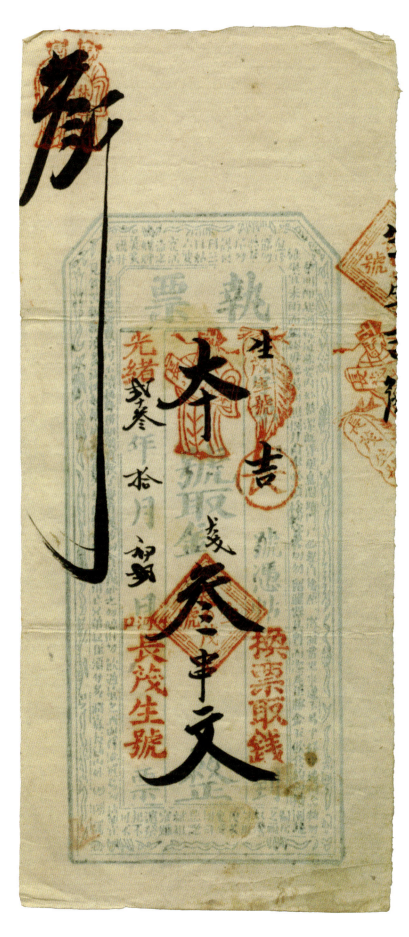

庄号：长茂生号

地址：陕西小河口

面值：叁串文

颜色：绿色

印制：光绪二十三年

　　（1897）十月二日发

票幅：257×111mm

正面：《治家格言》

背面：单面

级别：★★

石长有　藏

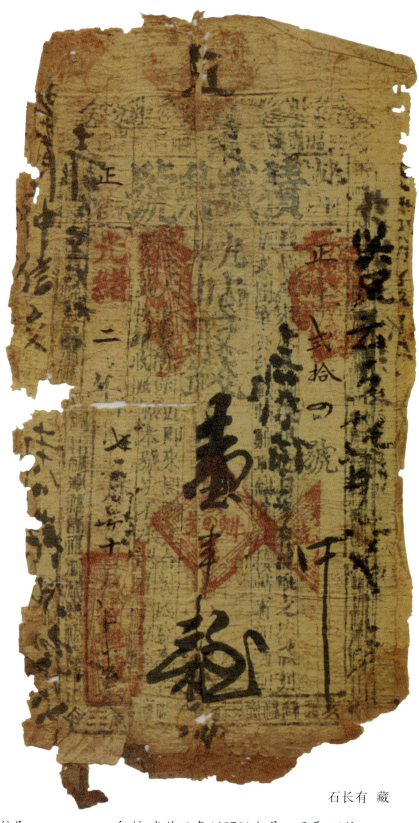

石长有 藏

| | | |
|---|---|---|
| 庄号:积盛魁号 | 印制:光绪二年(1876)七月 | 正面:回纹 |
| 地址:陕西乾州 | 十日发 | 背面:单面 |
| 面值:壹串文 | 票幅:217×116mm | 级别:★★ |
| 颜色:蓝色 | | |

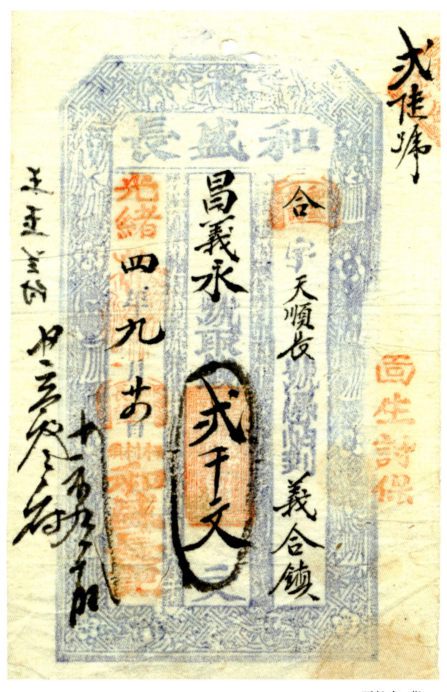

石长有 藏

庄号:和盛长　　　印制:光绪四年(1878)九月　　正面:八仙图
地址:陕西义合镇　　　　　二十四日发　　　　　　背面:单面
面值:贰千文　　　　　票幅:212×116mm　　　级别:★★
颜色:蓝色

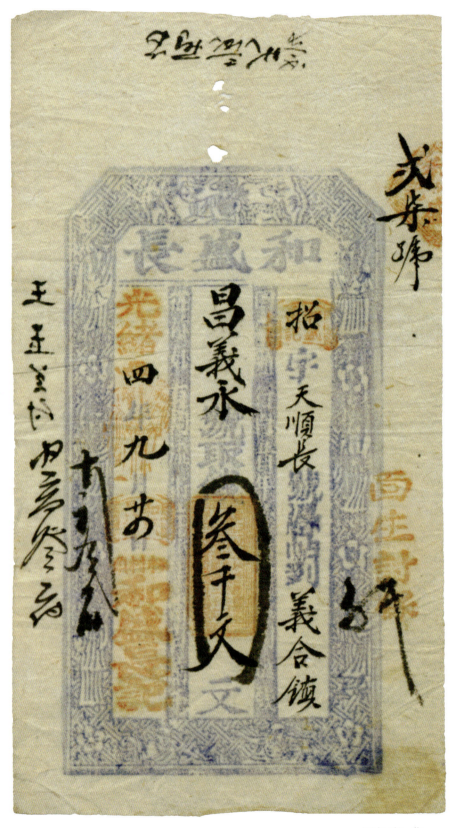

石长有 藏

不同面值的和盛长私帖

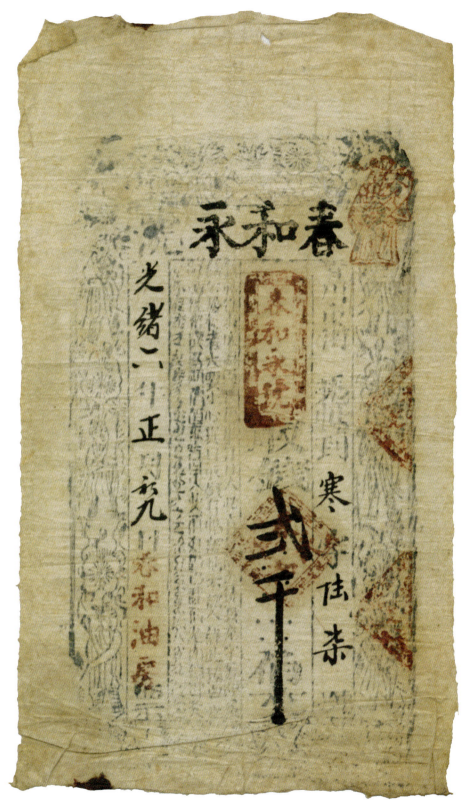

石长有 藏

庄号：春和永号 　　印制：光绪六年（1880）正月 　　正面：少数民族人物

地址：陕西宜川 　　　　　　九日发 　　　　　　　　背面：单面

面值：贰千文 　　　　票幅：209×108mm 　　　级别：★★

颜色：蓝色

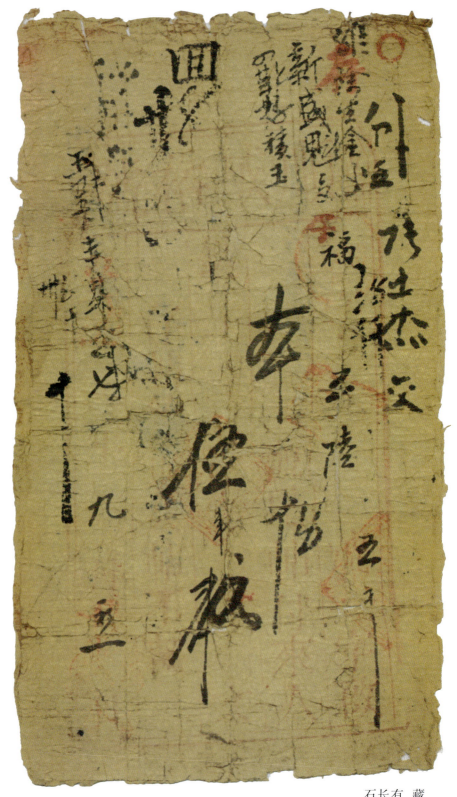

石长有 藏

庄号：顺成裕号　　印制：光绪七年（1881）九月　　正面：无图
地址：陕西乾州　　　　　一日发　　　　　　　　　　背面：单面
面值：伍串　　　　　票幅：210×120mm　　　　　级别：★
颜色：红色

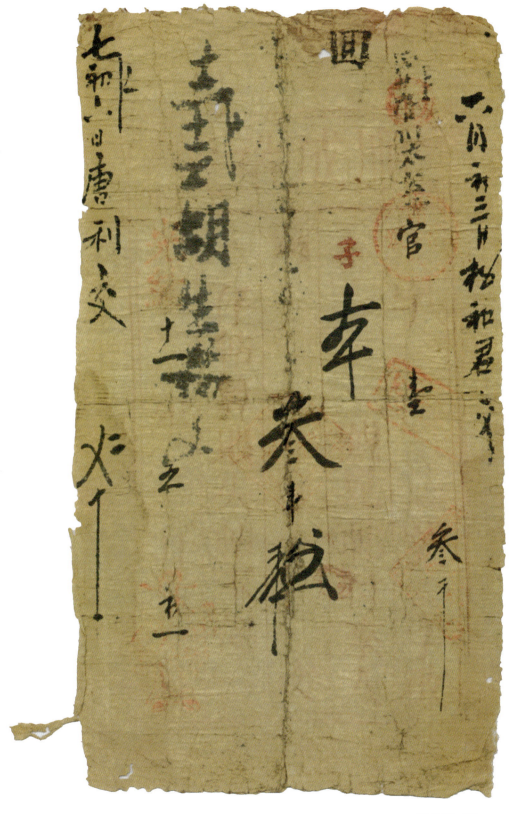

石长有 藏

不同年份不同面值的顺成裕号私帖

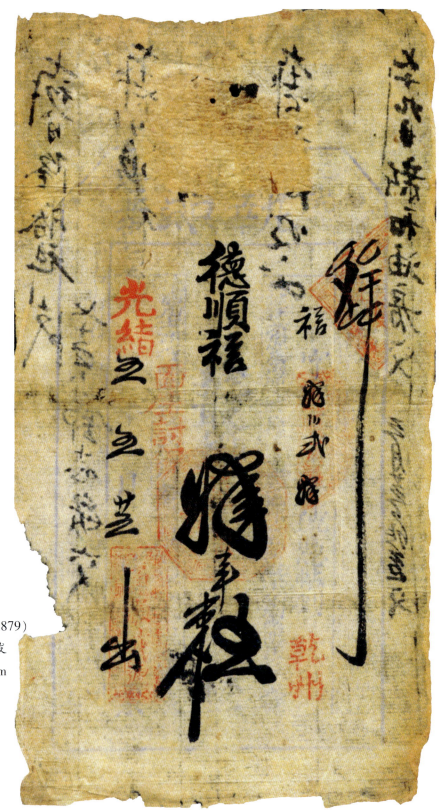

庄号：通顺成号

地址：陕西乾州

面值：肆串

颜色：蓝色

印制：光绪五年(1879)

　　五月二十五日发

票幅：230×122mm

正面：花纹

背面：单面

级别：★★

邵民　藏

668

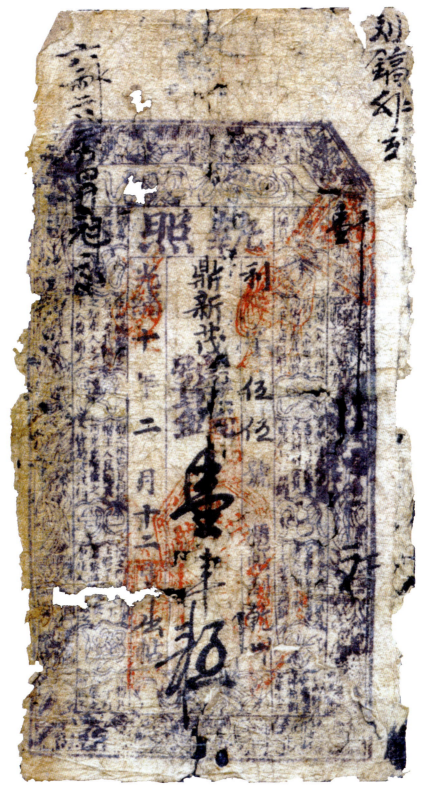

邵民　藏

庄号：鼎新茂号　　　　印制：光绪十年(1884)二月　　　正面：八仙图
地址：陕西乾州　　　　　　　十二日发　　　　　　　　背面：流通印记
面值：壹串　　　　　　　票幅：225×120mm　　　　　级别：★★
颜色：蓝色

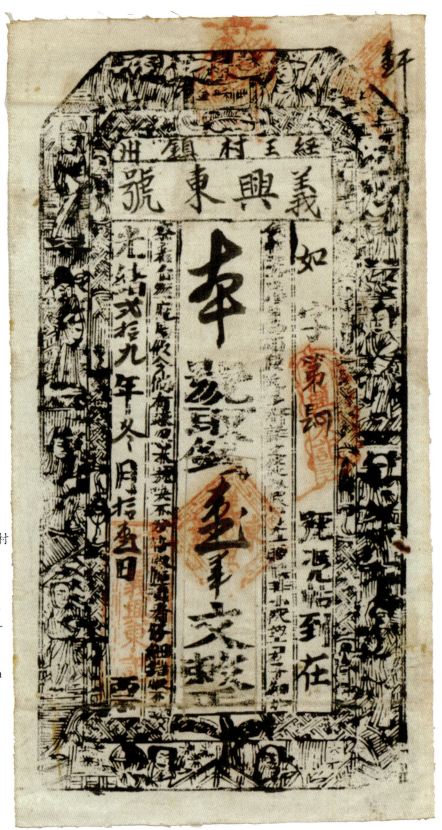

庄号:义兴东号
地址:甘肃泾州王村
面值:壹串文
颜色:黑色布质
印制:光绪二十九
　　年(1903)冬月十
　　一日发
票幅:215×114mm
正面:八仙图
背面:单面
级别:★★★

石长有　藏

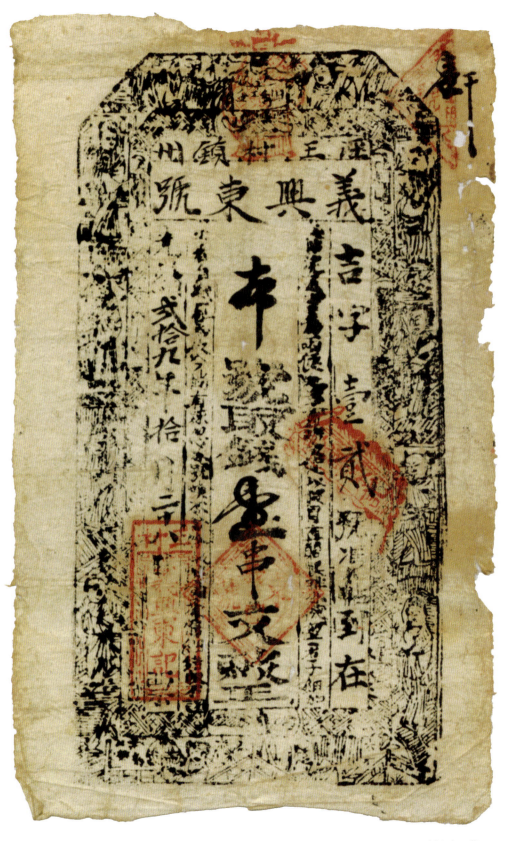

石长有 藏

不同质地(纸)的义兴东号私帖

石长有　藏

庄号：袁正记垣　　　印制：光绪年由上海商务印　　　考)
地址：新疆贝加尔湖　　　书馆代印(贝加尔湖现为哈　　票幅：181×85mm
面值：西钱壹千文　　　　萨克巴尔喀什湖，面额为　　正面：花边
颜色：蓝黄　　　　　　　西钱，疑为该地区票，待　　背面：花纹

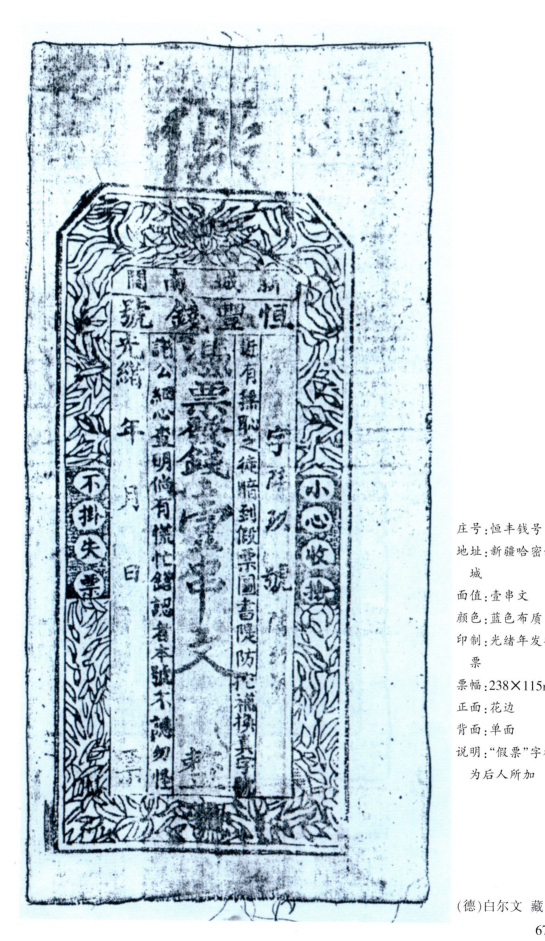

庄号:恒丰钱号
地址:新疆哈密新
　　城
面值:壹串文
颜色:蓝色布质
印制:光绪年发行
　　票
票幅:238×115mm
正面:花边
背面:单面
说明:"假票"字样
　　为后人所加

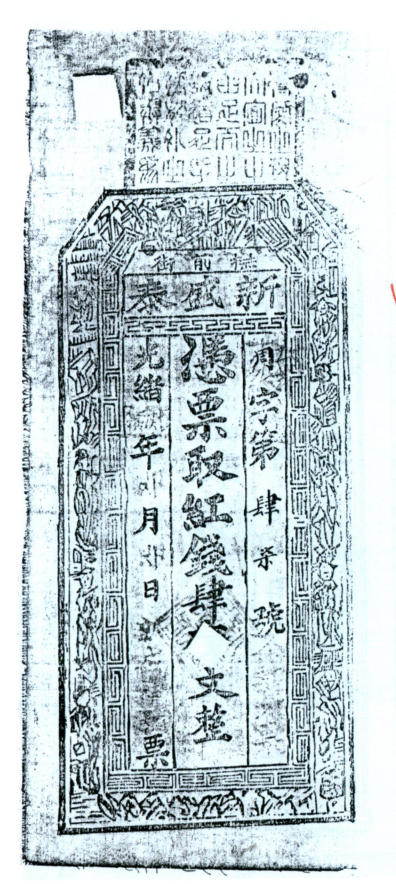

庄号：新盛泰
地址：新疆抚前街
面值：红钱肆百文
颜色：蓝色
印制：光绪年流通票
票幅：252×105mm
正面：人物
背面：单面
级别：★★★

Firma Xin-sheng-tai, 400 Wen, Stoffnote

(德)白尔文 藏

(德)白尔文 藏

庄号:芨泰和　　　　　颜色:蓝色　　　　　正面:《西厢记》人物、《兰亭序》

地址:新疆精河县　　　印制:光绪年流通票　　背面:单面

面值:伊钱贰千文　　　票幅:172×95mm　　级别:★★★

# 七、宣统年私帖(1909—1911)

宣统帝全名爱新觉罗·溥仪,字浩然,笔名植莲,英文名亨利。宣统帝是清朝最后一个傀儡皇帝,光绪三十四年十月二十一日即位,民国元年十二月二十五日退位,只当了3年皇帝,是12帝中最短的。

溥仪的父亲是醇亲王载沣,与光绪帝同父异母,母亲是慈禧太后亲信重臣荣禄的女儿。光绪帝在涵元殿死去,没有子嗣,根据太后懿旨,由溥仪继位,改年号宣统。当时溥仪才3岁,乃由其父载沣担任摄政王。溥仪由父亲抱上龙椅接受群臣朝贺。他在龙椅上看见黑压压的大臣在殿上向他朝贺,高呼万岁,吓得连声大叫"我要回家!我要回家!"载沣连声安慰"就要完了,就要完了,我们就回家"。大臣们听后大惊失色,议论纷纷:"我们大清国要完了","回到哪里去?是回东三省去?"

溥仪身为皇帝,但他还是吃奶的时候,只会哭哭闹闹,不会闻军国大事。就在他身处深宫,只懂得哭闹的时候,中国已经发生了翻天覆地的变化。1967年10月溥仪病逝于北京,终年62岁,骨灰安放在八宝山革命公墓。

北京

廣源銀號

寄存京平銀肆兩整

宣統 年 月 日

字 號

准二分七釐

豆

腐

巷

内

路

西

前

門

外

鮮

魚

口

庄号:广源银号

地址:北京鲜鱼口

面值:银肆两

颜色:绿黄

印制:宣统年未流通票,
　　由北京林屋洋行石印
　　部印制

票幅:199×90mm

正面:双凤图

背面:单面

石长有 藏

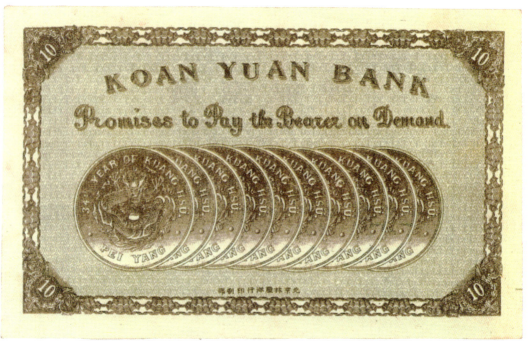

刘文和 藏

不同面值的广源银号银圆票

刘文和 藏

不同面值的广源银号银圆票

庄号：天成银号
地址：北京琉璃厂
面值：贰两
颜色：红色
印制：宣统年流通票
票幅：220×93mm
正面：三星、八仙图
背面：单面
级别：★★★

刘文和 藏

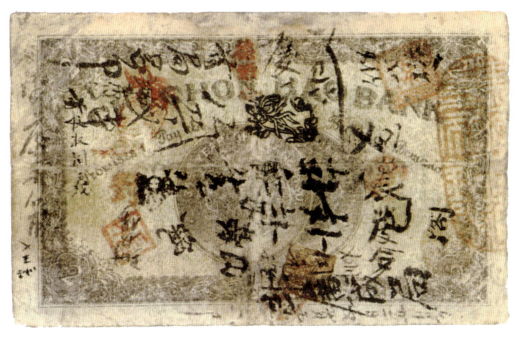

刘文和 藏

庄号:成厚银号　　　印制:宣统年由北京林屋石　　正面:双凤图
地址:北京丁字街　　　　　印局印制　　　　　　背面:银元、花边
面值:贰圆　　　　　　票幅:135×83mm　　　级别:★★
颜色:绿/灰

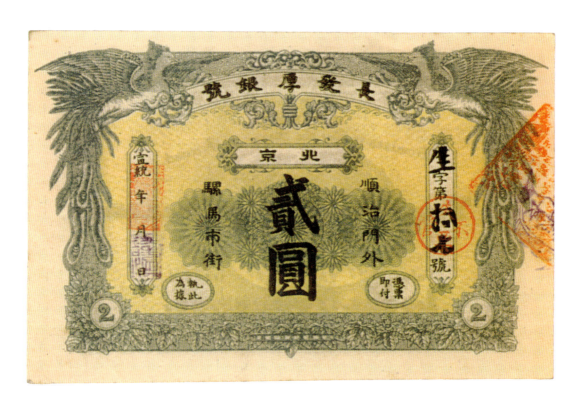

刘文和 藏

庄号:长发厚银号　　　　印制:宣统年由北京林屋石　　正面:双凤图
地址:北京骡马市　　　　　　印局印制　　　　　　　　背面:银元、英文
面值:贰圆　　　　　　　　票幅:144×94mm　　　　级别:★★
颜色:绿黄色

682

刘文和 藏

| | | |
|---|---|---|
| 庄号:同合公银号 | 印制:宣统年由北洋石印局 | 正面:光芒纹 |
| 地址:北京米市胡同 | 印制 | 背面:银元 |
| 面值:伍圆 | 票幅:153×107mm | 级别:★★ |
| 颜色:紫/绿 | | |

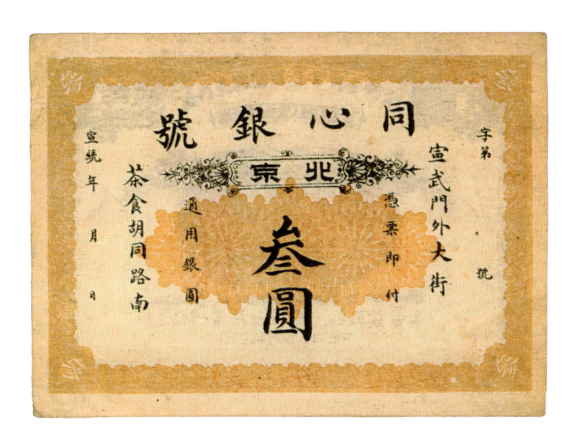

刘文和 藏

庄号：同心银号　　　　颜色：黄色　　　　　　　正面：花芯

地址：北京茶食胡同　　印制：宣统年未流通票　　背面：银元

面值：叁圆　　　　　　票幅：141×104mm

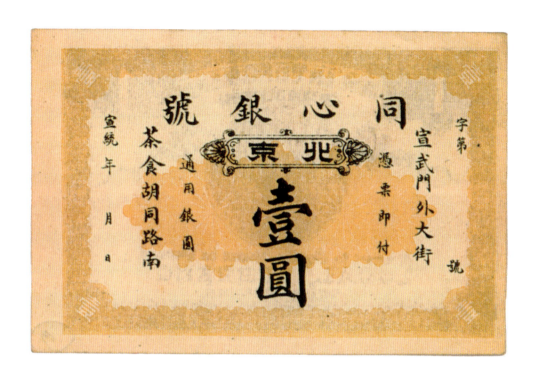

刘文和 藏

不同面值的同心银号银元票

庄号：和顺源银号

地址：北京

面值：壹圆

颜色：蓝/粉红

印制：由北京林屋洋行石
　　　印部印制

票幅：150×78mm

正面：双龙戏珠

背面：流通印记

级别：★★

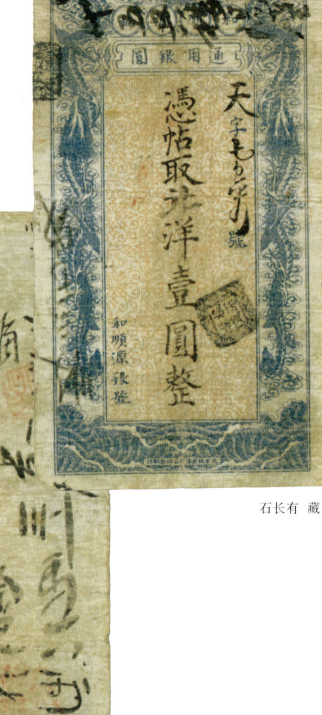

石长有　藏

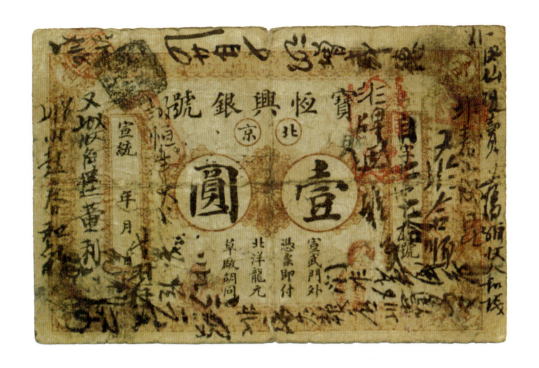

石长有 藏

| 庄号:宝恒兴银号 | 颜色:棕/绿 | 正面:花芯 |
| 地址:北京草厂胡同 | 印制:宣统年流通票 | 背面:双龙、英文 |
| 面值:壹圆 | 票幅:128×83mm | 级别:★★ |

庄号：宝恒银号

地址：北京

面值：叁两

颜色：绿黄

印制：宣统年由北洋石
　　　印局印

票幅：200×90mm

正面：双凤、双龙

背面：单面

级别：★★

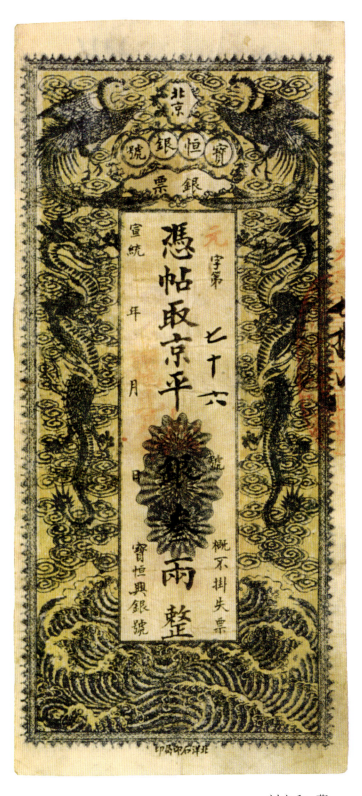

刘文和　藏

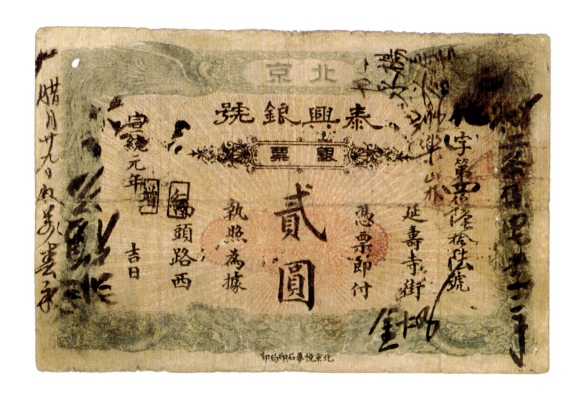

刘文和 藏

庄号：泰兴银号　　　　印制：宣统元年(1909)由北　　　正面：双凤、双龙

地址：北京延寿寺　　　　　京悦华石印局印　　　　　背面：英文、花边

面值：贰圆　　　　　　　票幅：164×107mm　　　级别：★★

颜色：绿红

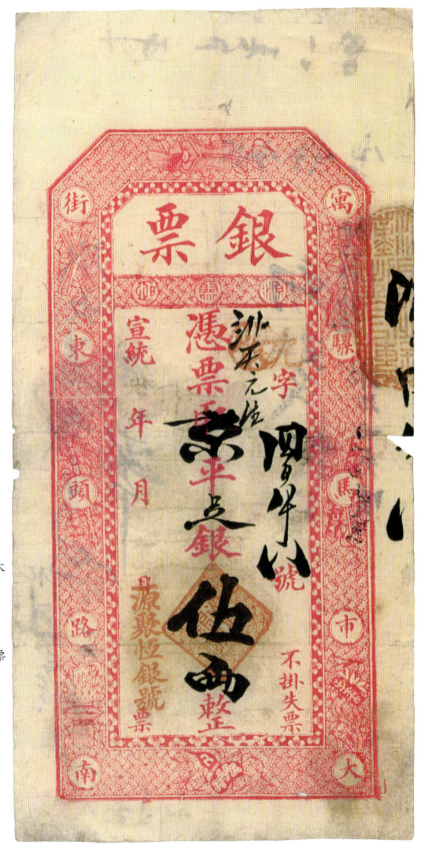

庄号:源聚恒银号

地址:北京骡马市大
　　街

面值:伍两

颜色:红色

印制:宣统年流通票

票幅:220×108mm

正面:暗八仙

背面:单面

级别:★★

刘文和　藏

690

石长有 藏

不同面值的源聚恒银号银两票

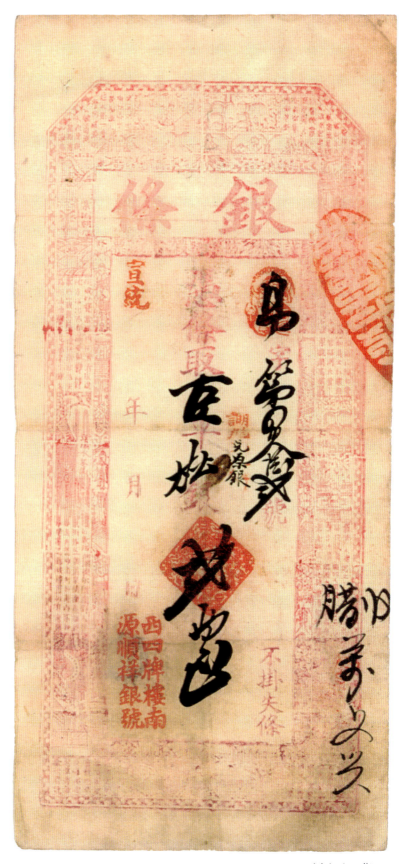

庄号：源顺祥银号

地址：北京西四牌楼

面值：贰两

颜色：红色

印制：宣统年流通票

票幅：221×102mm

正面：风景名胜

背面：单面

级别：★★

刘文和　藏

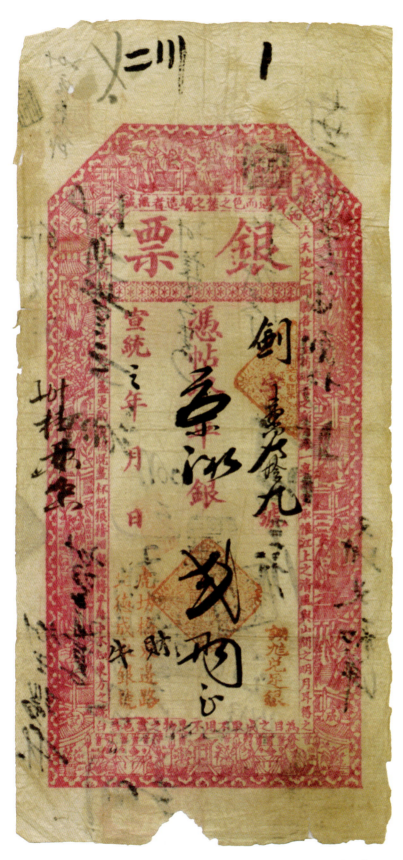

庄号:德成永银号
地址:北京虎坊桥
面值:贰两
颜色:红色
印制:宣统三年(1911)
　　流通票
票幅:218×101mm
正面:民间故事
背面:单面
级别:★★

石长有　藏

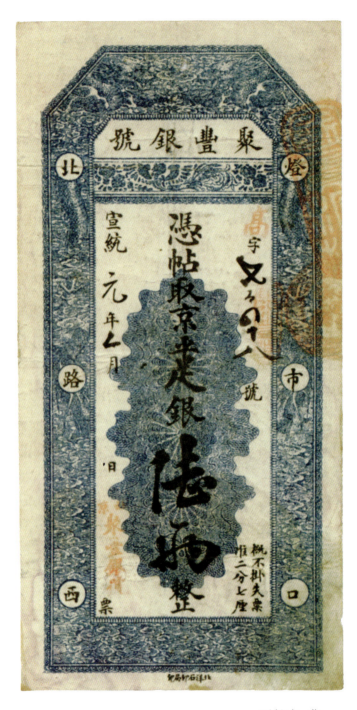

石长有 藏

庄号：聚丰银号　　　　印制：宣统元年（1909）由北　　正面：双龙戏珠
地址：北京灯市口　　　　　　洋石印局印　　　　　　背面：流通印记
面值：陆两　　　　　　　票幅：177×88mm　　　　级别：★★
颜色：蓝色

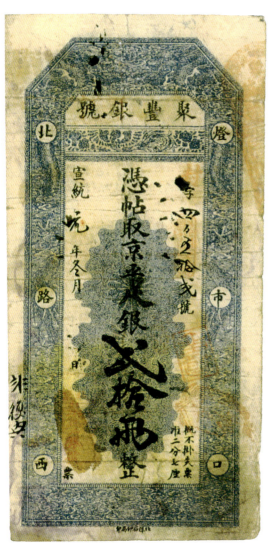
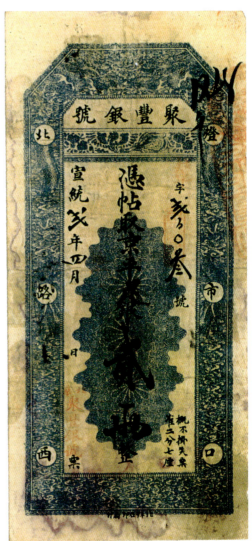

刘文和 藏

不同面值的聚丰银号银票

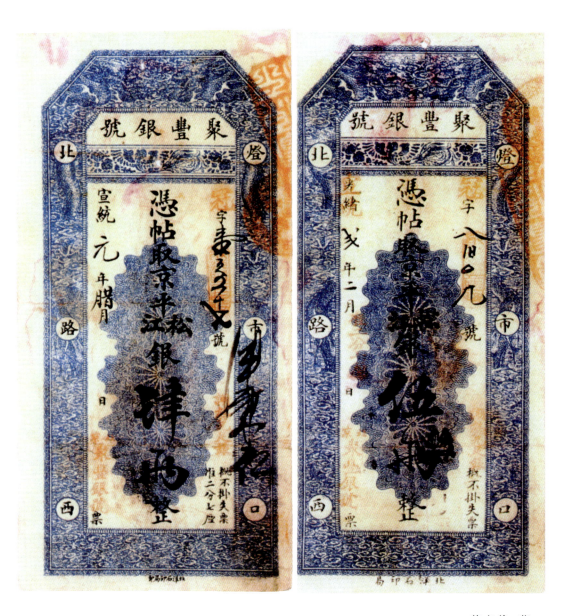

黄亨俊 藏

不同面值的聚丰银号松江银两票

696

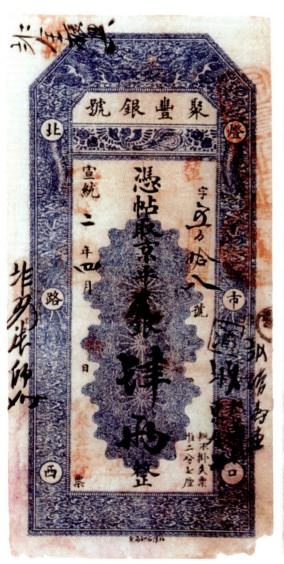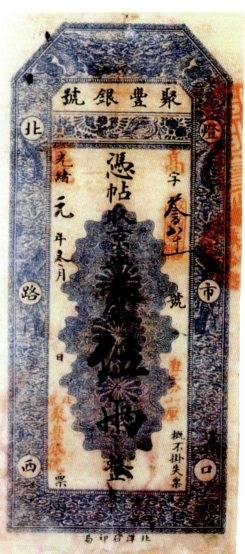

黄亨俊 藏

不同面值的聚丰银号银两票

石长有 藏

庄号:志源堂　　　　　颜色:绿/棕　　　　　票幅:178×96mm
地址:天津宝邑林亭镇　　印制:宣统年由天津宫北东　正面:花鸟、垂钓
面值:拾吊　　　　　　　　华石印局石印　　　　背面:火车、轮船

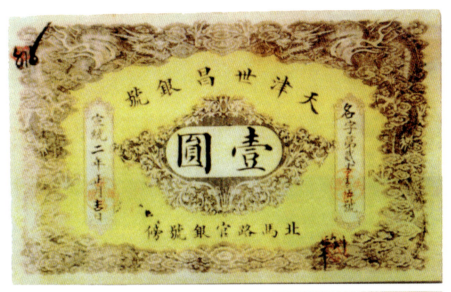

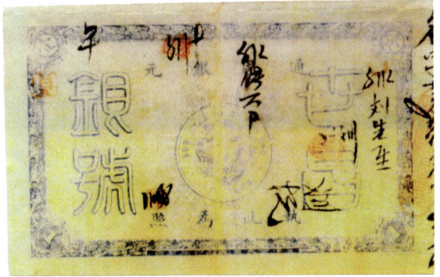

中国近代货币

庄号:世昌银号  
地址:天津北马路  
面值:壹圆  
颜色:棕/蓝

印制:宣统二年(1910)由天  
津宫北东华石印局石印  
票幅:167×105mm

正面:双龙腾云  
背面:银元光芒  
级别:★★

石长有 藏

庄号:德玉成　　　印制:宣统三年(1911)由中　正面:双龙戏珠

地址:天津宝邑南街　　华石印局印制　　　背面:赛马、英文

面值:陆吊　　　　　票幅:205×119mm　　级别:★★

颜色:棕/蓝

德玉成钱票背面

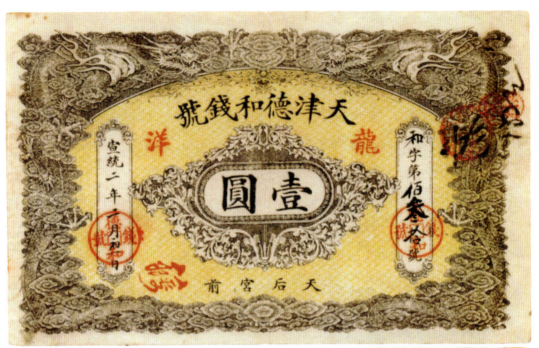

张安生 藏

庄号:德和钱号　印制:宣统二年(1910)二月　正面:双龙腾云
地址:天津天后宫　　一日发,由天津宫北东华　背面:光芒、花芯
面值:壹圆　　　　石印局石印　　　　级别:★★
颜色:棕/红　　　票幅:169×106mm

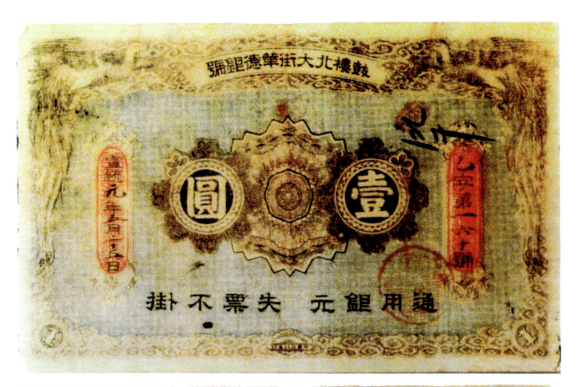

中国近代纸币

| | | |
|---|---|---|
| 庄号:华德银号 | 印制:宣统元年(1909)五月 | 正面:双凤图 |
| 地址:天津鼓楼北大街 | 　二十五日发 | 背面:双龙、光芒底纹 |
| 面值:壹圆 | 票幅:158×100mm | 级别:★★ |
| 颜色:蓝棕色 | | |

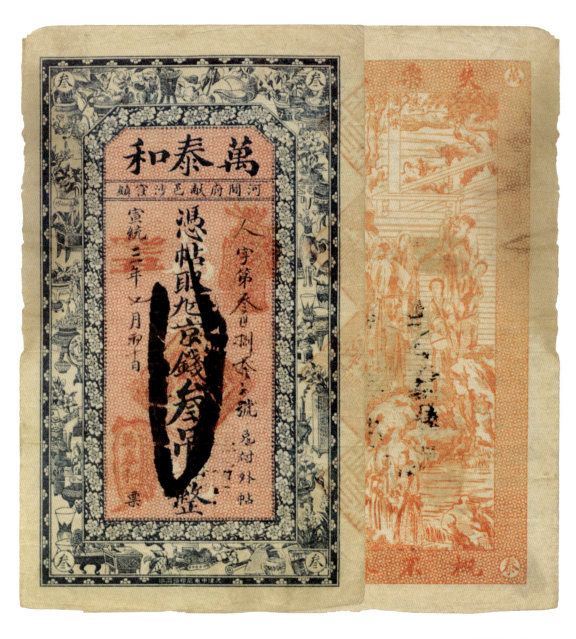

石长有 藏

庄号:万泰和 　印制:宣统三年(1911)由天 　正面:花瓶古玩
地址:河北河间府 　津中东石印局石印 　背面:登山观景
面值:叁吊 　票幅:179×107mm 　级别:★★
颜色:蓝/红

石长有 藏

庄号:万聚成　　　印制:宣统三年(1911)由天　　正面:双龙戏珠
地址:河北文邑　　　　津宫北东华石印局石印　　背面:盘龙光芒纹
面值:壹吊　　　　　票幅:172×86mm　　　　级别:★★
颜色:粉红/蓝

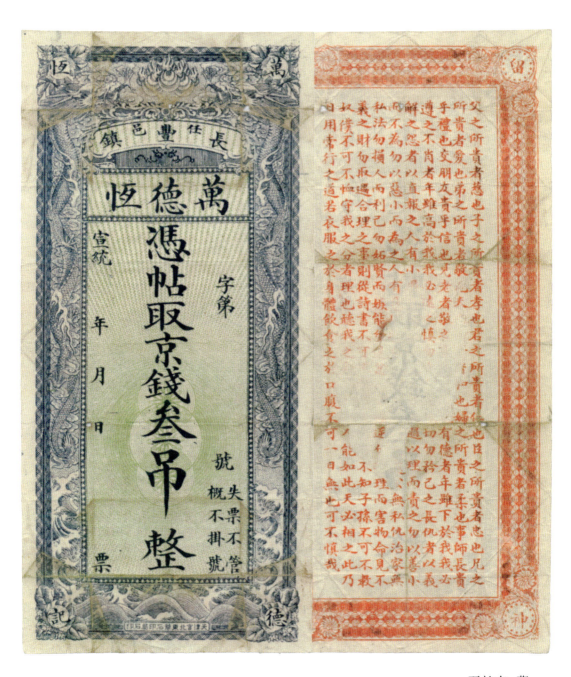

石长有 藏

庄号：万德恒　　　　　　印制：宣统年未流通票，由天　　正面：双龙戏珠
地址：河北任邑长丰镇　　　　　津宫北东华石印局石印　　背面：《朱子家训》
面值：叁吊　　　　　　　　票幅：174×85mm　　　　　级别：★
颜色：蓝/红

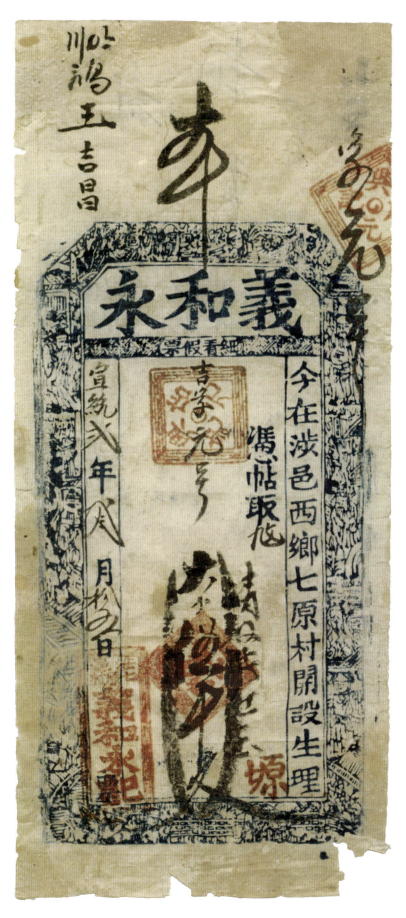

庄号：义和永
地址：河北涉邑七原村
面值：伍千文
颜色：蓝色
印制：宣统二年(1910)
　　三月十五日发
票幅：265×115mm
正面：八仙图
背面：单面
级别：★

石长有 藏

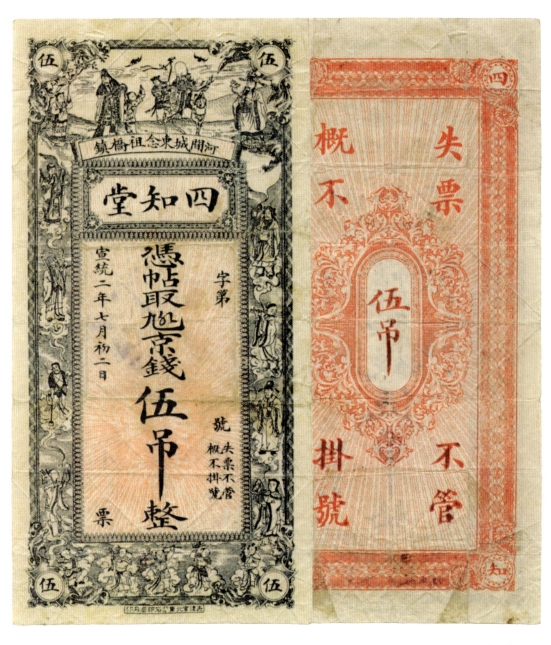

石长有 藏

庄号:四知堂
地址:河北河间念祖桥
面值:伍吊
颜色:蓝/红

印制:宣统二年(1910)未流
通票,由天津宫北东华石
印局石印

票幅:176×90mm
正面:八仙
背面:花芯、光芒纹

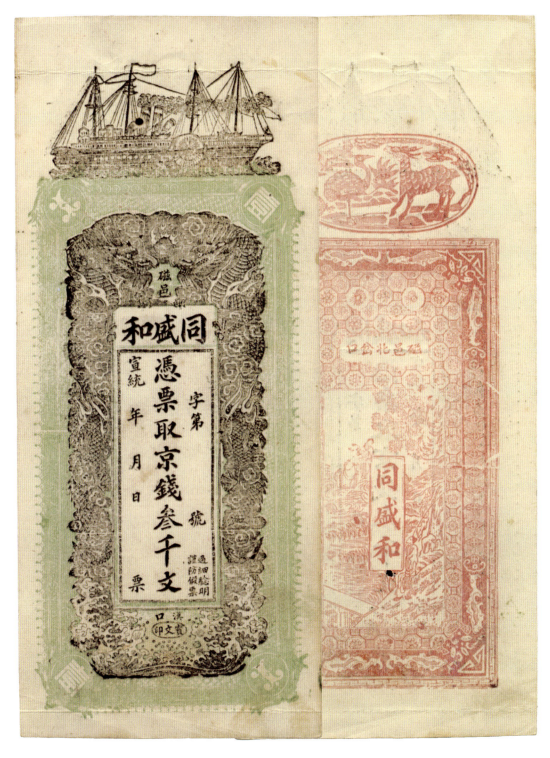

石长有 藏

庄号:同盛和
地址:河北磁邑
面值:叁千文

颜色:绿/红
印制:宣统年未流通票,由汉
口宝文印

票幅:241×105mm
正面:双龙戏珠、轮船
背面:七女送子、鹤鹿

庄号：约所

地址：河北涉邑偏店

面值：壹千五百文

颜色：蓝色

印制：宣统年流通票(宣
　　统皇帝于民国元年十
　　二月二十五日退位，
　　该票宣统四年二月三
　　十日发行没错，1912
　　年可说是宣统四年也
　　可说民国元年)

票幅：253×110mm

正面：八仙图

背面：流通印记

级别：★

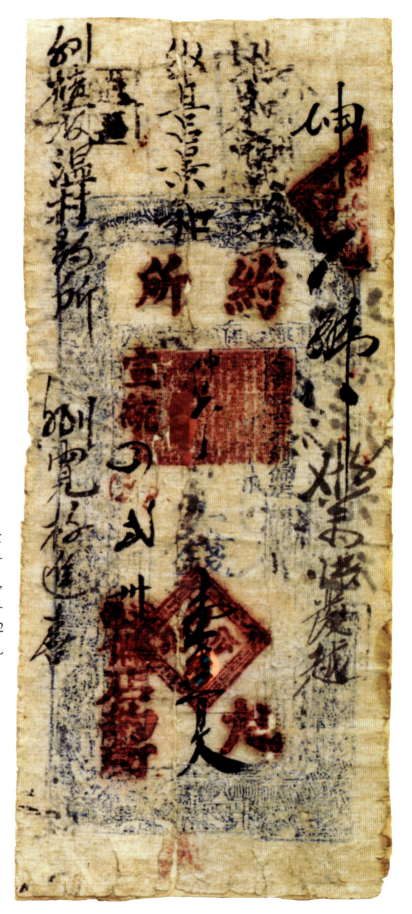

贡颜宏 藏

710

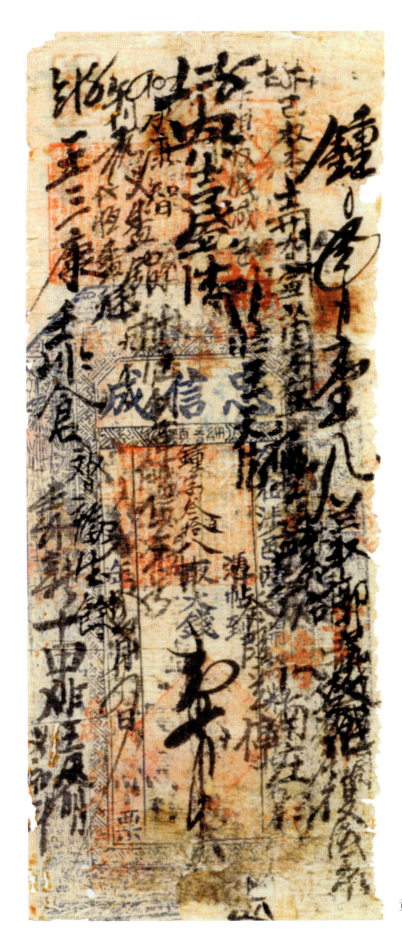

庄号：忠信成

地址：河北涉邑河南店

面值：壹百文

颜色：蓝色

印制：宣统二年（1910）

　　流通票

票幅：255×102mm

正面：八仙图

背面：流通印记

级别：★

贡颜宏　藏

庄号：和泰益
地址：河北涉邑南庄
面值：壹千五百文
颜色：蓝色
印制：宣统二年（1910）
　　　三月二十九日发
票幅：257×115mm
正面：八仙图、《兰亭序》
背面：单面
级别：★★

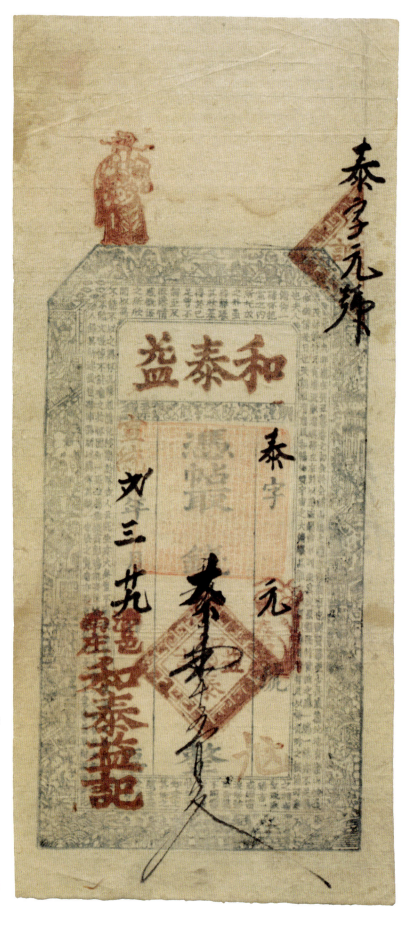

石长有　藏

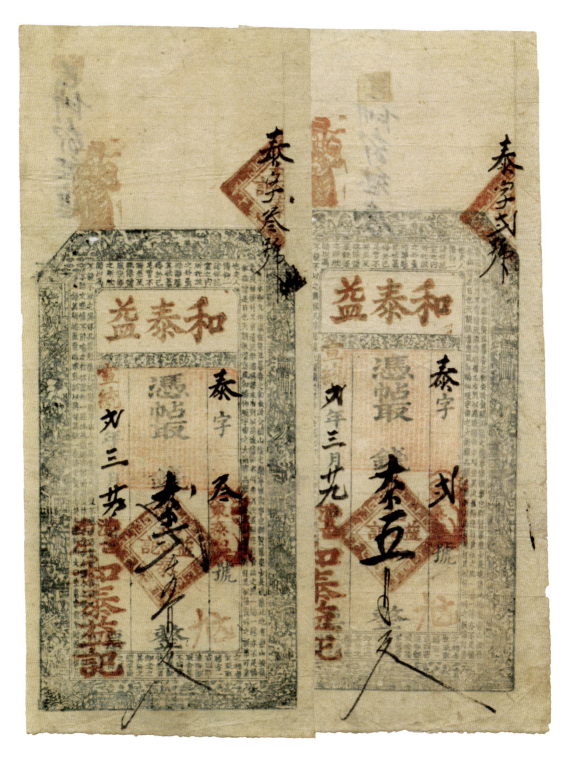

石长有 藏

不同面值的和泰益私帖

庄号:恒盛昌
地址:河北南宫
面值:伍千文
颜色:蓝色
印制:宣统三年(1911)
　　十二月十八日发
票幅:253×107mm
正面:民间故事
背面:流通印记
级别:★

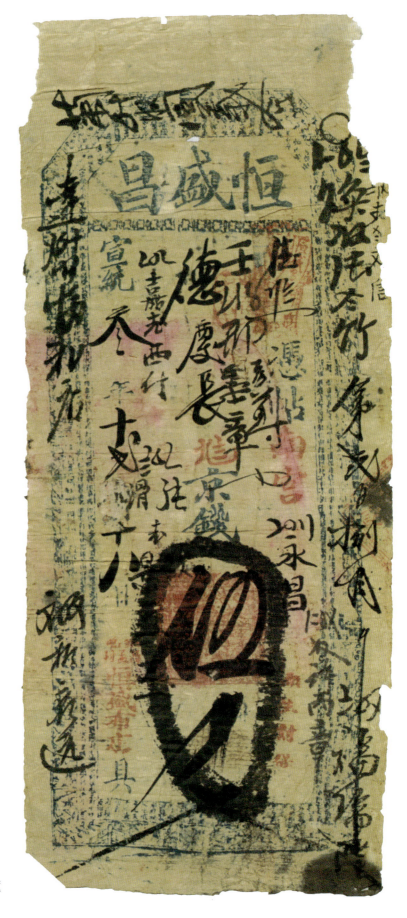

石长有 藏

714

石长有 藏

不同面值的恒盛昌私帖

石长有　藏

庄号：信昌银号
地址：河北献县
面值：壹吊
颜色：棕/红

印制：宣统三年（1911）由天
　　津宫北东华石印局石印
票幅：178×99mm

正面：八仙图、三星
背面：花芯、光芒纹
级别：★★

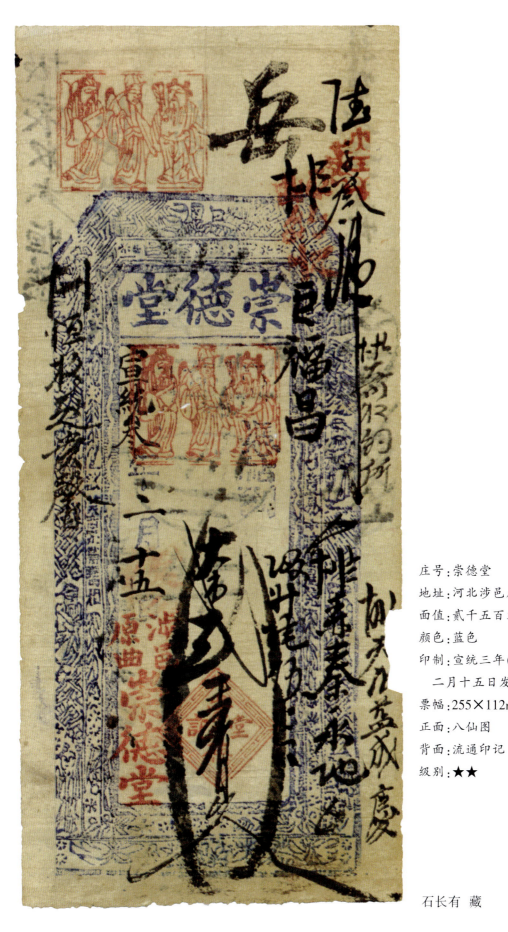

庄号:崇德堂
地址:河北涉邑原曲
面值:贰千五百文
颜色:蓝色
印制:宣统三年(1911)
　　二月十五日发
票幅:255×112mm
正面:八仙图
背面:流通印记
级别:★★

石长有 藏

717

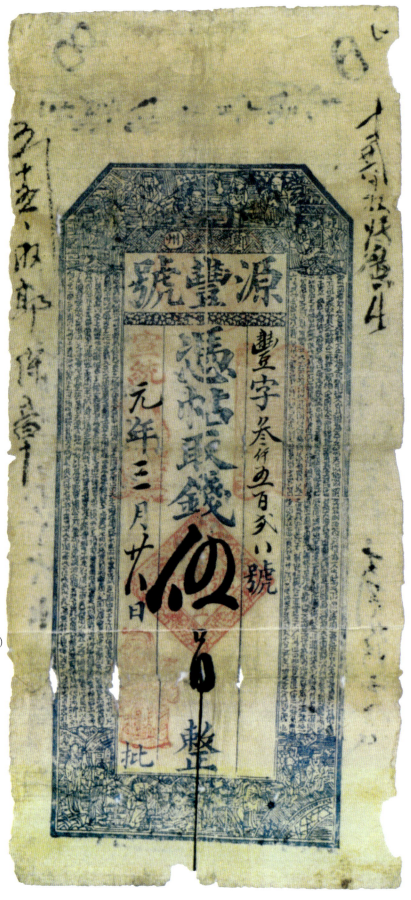

庄号:源丰号
地址:河北郑州
面值:伍吊
颜色:蓝色
印制:宣统元年(1909)
　　三月二十八日发
票幅:232×107mm
正面:八仙图、古文
背面:流通印记
级别:★★

蔡小军　供

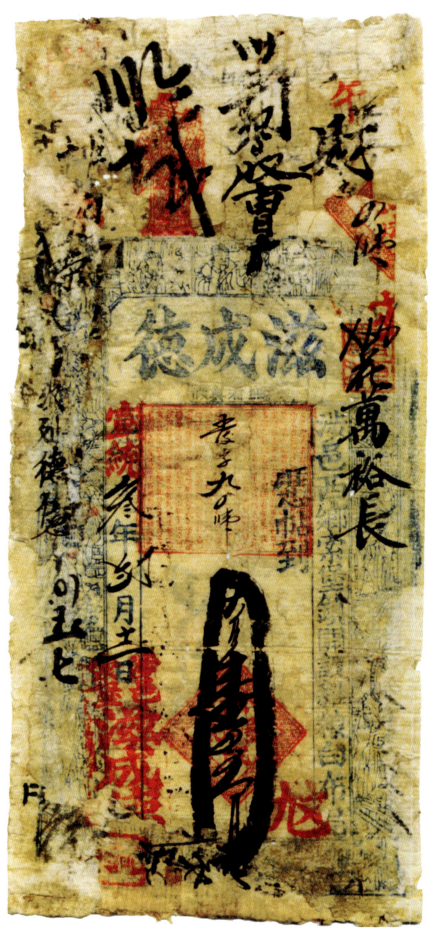

庄号：滋成德
地址：河北涉邑索堡
面值：壹千五百文
颜色：蓝色
印制：宣统三年
　　（1911）二月十二
　　日发
票幅：242×114mm
正面：八仙图
背面：流通印记
级别：★

贡颜宏 藏

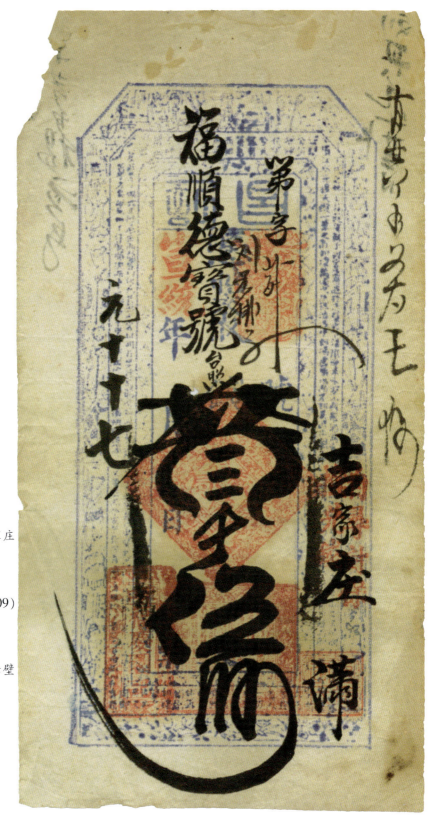

庄号:福庆园记
地址:河北东口吉家庄
面值:叁千五百文
颜色:蓝色
印制:宣统元年(1909)
　　十月十七日发
票幅:213×110mm
正面:八仙图、《前赤壁
　　赋》
背面:单面
级别:★★

石长有　藏

不同面值的福庆园私帖

石长有 藏

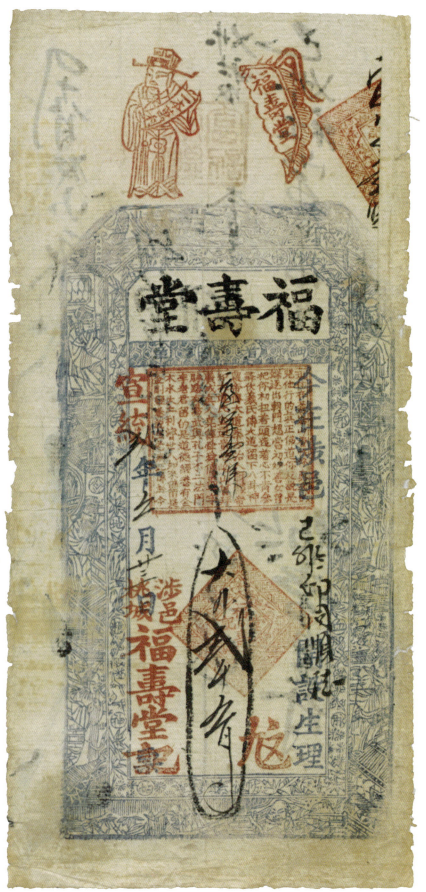

庄号:福寿堂
地址:河北涉邑桃城
面值:贰千五百文
颜色:蓝色
印制:宣统二年
　　(1910)六月三
　　十日发
票幅:259×122mm
正面:八仙图
背面:流通印记
级别:★★

石长有 藏

722

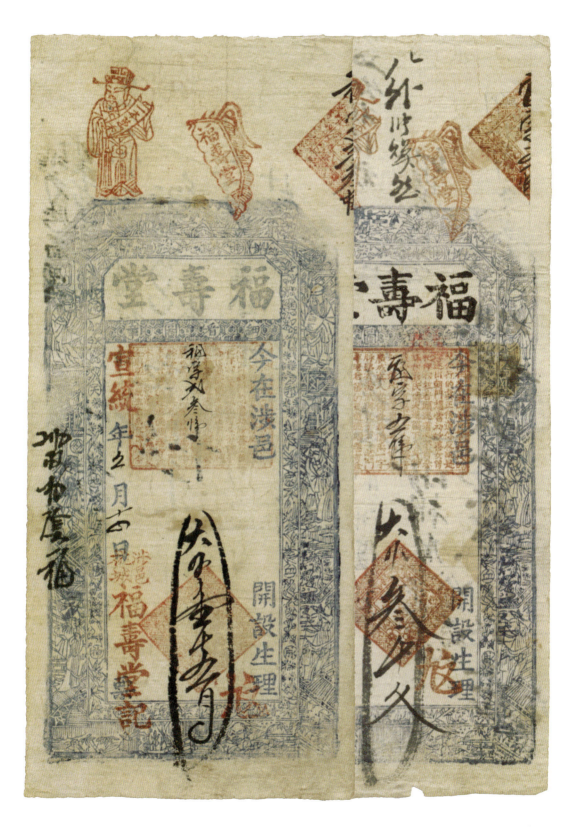

石长有 藏

不同面值的福寿堂私帖

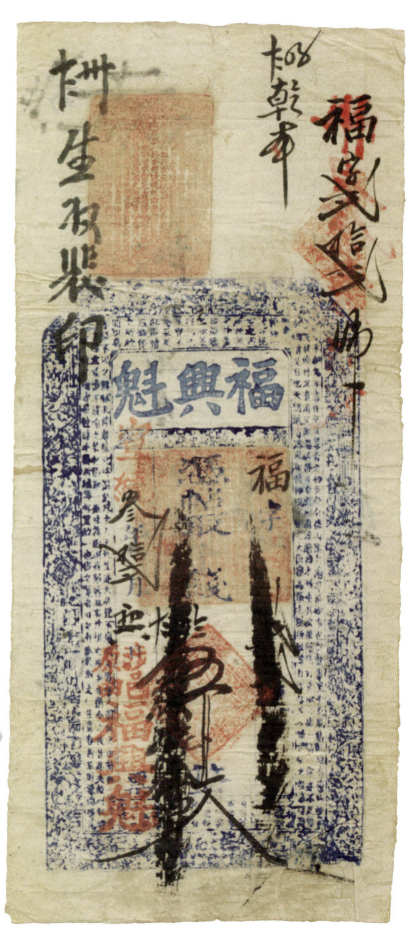

庄号：福兴魁
地址：河北涉邑原曲
面值：伍百文
颜色：蓝色
印制：宣统三年(1911)
　　十二月一日发
票幅：259×114mm
正面：八仙图、《兰亭序》
背面：单面
级别：★

石长有　藏

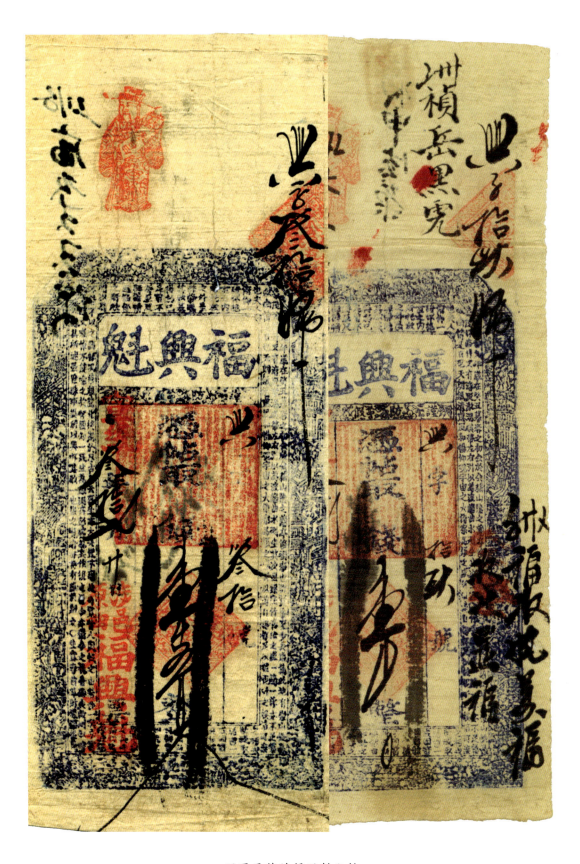

不同面值的福兴魁私帖

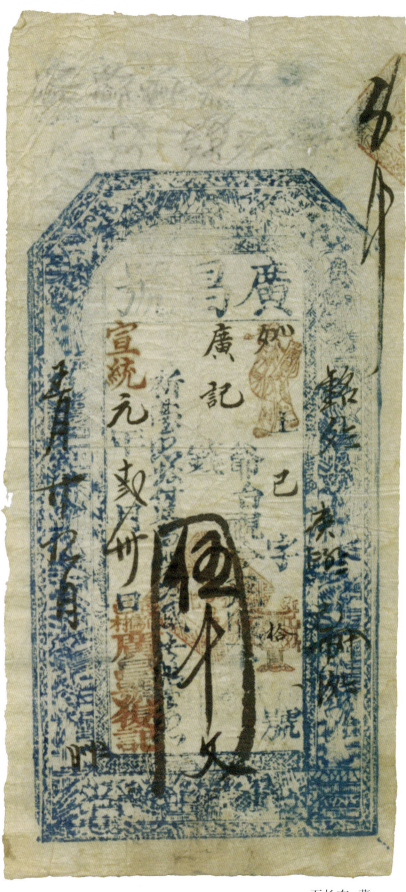

庄号:广昌号
地址:山西台邑南儒村
面值:伍千文
颜色:蓝色
印制:宣统元年(1909)
　　十二月三十日发
票幅:244×113mm
正面:八仙图
背面:流通印记
级别:★

石长有 藏

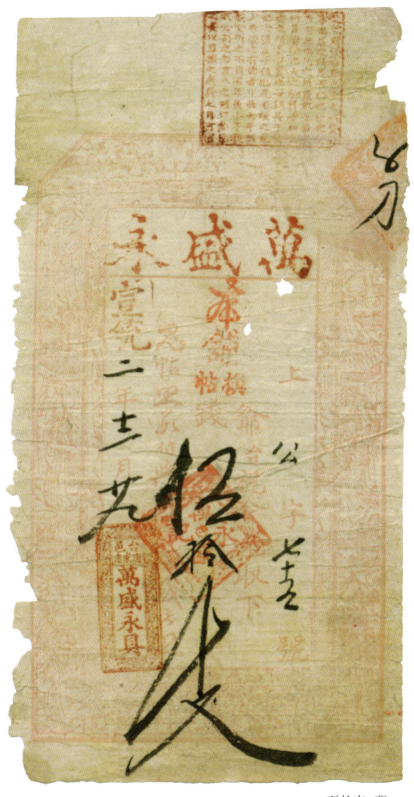

石长有 藏

庄号：万盛永　　　　　印制：宣统二年(1910)　　　正面：八仙图
地址：山西台邑唐家庄　　　十二月二十九日发　　　背面：单面
面值：伍拾千文　　　　　票幅：205×107mm　　　级别：★
颜色：红色

庄号:大增玉记
地址:山西
面值:壹千文
颜色:蓝色
印制:宣统三年(1911)
　　　六月一日发
票幅:214×99mm
正面:文人抚琴做诗、
　　　《前赤壁赋》
背面:单面
级别:★★

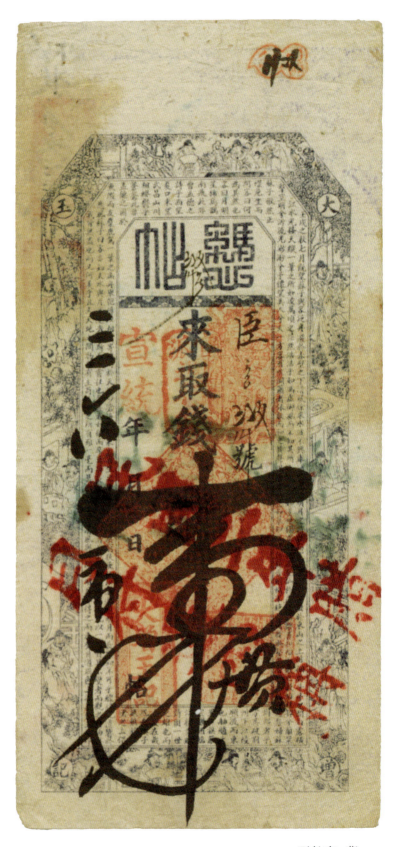

石长有　藏

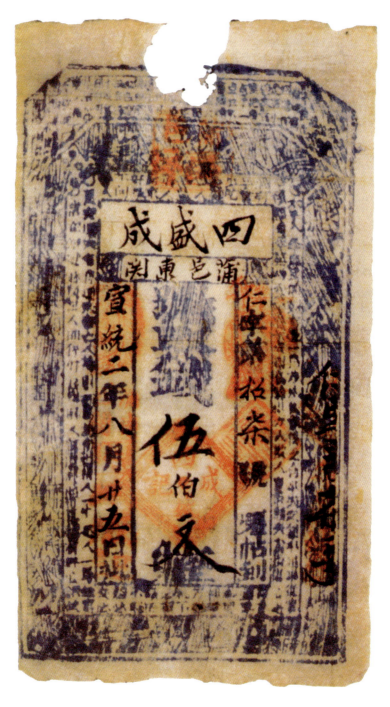

刘建民 藏

庄号:四盛成　　　　印制:宣统二年(1910)八月　　正面:暗八仙、《兰亭序》
地址:山西蒲邑东关　　　二十五日发　　　　　　背面:单面
面值:伍百文　　　　　票幅:176×98mm　　　　级别:★
颜色:蓝色

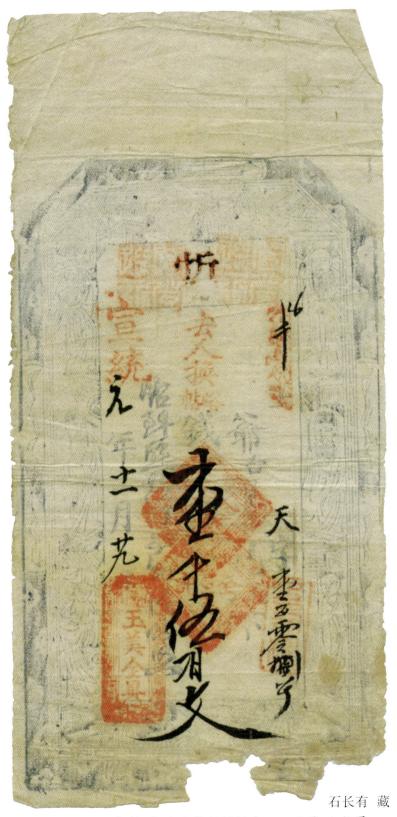

庄号:玉美全具 　　印制:宣统元年(1909)十一 　　正面:八仙图

地址:山西忻州 　　　　月二十九日发 　　　　背面:单面

面值:壹千五百文 　　票幅:212×103mm 　　级别:★

颜色:蓝色

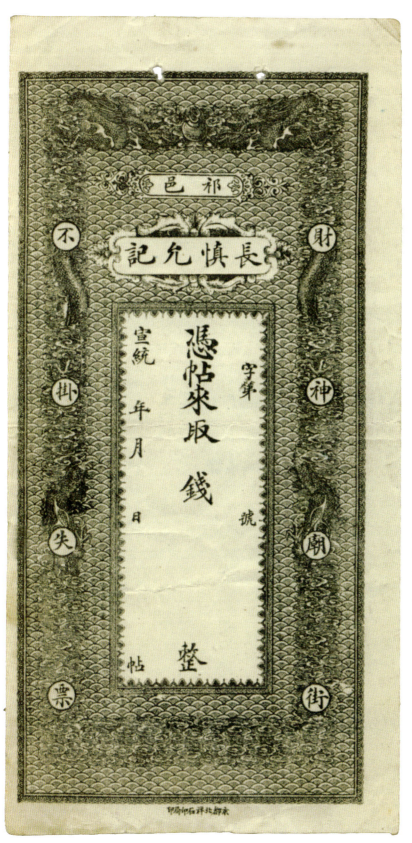

庄号：长慎允记
地址：山西祁邑
面值：空白
颜色：黑色
印制：宣统年未流通
　　票，由京都北洋石
　　印局石印
票幅：218×108mm
正面：双龙戏珠
背面：单面

石长有　藏

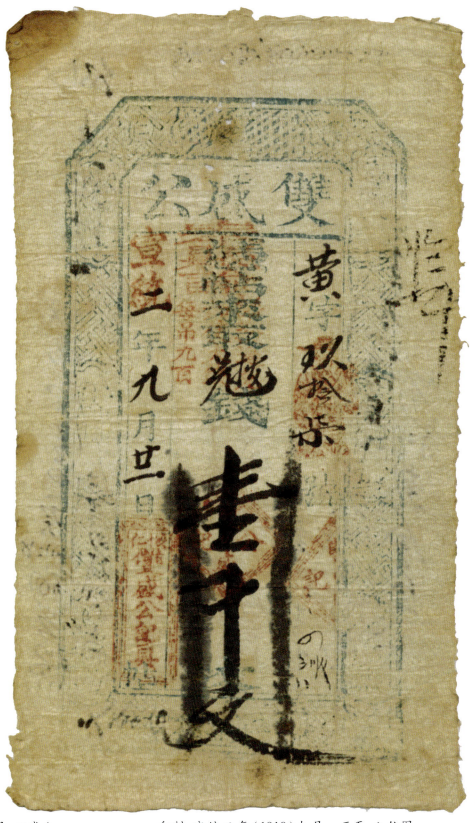

石长有 藏

庄号:双盛公　　　印制:宣统二年(1910)九月　　正面:八仙图

地址:山西怀仁　　　　二十二日发　　　　　　背面:流通印记

面值:壹千五百文　　　票幅:213×121mm　　级别:★★

颜色:蓝色

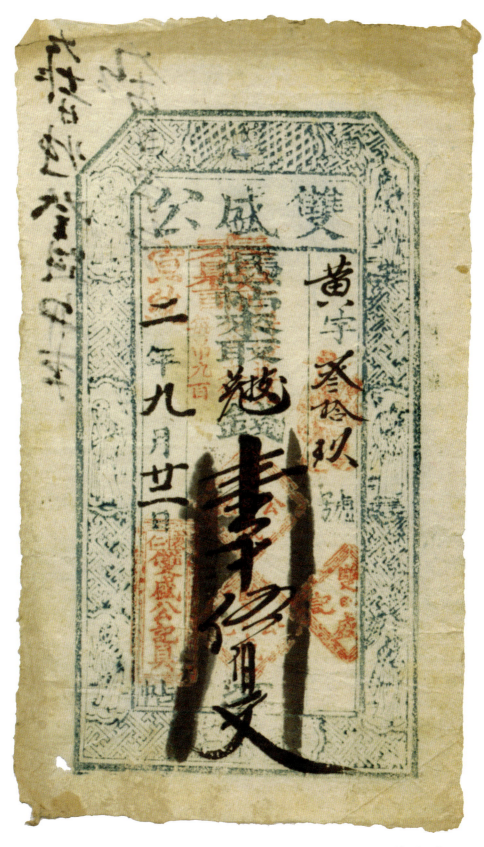

石长有 藏

不同面值的双盛公私帖

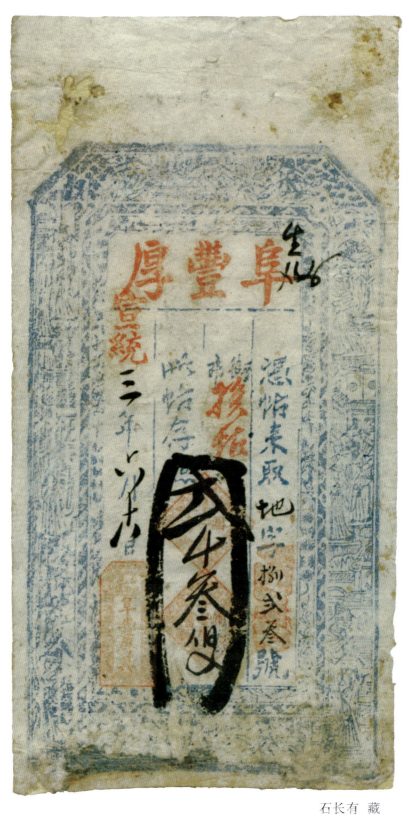

石长有 藏

庄号：阜丰厚　　　　印制：宣统三年（1911）六月　正面：八仙图
地址：山西台邑东冶　　　　十八日发　　　　　　背面：单面
面值：贰千叁百文　　　票幅：208×106mm　　　级别：★
颜色：蓝色

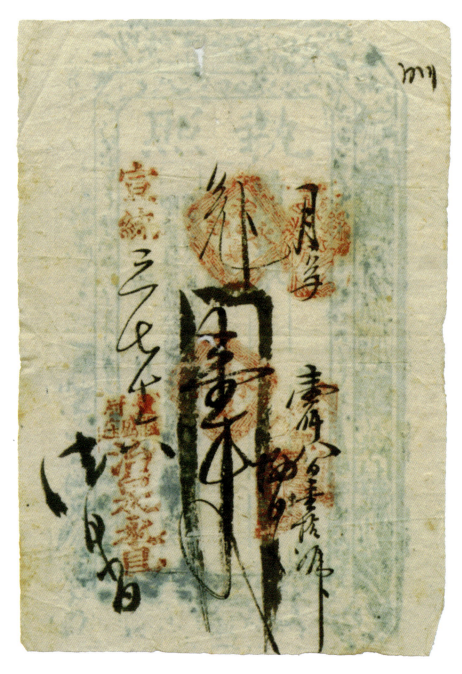

石长有 藏

庄号:治泉永具　　　印制:宣统三年(1911)七月　　正面:八仙图

地址:山西□府隆盛庄　　　十一日发　　　　　　背面:单面

面值:壹千文　　　　　票幅:168×115mm　　级别:★

颜色:绿色

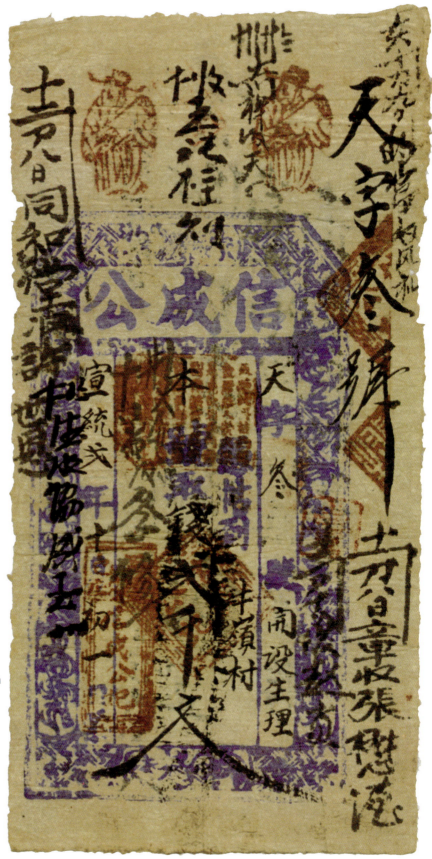

庄号:信成公
地址:山西潞邑
面值:贰千文
颜色:蓝色
印制:宣统二年
　　(1910)十月一
　　日发
票幅:221×110mm
正面:暗八仙
背面:流通印记
级别:★

石长有 藏

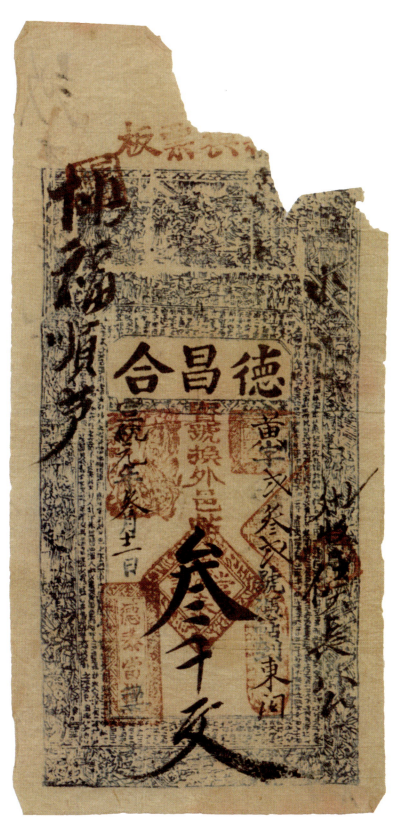

庄号：德昌合
地址：山西平阳府
面值：叁千文
颜色：蓝色
印制：宣统元年
　　（1909）三月十
　　二日发
票幅：211×104mm
正面：八仙图、《治
　　家格言》
背面：单面
级别：★★

石长有　藏

石长有 藏

庄号:万源长　　　　颜色:黑色　　　　　　　票幅:191×100mm

地址:吉林榆树弓棚子　印制:宣统年未流通票,由吉　正面:双龙戏珠

面值:伍百枚　　　　　　林官书刷印局石印　　　背面:花芯

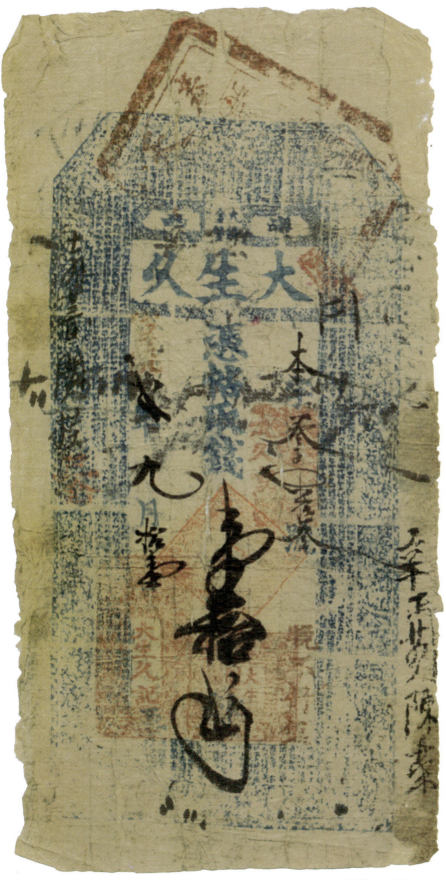

庄号：大生久
地址：辽宁辽西
面值：壹拾吊
颜色：蓝色
印制：宣统二年
　　（1910）九月十
　　一日发
票幅：230×117
　　mm
正面：百子图
背面：流通印记
级别：★★★

石长有　藏

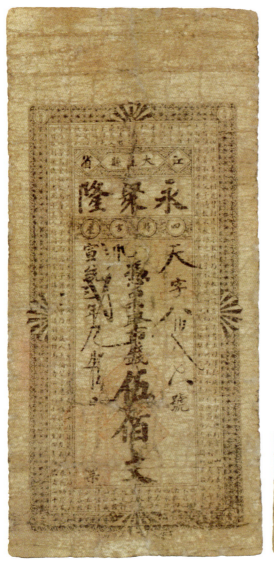
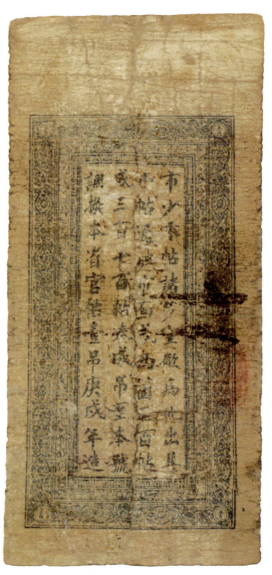

石长有 藏

庄号:永聚隆　　　　印制:宣统二年(1910)九月　　正面:《三字经》
地址:黑龙江大通县　　　　十日发　　　　　　　　背面:出帖告示
面值:伍百文　　　　　票幅:170×80mm　　　　级别:★★
颜色:黑/蓝

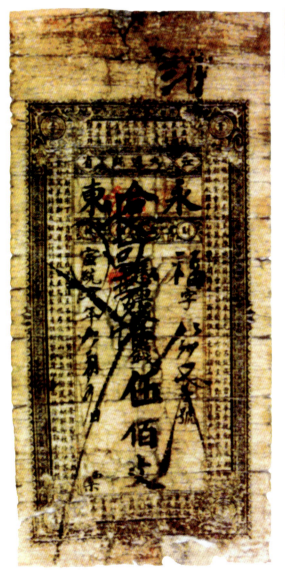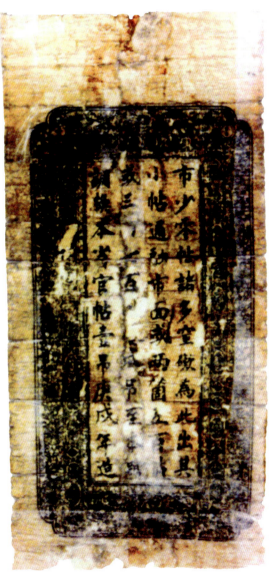

吴筹中 藏

| | | |
|---|---|---|
| 庄号:永合东 | 印制:宣统二年(1910)九月 | 正面:《百家姓》 |
| 地址:黑龙江大通县 | 一日发 | 背面:出帖告示 |
| 面值:伍百文 | 票幅:163×78mm | 级别:★★ |
| 颜色:黑/蓝 | | |

石长有 藏

庄号:东升广　　　　印制:宣统三年(1911)冬月　　正面:三星、八仙图
地址:辽宁建昌柏树沟　　　　由天津宫北东华石印局印　背面:聚宝盆
面值:贰拾吊　　　　票幅:182×105mm　　　　级别:★
颜色:蓝/红

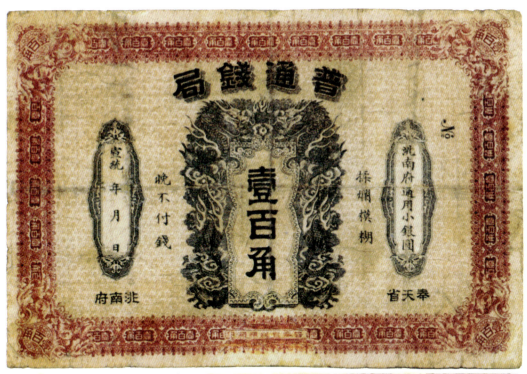

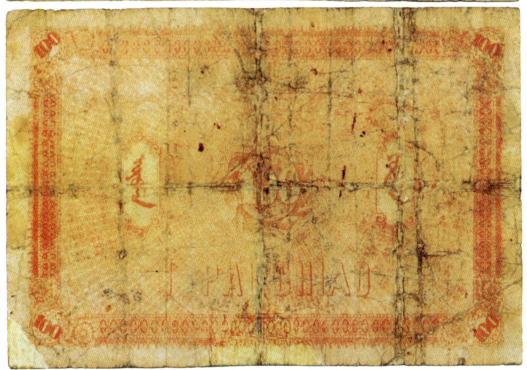

刘文和 藏

| | | |
|---|---|---|
| 庄号:普通钱局 | 颜色:紫/红 | 票幅:157×107mm |
| 地址:辽宁奉天兆南府 | 印制:宣统年由奉天官银钱 | 正面:双龙戏珠 |
| 面值:壹百角 | 　　局印 | 背面:光芒、花纹 |

石长有 藏

庄号：隆盛烧锅　　　印制：宣统三年（1911）由奉　　正面：双龙戏珠
地址：吉林新城府　　　　　天作新石印局石印　　背面：聚宝盆
面值：拾吊　　　　　　票幅：167×81mm　　　级别：★★
颜色：红/红

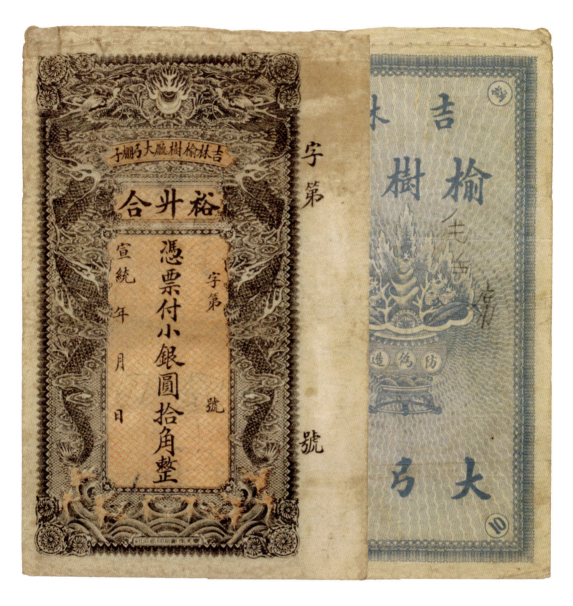

石长有 藏

庄号:裕升合　　　　颜色:黄/蓝　　　　票幅:189×120mm

地址:吉林榆树弓棚子　印制:宣统年未流通票,由奉　正面:双龙戏珠

面值:拾角　　　　　　　天作新石印局石印　　背面:聚宝盆

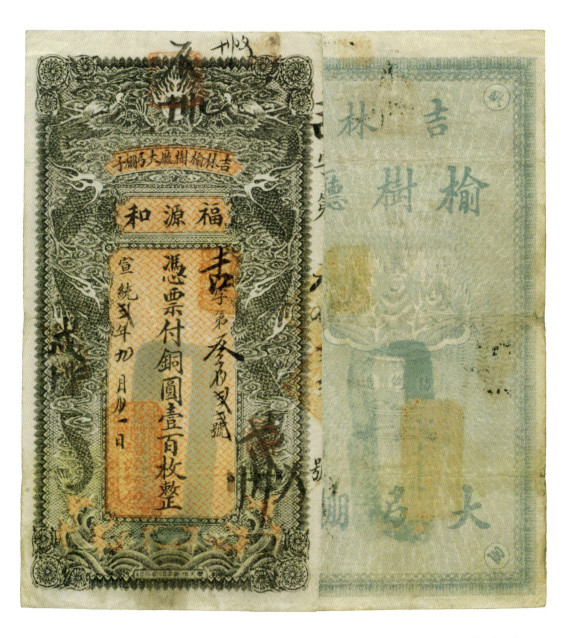

石长有 藏

庄号:福源和
地址:吉林榆树弓棚子
面值:壹百枚
颜色:桔/蓝

印制:宣统二年(1910)九月
　　由奉天作新石印局石印
票幅:187×99mm

正面:双龙戏珠
背面:聚宝盆
级别:★★

石长有 藏

庄号:福增泰　　　印制:宣统元年(1909)由奉　　正面:双龙戏珠
地址:吉林榆树弓棚子　　　天作新石印局石印　　背面:聚宝盆
面值:拾角　　　票幅:189×106mm　　级别:★★
颜色:黑/红

石长有 藏

庄号:福和公　　　　　颜色:粉红/桔红　　　　票幅:190×121mm
地址:吉林榆树弓棚子　　印制:宣统年未发行票,由奉　正面:双龙戏珠
面值:拾角　　　　　　　　天作新石印局印　　　　背面:聚宝盆

石长有 藏

庄号:德盛福
地址:黑龙江呼兰府
面值:拾吊
颜色:蓝/紫

印制:宣统年未流通票,由汉
口蔚华石印
票幅:230×105mm

正面:《红楼梦》人物、《治家
格言》
背面:麻姑献桃

石长有 藏

庄号:德昌当　　　颜色:粉/蓝　　　票幅:192×98mm

地址:吉林榆树厅　　印制:宣统年未流通票,由吉　正面:双龙戏珠

面值:拾角　　　　　　林文华石印局造　　背面:仕女图

石长有 藏

不同面值的德昌当银圆票

石长有 藏

庄号:丰懋允

地址:江西瑞州府

面值:壹串文

颜色:蓝/红

印制:宣统元年(1909)由汉
  皋成文印刷所印

票幅:239×105mm

正面:古玩盆景、《兰亭序》

背面:玩童、八仙图

级别:★★

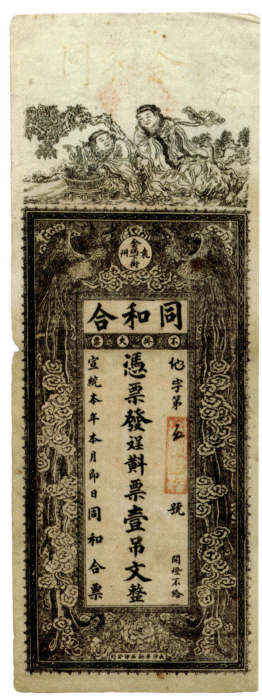

石长有 藏

庄号:同和合　　　　印制:宣统年由长沙华新石　　正面:和合二仙、双凤

地址:江西袁州金瑞　　　印公司印　　　　　　　　背面:八卦、山庄

面值:壹吊文　　　　　票幅:232×89mm

颜色:黑/红　　　　　　　　　　　　　　　　　级别:★

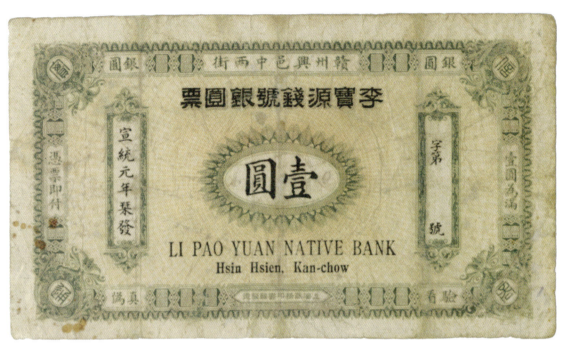

石长有 藏

庄号:李宝源钱号　　　印制:宣统元年(1909)由上　　正面:花边
地址:江西赣州兴邑　　　　海商务印书馆印制　　　背面:英文
面值:壹圆　　　　　　　票幅:149×85mm　　　级别:★★
颜色:绿/紫

石长有 藏

庄号:宝兴祥　　　颜色:红/绿　　　正面:孔雀、民间故事
地址:江西袁州仙源　印制:宣统年未流通票　背面:山庄
面值:壹百文　　　票幅:165×79mm

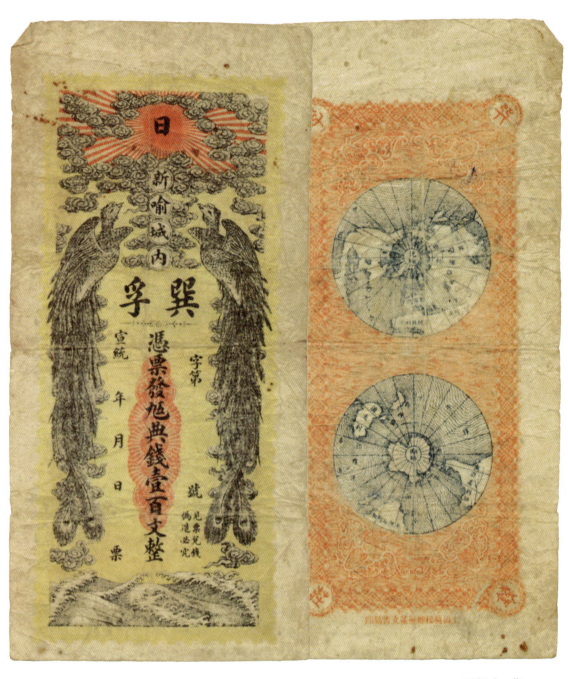

石长有 藏

庄号：巽孚
地址：江西新喻城内
面值：壹百文
颜色：黄/红

印制：宣统年由上海吴松卿
　　　画藻文书局印
票幅：170×82mm

正面：双凤望日
背面：世界地图
级别：★★★

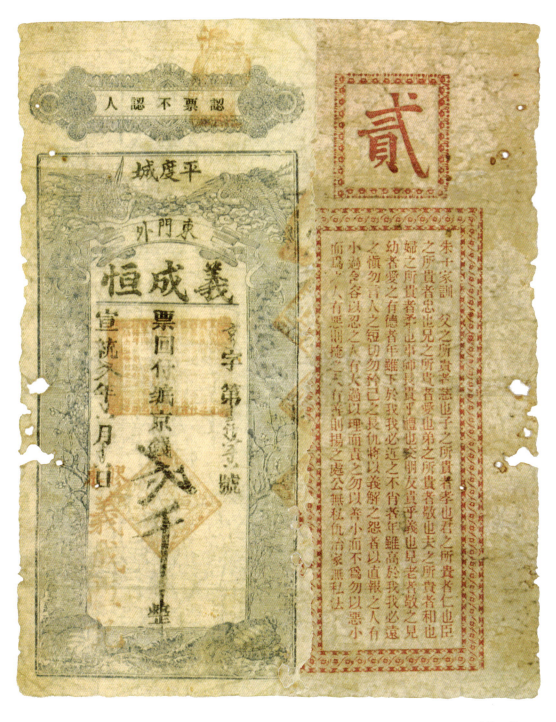

孙彬 藏

庄号：义成恒　　　　印制：宣统二年（1910）六月　　正面：鹤龟松梅
地址：山东平度东门　　　　十六日发　　　　　　　　背面：《朱子家训》
面值：贰千文　　　　　票幅：210×94mm　　　　　级别：★★
颜色：蓝/红

庄号：义和成记
地址：山东石岛
面值：贰千文
颜色：蓝/红
印制：宣统己酉年
　　（1909）流通票
票幅：180×113mm
正面：松鹤鹿鸣
背面：吊字花纹
级别：★

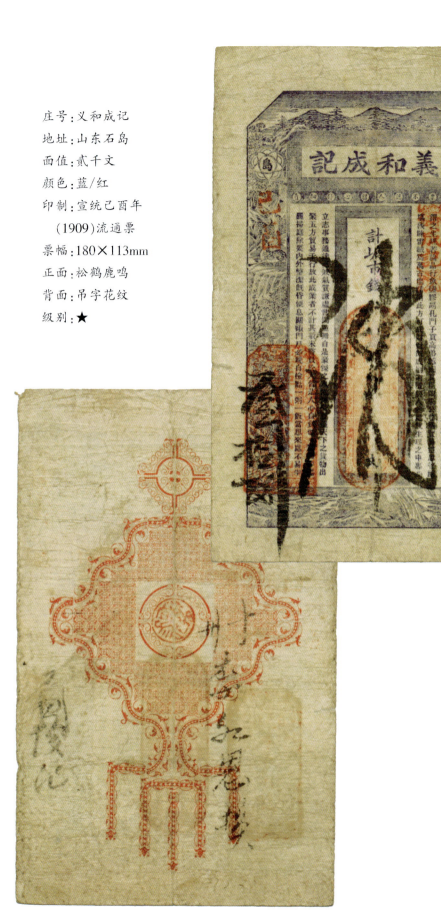

石长有 藏

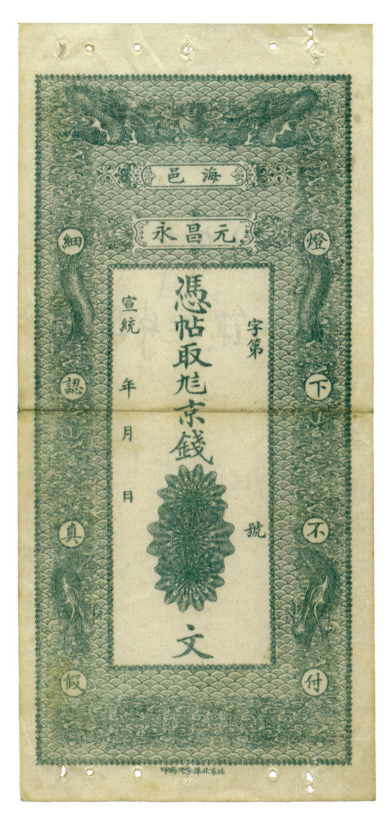

庄号:元昌永
地址:山东海邑
面值:空白
颜色:绿
印制:宣统年未发行
　票,由北京北洋石
　印局印
票幅:206×96mm
正面:双龙戏珠
背面:单面

石长有　藏

石长有 藏

庄号:芸生盛　　　　　印制:宣统己酉年(1909)八　　《治家格言》

地址:山东莱阳　　　　　　月五日发　　　　　　　　背面:《滕王阁序》

面值:壹千文　　　　　　票幅:212×112mm　　　级别:★

颜色:蓝/红　　　　　　　正面:双龙、《封神榜》人物、

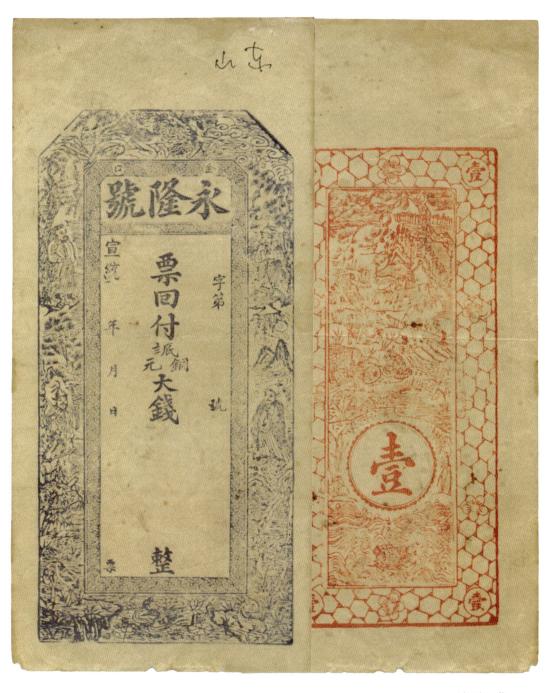

石长有 藏

庄号:永隆号          颜色:蓝/红          正面:民族英雄
地址:山东金口        印制:宣统年未流通票     背面:人类鼻祖
面值:空白           票幅:205×97mm

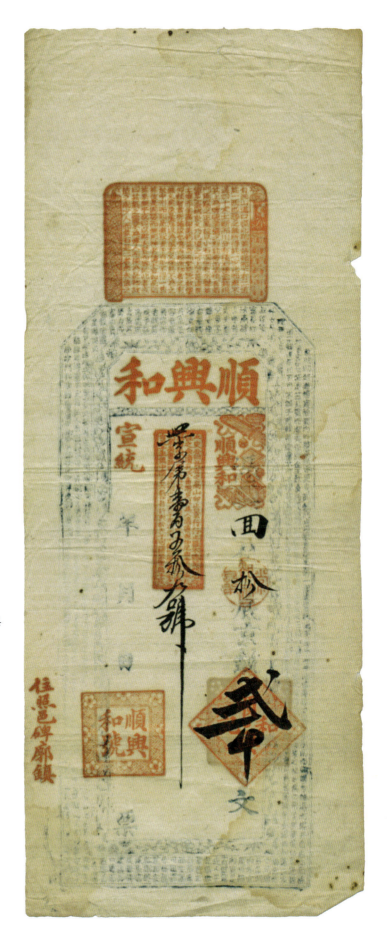

庄号:顺兴和
地址:山东照邑碑廓镇
面值:贰千文
颜色:蓝色
印制:宣统年流通票
票幅:251×97mm
正面:《治家格言》
背面:单面
级别:★★

石长有 藏

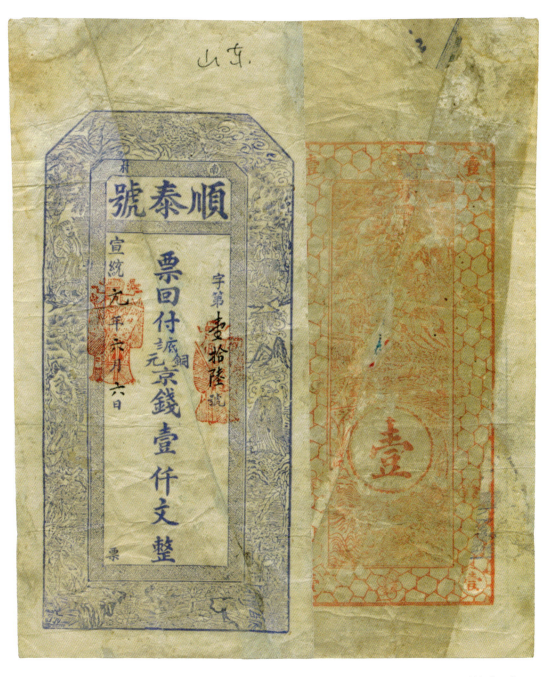

石长有 藏

庄号:顺泰号　　　　颜色:蓝/红　　　　正面:民族英雄
地址:山东南村　　　印制:宣统年未流通票　背面:人类鼻祖
面值:壹千文　　　　票幅:206×96mm

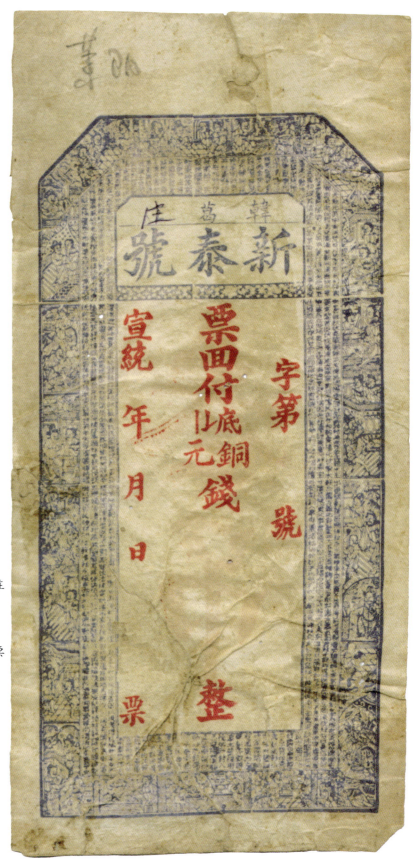

庄号：新泰号
地址：山东莱阳韩葛庄
面值：空白
颜色：蓝色
印制：宣统年未流通票
票幅：224×108mm
正面：民间故事、《千
　　　字文》
背面：单面

石长有　藏

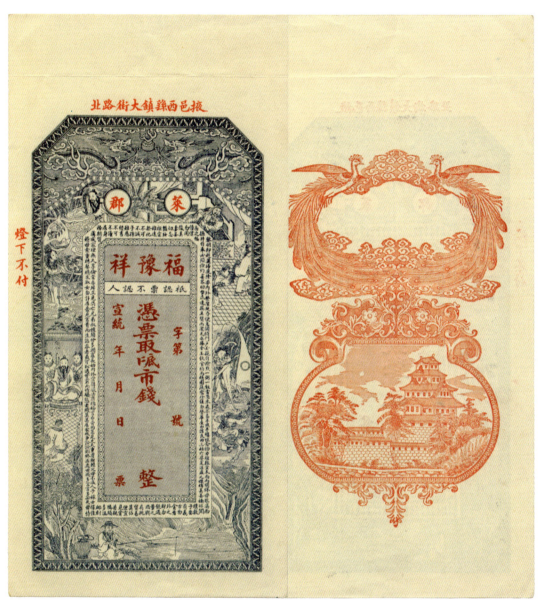

石长有 藏

庄号:福豫祥　　颜色:蓝/红　　正面:双龙、《封神榜》人物、

地址:山东莱郡掖邑　　印制:宣统年未流通票　　《治家格言》

面值:空白　　票幅:233×114mm　　背面:双凤、山庄楼阁

庄号：义元
地址：湖北汉镇
面值：壹百枚
颜色：蓝黄/红
印制：宣统二年
　（1910）流通票
票幅：268×108mm
正面：火车、瓜果
　梨桃
背面：《西厢记》人
　物、五路财神
级别：★★

许义宗　藏

義元銅元票背面

寫維本店設票
便於市面行用
前被匪徒偽造
等弊今特更換
花樣新版以免
魚目混珠諸
公嗣後凡授受
者務須記清采
厯以為至要是
幸
漢鎮小閘帝廟
義元主人謹白

许义宗　藏

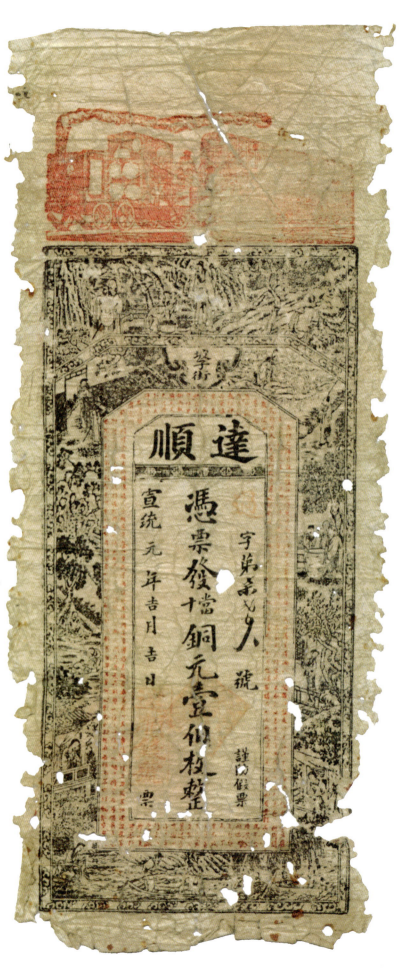

庄号：达顺
地址：湖南长沙坡子街
面值：壹百枚
颜色：黑/红
印制：宣统元年（1909）
　　　流通票
票幅：247×105mm
正面：火车、神仙图
背面：《送李愿归盘谷
　　　序》
级别：★

石长有　藏

768

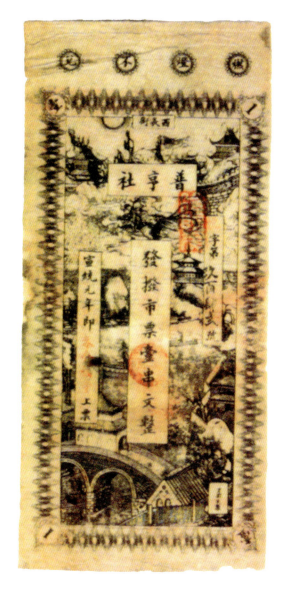

吴筹中 藏

庄号:普亨社　　　　印制:宣统元年(1909)流通　正面:凤舞山庄
地址:湖南长沙西长街　　　票　　　　　　　　　背面:花纹
面值:壹串文　　　　　　票幅:210×95mm　　　级别:★★
颜色:黑/红

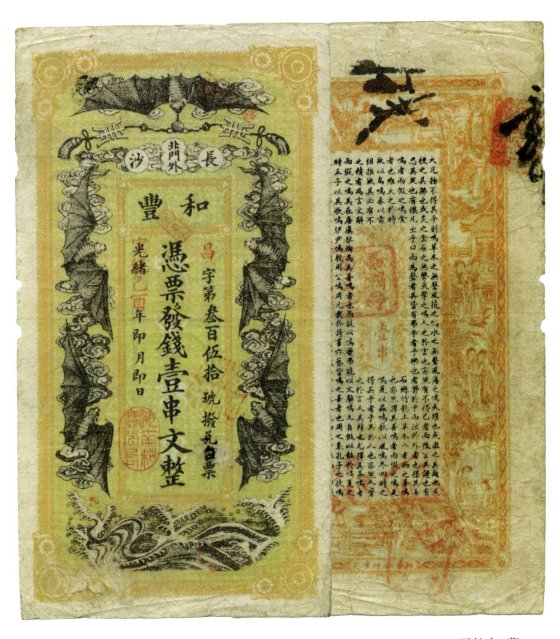

石长有　藏

庄号：和丰　　　　　　印制：光绪改宣统己酉年　背面：民间故事、《送孟东野
地址：湖南长沙北门　　　（1909）由长沙振华石印　　　序》
面值：壹串文　　　　　　票幅：207×113mm　　　级别：★★
颜色：黄绿/桔红　　　　　正面：五蝠、海水纹

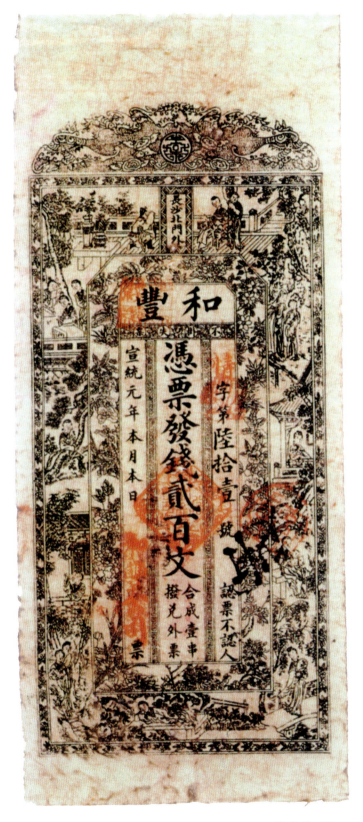

黄亨俊 藏

不同面值的和丰私帖

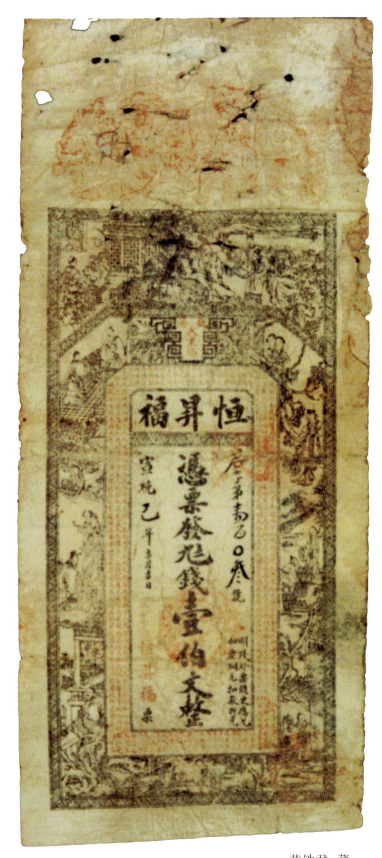

庄号：恒升福

地址：湖南益阳

面值：壹百文

颜色：黑色

印制：宣统年流通票

票幅：220×98mm

正面：狮子、民间故事

背面：单面

级别：★

黄铁君 藏

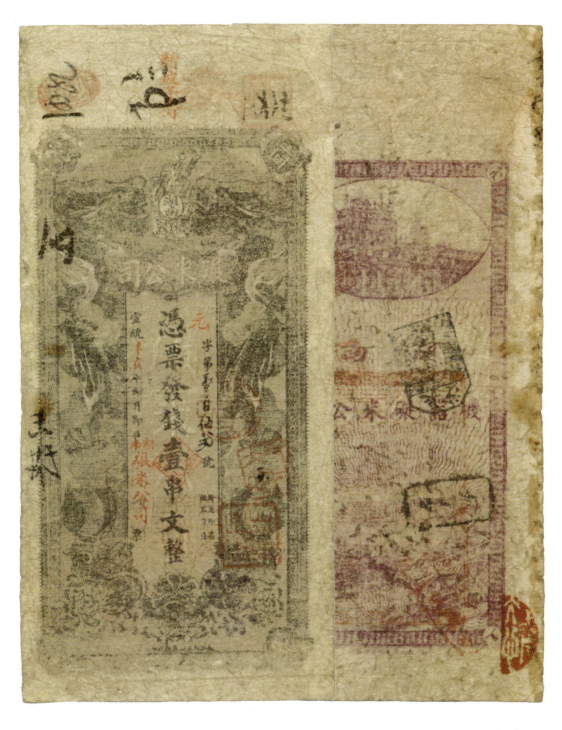

石长有 藏

| | | |
|---|---|---|
| 庄号:碾米公司 | 印制:宣统辛亥年(1911)由 | 正面:双龙戏珠 |
| 地址:湖南长沙 | 长河华新石印公司印 | 背面:厂房机器 |
| 面值:壹串文 | 票幅:220×103mm | 级别:★★ |
| 颜色:黑/紫 | | |

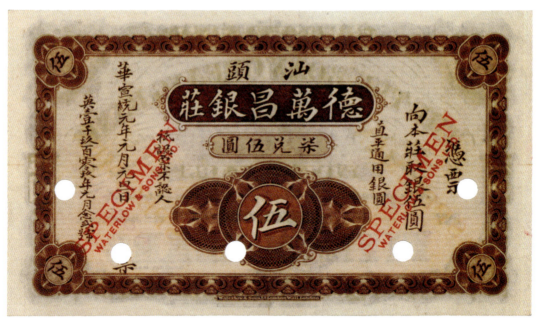

张安生 藏

庄号:德万昌银庄　　　颜色:棕/蓝　　　　　票幅:190×108mm
地址:广东汕头　　　　印制:宣统元年(1909)未流　正面：花纹
面值:伍圆　　　　　　　通票样　　　　　　　背面:帆船、英文

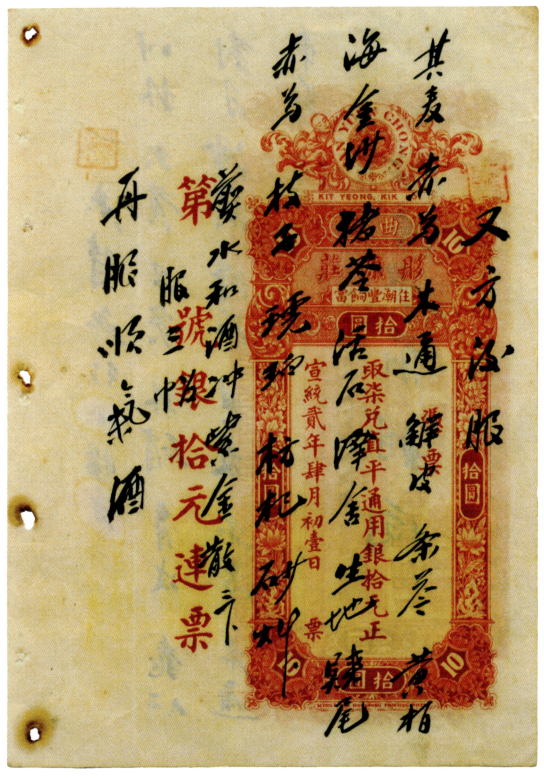

张安生 藏

庄号：彤源庄　　　　颜色：红/红　　　　　票幅：224×160mm
地址：广东揭阳曲溪　　印制：宣统二年（1910）未流　正面：浮雕花边
面值：拾圆　　　　　　　通票样　　　　　　　背面：英文

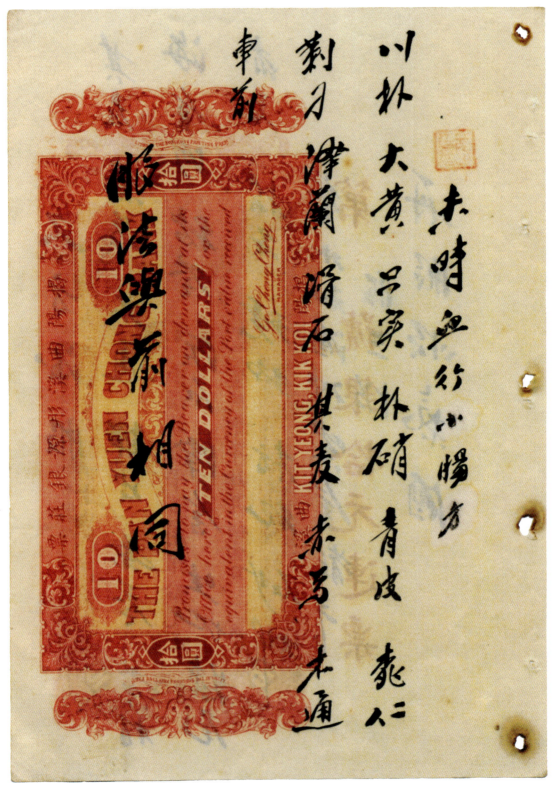

形源庄凭票宣统二年柒兑直平银拾圆连票背面

张安生　藏

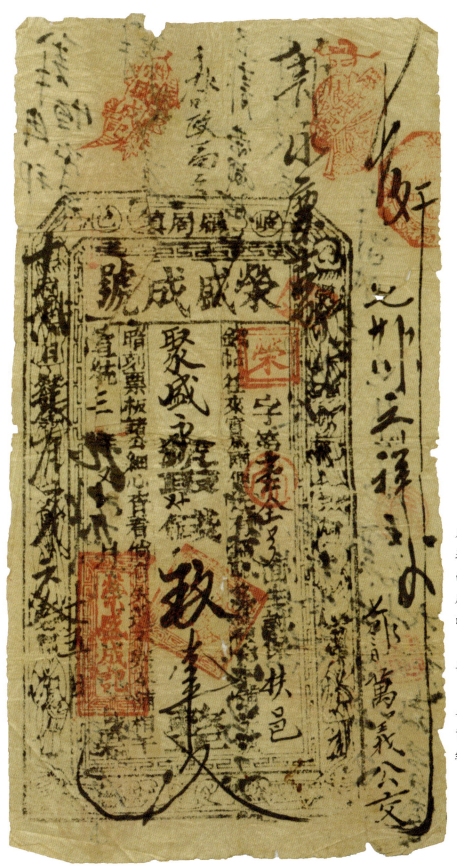

庄号：荣盛成号
地址：陕西岐邑
面值：玖串文
颜色：黑色
印制：宣统三年
　　（1911）流通票
票幅：226×116
　　mm
正面：八仙图
背面：流通印记
级别：★★

石长有　藏

庄号:福聚成
地址:新疆吐鲁
　番
面值:空白
颜色:蓝色
印制:宣统年未
　流通票
票幅:235×116
　mm
正面:八仙图、
　《后赤壁赋》
背面:单面

石长有　藏

778

庄号:信盛义　　　　颜色:蓝色布质　　　　正面:民间故事、《后赤壁赋》

地址:新疆玛纳斯　　　印制:宣统年流通票　　背面:单面

面值:壹两　　　　　　票幅:212×120mm　　级别:★★★

补　遗

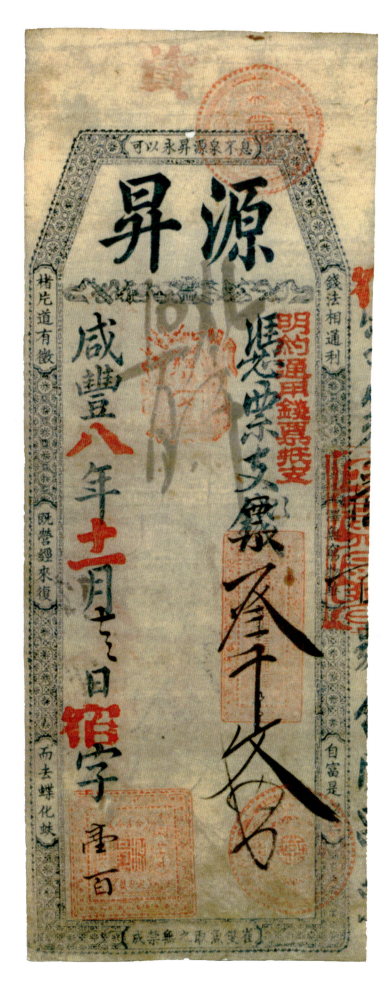

庄号：源升
地址：福州府
面值：叁千文
颜色：蓝色
印制：咸丰八年（1858）
　　十一月十三日发
票幅：248×94mm
正面：《钱票论》
背面：流通印记
级别：★★★

徐枫 供

庄号:祥丰

地址:福州府

面值:伍百文

颜色:蓝色

印制:同治元年（1862）
九月发

票幅:240×95mm

正面:琴棋书画

背面:流通印记

级别:★★★

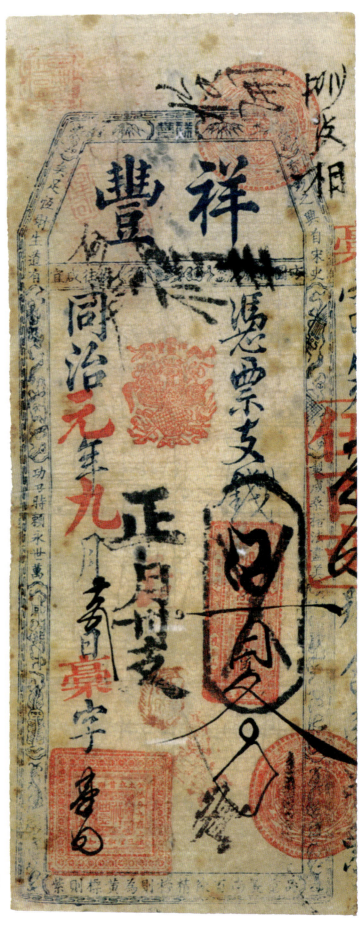

徐枫 供

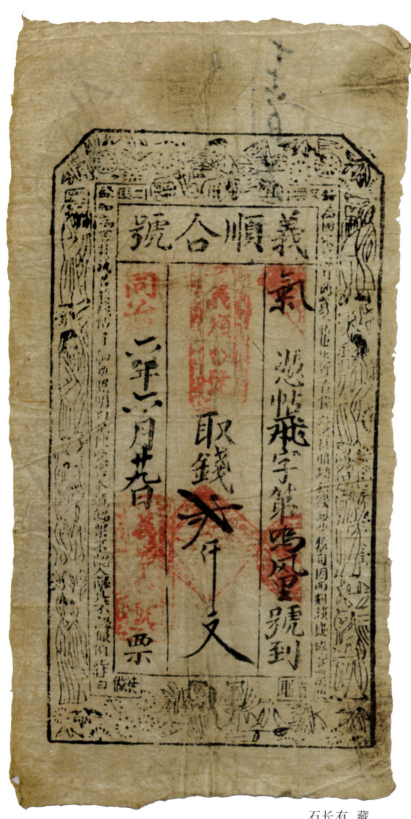

石长有 藏

庄号:义顺合号　　　印制:同治六年(1867)九月　　正面:八仙图

地址:陕西宜川县　　　　十三日发　　　　　　　背面:流通印记

面值:贰千文　　　　　票幅:206×105mm　　　级别:★★★

颜色:黑色

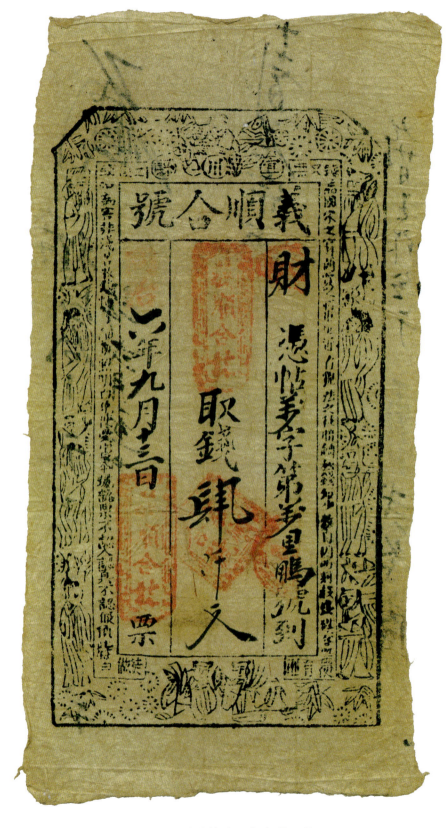

不同面值的义顺合号私帖

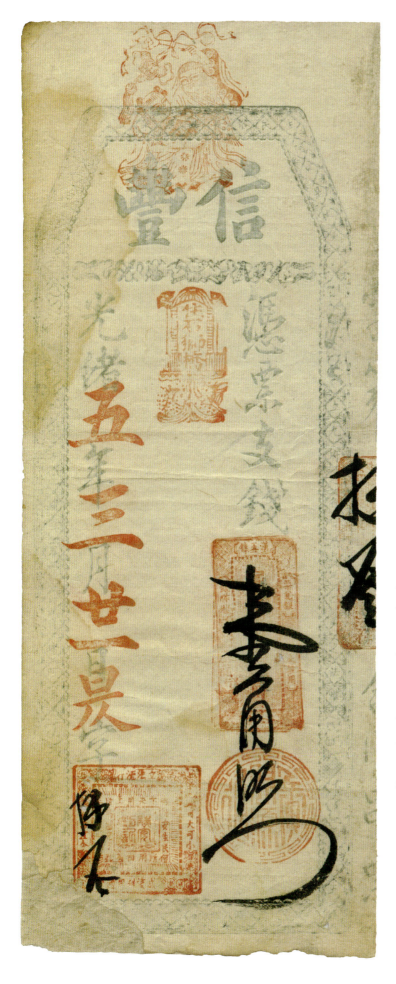

庄号：信丰
地址：福建石狮桥
面值：壹角
颜色：蓝色
印制：光绪五年(1879)
　　　三月二十一日发
票幅：249×96mm
正面：琴棋书画
背面：《钱票论》
级别：★★

石长有 藏

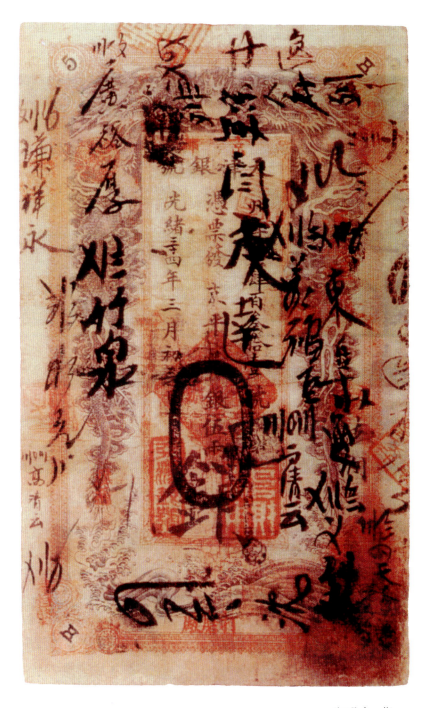

张明泉 藏

庄号：天津银号　　　印制：光绪三十四年（1908）　背面：流通印记

地址：京都打磨厂　　　　三月三日发　　　　　级别：★★★

面值：银五两　　　　票幅：176×106mm

颜色：红色　　　　　正面：双龙戏珠

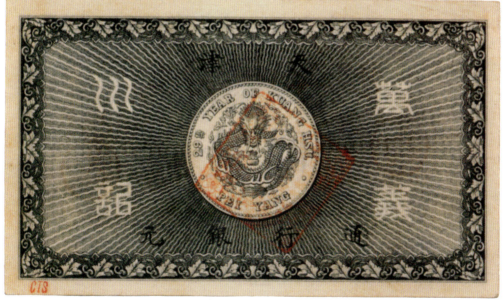

朱德水 藏

庄号:万义川银号　　　印制:光绪三十四年(1908)　　正面:双龙戏珠
地址:天津　　　　　　　　　八月发　　　　　　　　　背面:龙洋
面值:壹圆　　　　　　　票幅:135×79mm　　　　　级别:★★★
颜色:蓝/黄

朱德水 藏

不同面值的万义川银票

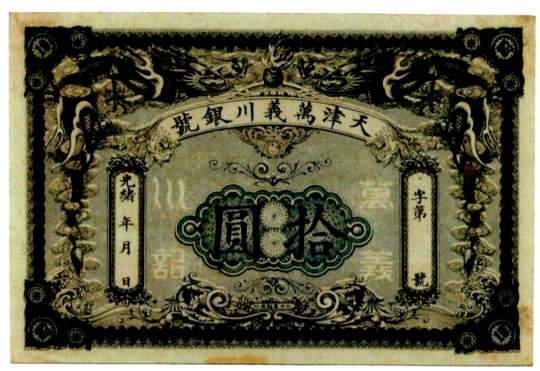

朱德水 藏

不同面值的万义川银票

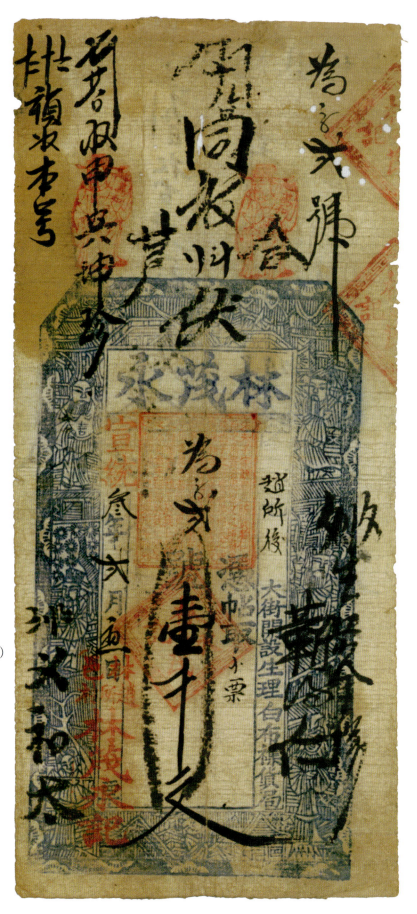

庄号：林茂永
地址：河南林邑
面值：壹千文
颜色：蓝色
印制：宣统三年(1911)
　　　二月一日发
票幅：257×114mm
正面：八仙图
背面：流通印记
级别：★★

石长有　藏

# 后　记

　　因编写《中国钱币大辞典》清代私钞卷及筹建民间私钞博物馆的需要,这两年我跑了全国的十九个省(市)的收藏品市场及100多位纸币收藏家的家里,基本上摸清了清代存世私钞的种类及数量。可以说到目前为止国内民间存世的清私钞80%都收入本书(还有一些手写钱条及地址不详、庄号年号不清的没有收入)。在收集过程中得到吴筹中、徐枫等前辈的指教,并得到俞鸿昌、戴建兵、朱德水、傅为群、黄亨俊(台湾)、许义宗(台湾)、白尔文(德国)、张明泉(台湾)、林志平(香港)、陈淑藩(菲律宾)、刘建民、黄铁君、刘文和、蔡小军、张安生、王玉根、王宣瑞、孙彬、丁建明、邵民、贡颜宏等藏友的支持。特别是中国钱币学会副理事长戴志强为本书作序。值此本书出版之际,表示衷心的谢意!

谢谢!

石长有

2005 年 8 月于廊坊